工商管理经典译丛·会计与财务系列
BUSINESS ADMINISTRATION CLASSICS

美国资产评估准则

美国评估促进会评估准则委员会 著
王诚军 季 珉 译注

2018—2019 UNIFORM STANDARDS OF
PROFESSIONAL APPRAISAL PRACTICE

中国人民大学出版社
·北京·

再版序

（一）

《美国资产评估准则》（USPAP，2018—2019 年版）中文版终于出版了！

本书距 2009 年《美国资产评估准则》中文版出版已 10 年，距 1998 年 USPAP 中文版（当时译为《专业评估执业统一准则》）出版已 21 年矣。

USPAP 于 1989 年制定，至今恰逢 30 周年，其在国际评估界的影响日益彰显，本书的出版是对 USPAP 及美国评估促进会的致敬！

中国资产评估行业在中国改革开放 40 周年的大背景下刚刚庆祝发展 30 周年，谨以本书向评估行业和同行致敬！

作为中国评估行业的第一代评估人，我能够跟踪学习、研究 USPAP 达 25 年，并身体力行，受益于对此准则的研究，进而将相关研究、心得与同道分享，倍感荣幸。追忆往昔，我很幸运在 30 岁前完成了第一次对 USPAP 的翻译（主要负责），40 岁时完成了 USPAP（2008—2009）中文版的翻译工作，在年过半百之时又迎来本书的出版。"天之厚我，可谓至矣！"谨以此书向过去的岁月和努力致敬！

（二）

1995 年，我第一次全面接触 USPAP。当年我刚参加工作四年，对评估理论、实务所知甚少，国内评估行业正处于起步阶段，许多概念、理论都是在一知半解的基础上被"选择性地"引入，因此系统、全面地学习国外评估理论显得尤为重要。由于机缘巧合，1997 年我开始介入并负责翻译 USPAP 1996 版（当时是每年更新），从此便与 USPAP 结下不解之缘，开始了长期学习、研究 USPAP 的旅程。

回想早期由于条件所限，格外珍惜每一次与 USPAP 接触的机会。每次遇到来访的国外专家或出国参加专业会议，都会千方百计地收集 USPAP 的各种版本和解释，更会"削尖脑袋"地去接触参与 USPAP 起草的专家以便择机访谈。1997 年起我代表中国评估行业参与国际评估准则委员会（IVSC）的工作，每年两次 IVSC 会议期间，我都会向来自美国 ASA 和 AI 的代表询问 USPAP 的相关情况，虽然开会的主题是国际评估准则（IVS）。好在当年美国评估界对我这样一个来自中国的如此钟情于 USPAP 的年轻人很友好，基本上对我是有求必应。Lee Hackett、Shannon Pratt 等美国评估界老友不断为我搭建人脉资源，安排我与诸多美国评估界资深专家见面、开会，包括与多位评估准则委员会（ASB）主席访谈、讨论。担任评估促进会主席达 20 年之久的 David Bunton 先生和事务助理 Paula Douglas 女士在翻译事项上予以诸多支持与便利，并邀请我担任评估促进会国际评估论坛（IVF）的成员，使我有更多机会直接参与 USPAP 的讨论、制定过程。这些支持和帮助实为我之大幸，更是促成本书再版的重要原因。

书柜上整整两排历年 USPAP 的书籍成为过去岁月最好的见证。每年关注 USPAP 的发展与变化，分析其变化的原因及其对评估理论、实务的影响，包括对中国评估准则、执业行为可能的影响，已经成为一种持久的乐趣。现代科技的发展已经能够让我随时上网参加 ASB 举办的相关讨论会，不必像以前那样苦苦寻找资料，只是好多次半夜爬起来参加有时差的视频会议，对已不再年轻的我着实有些辛苦，但仍乐此不疲——人的一生，又能有几个持续几十年的兴趣和爱好？

（三）

正如 USPAP 在每一个操作准则第一条的注释中所指出的："……变化原则持续影响评估师执行评估业务的方式。"变化原则作为评估的基本原则之一，对评估准则同样适用。USPAP 近十年来发生了较大的变化，这些变化与美国评估行业的发展密切相关。对美国评估行业过去十年来的变化进行分析、总结将是一个较大的课题，但不妨从以下角度一窥全豹。

一、相对于 20 世纪 80 年代的"储蓄与贷款危机"对美国评估行业的严重打击，2008 年金融危机之后，美国评估行业在管理、政策、实务等方面并未受到严重影响，迎来了快速发展的十年。

二、美国会计准则（US GAPP）与国际财务报告准则（IFRS）的趋同，特别是 141 号、142 号及 158 号准则的影响，带动美国以财务报告为目的的评估业务迅速发展，彻底改变美国评估行业中以财务报告为目的的评估发展远不如英国、欧洲评估行业的局面，转而在国际评估行业中的以财务报告为目的的评估领域中担当了领头羊的作用。

特别需要肯定的是，由于以财务报告为目的的评估业务涉及评估、会计和审计等诸多行业，美国评估促进会（AF）、美国评估师协会（ASA）等各大评估协会、美国注册会计师协会（AICPA）、美国证监会（SEC）等各类主体都在这十年中积极介入到以财务报告为目的的评估业务领域，其良好的互动和相互借鉴在推动该业务发展方面发挥了重要作用。特别是评估界与会计界、审计界的合作，各界对以财务报告为目的的评估业务与传统评估业务异同的认识，SEC 引发的对评估师在此类业务中的角色讨论等，都对实务和理论的发展产生深远影响。

由于历史的原因（见本书原译者序和本书第 4 部分关于美国评估行业的介绍），首次制定于 1989 年的《美国资产评估准则》（USPAP）并未涉及以财务报告为目的的评估准则，且在现有准则架构中无法增加以财务报告为目的的规范文件。为解决以财务报告为目的的评估业务缺乏行业规范的局面，评估促进会（AF）创造性地在传统的评估准则委员会（ASB）之外设立了若干工作特别小组，邀请评估和会计行业的实务、理论专家共同起草了若干以财务报告为目的的评估业务指南（Best Practice for Valuations in Financial Reporting，其中第一份指南收入本书），很好地弥补了 USPAP 不能规范以财务报告为目的的评估领域的局限，及时指导了以财务报告为目的的评估业务。

三、深度发展的互联网、大数据技术等使得过去需要专业评估人员通过履行相关程序（和成本）才能获得的信息、资料能够瞬间、无（低）成本地获得，带动自动评估模型

(AVM)迅速发展，评估行业"机器吃人"的现象加剧，对评估行业的发展特别是民用不动产评估领域带来新的威胁。关于自动评估、云评估等与传统评估的异同讨论在美国评估行业中一直未中断，虽然评估行业业内人士在努力抵制，但仍不得不正视压力而进行适应性变革。USPAP相关准则、咨询意见的变化切实反映了这一变化过程。

四、异军突起的评估管理公司（AMC）在十多年前还是新鲜事物，但现在以其特有的低成本、网络化、灵活性等特点已经成为评估行业中不可忽视的组织形式，对传统评估行业的竞争格局带来颠覆性的变化。评估行业各大协会、评估促进会乃至金融监管部门、各州评估师管理部门不得不从早期的不接受，改为正视AMC并规范AMC的快速发展。就连处于美国金融评估监管体系中最高环节的评估分会，也根据2010年的相关立法，对各州AMC的登记、运营监管进行指导。AMC的发展势必将继续对美国传统的评估行业竞争格局带来重大影响。

五、在作为USPAP早期制定基础的金融评估领域中，相关金融监管部门及房地美、房利美等出于降低成本、便利金融业务的考虑，不断尝试一些并不利于评估行业的政策和管理改革，如通过立法试图降低"必须评估"的门槛、讨论以经纪人报价、自动评估模型（AVM）的结果替代评估师的工作等。这些持续的尝试都在一定程度上威胁着评估行业在金融评估领域的业务需求，导致评估促进会及各大评估协会等都积极利用各种资源和方式，包括出席国会听证会进行举证、在华盛顿设立协调专员以加强与立法机构的沟通等，呼吁、抵制这些不利于评估行业的改革。这样的矛盾对抗和博弈将会在未来继续强化，并将影响美国评估行业的执业方式和管理、规范方式。

六、针对委托方、评估报告使用者（主要是金融机构）对评估师的不当干预和施压，美国各界在探索维护评估师的独立性、抵制评估行业不当干预和压力方面进行了大量尝试，包括设立"评估干预举报热线电话"以及通过司法手段对若干严重不当干预评估的委托方进行制裁等。这种努力的方向值得肯定，实际效果仍有待观察。

七、美国评估行业历史上就存在一定数量的独立收费评估师（independent fee appraiser），不隶属于任何评估机构，也不需要加入任何评估协会（美国并无法律或法规要求评估师必须加入行业协会）。评估管理公司（AMC）近年来的发展，更是为独立收费评估师的生存创造了条件，间接鼓励大量评估师不加入任何行业协会。针对这一现象，评估促进会（AF）作为"协会的协会"尝试扩大对这部分人员的培训和管理，但引发了与部分传统评估行业协会之间的矛盾，甚至导致2011年4月评估促进会取消美国评估学会（AI）作为评估促进会发起人的资格。这一现象及由此引发的争议将继续影响美国评估行业的格局。

八、USPAP与国际评估准则（IVS）趋同的主旋律仍在高调演绎中，评估促进会与国际评估准则理事会通过若干文件不断释放出趋同的良好意愿，但总体上仍处于"只闻楼梯响"的阶段，至少在准则体例、内容上在相当长的时间内仍看不出有趋同的结果。

2009年出版《美国资产评估准则》中文版之后，USPAP在以下几个方面进行了较为重要的调整和更新。

一、自1989年制定以来，USPAP准则体系一直未改变。十个准则涉及不动产评估和报告（准则1、2）、评估复核和报告（准则3）、不动产评估咨询和报告（准则4、5）、批量评估和报告（准则6）、动产评估和报告（准则7、8）及企业价值评估与报告（准则9、10）。其中不动产评估、不动产评估咨询、动产评估和企业价值评估各以两个准则的篇幅分别规范操作和报告，评估复核和批量评估仅以一个准则的体例兼顾操作与报告，这种体例在逻辑上存在一定问题和不一致性，但自20世纪80年代末以来一直延续使用。

这些年美国评估界对不动产评估咨询的争议始终不断，认为其内涵、外延始终模糊，易引起误导，行业内倾向于认为其并不属于评估的范畴，虽然会涉及价值意见的形成。评估准则委员会（ASB）最终决定在本版USPAP中将不动产评估咨询从USPAP体系中剔除，这是USPAP 30年来最大的体系变化之一。由此释放出两个准则的空间，将评估复核、批量评估分别改为两个准则的体例规范操作与报告。目前10个准则涉及5个主题（不动产、评估复核、批量评估、动产和企业价值），每个主题的评估操作与报告分别为单独的准则，形成了更富有逻辑性的准则体系。

二、USPAP由定义、导言、规则、准则、评估准则说明等构成。在30年的不断修订中，有些内容在不同的层面上分别涉及，需要进行结构调整和更新。在本版USPAP中，10个评估准则说明全部删除，其中折现现金流分析等4个准则说明被移至咨询意见中，这是本版USPAP的重大变化之一。

三、咨询意见虽不是USPAP的组成部分，但在阐释准则在特定情况下的应用方面发挥了重要作用。相比于十年前，本版USPAP中咨询意见5、6、8、10、15等已被评估准则委员会废止（序号仍保留），同时增加四个咨询意见，即咨询意见33、34、35和36，这4个新增加的咨询意见实际上是被删除的评估准则说明中的相关内容。

四、常见问题是从评估准则委员会角度提供相关评估事项和问题解决方案的重要方式，新版USPAP中共收录了332个问题，本书中摘录的常见问题相对于十年前有较为重大的调整，突出了代表性及对中国评估实务的参考意义。

五、本书的第4部分"USPAP与美国评估业概览"依旧是译者为便于读者全面了解美国评估行业状况及美国资产评估准则在评估行业中的作用而撰写的补充背景材料。相比于上一版本，本次对相关背景材料予以了必要的更新，例如，根据最新立法更新美国金融评估管理体制的相应职能，提供2018年度美国全国评估师注册名单统计表。其中特别需要指出的是，美联储等五大金融机构监管部门于2010年12月2日公布了新版《监管部门联合评估和估价指南》（Interagency Appraisal and Evaluation Guidelines），反映了美国金融界对涉及评估的管理事项和要求，与之前版本中收译的1994年版《监管部门联合评估和估价指南》有较大区别。本书对2010年版新指南进行了全面翻译，值得关注金融评估界的朋友们研究。

六、本书新增加了评估促进会于2010年5月批准发布的《以财务报告为目的评估之最佳实务指南——贡献资产：确定贡献资产并计算经济租金》，该文件是美国评估界与会计界共同合作的成果，旨在指导在合并成本分摊估值中采用多期超额收益法进行评估时对贡献资产及其经济租金的判断、确认。该类文件是第一次在国内正式授权翻译发布，对了解美国评估界在以财务报告为目的的评估领域的发展成果具有重要意义。提醒关注该文件的阅读者需要对以财务报告为目的的评估及一般评估业务有一定的了解。出于综合考虑，此文件中的术语、案例部分均保持英文原文，供对此方面业务感兴趣的朋友深入阅读。

七、随着美国评估实践的发展，USPAP不断更新对评估报告类型和形式的要求。经过20多年的不断修订，在上一版USPAP中，不动产、动产的评估报告类型仍分为三类，即完整评估报告、简明评估报告和限制用途评估报告，企业价值评估的报告类型则为两类，即评估报告和限制用途评估报告。本书中，USPAP为避免混淆和误导，在不动产和动产领域进一步简化报告类型，取消了完整评估报告和简明评估报告的分类，将两者合并为"评估报告"（appraisal report），同时将不动产、动产、企业价值三个领域中的限制用途评估报告改为"限制评估报告"（restricted appraisal report）。至此，USPAP下三大评估领域的报告类型均为两类：评估报告与限制评估报告。两者的区别在于是否仅供委托方使用、提供的内容和信息详尽程度。这样理顺了报告类型体系，避免了误导。提醒读者关注这一重大变化。

除此之外，本书基本上沿袭了上一版本的结构，因此建议各位朋友细读原译者序（代导读），将有助于对美国评估行业和本书的全面理解，并特别建议各位朋友重点关注全书译者注中的相关专业讨论。这些译者注是本书的重要特色之一，集中反映了对中美两国评估理论、准则异同的理解、反思。

（四）

讨论十年来中国评估行业的变化是一个更大的课题，绝非本序所能涉及，但这并不妨碍我们从以下几个视角观察。

一、2016年《中华人民共和国资产评估法》的颁布与实施，无疑是这十年中对评估行业影响最大的事件之一。评估行业期盼多年之后迎来的这部评估行业根本大法，对中国评估行业发展的影响还有待实践的论证，我们更加关注的是该法的实施是否为评估准则的定位和作用提供了良好的、合理的空间，是否促进了中国评估行业的理性、良性和可持续发展。

二、国有企业的强劲发展以及国资管理法规、政策继续为中国评估行业带来强劲推动力，是不争的事实。国资评估实际上就是国际上通常所说的"强制性评估"，这种强制性评估过去30年来一直是推动中国评估行业强劲发展的主要动力，也形成了许多具有较强中国特色的评估惯例、原则和做法，对整个评估行业影响深远。2019年财政部制定的《财政部关于修改〈事业单位国有资产管理暂行办法〉的决定》（财政部令第100号）却在很大程度上挑战了强制性评估的底线和可持续性，首次明确国家设立的研究开发机构、高等院校"将其持有的科技成果转让、许可或者作价投资给国有全资企业的，可以不进行资产评估；转让、许可或者作价投资给非国有全资企业的，由单位自主决定是否进行资产评估"。这一重大原则挑战不得不引起评估行业的深思：如果由法规推动的强制性评估业务出现重大变化，评估行业现有的思维方式及评估惯例、做法乃至准则、指南是否需要有一些重大的变化？

三、证券市场是国资之外我国评估行业的又一主要动力源泉，为评估行业带来了相当大的业务和市场，也见证了评估行业的巨大责任和压力。近年来证券市场监管部门对评估等中介机构的强力监管和严厉处罚已经对评估行业带来较大的冲击，正在进行的《证券法》修改工作必将在更深程度上影响评估行业未来的发展。

四、由于多种原因，以财务报告为目的的评估业务并未随着中国实施新企业会计准则而同步发展起来，我国评估行业及评估机构和人员亦未充分认识以财务报告为目的的评估业务与传统以交易为目的的国资、证券评估业务的本质区别。近年来在上市公司商誉"堰塞源"的高压之下，评估机构和评估师被迅速推向风口浪尖，监管部门的一系列严厉监管要求也极大地加强了以财务报告为目的的评估业务中的程序、技术要求和责任，这也将对评估执业和评估准则带来重大影响。

在早期主持起草中国资产评估准则期间，特别是起草《金融不良资产评估指导意见（试行）》时，我曾多次提出四个"稀里糊涂"和四个"理性"的概念。在与四大资产管理公司讨论金融不良资产评估的乱象时，我指出该评估领域存在四个"稀里糊涂"（其实也适用于其他评估领域），即评估行业的四个主体包括评估师和评估机构（评估服务提供者）、评估服务委托方（客户）、评估报告使用者和监管者都存在"稀里糊涂"的状况。在这种局面下，评估行业的良性发展是无法实现的，评估准则的作用也无从体现，甚至有可能不仅不能引领评估行业的理性发展，还可能成为评估行业发展的障碍。如在前版译者序中所述："一个良性循环的评估服务，需要理性委托、理性评估、理性使用和理性监管。任何一个理性的缺失，都会导致评估服务的失败或无效，甚至是引向危险的方向。"窃以为只有在四方主体都转变为理性，即实现评估服务提供者、委托方、使用者和监管者理性的情况下，评估工作、评估行业才能良性发展，评估准则才能有其合理的生存空间，其作用才能得以全面体现。在多年评估实务工作中以及在持续研究 USPAP 的过程中，这一认识更加清晰。

希望在前述中国评估行业十年来所发生变化的基础上，中国的评估行业能够迎来理性发展的春天，至少各方主体的理性程度能够进一步加强，为评估执业和评估准则营造一个相对于以前更好的空间。

（五）

在本书的撰写过程中，很高兴有资深同行季珉博士加入，与我共同完成本次翻译、撰写工作。季珉博士以其深厚的理论功底和20多年的丰富执业经验，在翻译过程中给予了大力支持，特别是在一些概念、表述方面提出特别重要的意见和建议，使得对 USPAP 的理解和翻译更加深入、准确，更加符合中文阅读习惯。

如前文所述，评估促进会（AF）近十年来在 USPAP 体系之外制定了多个针对以财务报告为目的的最佳实务指南，对国内评估行业具有较大借鉴意义。经评估促进会许可，我们也将其中的第一份指南——《以财务报告为目的评估之最佳实务指南——贡献资产：确定贡献资产并计算经济租金》纳入本书。该指南的翻译由安永（中国）企业咨询有限公司的赵晨女士独立完成。

本次翻译实质上是对两个版本的 USPAP 进行了翻译。2016 年 5 月，在得到了中国人民大学出版社的支持之后，与评估促进会签署了版权协议，我们即着手进行翻译工作。2017 年 3 月，在基本完成 2016—2017 版 USPAP 翻译工作的情况下，我们收到评估促进会发来的 2018—2019 版 USPAP 拟修订的文件，获悉 USPAP 将发生重大调整，特别是对准则 3、4 和准则 5、6 将进行重大调整。为更好地反映重大调整后的 USPAP，经与中国人民大学出版社和评估促进会协商，我们即暂停手头翻译工作，等待最新版 USPAP 的发布，并重新签署了版权协议。因此，本次翻译实际上是两次翻译的工作过程。

本次重译的工作量远超出想象。本以为在十年前版本的基础上进行重译是比较轻松的工作，但开始工作后就发现其实工作量甚大。由于 USPAP 十年来在措辞、表达方式、准则结构等方面都进行了全面的修订，不得不花费大量时间对比十年前版本与当前版本的不同，校读量极大。基于这些年来对评估理论及 USPAP 的进一步理解，为更为准确地反映原意，在以前版本的基础上对一些术语、表达方式进行了更新。由于 USPAP 本身的逻辑性极强，这些微小的变化可能会影响到全书的不同部分，不得不全面校译，需要将全文中（包括咨询意见、常见问题）所有的这些引用之处均同步更新，稍有不慎即出现错误。在本书的译者注中，可以发现甚至评估准则委员会（ASB）在更新 USPAP 版本中，也有部分未全面同步更新的错误。我们在翻译结束后亦将相关问题和建议反馈给评估准则委员会（ASB），供其在下一步修订时参考。

尽管在翻译过程中十分仔细，仍有很多细微措辞的变化容易错过，存在不少问题。感谢中国人民大学出版社编辑的高度专业、敬业精神，在编辑过程中对出现的问题予以细心的调整、编辑，使本书的出版成为可能。

最后，特别感谢中诚君和（北京）国际资产评估有限公司（CVI）的管理团队和全体同事。2017年以来，我所在的专业团队发生了重大调整，正值本书翻译工作最紧张的时刻，正是他们的努力与付出，使得我能够从繁重的管理和业务工作中暂时脱离出来，每天能够"奢侈地"集中2～3个小时的精力于本书的译写。没有他们的支持，本书的出版是不可能的。

王诚军

经济学博士（Phd.）

中国资产评估协会资深会员（FCPV）

中国注册会计师协会资深会员（FCPA）

英国皇家特许测量师学会资深会员（FRICS）

美国评估师协会高级会员（ASA）

2019年7月16日于北京

译者序

巴金先生说过，序文"无论长和短，它们都是我向读者讲的真心话"。"把读者当作朋友和熟人，在书上加一篇序或跋就像打开门招呼客人，让他们看看我家里究竟准备了些什么，他们可以考虑要不要进来坐坐。"受此影响，作为一个"评估人"，我以说心里话的方式，向各位朋友谈谈我对评估准则及准则的认识，谈谈我为什么会在这个时候重译《专业评估执行统一准则》①，谈谈我对USPAP的理解，USPAP对美国、国际评估界的影响以及对年轻的中国评估行业的影响，也包括对我个人的影响。是否"进来坐坐"，就由各位朋友自己决定吧。

（一）

对评估准则及准则性文件作用的认识，从来就不是一个清晰的领域。我想首先借用我为他人所作之序中的几段话，和朋友们谈谈我对评估准则及准则的看法。

准，标准，《汉书·律历志》："准者，所以揆平取正也。"则，法则，《诗·大雅·烝民》："天生烝民，有物有则。"准与则单独用来，都是指用于约束或衡量之用的一定之规，合起来组成"准则"这个词汇，再次显示了汉字文化的博大，其意更甚。可见"准则"这个词很早就开始使用，如《南齐书·张绪传》："晋氏衰政，不可以为准则。"

及至现代，准则被评估、会计、审计等行业普遍使用，以其意雅。其实通俗地说，准则者，规则也，规矩也。"不以规矩，不能成方员（圆）"，已成为国人耳熟能详的常用俗语。这就表明了人们的一个基本共识：要做好事情，不管是多么微小还是多么宏大的事情，都要有规则，都要守规则，除非你不想做好（不成方员）。

然而，事情并不就是这么简单，光做事的人努力做好就行了吗？很多时候光自己做好还不行，还需要让别人认为你做得好才算把事情真正做好。也就是说，有许多事情，做事的人按规则做好只是一个方面，还需要让别人认为你做得好，即能够评价好坏、优劣。小到农耕社会中的一件农具，其长度、厚度、韧度要达到一定要求，工匠必须按规则去做，而且要做好。如果该工匠是个欣赏自己产品的艺术家或留作自用，做到此就足够了，但如果还需要出售此农具并以此养家糊口，则还不够，还要让用者（潜在购买者）认为其好才行，否则就不会有人来购买和持续地购买此农具（按现在时髦的话说就是无法实现这项工作或产业的可持续发展）。

需要别人来评价固然重要，但需要注意的是还不能乱评价，评价也需要有一定之规则，

---

① 原文为 *Uniform Standards of Professional Appraisal Practice*，为简单起见，本书统一译为《美国资产评估准则》，在书中以 USPAP 出现。

至少应当按照有意义的规则或比照工匠所依据的规则去评价（在这里我们假定工匠的规则是合理和有意义的），否则就乱套了。比如对南方水田里使用的农具，却张冠李戴用北方旱田里农具的规则去评价。听者听到这样的评价，就不会去购买这个农具了。谁之错？这就是典型的这么一项工作和产业，不仅需要自己做好，也要让其他人（特别是潜在购买者）认为其好。因此，小到这么一件农具，大到现代科技社会之航天巨器，其制作、验收均须有严格的规则。由此，又表明了人们的另一个基本共识：要评价事物，必须要有规则。这可能就是规则的基本作用：既是指导做事的规范，也是他人对你所做之事进行评价的尺度。这两个作用是同等的重要，因为只有根据规则才能将事情做好，也因为只有根据规则，别人才能正确、合理地评价你所做的事情。在现代社会中，后一个作用的重要性可能显得更为突出，如果没有一个统一的规则作为评价的依据，则见仁见智，无法形成好坏的判断，许多事情就会没法做下去了。

评估，如同审计、会计一样，恰巧就属于这么一个范畴，既要自身按规则做好，又需要别人根据规则对其好坏进行评判。一方面，评估的专业性很强，需要有一定之规，约束评估师，指导评估师，以提高评估之服务质量，这一点无须多说。另一方面，评估是受人之托而进行的一种专业服务，自然要接受委托人的评判。评估的结果在一定程度上又成为经济行为相关当事人进行决策的参考依据之一，其质量高低也就必然受到评估服务使用者（可能包括委托人以外的其他当事方）的评判，在这里我们需要假设评估服务使用者同市场经济中各种市场主体一样是理性的，需要对自己的行为负责，他们是不会像目前我国的一些评估服务委托方或使用者那样简单、直接、被动甚至恶意地使用评估结论。同时，由于评估服务的专业性和特殊性，评估服务对社会利益的影响不同于一般的服务。在一般的民事服务行为中，行为人一方如果违规，侵害的可能只是另一方或几方的利益，但有些评估服务不当，可能会影响到其他当事人或社会公共利益，如损害国有资产、威胁金融资产安全等。因此，政府部门和司法部门需要介入，也需要评判评估服务的好坏。由此，我们大体可以简单地归纳出需要对评估服务进行评判的三类主体：委托人、评估服务使用者、政府监管和司法部门。评估服务又是一种典型的非标准产品，对其服务质量的评价不可能有简单的、标准化的或指标化的尺度。不同的主体从不同角度出发，有的人会将评估的结果与自己心中或计划中的期望值去做比较，有的人则不断地将评估结果与事后的成交价格（或类似成交价格）进行比较，由于评价所依据的尺度不一样，对同一个评估服务会有相差甚远的评价也不足为奇。在这种情况下，如果我们能像评估业发展成熟的国家一样，将评判主体的评价标准，从结论正确与否的简单二元判断，引向对评估过程和评估结论的合理性的判断，那将是我国评估行业成功发展的一个重要转折和飞跃。担当促进实现这一转折和飞跃大任的，就是也只能是评估准则！

以上观点反映了我长期以来形成的一个想法：评估服务是一个系统过程，绝不仅仅是评估师单方的行为。评估服务的好与坏，不仅取决于评估师的专业服务水平和披露水平，还在很大程度上取决于委托方和使用者的理性程度，以及监管者的理性程度，即一个良性循环的评估服务，需要理性委托、理性评估、理性使用和理性监管。任何一个理性的缺失，都会导致评估服务的失败或无效，甚至是引向危险的方向。在形成这种理性循环的过程中，评估准则的重要性实在是太大了。一部好的评估准则，不仅能够有效地指导和约束评估师的执业行为，还能引导正确处理好评估师与委托方、使用者的关系，更能为委托方、使用者和政府部门提供一个合理评判评估服务的依据。

（二）

近 20 年来，我先后翻译过不少的评估书籍。与以往不同，此次翻译 USPAP 完全是我个人的行为，既未受任何组织之"重托"，也未接受任何资金支持。翻译本是件苦差事，专业性文件尤甚。这种专业性书籍销量有限，要做到在财务上持平都很困难。有朋友问我，为什么如此吃力不讨好地去做这件事？我的答案很简单，是出于对评估的喜爱和尊重，是出于对 USPAP 这样一部影响国际评估行业以及众多像我这样的评估人的优秀准则的喜爱和尊重。

十多年来对 USPAP 的跟踪研究以及参与中国评估准则的制定过程，使我清晰地明了 USPAP 给美国评估行业乃至国际评估行业带来了什么样的影响，USPAP 本身也已经成为全面了解美国评估行业发展状况的主要窗口。由于美国评估行业在国际上的独特地位，近年来国内几大评估系统都对美国评估业进行了较多的研究。然而许多研究文章、报告缺乏对 USPAP 背景和内容的全面理解，导致中国评估行业对美国评估业的许多认识是不全面甚至是偏颇的，很多结论有意或无意地变成了"瞎子摸象"式的以点盖面。解决这些问题的突破口，就是中国评估行业需要静下心来，客观、全面地分析和理解 USPAP 的背景、内容及其对美国评估业的影响。

USPAP 对中国评估行业已经形成系统性影响。本书的翻译又使我重新经历了一次学习、比较的过程，重温了 USPAP 对中国评估行业的影响过程，我相信通过对 USPAP 的学习以及与中国评估准则的对比，中国的评估人员会更加深入地理解评估准则和评估原理。我特别想强调的是，USPAP 的综合性定位以及围绕 USPAP 所做的生动的准则说明、咨询意见和常见问题回答，给我国资产评估、房地产评估以及土地评估三大系统的评估执业人员、学术研究人员、管理人员提供了一个难得的机会，能够从中吸收新鲜的养分，并在此基础上结合中国实践予以运用、借鉴。在当前由次贷危机引发的金融危机仍未明显转好的背景下，重新审视评估与金融危机的关系（虽然在本轮金融危机中评估并未像以前那样被指责为祸首之一）以及 USPAP 作为一部评估准则在提高美国评估行业发展水平、防范金融风险方面的作用，也有利于中国政府监管部门（包括金融监管和评估监管部门）、各大金融机构很好地全面理解评估与金融危机及金融风险防范的关系，推动中国金融评估管理体系的建立和完善。

在近 20 年的评估工作中，USPAP 给我带来了养分、乐趣，也带来了一定的麻烦。从某种意义上而言，USPAP 对我个人的影响是巨大的，甚至在一定程度上改变了我的人生轨迹和发展方向。

正是基于 USPAP 对美国、中国评估业以及对我的特殊影响，我选择在时隔 12 年之后，再次翻译 USPAP，与各位真正关心中国评估事业发展的朋友们分享。

（三）

20 世纪 80 年代初中期，美国开始出现由房地产泡沫诱发的金融危机，导致 400 多家金融机构破产，最终给联邦储备基金造成 1 000 多亿美元的损失，这就是储蓄和贷款危机（Saving and Loan Crisis）。1986 年 9 月美国国会在进行全面调查之后，指出抵押资产的不当评估是导致此次金融危机的重要原因之一，为此制定了《金融机构改革、复兴和实施法案》

(FIRREA)第11章，构建由联邦政府、州政府、金融机构和评估行业共同组成的金融评估管理体系，其中与评估行业有关的一项重要措施就是制定统一的评估准则（Uniform Standards）。USPAP就是在这种背景下诞生的，担负起临危拯救声誉不佳的评估行业的重任。应当说，经过美国评估界20年的努力，USPAP很好地完成了此项工作，成为一部经得起考验的优秀评估准则，并且在独立、民主、专业的制定程序保证之下，不断变得更加优秀。

一部准则是否优秀，有许多评判标准。结合多年从事准则研究和制定工作的经验，我以为以下三个标准至关重要。

第一，是不是兼具理论和实践的美誉。也就是说，在理论上它是不是能站住脚，能否代表这个行业和时代的理论研究成果，在实践中是否经得起考验，能否有效地指导评估执业。这两者的平衡是十分不易的。不仅年轻的中国评估准则需要接受检验，当前国际评估界重点研究的《国际评估准则》（IVS）也正面临着这一平衡的考验。对比USPAP与IVS，我们不难看出一部不断接受实践和法律诉讼考验的准则和一部理想化的准则在这方面的差别。IVS在理论上具有较强的前沿性，但实践中的可操作性已成为其推广的软肋。USPAP则成功地避免了IVS存在的操作性问题，其中最有代表性的是USPAP对市场价值类型的处理。USPAP十分强调价值类型和市场价值的重要性，在许多条文中都涉及市场价值的要求。USPAP从未像IVS一样，试图去定义一个适用于各种资产类型、评估目的和司法管辖权的市场价值定义。USPAP最终将市场价值的定义及其要件的组成指向与评估行业相关的司法管辖区域或部门甚至是客户所做的定义，这就在很大程度上避免了不同领域对市场价值的不同理解，也避免了将评估师置于评估准则与相关领域管辖权的对立之中。源于不动产评估领域的市场价值概念十分注重最佳用途（highest and best use）这一要件，动产评估师、企业价值评估师则认为这一要件对他们并不适用。针对这一问题，USPAP近年来在理论上开创性地提出，作为不动产领域市场价值重要要件的最佳用途与动产评估中的市场层次、企业价值评估中的价值前提是相近似的概念。这种处理方式不仅在理论上取得了重大突破，还在很大程度上改变了动产评估师、企业价值评估师对源自不动产评估领域的市场价值概念的抵触。

第二，是不是得到评估行为各当事方的认可和执行。评估行业当事方至少包括评估师及其对应的委托方、委托方以外的评估报告使用者，有时候还包括行政、司法方面的监管方。USPAP总体上还是一部民间准则，除根据FIRREA对涉及联邦交易的抵押评估业务具有强制力外（请注意，此类业务有严格的定义，参考本书中相关内容），并不具有官方色彩和法律效力，理论上只能对自愿承认其效力的个人或团体产生约束力。换言之，在企业价值评估、动产评估业务中以及涉及联邦权益的抵押评估以外的不动产评估业务中，完全可以不执行USPAP的规定。然而，由于USPAP的良好声誉，越来越多的评估师、评估公司主动声明在各类业务中均遵守USPAP，委托方和其他评估报告使用者一般也都要求评估师遵守USPAP。在当今的美国评估界，虽然USPAP并不像许多国家的评估准则被宣称为强制性遵守的准则（实际上大多数也未能强制遵守），但如果评估师不表明遵守USPAP，恐怕是很难承接到业务的。这也从一个侧面表明了USPAP在业内外已经深入人心。在监管层面上，不仅包括美联储在内的五大金融监管机构、房地美和房利美等政府资助企业、各州政府、各大金融机构在涉及联邦权益的抵押评估业务中需要遵守USPAP，其他政府部门、法官在处理涉及评估的事项时（包括动产、企业价值评估）也都会重点或优先考虑USPAP的相关要求。

第三，是不是在保护评估师、评估行业合法权益和维护公共利益之间达成很好的平衡。USPAP 其实是一部对评估师提供实实在在保护的准则，很多规定都切实维护了评估师的利益。例如，在 1996 年版 USPAP 中，只是笼统地要求"评估师须维护评估师-客户关系中的保密性要求"，并明确提出评估师不得向任何人泄露从客户获取的保密数据或受客户委托进行评估的结果。在经过多年的诉讼和修订之后，在本版 USPAP 中则将保密信息定义为"客户在提供给评估师时明确为保密且从其他渠道无法获得的信息"或"根据相关法律或规定被列为保密或隐私的信息"，通过定义严格限定了保密信息的内涵和外延。这种做法在不违反法律的同时大大减轻了评估师在保密性方面可能面临的压力。再如，评估师仅向委托方和委托方在协议中明确的其他报告使用者承担责任的规定、对特别假设和非真实性条件的规定等，无一不在尊重评估专业属性、便利评估师执业的同时，很好地保护了评估师的合法利益。但是，USPAP 并不以维护评估师利益为目标，更看重"提高和维护社会公众对评估行业的信心"。例如，USPAP 中一个最基本的要求就是评估结论必须具有可信性，即结论应当结合预期用途获得相关证据和逻辑的支持。这是评估师出具报告的底线，如果"无法形成与预期用途相关的可信业务结论"，评估师"不得接受此项业务"。再如，USPAP 要求评估师在评估报告中包含足够的信息，以达到使评估报告使用者合理理解的目的；为防止在不动产市场变动较大情况下评估价值可能会给客户带来的误导，要求评估师根据通常执业方式能够获得相关信息的情况下，对评估对象在评估基准日的所有交易协议、期权和挂牌信息进行分析，对评估对象在评估基准日前三年内所有的交易情况进行分析，并进行充分披露；为防止特别假设和非真实性条件的滥用，明确了特别假设和非真实性条件的使用条件，并要求在报告中披露特别假设和非真实性条件可能会影响评估结果等。

正是因为 USPAP 很好地满足了上述三个标准，脱胎于储蓄和贷款危机的 USPAP 不负众望，不仅出色地完成了在金融评估领域"纠偏"这一任务，而且成功地挽回了美国评估行业的声誉，并在国际上取得了很大成功，演变为一部准国际性的评估准则。国际评估准则委员会在积极制定和推广 IVS 的过程中，也极其重视与 USPAP 的趋同与合作关系。为此国际评估准则委员会与评估促进会于 2006 年在华盛顿签署了《麦迪逊协议》，表示双方将尽最大努力推动 IVS 与 USPAP 的趋同与合作。

（四）

USPAP 对中国评估行业的影响是潜移默化的，理解 USPAP 对中国评估行业的影响，是需要总结、归纳的。正如从国际引进的很多技术规范、准则一样，USPAP 进入中国也经历了从早期"不具备土壤环境"时的"无人识君"和"此君无用"到"土壤环境初步具备"后的"此君甚有用"的转变。作为中国评估行业和评估准则发展全过程的参与者和见证者，十多年来我与 USPAP 的亲密接触过程，在一定程度上很好地演示了 USPAP 对中国评估行业影响的变化过程。

20 世纪 90 年代中期以前，是中国评估业新上马、大发展的时期，轰轰烈烈迅猛发展的势头掩盖了许多问题，在当时的条件下无法也不能对许多理论性问题深入探讨。到 90 年代中期，行业内部已经明显感觉到行业发展过程中的许多问题通过当时的评估理论和评估管理文件无法解释和支持。在此背景下，从 1996 年开始，中国评估行业开始效仿会计和审计行业，尝试建设评估准则（当时称为评估标准）。通过与美国评估界的初步交流，中国评估界第一次接触到 USPAP。1997 年，当时的国家国有资产管理局评估中心领导与美国评估促进会达成了翻译、出版 USPAP 的协议。我就是在此时介入 USPAP 的翻译、出版工作中，使得我有机会结合工作中遇到的问题和翻译中对 USPAP 的认识，不断地去思考中美两国评估要求的异同：同叫评估，在中美两国为什么差异这么大？是美国的体系存在问题还是我们的体系存在问题？美国的做法能不能对我们有参考意义？当时有一些人与我讨论，都认为 USPAP 对中国评估行业意义不大，一是结构复杂，很多要求令人很费解或者是杞人忧天；二是与中国评估行业的发展状况关联度不大，几乎无参考意义。在当时国资评估大一统的基础上，两者确实不存在可比性。但随着理解和思考的深入，我越来越清楚地认识到，存在差异的原因在于两国评估行业存在基础、功能的不同而并不是评估本身的不同。当时我提出，不存在简单的谁好谁差或谁对谁错的问题。之所以存在理解上的困难和 USPAP 无用论的观点，很大程度上是两国评估行业的基础不同，或者说我国评估行业所处的市场经济和法律环境还没发展到那一步。我相信，如果中国继续向市场经济迈进，迟早会理解 USPAP 中相关要求的意义和存在的原因。最简单的例子是在国家对评估结果进行确认、评估人员几乎不承担什么法律风险的背景下，是很难理解 USPAP 中反复强调的保护评估师的种种措施的。此外，当时的评估实践已经出现评估人员不能对部分被评估资产进行必要勘查时如何操作的问题，评估理论和管理思路对此都无解决对策，USPAP 中的限制评估（limited appraisal）则为解决这一问题提供了思路，但由于当时环境条件不成熟，也就无从考虑。

1997 年，在几次评估准则内部工作会议上，我被要求对 USPAP 进行介绍，引起了部分专家和相关领导的兴趣。USPAP 中文版于 1998 年 4 月正式出版，当时评估中心十分重视，认为这将是引导国内评估业发展的重要文献，因此加印 10 000 册，准备做到评估行业人手一册。然而，该书并没有在中国评估业引起足够的反响，很大程度上是因为其生不逢时。该书出版后不久，国家国有资产管理局即于 1998 年 7 月被撤销，评估中心也转为评估协会。在行业、职责和人员安排面临大调整的背景下，自然也就无人关心 USPAP 的宣传、推广工作。据我所知，1996 年版 USPAP 共销售（包括送出）2 000 册，剩余的 8 000 册一直压在库中，成为屡次搬家的负担，最终被送回印刷厂打成纸浆。当然，生不逢时只是客观原因之一。在当时的评估行业发展水平之下，人们还很难理解 USPAP 作为专业准则的定性和作用，这才是在相当长的时间内 USPAP 没有引起足够重视的根本原因。

2000 年以后，随着国内评估行业的改革和发展，特别是评估师作为责任主体被推到法律风险第一线以及非国资评估业务开始发展后，中国评估行业才意识到需要将评估视为一种民事主体之间的委托服务行为，并对各方的权利义务予以合理界定，这才真正开始认识到评估专业性以及在评估行业利益和社会公共利益之间维持平衡的重要性。在这种背景下，USPAP 中所涉及的一些"杞人忧天"的场景在中国评估行业开始显现，一些人开始重新理解和学习 USPAP，关于 USPAP 中相关概念的讨论文章开始零星出现。很多人四处寻找 USPAP 译本，由于已无库存，最终基本上都找到我这里，以至于我从库存废物中拣出并辛苦保存下来的几十本书很快就被要光。

2001 年评估准则制定工作重新启动之后，我已经调到专业标准部门工作，具体组织评估准则的起草，也就顺理成章地将对 USPAP 的研究成果带入中国评估准则制定工作中。在中国评估准则体系讨论和相关准则起草过程中，USPAP 自始至终发挥着重要的参考蓝本作用。每当最新 USPAP 发布之后，我都会组织相关专家学习、讨论，我本人也定期将 US-

PAP中的最新进展以文章等形式予以介绍。印象最深刻的是，在评估程序准则和评估报告准则起草过程中，几处重要的难点都是在USPAP中获得启发和突破。例如，2005年在设计评估程序受限、评估退出机制以及讨论评估报告使用者范围时，正巧USPAP进行了重大修改，强化了工作范围（scope of work）的概念，并将其作为评估程序的核心环节。这给我带来了极大的启发。2006年我参加美国评估师协会年度大会时，在完成组织交办的演讲任务之后，还特意请老朋友李哈克牵线，专门安排了一下午的时间，与当时的评估准则委员会主席闭门讨论，就工作范围的实质及其作用、评估退出程序、评估使用者的限定范围等交换意见。回国后即将这些讨论结果与准则起草组人员分享，并具体体现到程序准则和报告准则的相关规定之中。

以上是我感受到的USPAP对中国评估行业产生影响的动态过程。基于此，我对本书的结构下了些功夫。在本书中，我以大量译者注的方式，尝试分三个层面从结果的角度来归纳USPAP对中国评估行业的影响。第一个层面是我们从USPAP中直接或间接引入了哪些重要概念、理念，如涵盖不动产、动产和企业价值评估的综合性准则体系、评估的定义、评估结论的表现形式（区间值）、追溯性评估和未来性评估、评估报告使用者、价值类型和市场价值、评估退出机制、限制评估、多种评估方法的运用、重要素轻形式的报告准则模式、评估声明、控股权因素、流动性因素等；第二个层面是一些概念虽未全面引进，但其实质已经被部分借鉴，包括评估复核、批量评估等；第三个层面是进行了较多讨论但考虑国情不同、成熟程度不同尚未能引进的概念，如评估报告类型的划分（完全、简明和限制用途的报告）、特别假设、非真实性条件、工作范围等。这些注解汇总起来将会是一篇关于中国评估准则与USPAP比较的文章，建议读者在阅读时结合这些译者注对比中美评估准则的相关规定，相信对深入理解USPAP以及理解中国评估准则中相关概念、理念的来源、意义会有很大帮助。在美国评估界，评估准则委员会为便于各方面全面理解USPAP，特别是针对USPAP执行过程中存在的问题，定期发布《USPAP常见问题》，并在每个USPAP版本发行时，对已发布的《USPAP常见问题（汇编）》进行汇总、更新后，形成新的《USPAP常见问题（汇编）》。2008—2009年版本USPAP中收入220个问题回答，这些内容以鲜活的方式提供了辅导，很受各界的欢迎。在本次翻译过程中，我本计划将这些常见问题都收入，但由于常见问题内容太多，且相当一部分是针对美国国情的内容，因此我挑选了部分对于理解USPAP有重大帮助、对中国读者有参考意义的问题回答进行了翻译。此外，基于这些年对美国评估业的理解，我还增加了内容翔实的补充资料，对USPAP与美国金融评估管理体系、FIRREA等相关背景进行了深入介绍，以便于读者全面了解USPAP及美国评估业相关情况。因此，建议读者阅读本书时，先读相关补充背景资料，再看准则和准则说明，最后对比阅读内容生动的咨询意见和常见问题回答。

（五）

USPAP对我的影响，体现在三个方面。

第一，通过对USPAP的研究和翻译，我坚定了对评估工作的兴趣和信心，这是我这么长时间以来一直对评估工作乐此不疲的重要原因。1991年大学毕业后，由于各种巧合，我就开始从事评估工作，几乎与国内评估行业同时起步。由于当时的国资评估存在种种不确定性，我很难对这个工作和行业产生兴趣和信心。在1997年承担翻译USPAP任务之前，我已经是当时国有资产管理局评估中心一位年轻的"老同志"了，但总体上还是一个典型的机关行政干部，对专业性工作的介入兴趣和力度并不大。1997年开始的USPAP翻译、出版工作，对我而言是一个重要转折。

当时的翻译工作是以传统的行政管理方式进行的。所谓传统的行政管理方式就是认为翻译是一种简单的可复制工作，对1996年版USPAP进行分拆，分配给评估中心内外一些懂英文的同志分头翻译（我承担了其中几个准则的翻译任务），然后汇总出版。然而翻译稿汇总上来之后才发现这种简单分工合作的大生产方式在专业文件翻译方面存在很大问题。先不说每个人的英文基础差异太大，要命的是各人对评估专业的理解不一，汇总上来的东西可读性、可理解性差距较大。特别是参与者的责任心和敬业精神不同，有的人为了规避翻译中的难点或不理解的语句，整句甚至整段地丢弃。在根本无法出版的情况下，有关领导找到我，要求我负责总纂和校对直至出版。涉世不深的我并不知道天高地厚，一口答应下来，从此开始了与USPAP的不解之缘，也从此改变了我对评估工作的看法，引导我对评估专业问题产生了持续的兴趣和信心。在以后的十多年时间中，我将USPAP视为良师益友，一方面持续跟踪、学习USPAP，另一方面积极地将从USPAP中获取的有益理念引入到工作中特别是评估准则的制定工作中。这是一个充满乐趣的过程。

第二，通过翻译和研究USPAP，改变了我对翻译和研究工作的认识。以前我和很多人一样，以为翻译和交流工作很简单，手持原稿和字典，花些时间就可以了。在长期的国际交流过程中，我翻译了许多评估方面的文章、书籍和新闻，也撰写了不少关于国际评估业发展的研究文章。我深刻感受到不能为研究而研究、为翻译而翻译，需要跳出来，全面、系统地理解研究对象所处的历史、社会和经济背景，才有可能形成深入全面的理解，否则结论必然是不全面甚至是错误的。从某个角度来看，翻译就是一个"贪污"和"窜改"的过程，好的翻译把原作内容"贪污"和"窜改"的少一些，不好的翻译把原作内容"贪污"和"窜改"的多一些。"贪污"或"窜改"的多少不仅取决于译者的语言基础（外文和母语），还有对专业的深入理解，更要有超强的责任心，三者缺一不可。很多情况下，看懂了不一定能理解，理解了不一定能说清楚，说清楚不一定能够写清楚（让无法听你当面说的读者能够明白），这是一个不断加工、创作和提升的过程。因此在1997年负责总译和校对USPAP时，我并没有急于动手，而是投入精力挖掘USPAP的背景，特别是把大量时间放在挖掘和研究储蓄和贷款危机、美国金融评估管理体系及其与评估行业之间的关系上，才对USPAP有了第一次真正意义上的理解。我首先追加翻译了《金融机构改革、复兴和实施法案》和金融监管部门的评估指南。今天看来，这是最为成功的一点，在以后十多年的工作中，我也不断地受益于当时对金融危机与评估关系的研究。很可惜，时至今日仍有许多人对翻译和交流工作的专业性认识不清，仍然在很可悲地继续着为翻译而翻译的过程。

第三，USPAP的翻译和研究在带给我乐趣和收获的同时，也"意外"地带来了一些麻烦。1996版USPAP的出版固然是件对评估行业和评估工作有益的好事，但由于在出版的书上署上自己的名字，尽管经过当时组织领导的批准，还是给不识时务的我招惹了不少麻烦。在此后相当长的时间内，不断有人指责我"注重个人名利"，甚至祭起了"利用公家资料写个人文章"的大印。当时还太年轻的我十分愤怒，对这种不尊重专业劳动的做法十分不屑，也对那些自以为凭借权势能够左右他人命运、遮天蔽日的做法予以了"代价不菲"的抵制。今天的我在经历了评估行业的是是非非之后，对此只会付之一笑，"青山遮不住，毕竟东流去",物是人非,自有公道。此次的编译工作就是在这样的心态中轻松完成的。

(六)

12年后再次翻译出版USPAP中文版,恰逢我刚过40周岁生日,感慨万千。

弹指一挥间,多少年华转瞬即逝,但岁月还是给一切留下了深深的烙印。12年来,USPAP取得了长足的进步,美国评估行业取得了长足的进步,中国评估行业更是取得了长足的进步。作为译者的我也从20多岁的年轻人迈进了不惑之年,对人生、对评估也有了更深入的理解。

谨以此书作为我步入不惑之年的纪念——纪念一个评估人为评估所付出的19年岁月!

谨以此书向那些为中国评估事业努力奋斗和曾经努力奋斗过的人们致敬!

王诚军
经济学博士(Phd.)
中国资产评估协会资深会员(FCPV)
英国皇家特许测量师学会资深会员(FRICS)
美国评估师协会高级会员(ASA)
注册资产评估师(CPV)
注册会计师(CPA)

2009年5月28日于北京

序

世界各地的人们现在都经历着一场金融混乱,其影响面在过去很多年是未曾遇到过的。在这样一个困难时期,世界各国需要联合起来,在共同理念的基础上建立经济、金融制度。

当前的金融危机进一步提出了制定统一评估准则的迫切需求,特别是在全球会计及监管实务、准则趋于统一的大背景下。在国际评估界,国际评估准则理事会[①]下属的准则委员会(International Valuation Standards Council's Standards Board)正在制定全球性评估准则。该委员会由多个国家的代表组成,在准则的制定过程中需要向各国准则制定部门公开征求意见并得到接受。我们希望各国能够将《国际评估准则》采纳为本国的准则,或者将国内准则与《国际评估准则》予以结合。这种做法将有助于全球金融和监管体系的稳定。

随着中国评估准则的制定及不断更新,相关部门需要研究《国际评估准则》以及发达国家的评估准则。因此,翻译USPAP具有特别的意义,这将有助于中国的准则制定部门、国内专业评估服务提供者和使用者理解:美国这样一个世界主要发达国家在评估师指南和准则方面提出了什么样的要求。

在美国,所有涉及联邦的金融业务都必须遵守USPAP。此外,国内税务署(Internal Revenue Service)、证券交易委员会(Securities and Exchange Commission)、商业银行和放款机构以及各州评估师管理委员会等也都有相应规定,要求评估师在多数评估业务中遵守USPAP。因此,执业评估师在进行评估分析和编制评估报告过程中,必须理解并遵守USPAP的相关规定,才能得到客户和监管部门的认可。

我曾在评估促进会(The Appraisal Foundation)的管委会(Board of Trustees)任职6年,其中有1年担任主席,4年担任管委会执行委员,与USPAP有很深的缘分。在担任这些职务期间,我们的主要职责是监督准则委员会的业务规划,该准则委员会专注于制定USPAP。

USPAP由王诚军先生来翻译是再恰当不过的了。王诚军先生拥有中国资产评估协会资深会员(FCPV)、英国皇家特许测量师学会资深会员(FRICS)、美国评估师协会高级会员(ASA)、注册会计师(CPA)和博士(PhD)头衔,代表中国在国际评估准则委员会下设的准则委员会(International Valuation Standards Committee's Standards Board)担任多年委员,并担任中国资产评估协会专业标准部主任多年,长期致力于研究中国和国际评估准则。

王诚军先生在评估领域拥有多方面的经验,包括制定和讲授评估准则、监管评估实务以

[①] 国际评估准则委员会(International Valuation Standards Committee)成立于1981年,原名国际资产评估准则委员会(The International Assets Valuation Standards Committee, TIAVSC),1994年改名为国际评估准则委员会,2008年改名为国际评估准则理事会(International Valuation Standards Council)。——译者

及提供尽职调查和评估咨询服务。他长期专注于撰写有关企业价值评估和无形资产评估准则的书籍、文章，应邀担任多个政府部门的审核专家对国内和国际评估师编制的评估报告进行专业复核，并公开发表50余篇有关评估准则、实务和理论以及评估师法律责任的文章。

在过去很多年中，我很乐意做的一件事就是安排王诚军先生与几任评估准则委员会主席进行沟通和交流，帮助他不断加深对USPAP的理解。他对USPAP关注的角度很全面，从准则制定和公开征求意见的程序一直到该准则的培训、教育事项，并且不断地与美国几个主要专业评估协会讨论USPAP的实施问题。

通过王诚军先生不懈的研究和翻译工作，他向中国评估行业提出了两个重要启示：在各评估领域加强最佳执业水平的高级培训，并在评估师执业过程中建立控制系统以确保高水平的质量控制。他清楚地理解评估师与客户及社会公众之间建立相互信任关系的必要性。通过对USPAP的翻译，王诚军先生继续扮演着推动中国评估行业发展的"大使"角色，他这位"大使"的工作是富有成效和被大家公认的。

让我们因本书的出版而为王诚军先生鼓掌、喝彩！

李哈克[①]
美国评估师协会资深会员
英国皇家特许测量师学会资深会员
不动产顾问协会会员
Lee P. Hackett，FASA，FRICS，CRE

---

① 李哈克，国际评估准则委员会管委会委员（Board of Trustees, International Valuation Standards Council），评估促进会管委会前任主席（Past Chair, Board of Trustees, The Appraisal Foundation），中国资产评估协会评估准则咨询委员会委员（Member, Valuation Standards Advisory Committee, China Appraisal Society），美国评值公司执行副总裁（Executive Vice President and Director, American Appraisal Associates, Inc.）。

目　录

第 1 部分　准则

前言 3
导言 6
定义 8
职业道德规则 14
资料保管规则 17
专业胜任能力规则 18
工作范围规则 20
管辖除外规则 23
准则和准则条文 24
　准则 1　不动产评估，操作 24
　准则 2　不动产评估，报告 30
　准则 3　评估复核，操作 37
　准则 4　评估复核，报告 41
　准则 5　批量评估，操作 45
　准则 6　批量评估，报告 51
　准则 7　动产评估，操作 55
　准则 8　动产评估，报告 60
　准则 9　企业价值评估，操作 66
　准则 10　企业价值评估，报告 70

第 2 部分　USPAP 咨询意见

前言 77
咨询意见 1　交易历史 78
咨询意见 2　评估对象的勘查 82
咨询意见 3　以前评估的更新 85

咨询意见 4	准则条文 1-5（b）	88
咨询意见 7	营销时间意见	89
咨询意见 9	受到环境污染影响的不动产的评估	92
咨询意见 11	评估准则条文 2-2、8-2 和 10-2 中有关评估报告类型的内容	97
咨询意见 12	采用准则条文 2-2、8-2 和 10-2 中的报告类型	101
咨询意见 13	不动产抵押估价业务中遵守 USPAP	103
咨询意见 14	补贴住房的评估	107
咨询意见 16	公平住房法和评估报告内容	110
咨询意见 17	计划进行改良的不动产评估	113
咨询意见 18	自动评估模型（AVM）的使用	117
咨询意见 19	不动产评估业务中不能接受的业务条件	124
咨询意见 20	复核人单独形成价值意见的评估复核业务	129
咨询意见 21	遵守 USPAP	135
咨询意见 22	不动产市场价值评估业务中的工作范围	144
咨询意见 23	在不动产评估业务中明确评估对象的相关特征	150
咨询意见 24	通常执业方式	154
咨询意见 25	在涉及联邦权益业务中明确客户	157
咨询意见 26	将报告改编（转交）给其他当事方	159
咨询意见 27	为新客户评估同一资产	161
咨询意见 28	工作范围的决定、执行和披露	164
咨询意见 29	可接受的工作范围	168
咨询意见 30	联邦监管金融机构使用的评估	171
咨询意见 31	涉及多个评估师的业务	175
咨询意见 32	从价税评估和批量评估业务	180
咨询意见 33	折现现金流分析	184
咨询意见 34	追溯性和未来价值意见	187
咨询意见 35	不动产和动产价值意见中的合理展示期	190
咨询意见 36	明确并披露客户、预期用途和预期使用者	193

第 3 部分　《USPAP 常见问题（汇编）》（2018—2019 年版）

第 4 部分　USPAP 与美国评估业概览

USPAP 与美国金融评估管理体制	223
《金融机构改革、复兴和实施法案》	240
监管部门联合评估和估价指南	249
AVM 简介	267

美国评估相关部门网址 ………………………………………………………………… 270

第5部分　以财务报告为目的评估之最佳实务指南
——贡献资产：确定贡献资产并计算经济租金

前言 ……………………………………………………………………………………… 277
1.0　引言 ………………………………………………………………………………… 278
2.0　贡献资产的识别 …………………………………………………………………… 281
3.0　估值方法及贡献资产费用的应用 ………………………………………………… 284
4.0　投资回报率按资产或资产类别的分层 …………………………………………… 295
5.0　总结 ………………………………………………………………………………… 301
6.0　缩略词清单 ………………………………………………………………………… 302
7.0　参考文献 …………………………………………………………………………… 303
8.0　术语表 ……………………………………………………………………………… 305
9.0　附录A：完整案例 ………………………………………………………………… 310
10.0　附录B：实操案例 ………………………………………………………………… 329
11.0　附录C：关于某些无形资产成长性投资的税前与税后调整 …………………… 342

第 1 部分

准则

前 言

评估促进会（Appraisal Foundation）[①] 下属的评估准则委员会（Appraisal Standards Board，ASB）[②] 为维护评估师和评估服务使用者利益，制定、出版、解释并修订《美国资产评估准则》（USPAP）。2018—2019 年版 USPAP 有效期为 2018 年 1 月 1 日至 2019 年 12 月 31 日。

USPAP 由五个部分组成：导言（Preamble）、定义（Definitions）、规则（Rules）、准则（Standards，包括准则条文（Standards Rules）以及评估准则说明（Statements on Appraisal Standards，目前暂无具有效力的准则说明）。为便于参考，USPAP 在出版时还包括本前言和目录。本书还纳入咨询意见（Advisory Opinions）和常见问题（Frequently Asked Questions）作为参考资料，这些参考资料并不是 USPAP 的组成部分，仅是评估准则委员会提供指导的一种"其他沟通方式"。

理解并跟踪 USPAP 每个版本的变化是十分重要的。各州及联邦政府有关监管部门执行现行或适用的 USPAP 版本。

USPAP 历史

这些准则以 1986—1987 年统一准则特别委员会（Ad Hoc Committee on Uniform Standards）制定并由评估促进会于 1987 年取得版权的首版 USPAP 为基础。首版 USPAP 于 1987 年 4 月 27 日生效。在 1989 年评估准则委员会成立之前，USPAP 就已经被北美的主要评估组织采用。USPAP 在美国是被广泛接受和认可的评估执业准则。

在 1989 年 1 月 30 日评估准则委员会成立大会上，评估准则委员会一致同意将首版 USPAP 采纳为评估准则委员会制定的第一部评估准则。评估准则委员会可以根据既定的程序，在向评估行业、评估服务使用者及社会公众披露后，对 USPAP 进行修改、解释、增补或废除。

USPAP 的变化

长期以来，USPAP 随着评估行业的变化不断发展。基于针对征求意见稿的书面意见以及公开会议的现场口头听证意见，评估准则委员会已经形成一整套制定准则和指南的规则。

[①] 评估促进会成立于 1987 年，是由美国和加拿大各大评估协会联合发起的非营利行业组织，根据《金融机构改革、复兴和实施法案》（FIRREA）的授权，负责制定统一评估准则和评估师资格标准。英文名为"Appraisal Foundation"，取其规范促进评估行业发展之意，译为评估促进会。——译者

[②] 评估促进会下设主要机构之一，成立于 1989 年 1 月 30 日，主要负责制定、修订评估准则及评估准则说明和咨询意见。评估促进会下设的另一主要机构是评估师资格委员会（AQB）。——译者

指南

评估准则委员会以咨询意见（Advisory Opinions）、《USPAP常见问题（汇编）》(USPAP Frequently Asked Questions（FAQ）) 以及定期发布的《USPAP常见问题》(USPAP Q&A) 等方式提供相关指南。这些沟通内容并不构成新的评估准则，也不是对现行准则的解释，不属于USPAP的组成部分。这些文件用于阐释准则在特定情形下的应用，并从评估准则委员会的角度提供相关评估事项和问题的解决方案。

《USPAP常见问题》定期发布，可在评估促进会网站上查阅。这些问题和答复汇总整理后形成《USPAP常见问题（汇编）》。

联系评估准则委员会

评估准则委员会欢迎所有感兴趣者，包括评估师、各州监管部门、评估服务使用者和社会公众，提出有关USPAP的问题、有关USPAP的意见以及USPAP的修改建议。

如果您有任何有关USPAP的意见、问题或建议，请与评估准则委员会联系。联系方式如下：

Appraisal Standards Board
The Appraisal Foundation
1155 15th Street，NW，Suite 1111
Washington，DC 20005
Phone：202-347-7722
Fax：202-347-7727
E-Mail：info@appraisalfoundation.org
www.appraisalfoundation.org

2017年度评估准则委员会成员

Margaret A. Hambleton——主席
R. Lee Robinette——副主席
Patricia H. Atwood
Steven H. Berg
Theddi Wright Chappell
David Hundrieser
Wayne R. Miller
Shawn L. Telford

（2018—2019年版USPAP于2017年2月3日由2017年度评估准则委员会通过。）

2016年度评估准则委员会成员

Margaret A. Hambleton——主席
J. Carl Schultz, Jr.——副主席
Patricia H. Atwood
Steven H. Berg
Theddi Wright Chappell
David Hundrieser
R. Lee Robinette
Barry J. Shea

导 言

USPAP 的目的是通过制定对评估师的要求，提高和保持社会公众对评估行业的信任程度。对评估师而言，以严肃且不误导的方式进行评估并与预期使用者就分析、意见和结论进行沟通是十分重要的。

评估准则委员会既为评估师也为评估服务使用者制定 USPAP。评估师的责任是维护社会公众的信任，其角色之重要也要求这个行业的从业者遵守职业道德义务。USPAP 体现了评估行业的现行准则。

USPAP 在定义（Definitions）、规则（Rules）、准则（Standards）、准则条文（Standards rules）和评估准则说明（Statements on Appraisal Standards，目前暂无具有效力的准则说明）中规定了评估师在职业道德和执业方面的义务。

- 定义部分对 USPAP 中采用的部分术语进行了明确说明。
- 职业道德规则在正直、公正、客观、独立判断及职业操守等方面做了规定。
- 资料保管规则规定了评估和评估复核业务有关工作底稿方面的要求。
- 专业胜任能力规则要求评估师在执行业务前和执行业务过程中具有专业知识和经验。
- 工作范围规则对评估师在明确评估问题、进行研究和分析方面的义务做了规定。
- 管辖除外规则在 USPAP 部分内容与某管辖区域内法律或公共政策不一致时保持了 USPAP 的平衡。
- 准则规范了评估、评估复核业务的操作要求及报告要求。
  ——准则 1 和准则 2 规定了不动产评估操作和报告的要求。
  ——准则 3 和准则 4 规定了评估复核操作和报告的要求。
  ——准则 5 和准则 6 规定了批量评估操作和报告的要求。
  ——准则 7 和准则 8 规定了动产评估操作和报告的要求。
  ——准则 9 和准则 10 规定了企业价值或无形资产评估操作和报告的要求。
- 目前暂无具有效力的评估准则说明。
- 注释是 USPAP 的组成部分，与被注释的准则内容同等重要。这些注释是对定义、规则、准则条文的延展，解释并阐述相关规定的背景和应用条件。

什么时候适用 USPAP 规则和准则

USPAP 并没有规定何种业务和什么人需要遵守其规定。评估促进会及评估准则委员会均不是政府部门，无权制定、审核或执行法律。评估师或某类业务是否需要遵守 USPAP，是根据相关法律和规定的要求而定，或是根据评估师与客户或预期使用者的协议而定。个人在任何时候以评估师的名义执行业务时，也可以选择遵守 US-

PAP。评估师遵守 USPAP 应当满足以下要求：

- 评估师执业时必须具有专业胜任能力，保持独立、公正和客观。
- 评估师执行所有评估业务时均须遵守职业道德规则。
- 评估师必须遵守资料保管规则，保存足以支持其评估和评估复核业务中结论的数据、信息和分析。
- 评估师执行所有业务时均须遵守专业胜任能力规则和管辖除外规则。
- 评估师在某项业务中提供价值意见时，也须遵守工作范围规则、资料保管规则以及相应的操作、报告准则和准则说明（目前暂无具有效力的评估准则说明）。
- 评估师在评估或评估复核业务中对其他评估师工作的质量发表意见时，也须遵守工作范围规则、资料保管规则、准则 3 和准则 4 中适用的规定以及相应的准则说明（目前暂无具有效力的评估准则说明）。
- 评估师在某个大型业务中进行评估或评估复核时，如果也需要形成其他意见、结论或建议，则该评估或评估复核部分须遵守相应的操作、报告准则和准则说明（目前暂无具有效力的评估准则说明），该业务中的其他部分须遵守职业道德规则、专业胜任能力规则和管辖除外规则。

定　义

在《美国资产评估准则》(USPAP) 中，相关术语定义如下。

评估 (appraisal)：（名词）形成价值意见的行为或过程；关于价值的意见。①
（形容词）属于或与评估及其相关功能（如评估执业、评估服务）相关的。

注 一项评估必须在数量上表示为确定的数值、数值区间或与以前的评估意见、数量基准（如估税价值、抵押价值）的关系（如不大于、不低于）。②

评估业务 (appraisal practice)：以评估师名义执业的个人③所提供的评估服务，包括但不限于评估、评估复核。

注 评估业务只能由评估师进行，评估服务 (valuation services)④ 可以由各种相关专业人士或其他人士提供。评估、评估复核是特意进行的分类，彼此之间并不完全排斥。例如，关于价值的意见也可能是评估复核业务的一个组成部分。使用其他表示评估、评估复核的术语（如分析、咨询、估价、研究、提供意见或估值），不能免除评估师遵守 USPAP 的义务。⑤

评估复核 (appraisal review)：（名词）对其他评估师在评估、评估复核业务中的工作质量进行分析并发表意见的行为和过程。

---

① 该定义是国际评估界中对评估本质属性的经典概括，对各国评估理论中评估的定义有深远的影响，其核心强调的是评估是一个形成价值意见的行为或过程。本定义部分中对"价值"的定义也体现了对这一精神的呼应。由于认识的局限，我国评估行业在起步早期，对评估的本质并未深入讨论。译者在组织起草 2004 年《资产评估准则——基本准则》时，坚持借鉴了 USPAP 中的这种精神。2004 版财政部发布的《资产评估准则——基本准则》中将评估定义为："本准则所称资产评估，是指注册资产评估师依据相关法律、法规和资产评估准则，对评估对象在评估基准日特定目的下的价值进行分析、估算并发表专业意见的行为和过程。"该定义在很大程度上参照了 USPAP 中评估的定义。2017 年财政部发布的《资产评估基本准则》中将此定义删除。——译者

② 美国评估界将评估结论归纳为三种形式，反映了其评估业发展 100 多年来的理论和实务成果。中国评估行业发展时间较短，评估师和评估结果使用者的理性程度和良性互动尚难以支持这三种结论形式的并存。中国评估界传统上只接受评估结论是点估计，近年来受境外评估的影响，在传统评估业务领域之外逐步出现以区间估计作为评估结论的做法，以数量基准的关系作为结论的尚较少接受。相信随着评估行为各方当事人理性程度的提高，区间估计及关系估计的评估结论表达方式会越来越多地被接受。——译者

③ 此处定义体现了美国评估行业重师轻所的原则，即评估业务由评估师个人提供，与评估机构、公司无关，此点与中国重所轻师形成鲜明对比。这种区别在一定程度上确定了中美评估行业不同的发展思路。——译者

④ USPAP 有意识地区分评估业务 (appraisal practice) 和评估服务 (valuation services)，两者的定义、区别见本部分。此种区分在本准则体系之内具有重要意义，在阅读本书时需要理解这两个概念的特定内涵，即此两个概念在本书中不是泛指的概念。根据"咨询意见 21——遵守 USPAP"，评估服务指所有与资产价值相关的服务，包括评估、经纪、拍卖、资产管理、咨询、评估复核、收集市场数据等，可以由评估师或其他人士提供；评估业务是评估服务的一部分，是指由以评估师名义执业的人士提供的评估服务，即评估业务只能由评估师执行，包括评估、评估复核和以评估师身份收集市场数据等。这两个概念在本准则体系之外并不具有普遍性，经常被用作泛指与评估有关的业务。——译者

⑤ 见"咨询意见 21——遵守 USPAP"。

（形容词）与对其他评估师在评估、评估复核业务中的工作质量进行分析并发表意见的行为和过程有关的。

注 评估复核的对象可以是评估报告、工作底稿的全部或部分，或者评估报告、工作底稿的组合。

评估师（appraiser）：被认为具有能力提供评估服务且以独立、公正和客观态度执业的个人。

注 当个人基于选择，或根据相关法律、规定，或基于与客户、预期使用者的协议提供服务且被期望具有评估师资质时，该人士应当符合评估师的要求。①

评估师的同行（appraiser's peers）：在相似类型的业务中具有专业知识和专业胜任能力的其他评估师。

业务（assignment）：根据与客户签订的协议由评估师提供的评估服务。

业务条件（assignment conditions）：影响工作范围的假设、特别假设、非真实性条件、法律和规定、司法管辖除外以及其他条件。

注 法律包括宪法、立法和判例法②、行政规定和条例。规定包括由行政部门颁布的具有法律效力的规则或命令。

业务结论（assignment results）：评估师为某项特定业务形成的意见或结论。③

注 业务结论包括评估师：
- 在评估业务中形成的意见或结论，并不限于价值；
- 在评估复核业务中形成的意见或结论，并不限于关于其他评估师工作质量的意见；
- 在评估、评估复核以外的其他评估服务中形成的意见或结论。

物理性特征不构成业务结论。

偏见（bias）：影响评估师在业务中公正性、独立性或客观性的偏好或倾向。

企业（business enterprise）：从事经济活动的实体。

企业权益（business equity）：由于拥有企业所有权或部分所有权所具有的利益、收益和权利（包括但不限于股本、合伙权益、合作、独资经营、期权和权证等）。

客户（client）：在某项特定业务中通过雇用或合同聘请评估师的一方或多方当事人。

注 客户可以是个人、团体或实体，可以直接或通过代理人聘请评估师并与评估师沟通。

保密信息（confidential information）：符合下列条件之一的信息④：

---

① 见前言和"咨询意见21——遵守USPAP"。
② 原文为"Laws include constitutions, legislative and court-made law…"，其中，legislative译为立法，指立法部门制定的宪法以外的其他法律。——译者
③④ 见职业道德规则中的保密部分。

(1) 客户在提供给评估师时明确为保密且从其他渠道无法获得的信息；
(2) 根据相关法律或规定被列为保密或隐私的信息。①

成本（cost）：建造、生产或获得一项资产所需要的金额。

注 成本是一项事实或者是对事实的估计。

可信（credible）：值得信任的。

注 可信业务结论需要获得相关证据和逻辑的支持，这些证据和逻辑的支持应当与预期用途所要求的程度相匹配。

展示期（exposure time）：在按照评估基准日市场价值实现交易的假设情况下，某项被评估的资产权益在交易前应当在市场上进行展示的时间。②

注 展示期是假设在具有竞争性和公开性的市场上，基于对过去交易行为的分析所形成的追溯性意见。

特别假设③（extraordinary assumption）：直接与某项特定业务相关的、关于分析中所使用的基准日不确定信息的假设，如果该假设不成立，评估师意见或结论将会改变。

注 不确定信息包括评估对象的物理、法律、经济特征；资产的外部条件，如市场条件或趋势；分析中所使用数据的完整性等。

可行性研究（feasibility analysis）：对某项经济行为的成本-效益关系进行的分析。

非真实性条件④（hypothetical condition）：直接与某项特定业务相关，评估师已

---

① 例如：依照1999年通过的《格拉姆-利奇-布利利法案》（Gramm-Leach-Bliley Act），一些公共部门制定了可能会影响评估师的隐私保护规则。联邦贸易委员会（Federal Trade Commission, FTC）制定了两个规则。第一个规则（16 CFR 313）专注于保护消费者提供给"与银行业机构紧密相连或通常与银行业务有关的"从事金融活动人员或部门的"非公开个人信息"（non-public personal information）。这些要求涉及"不动产或动产的评估"。见 GLB-Privacy。第二个规则（16 CFR 314）要求评估师保护客户的非公开个人信息。见 GLB-Safeguards-Rule。评估师如果未能遵守这些FTC规则，将会承担严厉的责任。

② 见"咨询意见35——不动产和动产价值意见中合理的展示期"。

③ 特别假设和非真实性条件是美国评估理论和实务的重要概念，也是其精华之一，在促进理性评估、理性披露、理性使用评估结论等方面发挥了重要作用。美国评估界在长期的实践和研究过程中，将特别假设和非真实性条件从一般意义的假设中分离出来，不仅很好地指导了评估实践，而且引导了使用者合理理解、正确使用评估结论。这两个概念是中国资产评估准则制定过程中想引进但最终未引进的概念，其根本原因在于在目前我国的评估环境下，评估服务提供者、评估服务委托者和使用者以及评估监管者都很难理性地理解、支持这两个概念。比如当前困扰中国评估界的一大问题是在企业价值评估报告中如何引用其他专业人士、机构出具的专业意见（如土地评估结论）以及如何鉴别各自责任，对此评估行业和主管部门都未给出合理的解决方法。美国评估界通过使用特别假设很好地处理了这一问题，既强调了各自的专业作用和责任，又有利于形成最终可信和合理的评估结论。这部分内容可参见《USPAP常见问题（汇编）》第261问。对中国读者而言，刚开始理解这两个概念可能会存在一定困难，建议结合阅读"咨询意见9——涉及环境污染的不动产评估""咨询意见17——计划进行改良的不动产评估"等。《USPAP常见问题（汇编）》中第85、133、134、138、140问的回答以举例的方式对这两个概念进行了解释。值得关注的是，中国评估界虽未正式引入非真实性条件这一概念，但在相关准则文件起草过程中已经尝试借用其理论。如在2003年发布的《注册资产评估师关注评估对象法律权属指导意见》在处理对委托方不具有产权的资产进行评估时，借用了非真实性条件的相关要求：在一定条件下可以在假设具有产权的基础上进行评估，但需要进行明确披露并说明"设定产权状况与实际法律权属状况存在重大差别"。见该指导意见第七条、第十一条。该指导意见已被2017年《资产评估对象法律权属指导意见》替代，其中后者第九条规定："资产评估专业人员以设定产权为前提进行资产评估，应对资产评估对象法律权属和设定产权前提予以充分披露。"——译者

④ 亦可译为非真实性假设，为保持与原文一致，本书中统一译为非真实性条件。参见"特别假设"脚注。——译者

知在业务结论的基准日并不存在,但为进行分析仍被假定(存在)的条件。

注 非真实性条件所假定的评估对象的物理、法律或经济特征,市场条件或趋势等资产外部条件,以及分析中所使用数据的完整性等,与已知的实际情况相反。

无形资产(intangible property,intangible assets):非实体性资产,包括但不限于设施、设备等实体资产之外的特许权、商标、专利、版权、商誉、权益、证券和合同等。

预期用途(intended use):评估师所提交的评估、评估复核业务结论的用途,由评估师在承接业务时与客户进行沟通确定。①②

预期使用者(intended user):评估师承接业务时在与客户进行沟通基础上所确定的评估报告、评估复核报告的使用者,预期使用者可以以名称或类型的方式予以明确。③④

---

① 见"咨询意见 36——明确并披露客户、预期用途和预期使用者"。

② "intended use"在 1996 年版 USPAP 中译为"期望用途",从 2008 年版 USPAP 起译为"预期用途"。

在 USPAP 体系中,以前曾普遍使用"期望用途"和"评估目的"两个概念。如在 1996 年版 USPAP 中不动产、动产及企业价值三个评估准则都提出评估师需要明确"intended use"和"appraisal purpose",译成中文是"期望用途"和"评估目的",从中文字面上理解区别不大,其实两者并非同义重复,而是有着实质性区别。这两个概念中文意思相近且同时在 USPAP 和相关评估文献中出现,给中国评估界在早期学习和理解过程中带来很大的混淆和困难。过去的文献基本将两个词合并后统一译为"评估目的",这种简单的"不知所以然"的处理方式在一定程度上对中国评估理论的引进和建设造成不良影响。译者在主持 1996 年版翻译时坚持将两个词同时保留并分别译为"期望用途"和"业务目的",但也未能对两者的区别予以深入讨论。经过十多年来与美国评估同行的深入交流,特别是在引进价值类型概念的过程中,译者对这两个概念的区别和意义有了深入理解。

预期用途(intended use)实际上等同于我国评估理论和实践中的"评估目的",可以理解为客户使用评估结论的目的,即客户的目的或报告的目的——委托方将评估结果用于什么目的或经济行为,如交易、申请贷款等;评估目的(appraisal purpose)并非中文中"评估目的"之意,实际上是指评估师在评估业务中要达到的目标,即市场价值、投资价值或其他价值类型等。换言之,"appraisal purpose"实际是指价值类型和定义,可以理解为评估师的目的,即评估师要回答的问题——评估什么样的价值。英文的这种表达方式极易混淆,长期以来我国在翻译、引进评估理论时,都把"appraisal purpose"简单译成"评估目的",与"intended use"意思相同,掩盖了其真实的价值类型内容,在一定程度上也导致了我国对价值类型理论引进方面的滞后。由此可见,我国评估界对这两个概念长期理解不清不仅是因为两个词相近,更主要的是因为在我国特殊的评估发展背景下,评估理论和实务界长期忽视价值类型理论。在不理解和不讨论价值定义的情况下,起步之初的中国评估界是无法理解这两者的区别的。今天在中国评估界已经正视并引入价值类型概念后,这两个概念的区别才能够得到正确理解。

当然这两个概念由于词义相近,即使在美国等以英语为母语的国家也很容易引起评估业内外的误解。因此在 2005 年 USPAP 修订过程中对此进行了重大修订,只保留了"intended use"概念,将"appraisal purpose"这一令人费解的概念直接改为"type and definition of value",这样理解起来就较为容易。

由于这两个概念给中国的评估理论和实务带来了十多年的误解,译者结合本准则加以特别说明。《USPAP 常见问题(汇编)》第 164 问的回答中,对此进行了专门解释,有助于大家理解。——译者

③ 预期使用者是 USPAP 中对中国评估理论和实务产生重要影响的又一概念。中国资产评估行业在发展早期,由于对资产评估服务属性认识较弱,对其所谓"鉴证属性"认识偏强,在很长一段时间内未讨论评估报告使用者的范围。这在一定程度上意味着评估报告使用者的范围较宽,甚至普遍认为任何人都是国资评估报告的使用者。这种理解对评估行业的危害极大,特别是在 20 世纪 90 年代末资产评估行业开始从完全的国有资产评估转向各种所有制资产的评估,评估机构与评估师开始承担更多法律责任之后,这种认识如果不予以纠正极大影响评估行业的发展。USPAP 中关于预期使用者的提法给中国评估行业很大启发,译者在组织起草早期评估准则时坚持引进这一概念,即明确并不是所有获得评估报告的人都是使用者,仅委托方、委托方在合同中约定的其他使用者以及法律法规规定的使用者才是评估报告使用者。这一原则在早期的评估报告准则、约定书准则、评估程序准则中均得以体现,2017 年版评估准则中也予以保留。如《资产评估执业准则——资产评估报告》第十二条第三款规定:"资产评估报告仅供委托人、资产评估委托合同中约定的其他资产评估报告使用人和法律、行政法规规定的资产评估报告使用人使用;除此之外,其他任何机构和个人不能成为资产评估报告的使用人。"——译者

④ 见"咨询意见 36——明确并披露客户、预期用途和预期使用者"。

管辖除外（jurisdictional exception）：基于相关法律或规定的要求，评估师可以不遵守 USPAP 部分要求的业务条件。

市场价值（market value）[①]：价值的一种类型，根据评估师所选择的与评估业务相匹配的价值定义中设定的特定条件，假定在某个特定日期进行某项资产交易（如所有权或一些权利组合）时该资产的价值意见。

注 形成关于市场价值的意见是许多不动产评估业务的目的，特别是在客户的预期用途涉及多个预期使用者的情况下。市场价值定义中所包括的条件形成了确定价值意见的市场角度。这些条件在不同定义中会有所不同，但基本上分为以下三类：

（1）当事方（如买方和卖方）的关系、知识和动机；

（2）交易条款（如现金、现金等价物或其他条件）；

（3）交易条件（如交易前在竞争性市场上有合理的展示期）。

评估师在每一个以市场价值为目的的评估业务中，应当以谨慎的方式明确市场价值的定义、出处及其适用性。

批量评估（mass appraisal）[②]：在某一确定的日期通过采用标准化方法、引用共同数据、进行统计测试等方法对某类群体资产进行评估的过程。

批量评估模型（mass appraisal model）：反映供应和需求因素如何在市场上相互作用的数学运算（模型）。

动产（personal property）[③]：被公众视为属于"个人的"可辨认有形资产，如装备、艺术品、古董、珠宝、收藏品、机器设备等；不动产以外的所有有形资产。

价格（price）：某项资产的询价、报价或支付的金额。

注 一旦提到价格，价格就是个事实，无论其是公开披露还是保密。由于特定买方或卖方的财务实力、动机或兴趣不同，为某项资产支付的价格与其他人对该资产的

[①] USPAP 及其代表的美国评估界对市场价值定义的处理与国际评估准则有较大不同。国际评估准则将市场价值定义置于极其重要的位置，也给出了市场价值的严格定义并努力在国际范围内推广该定义。美国评估界则对市场价值采取了相对理性的态度。早期如 1996 年版 USPAP 中并没有定义市场价值，后来在 USPAP 中虽定义了市场价值，但没有做出严格的内涵式定义，只是强调市场价值是价值类型的一种，同时也特别强调市场价值在不动产评估中的重要性，有意淡化其在动产评估及企业价值评估中的重要性。USPAP 的这种处理方式反映了美国评估界对市场价值的传统观点，即一方面市场价值对于不动产评估较为重要，但不宜简单地推广到其他非不动产评估领域；另一方面由于资产类型和评估目的不同，市场价值很难有统一的定义。因此，USPAP 不去直接定义市场价值，而是将定义权交给相关法律法规或规定，如各地方（郡）政府的财产税法律，国内税务署（IRS）、联邦金融监管机构、法庭等都对市场价值的定义做出规定，评估师在执行相关业务时需要使用所适用的市场价值定义。USPAP 所强调的是评估师需要说明市场价值的具体定义和出处。这种处理方式与国际评估准则委员会（IVSC）在《国际评估准则》（IVS）中对市场价值做出明确定义的做法形成鲜明对照，具有较强的可操作性，也避免了不必要的矛盾。——译者

[②] 在 1996 年版 USPAP 中基于当时评估行业理论和实务的发展状况，很难对批量评估进行深入理解，故当时译为"大宗评估""综合评估""一揽子评估"。随着国内评估理论水平的提升，特别是基于对税基评估的研究，现统一译为"批量评估"，与单量评估为对应的概念，主要适用于财产税评估领域。——译者

[③] 动产是相对于不动产的泛指概念，主要突出特征是可移动性，一般意义上不动产以外的资产都可划入动产范畴。但在不同评估领域和文献中，动产的具体内涵可能会有所不同，需要根据具体情况确定其内涵。例如美国评估师协会（ASA）将机器设备和珠宝单独作为资产类别，因此 ASA 的动产评估类别是指除机器设备、珠宝以外的动产。在 USPAP 中则将机器设备等归入动产评估范畴。在不同的评估领域对动产范围的理解需要根据具体情况和上下文综合确定。——译者

价值判断可能相关或不相关。①

不动产（real estate）：可辨认的一宗或一片土地，包括改良物②（如果有）。

不动产权（real property）：不动产所有权所包括的利益、权益和权利。

注 在某些管辖区域内，不动产与不动产权是具有同样法律意义的术语。基于这两个概念在评估理论上的传统区别，在此仍使用两个不同的术语。

报告（report）：业务完成后提交给客户或客户授权的当事方的有关评估、评估复核的书面或口头沟通。

工作范围（scope of work）③：在某项评估、评估复核业务中需要进行研究、分析的类型与深度。④

签名（signature）：用于证明相关工作是由评估师完成的个性化证据，表明对报告中的内容、分析和结论承担责任。

评估服务（valuation services）：与资产价值相关的服务。

注 评估服务指与资产价值相关的所有业务，包括由评估师或其他人完成的服务。

价值（value）：资产购买方、出售方或使用方与该资产之间的货币关系。

注 价值表达的是一个经济概念。因此价值从来就不是一个事实，永远是某项资产根据特定价值定义在某一特定时点的价值的意见。在评估业务中，价值必须是经过定义的，如市场价值、清算价值、投资价值等。

工作底稿（workfile）：支持评估师分析、意见和结论的文件。⑤

---

① 此注释反映了美国评估界对价值与价格的本质认识。在中国评估行业发展过程中，由于对评估作用的认识不同，很长时间以来甚至到现在很多人或当事方、监管部门仍在有意无意地混淆评估价值与交易价格的关系。2004年译者组织起草《资产评估准则——基本准则》时，坚持借用此条精神，在第二十三条第二款中规定："评估结论不应当被认为是对评估对象可实现价格的保证。"2017年版《资产评估基本准则》第二十八条第四款规定："评估结论不等同于评估对象可实现价格，评估结论不应当被认为是对评估对象可实现价格的保证。"——译者

② 本书将"improvement"译为"改良物"。"improvement"是不动产领域常用的英文术语，但在中文中没有统一译法。有时直接译为"不动产"，与"real estate"相同；有时译为"建筑物"。在本准则中"improvement"指土地之外的建筑物、构筑物等人工添加改良物，统一译为"改良物"，是与土地相对的概念，即不动产由土地和改良物组成。——译者

③ "scope of work"是USPAP近十多年来引进的重要概念，在1996年版USPAP中并无此概念，根据其字面译为"工作范围"。需要注意的是，此"工作范围"有严格的定义，不同于中文一般意义上的工作范围含义。评估中的工作范围实际上是指评估师为合理完成评估、评估复核业务、形成可信业务结论所需要开展的工作，包括收集资料、进行分析、研究的深度和广度。中国评估行业中并无此概念，与此相近的有"评估计划"，但仍有较大区别。评估计划是形式性的、程序性的要求——要求评估师列出为开展评估工作所需要进行的工作，工作范围是实质要求。USPAP中并不要求评估师制定评估计划，但要求评估师明确工作范围，按确定的工作范围执行，如果工作范围有调整或受限，需要考虑业务结论的可信以及在报告中披露工作范围。这也体现了其重实质轻形式的精神。——译者

④ 见"工作范围规则"。

⑤ 见"资料保管规则"。

职业道德规则

评估师应当通过遵守最高标准职业道德的方式，提高和维护社会公众对专业评估执业的信任。当相关法律、规定或与客户、预期使用者达成的协议要求遵守 USPAP 时，评估师必须遵守 USPAP。除这些要求外，任何个人以评估师名义提供服务时都应当遵守 USPAP。

注 本规则强调了评估师个人的义务和责任。如果某团体或机构执业时不遵守 USPAP，受雇于该团体或机构的评估师则应当在此情形下采取适当的措施以遵守 USPAP。[①]

本职业道德规则由三部分内容组成：行为、管理和保密，均适用于所有的评估业务。

行为

评估师执行业务应当公正、客观、独立，不得掺杂私利。

评估师应当：

- 执业时不带有倾向性；
- 不得以支持任何一方当事人或事项的利益、动机为出发点；
- 不得接受需要报告预先确定的意见和结论的业务[②]；
- 在提供评估业务以外的其他评估服务[③]时不得错误地表述其身份[④]；
- 在提供业务结论时不得故意误导或欺诈；
- 不得在已知情况下使用或提供误导性或欺诈性的报告；

[①] 美国评估行业是典型的重师轻所，评估准则约束的对象也是评估师。本条规定意味着，即使是雇用评估师的公司或机构不遵守 USPAP，作为个人的评估师仍有义务坚持遵守 USPAP。——译者

[②] 原文为"must not accept an assignment that includes the reporting of predetermined opinions and conclusions"。此规定在中国资产评估准则制定过程中被引用。2004 年版《资产评估职业道德准则——基本准则》第八条规定"注册资产评估师执行资产评估业务，应当独立进行分析、估算并形成专业意见，不受委托方或相关当事方的影响，不得以预先设定的价值作为评估结论。" 2017 年版《资产评估职业道德准则》第十六条规定"资产评估机构及其资产评估专业人员执行资产评估业务，应当保持公正的态度，以客观事实为依据，实事求是地进行分析和判断，拒绝委托人或者其他相关当事人的非法干预，不得直接以预先设定的价值作为评估结论。"——译者

[③] 注意此处评估业务与评估服务均有严格定义，本条是 USPAP 和美国评估行业中特有的规定。与评估相关的工作很多，为避免不必要的混淆，USPAP 有意识地将与评估有关的工作分为评估业务（appraisal practice）与评估服务（valuation services），评估师个人名义提供的评估或评估复核服务称为评估业务，在其他涉及资产价值的工作中可能由评估师或非评估师提供的与评估相关的工作称为评估服务。两者的区别在于：一是范围不同，评估服务的范围远大于评估业务；二是提供的主体不同，评估服务可以由评估师或评估师以外的其他人士提供，评估业务（评估或评估复核）只能由评估师提供。本条的规定是对评估业务与评估服务定义的呼应。——译者

[④] 见"咨询意见 21——遵守 USPAP"。

- 不得在知晓的情况下允许雇员或其他人员提供误导性或欺诈性报告；
- 不能使用、依赖未经充分依据支持的关于某些特征的结论，如种族、肤色、宗教信仰、原籍国、性别、婚姻状况、家族状况、年龄、接受社会公共资助状况、残疾状况等，也不能使用、依赖未经充分依据支持的、认为这些特征的一致性能够最大化价值的结论；
- 不得有犯罪行为；
- 不得有目的地或在知晓的情况下违背"资料保管规则"；
- 执业时不得犯有重大过失[①]。

注 业务准则（准则条文1-1，3-1，5-1，7-1，9-1）要求"评估师执行评估业务时不得出现疏漏或过失错误"。上述要求表明评估师执业时如果在总体上出现较严重过失，则构成对"职业道德规则中行为规则"的违背。

如果在接受业务之前或执行业务的过程中得知以下事项，评估师必须向客户披露，并在之后签发的每一份报告中声明：
- 所具有的与评估对象或当事方相关的当前或未来利益；
- 评估师在接受本次评估业务之前的三年中为评估对象所提供的任何服务，无论是以评估师的名义还是其他名义。

注 除非与客户达成过将以前提供的服务列为保密事项的协议，否则评估师可以将以前为某评估对象提供过评估服务的事实予以披露。如果评估师与客户约定不得披露其为该评估对象提供过评估服务，评估师应当在三年之内拒绝承接与该评估对象相关的所有业务。

如果相关业务无须提供评估报告或评估复核报告，评估师向客户进行简单披露即可。

管理

评估师应当披露为获得某项业务而支付的费用、佣金或有价之物。

注 必须在报告的声明中以及在所有载有评估结论的提交文件中披露，但是并不需要披露所支付的数额。从事评估服务的团体、机构为开发业务，在内部支付给雇员的报酬不需要披露。

评估师不得基于以下事项承接某项业务或确定某项业务的报酬安排：
(1) 报告事先确定的结果（如价值意见）；
(2) 有利于客户的业务结论倾向；
(3) 价值意见的数额；
(4) 达到约定的结果（如货款放款额或减税额）；

[①] 此处的重大过失是指"在评估中犯的一系列错误，虽然其中每一个错误并不会单独对评估结论产生重要影响，但汇总在一起将会影响评估结论的可信性"。参见各业务准则中的规定。——译者

(5) 在评估服务提供以后发生的与评估师意见和业务目的直接相关的事项。

评估师不得以虚假、误导或夸大的方式进行广告宣传、业务招揽。

评估师必须签名或许可使用其签名,以表明其声明在评估业务或评估复核业务中认可并接受 USPAP 的责任(见准则条文 2-3,4-3,6-3,8-3,10-3)。评估师应当仅在每单业务中允许使用其签名①。

评估师未经同意不得使用其他评估师的签名。

> **注** 评估师应当保持谨慎,以避免他人在未经其同意的情况下使用其签名。评估师保持此种谨慎并不表明其为未经许可而使用签名的行为负责。

☐ 保密

评估师应当维护评估师-客户关系的保密性。②

评估师在使用保密信息和提供业务结论时,应当以最大诚意维护客户的合法利益。

评估师应当熟悉并遵守业务中涉及的所有与业务相关的保密、隐私法律和规定。③

评估师不得将(1)保密信息、(2)业务结论向以下当事方以外的人士披露:

- 客户;
- 客户特别授权的当事方;
- 州评估师监管部门;
- 通过法律正当程序允许的第三方;
- 经恰当授权的同业复核委员会,对该委员会的披露违反相关法律或规定的除外。

评估师应当采取合理的措施以保证未经授权的个人无法获得保密信息和业务结论,无论这些信息或结论以实体形式还是电子形式存在。

评估师应当确信可能获得保密信息或业务结论的雇员、同事、分包人或其他人士知晓这些信息或结论的披露禁止。

经恰当授权的同业复核委员会的成员不得泄露提供给委员会的保密信息。

> **注** 如果保密信息中的所有保密内容通过修订或汇总程序被删除,对修改后的剩余信息进行披露无须获得客户同意。

---

① 此处指评估师仅应当在其参与的每一单业务中分别签名,不应当允许一次性在多个业务中签名。——译者
② 见"咨询意见 27——为新客户评估同样的资产"。
③ 例如,依照 1999 年通过的《格拉姆-利奇-布利利法案》(Gramm-Leach-Bliley Act),一些公共部门制定了可能会影响评估师的隐私保护规则。联邦贸易委员会(Federal Trade Commission,FTC)制定了两个规则。第一个规则(16 CFR 313)专注于保护消费者提供给"与银行业机构紧密相连或通常与银行业务有关的"从事金融活动人员或部门的"非公开个人信息"(non-public personal information)。这些要求涉及"不动产或动产的评估"。见 GLB-Privacy。第二个规则(16 CFR 314)要求评估师保护客户的非公开个人信息。见 GLB-Safeguards-Rule。评估师如果未能遵守这些 FTC 规则,将会承担严厉的责任。

资料保管规则

评估师应当为每项评估、评估复核编制工作底稿。工作底稿应当在任何报告签发之前就已存在。在形成口头报告后的合理期限内,应当将口头报告的书面总结添加到工作底稿中。

工作底稿应当包括:
- 客户的名称,任何其他预期使用者的身份(名称或类别);
- 任何书面报告的原件,以其他介质保存的文件(原件是指提供给客户的报告的复制件,提供给客户的全部报告的复印件或电子版本亦符合原件的要求);
- 口头报告或庭证的总结,或证词记录,包括评估师签署并注明日期的声明;
- 足以支持评估师意见和结论并表明遵守 USPAP 的所有其他数据、资料和文件,或标明这些其他数据、资料和文件的存放场所。

支持限制评估报告(Restricted Appraisal Report)或口头评估报告的工作底稿应当足以支持评估师形成一份评估报告(Appraisal Report)。支持口头评估复核报告的工作底稿应当足以支持评估师形成一份评估复核报告。

评估师保存工作底稿的时间以下列两个时间中较长者为准:编制工作底稿后保存至少 5 年,或评估师提供庭证服务的最后一次司法程序后保存至少 2 年。

评估师应当保管其工作底稿,或者与保管工作底稿的当事方就工作底稿的保存、获得和检索达成协议。应当确信工作底稿保存于某种介质上,使得评估师能够在规定的工作资料保存期间内检索工作底稿。

保管工作底稿的评估师应当允许其他有权获得该业务工作底稿的评估师基于以下目的获得或检索这些工作资料:
- 向州评估师监管部门提交;
- 基于法律的正当程序要求;
- 向经恰当授权的同业复核委员会提交;
- 基于检索的安排。

注 在州评估师监管部门或正当法律程序要求时,评估师应当提供工作底稿。

评估师有意或在知晓的情况下未遵守"资料保管规则"的义务即构成对"职业道德规则"的违背。

专业胜任能力规则

评估师必须：(1) 具有执行业务的专业能力；(2) 获得执行业务所必需的专业能力；(3) 否则拒绝或退出该项业务。在任何情况下，评估师应当以符合专业能力的方式完成业务。

具有专业能力

在承接评估业务前，评估师应当确定其具有执行该项业务的专业能力。专业能力要求：

(1) 恰当明确所涉及问题的能力；
(2) 以符合专业能力的方式完成该业务的知识和经验；
(3) 知晓并遵守与评估师或该项业务相关的法律和规定的能力。

注 专业胜任能力包括但不限于以下能力：评估师对特定类型资产、市场、地理区域、预期用途、特定法律和规则或分析方法的熟悉程度。如果这些能力是形成可信业务结论所必需的，评估师应当具有这些相应的能力，或采取以下列出的步骤满足专业胜任能力规则的要求。

针对涉及追溯性意见和结论的业务，评估师应当在执行该业务的时间而非评估基准日，符合专业胜任能力的要求。

获得专业能力

如果评估师在承接某项业务之前确定其不具有专业胜任能力，评估师应当：
(1) 在接受业务委托前，向客户披露缺乏专业知识或经验；
(2) 采取所有必要或恰当的措施以符合专业能力的方式完成业务；
(3) 在报告中描述专业知识或经验的缺失以及为有效完成业务所采取的措施。

注 专业胜任能力可以通过多种方式获得，包括但并不限于：评估师个人学习；与其他被合理认为具有相关专业知识和经验的评估师联合；聘用具有所需专业知识或经验的人士。

如果某项业务要求评估师具有特定地区的专业能力，不熟悉相关市场特征的评估师应当获得对该市场区域的充分理解。该种理解应当足以支持评估师形成关于特定资产类型和所涉及市场的可信业务结论。

评估师如果在执行业务的过程中发现一些因素或事实，使得评估师能够确定其缺乏有效完成该项业务所需要的专业知识和经验，评估师应当：
(1) 告知客户；

(2) 采取所有必要或恰当的措施以符合专业能力的方式完成业务；

(3) 在报告中描述专业知识或经验的缺失以及为有效完成业务所采取的措施。

☐ 缺乏专业能力

如果不能以符合专业能力的方式完成某项业务，评估师应当拒绝承接或退出该项业务。

工作范围规则①②

评估师执行评估和评估复核业务，应当：
（1）明确需要解决的问题；
（2）确定并执行形成可信业务结论所必需的工作范围；
（3）在报告中披露工作范围。

评估师应当恰当地明确所需要解决的问题，以确定适当的工作范围。评估师应当能够证明（所执行的）工作范围足以形成可信业务结论。

注 工作范围包括但不限于：
- 对评估对象进行识别③的程度；
- 对有形资产进行勘查的程度；
- 对资料进行研究的种类和深度；
- 为形成意见或结论所进行分析的类型和深度。

评估师在确定执行评估和评估复核业务所需的适当工作范围方面有较强的灵活性。

可信业务结论需要由相关证据和逻辑支持。业务结论的可信性需要根据其预期用途进行评价。

---

① 见"咨询意见28——工作范围决定、执行和披露""咨询意见29——可接受的工作范围"。
② "scope of work"在本书中译为"工作范围"，这是USPAP近十多年来引进的重要概念之一。工作范围这个概念在我国评估界的理论和实务中没有直接对应的概念，总体上包括对评估对象的识别和勘查、为形成评估结论所需要收集的资料、所做的研究分析和逻辑推理等，也包括在工作范围受到限制后如何应对以及对工作范围的披露等内容。工作范围是评估师执业的核心所在，其逻辑思路如下：第一，评估师需要与客户进行沟通，明确评估问题（需要评估师回答的问题）；第二，在明确评估问题的基础上，评估师判断该业务的风险，判断自身的专业胜任能力，进而确定所需要进行的工作（工作量）；第三，在评估过程中需要恰当执行已确定的工作范围，如果由于主观或客观原因对工作范围带来限制，评估师需要根据这种限制的程度，决定变更工作范围或退出评估业务。工作范围的决策贯穿评估程序始终，只有恰当确定并执行工作范围，评估师才能恰当完成评估业务、形成可信结论。一方面工作范围是对评估师形成可信结论的基本要求，构成评估师的责任与义务，即需要确定合理的工作范围并予以合理披露（包括所受限制）；另一方面工作范围在一定程度上也是对评估师的保护（评估师无须对超出工作范围的事项负责），同时也是对客户和预期使用者在使用评估结论时的合理引导（客户和预期使用者应当根据与评估师所约定并予以披露的工作范围合理判断评估结论的合理性、可用程度，不能简单地使用评估结论，特别是在明知超出所约定工作范围的情况下非理性地使用结论）。因此，工作范围规则是保证评估师作为评估服务提供者与保证委托方和预期使用者作为评估服务委托人和使用者均能合理理解评估专业工作的重要制度。工作范围的意义还在于表明评估师的评估服务是与预期用途和风险（决定工作范围）、工作范围（决定工作量）、工作量挂钩的，因此同一评估业务基于所确定的不同的工作范围，其评估费用也是不同的。工作范围规则在USPAP的早期并没有形成，它是在USPAP制定后十多年的业务实践中摸索、总结出的重要评估概念和制度。基于评估理论与实践的发展，我国评估行业并未形成工作范围的概念，与之对应的有评估计划的概念。从一定角度出发，可以将评估计划与工作范围简单理解为形式与实质的关系，即工作范围是体现评估服务所需要进行的实质性工作，评估计划是为实施必要的评估工作所做出的工作安排。工作范围的概念未直接引入中国评估界，但相关理论、思路还是在相关准则和规定中有所体现，具体可参见后文注释。——译者
③ 原文是"identify"，在2008年版中译为"明确"，本书中为适应中文习惯改为"识别"，主要是指予以明确、予以识别的意思，但并无鉴定的含义。——译者

明确评估问题[①]

评估师应当收集、分析有关业务基本事项的信息,这些信息应当能够恰当地明确所需要解决的评估和评估复核问题。

注 明确问题所需要了解的必要业务基本事项在准则条文(如准则条文1-2、3-1、5-2、7-2和9-2)中有详细要求。以评估业务为例,评估师为明确所需要解决的问题,应当明确下列业务基本事项:
- 客户和其他预期使用者;
- 评估师意见和结论的预期用途;
- 价值类型和定义;
- 评估师意见和结论的基准日;
- 评估对象及其相关特征;
- 业务条件[②]。

这些信息构成了评估师确定评估过程中所需要进行研究和分析的类别和程度的基础。在评估复核中,也需要获得相似的信息以明确问题。

评估师需要与客户进行沟通,以获得明确评估问题所需要的主要信息。然而,对相关特征的明确则是评估师的判断,需要评估师具有该类型业务的专业胜任能力。

业务条件包括假设、特别假设、非真实性条件、法律和规定、管辖除外及影响工作范围的其他条件。法律包括宪法、立法和判例法、行政规定和条例。规定包括由行政部门颁布的具有法律效力的规则或命令。

可接受的工作范围[③]

工作范围应当包括形成可信业务结论所需要进行的研究和分析工作。

注 工作范围符合或超过下列要求方被视为可接受:

[①] "problem identification"在本书中译为"明确评估问题",是指在业务接洽环节,评估师应当与客户进行充分沟通,了解客户的需求、项目的基本情况,在此基础上明确评估师所需要回答的问题。这一概念已经给中国评估行业带来很大影响。在引入过程中根据中文行文习惯将其改为"明确评估业务基本事项",具体见《资产评估基本准则》第九条、《资产评估执业准则——资产评估程序》第八条(明确九大评估业务基本事项)、《资产评估执业准则——资产评估委托合同》第二条等。由于执业习惯及理论基础的不同,明确评估问题或明确评估业务基本事项在我国评估行业并没有得到充分的重视。在严格意义上,明确评估问题或明确评估业务基本事项不仅仅是在承接环节确定风险、是否承接此项业务,更决定了承接评估业务之后的工作范围(实质)、评估计划(形式)、所履行的评估程序等。这些都需要评估师予以高度重视与关注。除影响评估执业外,明确评估问题或明确评估业务基本事项也直接影响到评估报告的披露,即评估师需要对所进行的研究和分析工作的深度、类型等,以及所履行的程序、未履行评估程序进行恰当披露,以使评估报告使用者能够充分理解形成评估意见所执行的工作范围,进而合理使用评估报告。当然,明确评估问题或明确评估业务基本事项决定实质性的工作量,也进而影响了评估服务费的确定——同样的业务由于工作范围不同其评估收费很可能存在不同。——译者

[②] 该"业务条件"不应泛泛理解而有明确的定义。下文以列举的方式对其作出外延式定义,可参见下文。——译者

[③] 见"咨询意见29——可接受的工作范围"。

- 在类似业务中经常作为预期使用者的当事方的期望;
- 评估师的同行在执行相同或类似业务中所采取的行为。

确定工作范围在业务中是一个持续的过程。根据执业过程中发现的信息或条件,评估师可能需要重新考虑工作范围。

如果在工作范围中排除了客户、其他预期使用者或评估师同行认为相关的调查、信息、方法或技术,评估师应当能够证明该决定的合理性。

如果业务条件对工作范围所构成的限制使得评估师无法形成与预期用途相关的可信业务结论,评估师不得接受这种业务条件。①

注 如果业务条件限制评估师进行研究的机会(例如限制勘查工作或信息收集),致使其无法获得相关信息,评估师应当退出该项业务,除非:

- 改变业务条件,扩大工作范围以收集相关信息;
- 做出关于这些信息的特别假设,如果在此基础上仍能形成可信业务结论。

评估师不得因业务预期用途或客户目标影响业务结论的公正性。

披露要求

报告中应当包括足够的信息,以使预期使用者能够理解所执行的工作范围。

注 由于客户和其他预期使用者依赖业务结论,因此需要进行恰当披露。足够的信息包括对评估师进行的研究和分析工作进行披露,也可能需要包括对未进行的研究和分析工作进行披露。

---

① 美国评估界认为几乎所有评估业务都会受到各种各样的限制,在不同程度上影响评估业务的执行。以前的 USPAP 版本基于评估师在执行业务过程中所受限制程度的不同,将评估业务分为完全评估业务(complete appraisal)和限制评估业务(limited appraisal),以一种业务标签的形式标明评估业务过程中所限制程度的不同,并提醒客户和预期使用者关注。其实在译者早期参与的我国评估准则制定过程中,也有益地借鉴了这种做法。如《金融不良资产评估指导意见(试行)》中提出的价值评估业务和价值分析业务的分类即受到 USPAP 中限制评估概念的启发和影响,可参见该指导意见第九至第十五条,特别是第十二条:"注册资产评估师应当提醒委托方和其他报告使用者关注价值评估业务和价值分析业务的区别。注册资产评估师应当对价值评估结论或价值分析结论进行明确说明,提醒委托方和其他报告使用者关注价值评估结论和价值分析结论的区别。价值分析结论是在受到一定限制条件下形成的专业意见,委托方和其他报告使用者应当知晓其作为参考依据的适用性不同于价值评估结论。"需要指出的是,完全评估和限制评估两种业务的划分虽然清晰,但不易为执业界和使用者所理解,在美国评估界和社会上带来一定的误解或混乱。最终 USPAP 取消了这两个概念(参见准则条文 2-2 的注释)。工作范围规则的提出则在一定程度上解决了以前做法所带来的问题,强调工作范围受到限制时,评估师需要判断所受限制是否影响形成可信结论。如果评估师执行评估业务受到限制,但仍能通过采取其他措施确保结论的可信性,则可以执行该业务。如果所受限制影响到结论的可信性,则评估师只能做出两种选择:一是与客户沟通,改变工作范围、业务条件(如要求客户排除妨害等),或做出合理的特别假设,继续执行业务;二是评估师应当退出此项业务。这种制度安排既给评估师施加了很大的压力(需要判断能否形成可信结论),又给评估师提供了很好的保护(一定条件下可以退出业务)。受益于 USPAP 的影响,国内相关准则文件已经开始提倡并借用退出机制这一概念。如 2007 年《资产评估准则——评估程序》第八条规定:"注册资产评估师在执行评估业务过程中,由于受到客观限制,无法或者不能完全履行评估程序,可以根据能否采取必要措施弥补程序缺失和是否对评估结论产生重大影响,决定继续执行评估业务或者终止评估业务。"这是中国评估界首次正式提出评估受限退出的概念。为弥补法律依据不足的缺陷,2007 年《资产评估准则——业务约定书》第十七条规定:"业务约定书应当约定中止履行和解除业务约定书的情形。业务约定书可以约定,当评估程序所受限制对与评估目的相对应的评估结论构成重大影响时,评估机构可以中止履行业务约定书;相关限制无法排除时,评估机构可以解除业务约定书。"在这些理论和准则的基础上,2016 年颁布的《中华人民共和国资产评估法》第十八条进一步规定:"委托人拒绝提供或者不如实提供执行评估业务所需的权属证明、财务会计信息和其他资料的,评估机构有权依法拒绝其履行合同的要求。"——译者

管辖除外规则

如果任何适用的法律或规定排斥对 USPAP 中部分内容的遵守,那么仅该部分内容对此业务不具有效力。

注 如果遵守 USPAP 是基于联邦法律或规定的要求,USPAP 中的任何部分不得因州、地方司法管辖区的法律或规定而失效。

如果某项业务适用管辖除外规则,评估师应当:
(1) 明确排斥遵守 USPAP 的法律或规定;
(2) 遵守该法律或规定;
(3) 在报告中以清晰、显著的方式披露法律或规定排斥遵守的 USPAP 的部分内容;
(4) 在报告中表明法律或规定要求排斥 USPAP 的遵守。

注 管辖除外规则提供了一种保留条款或可分割条款,在某司法管辖区内法律或规定排斥执行 USPAP 的一部分或多部分内容时,维持了对 USPAP 的遵守。评估师恰当执行这一规则忽略 USPAP 部分内容时,不构成对 USPAP 的违背。

法律包括宪法、立法和判例法、行政规定和条例。规定包括由行政部门颁布的具有法律效力的规则或命令。客户或律师发出的指令不得适用司法管辖除外。

准则和准则条文

准则1 不动产评估，操作

评估师执行不动产评估业务，应当明确需要解决的问题，确定解决该问题所必需的工作范围，恰当完成形成可信评估结论所需要的研究和分析工作。

注 准则1规范形成可信不动产评估的实质性操作过程。准则1中的规定按照其标题反映了进行评估的过程，评估师和评估服务使用者可以将准则1作为一个方便的检查对照表。

准则条文1-1

评估师执行不动产评估业务，应当：

(a) 熟知、理解并正确运用形成可信评估结论所需要的公认评估方法和技术。

注 本准则条文认可变化原则持续影响评估师执行评估业务的方式。不动产领域的变化和发展对评估行业有着重要影响。商业、工业和民用不动产在成本与建造方式、营销方式的重大变化，以及不动产产权和相关权益赖以设立、转让和抵押的法律体系的变化，都给评估理论和实践带来相应变化。社会的变化也对评估理论和实践产生影响。为适应这些变化和发展，评估行业一直在总结、改进评估方法和技术，并不断引进新的方法和技术，以满足新形势的需要。基于此原因，评估师仅仅保持在获得评估师资格时所具有的专业知识和技能是远远不够的。每一位评估师都应持续提高其专业技能，以保持在不动产评估技术领域的精通。

(b) 不得出现严重影响评估的重大疏忽错误或误差错误①。

注 评估师执行评估业务应当保持足够的谨慎，避免产生对评估意见或结论具有重大影响的错误。评估师在确认和分析对业务结论可信性具有重要影响的因素、条件、数据和其他信息时，应当保持勤勉。

(c) 执行评估业务时不得粗心或疏忽大意。例如，不得在评估中犯一系列错误，虽然其中每一个错误单独对评估结论并不会产生重要影响，但汇总在一起将会影响结论的可信性。

---

① 原文是"error of omission or commission"。USPAP以前并未对这两者予以定义或解释。对此不仅非英语母语的人士难以理解，美国本地的评估师也常常产生误解。因此，在最新的USPAP常见问题中，评估准则委员会对此做出了解释。误差错误（error of commission）是指不正确地做了某事。例如，不正确地明确评估标的相关特征就是误差错误。在民用不动产评估业务中，这可以指对不动产的错误测量。疏忽错误（error of omission）是指因忽略而未做某事（应当做的）。例如，未明确评估标的相关特征就是疏忽错误。在民用不动产评估中，这可以指由于忽略而未测量两层建筑中的二楼面积。见《USPAP常见问题（汇编）》第159问。——译者

注 完美无缺是无法实现的，专业胜任能力并不要求评估师做到完美无缺。但是评估师执行评估业务不得粗心或疏忽大意。本准则条文要求评估师在执行评估业务时应当勤勉尽责、保持应有的谨慎。

准则条文 1-2

评估师执行不动产评估业务，应当：

(a) 明确客户和其他预期使用者。①

(b) 明确评估师意见和结论的预期用途②。

注 评估师不得受业务预期用途或客户目标的影响，损害业务结论的公正性。③

(c) 明确价值的类型和定义。如果评估的价值类型是市场价值，评估师需要明确该价值是不是符合下列条件的最可能价格④：

(1) 以现金计量；

(2) 以等同于现金的财务安排计量；

(3) 以其他明确定义的方式计量；

(4) 如果价值意见建立在非市场性融资方式基础之上或者按非正常条件或动机进行融资，评估师应当明确地揭示这些融资方式的条件，并通过对相关市场数据的分析去披露这些融资方式对价值的正面或负面影响。

注 如果展示期是所需要评估价值意见的定义组成部分，评估师也应当形成与该价值结论相关的有关合理展示期的意见。⑤⑥

(d) 明确评估师意见和结论的基准日。⑦⑧

(e) 明确被评估资产的特征。这些特征应当与价值类型和定义、预期用途相

---

① ② 见"咨询意见36——明确和披露客户、预期用途和预期使用者"。

③ 见"咨询意见19——不动产评估业务中不能接受的业务条件"。

④ 市场价值是美国评估实务中重要的价值类型之一，但USPAP并未试图像《国际评估准则》那样去定义并推广一个统一的市场价值定义，从而在实务和理论上避免了许多问题。本条的规定是USPAP中为数不多的关于市场价值的表述。——译者

⑤ 见"咨询意见7——营销时间意见""咨询意见35——不动产和动产价值意见中的合理展示期"。

⑥ 之前的版本是："评估市场价值时，评估师应当形成与价值结论相关的合理展示期意见。"本次加上条件限定，强调当展示期是价值定义的组成部分时，应当形成关于展示期的意见，未将展示期作为市场价值定义的必然组成部分，体现了更多灵活性，也表明将展示期作为市场价值定义组成部分的做法有所松动。——译者

⑦ 见"咨询意见34——追溯性和未来价值意见"。

⑧ 基准日是评估中的重要概念，USPAP在定义部分并未对此术语进行解释，显然是因为这一术语在行业中并无歧义，或与日常使用的词语无异。在过去十多年中，USPAP的定义部分不断增减，其中一个方向就是把大家普遍接受的或与日常用语意义无差别的术语从定义中删除，只在定义部分保留与日常用语意义不一致、可能在使用中引起各方理解不一致的行业专业用语，以避免引起歧义。如在2018年版本修订中将"assumption"从定义部分中删除，因其与日常理解的含义无异。基准日在英文中的表述并不严谨，各国或各领域评估师分别使用过不同的表达方式，使用较多是"date of valuation"，比较传统一点的有"date of the opinion of value"。有意思的是，USPAP的不同准则（领域）也使用了不同的表述方式。在不动产评估（准则1）和动产评估（准则7）中使用的是"the effective date of the appraiser's opinions and conclusions"，在批量评估（准则5）和企业价值评估（准则9）中使用的是"the effective date of the appraisal"。在不动产评估、批量评估、动产评估和企业价值报告中（准则2、6、8、10），直接使用了"the effective date of the appraisal"。根据译者的理解，上述不同的用语并无本质区别，只是反映了不动产评估和动产评估领域更加保守、传统。综观USPAP全文，其实在表达基准日时用语并非始终一致。如在准则条文2-2（a）第九款及相应的报告准则相同条文中，使用了

关①，包括：

(1) 地理位置及其实体、法律和经济属性；
(2) 需要进行评估的不动产权益；
(3) 评估业务中包括的任何动产、装修设施②或无形资产等非不动产资产项目；
(4) 任何已知的地役权、限制、财产留置权、租赁、保留、契约、合同、声明、特殊估税、法令及其他类似事项；
(5) 评估对象是不是部分权益③、部分实物资产或部分持有权。

注 (1)～(5)：评估师应当通过能够合理确信为可靠的渠道，获得用于明确评估对象特征的相关信息。

评估师可以通过资产勘查、查阅相关文件等方式明确评估对象的相关特征，包括法律文件、地址、地图标识、测量文件或地图副本、草图或照片等。

评估师对计划进行的改良物④进行评估时，应当检查规划、说明文件或其他能够明确拟建设改良物特征和细节的文件，并在未来也能对这些文件进行检查。⑤

(续前)"date of value"的表达方式，该术语无论在理论上还是在实务中，都极易引起各方的混淆。USPAP 并未对此做出解释。对于以英语为母语的国家而言，这种不严格统一的表达方式有可能引起对基准日理解的歧义，对非英语母语的国家而言则会带来更大的混淆。译者认为"the effective date of the appraisal"或"the effective date of the valuation"是基准日比较严谨的英文表达方式。

在早期评估理论体系引入中国时，当时的学者直接将该术语译为基准日，并作为惯例而引用。英文中评估的基准日这个概念本身就有"评估结论仅在基准日有效"的含义，但中国评估行业在发展的早期，往往将其表述为"本报告……采用了基准日有效的参数、数据"，回避了基准日结论有效的含义。这种偷换概念的行为是有违评估基本理论和原则的，也体现了当时评估理论的局限性。之后国资部门等又提出评估结论在基准日后一年有效的要求，进一步淡化、混淆了基准日的内涵，即创造出一个"评估结论有效期"的概念。大家仅将基准日理解为因经济行为需要而设定的一个日期，完全忽视了评估结论仅在基准日有效的内涵。这种具有中国特色的概念和理论与国际评估行业的通行做法有很大的区别，需要在评估行业发展到新阶段后重新认识、纠正。

在本次修订过程中，译者曾就基准日、报告日、合理展示期等问题与一位房地产评估行业知名专家讨论。该专家专门向译者提出建议，要求译者按英文的本来面目忠实翻译，不要乱套用中国名字。译者对该建议的理解是希望"the effective date of the valuation"不要译成"基准日"而应按字面译成"评估生效日"。这种观点有一定的道理，但译者认为"名"不是重要的，重要的是其定义，或对其如何理解、解释。故遵从行业的习惯，本书仍统一译为"基准日"，但加此注以强调"基准日"这个概念的本来面目。——译者

① 见"咨询意见2——评估对象的勘查""咨询意见23——在不动产评估业务中明确评估对象的相关特征"。

② "trade fixtures"在本书中译为"装修设施"，指承租人为经营需要在所承租不动产上增加的一些营业设施，例如支架、展柜等。这些设施在法律上被认为承租人所有的动产（虽然有可能固定在不动产上），承租人在租赁期届满后可以将这些设施移走，但一般需要就设施移动给不动产造成的损失予以赔偿。在评估中此类资产虽然属于动产，但一般仍将其与所附着的不动产一并评估，故将其列入不动产评估范围。——译者

③ 在美国不动产评估惯例中，部分权益（fractional interest）是个重要概念。为达到避税目的，财产所有人通过税收策划将某房产赠与数个家庭成员，每人只占有该房产的部分权益。在遗产税或赠与税评估中，评估对象则为某人持有的该房产部分权益，由此产生的部分权益折扣或贴价在评估结果和法庭判决中能够得到认可。——译者

④ 原文为"proposed improvements"，在本书中多次出现，指计划在未来进行建设的改良物。——译者

⑤ 见"咨询意见17——计划进行改良的不动产评估"。

评估师可以通过查阅所有权文件副本或其简要说明以及其他设定任何限制的文件，对被评估的不动产权益进行明确。

当评估对象是部分权益、部分实体资产或部分份额时，评估师并不需要评估整个资产的价值。

(f) 明确业务所需要的任何特别假设。

注 特别假设仅在下列情况下可以使用：
- 基于形成可信意见和结论的需要；
- 评估师有合理的理由使用特别假设；
- 使用特别假设后能够进行可信的分析；
- 评估师遵守 USPAP 中关于特别假设披露的要求。

(g) 明确业务所需要的任何非真实性条件。

注 非真实性条件仅在下列情况下可以使用：
- 基于法律规定、合理分析或进行比较的需要；
- 使用非真实性条件后能够进行可信的分析；
- 评估师遵守 USPAP 中关于非真实性条件披露的要求。

(h) 根据工作范围规则确定形成可信业务结论所必需的工作范围。①

准则条文 1-3

评估师进行市场价值评估时，为形成可信业务结论，应当：

(a) 明确并分析现行土地用途的规定、对这些土地用途规定可能进行的合理修订、经济供需关系、不动产（改动）的物理可行性、市场区域趋势等对用途和价值的影响。

注 评估师不得对市场区域趋势、有效年限、剩余使用年限等做出没有充分依据支持的假设。

(b) 形成不动产最佳用途②的意见。

注 评估师应当对相关法律、实体和经济因素进行充分分析，以支持关于最佳用途的结论。

---

① 见"咨询意见 28——工作范围的决定、执行和披露""咨询意见 29——可接受的工作范围"。
② "highest and best use"曾直译为"最高和最好用途"，在本书中统一译为"最佳用途"。最佳用途是评估理论中市场价值定义的重要组成部分，特别是在不动产评估领域。英国、澳大利亚、新西兰等英联邦体系曾经有一个不动产评估的重要术语——market value for existing value（目前仍见于这些地区的不动产评估报告中），是指在标的资产现行用途下的市场价值，区别于最佳用途下的市场价值。这一概念引起了较大的争议，在美国等得不到支持，即多数国家和地区的评估师认为市场价值一定是最佳用途下的价值，不应当存在现行用途下的市场价值。《国际评估准则》在早期的版本中曾经讨论过两者的区别，但最终仍认可最佳用途是市场价值定义的必然组成部分。最佳用途的概念在不动产评估中极为重要，也易于理解、使用，但扩大到动产评估、企业价值评估等领域就遇到很多不适应的问题。为此，USPAP 做了多次的修改和融通，可参见 USPAP 准则 7 动产评估和准则 9 企业价值评估中的相应注释部分。需要指出的是，随着《国际财务报告准则》(IFRS) 的发展，会计领域的公允价值定义也越来越重视最佳用途这一概念。——译者

准则条文 1－4

评估师执行不动产评估业务，应当收集、查证和分析形成可信业务结论必需的所有信息。

(a) 评估师采用市场途径进行评估①时，为形成可信业务结论，应当对能够获得的与评估结论有关的可比交易数据进行分析。

(b) 评估师采用成本途径进行评估时，为形成可信业务结论，应当：

(1) 采用适当的评估方法或技术形成土地的价值意见；

(2) 分析能够获得的可比成本数据，确定改良物（如果有）的全新成本；

(3) 分析能够获得的可比数据，确定全新成本与改良物现行价值之间的差额（折旧）。

(c) 评估师采用收益法进行评估时，为形成可信业务结论，应当：

(1) 分析能够获得的可比租金数据或潜在资产盈利能力等数据，估计资产的总收益能力；

(2) 分析能够获得的可比营运费用数据，估计资产的营运费用；

(3) 分析能够获得的相关可比数据，确定资本化率或折现率；

(4) 确信未来租金、收益能力和费用的预测建立在合理清晰且具有恰当证据的基础上。②

注 评估师分析收益和费用、预测现金流时，应当权衡历史信息和未来趋势、影响这些趋势的当前供求因素，并合理预测目前在建的开发项目所带来的竞争等。

(d) 评估师评估租出资产和租入资产③价值时，应当分析相关租约条款对价值可能具有的影响。

(e) 评估师对各种资产的组合或资产的各组成部分进行评估时，应当分析组合因素（如果有）对价值可能具有的影响。评估师不能仅通过简单加总各资产或资产各部分价值的方式估计资产整体的价值。

注 资产整体的价值虽然可能与各组成资产或资产各组成部分价值之和相等，但也可能大于或小于各组成资产或资产各组成部分价值之和。因此，资产整体价值的评估需参考相应的市场数据，并通过对这些数据的合理分析得到支持。

当资产整体价值已确定，评估师需要评估资产某一部分的价值时，也应遵守相类

---

① 原文中对"appraisal approach"和"appraisal method"进行了有意区分。前者指评估途径，如市场途径、成本途径和收益途径；后者指某一评估途径下的具体方法，如收益途径中的现金流折现（DCF）方法。译者在早期参与中国资产评估准则起草过程中，也有意识地借鉴了这种提法，如在基本准则中明确评估的三大基本途径。——译者

② 见"咨询意见33——折现现金流分析"。

③ "leased fee estate"和"leasehold estate"是本书中多次出现的术语，也是不动产评估中的重要概念。"leased fee estate"是指出租人（房东）根据租约所拥有的使用和占有的权利，通常包括收取租金和在租约期满收回资产的权利。"leasehold estate"是指承租人（房客）根据租约所拥有的按照约定租金和相关条件使用和占有不动产的权利。由于我国法律体系特别是物权法体系与英美等国区别较大，译者查了许多资料也未发现恰当的译法，为便于理解，在本书将"leased fee estate"译为"租出资产"，将"leasehold estate"译为"租入资产"，分别从出租人和承租人的角度来理解，但应注意的是这里所指的资产并不是不动产实物，而是出租人和承租人所拥有的有关该不动产的权利。——译者

似的程序。对资产任何组成部分进行的价值评估需参考相应的市场数据,并通过对这些数据的合理分析予以支持。

(f) 分析预计进行的公共或私营改良计划时,无论其是在宗地之上还是在宗地之外,评估师应当根据市场的观点分析这些预计改良对价值的影响(如果有)。①

(g) 评估中涉及动产、装修设施或无形资产时,评估师应当分析这些非不动产项目对价值的影响。

注 当工作范围包括对动产、装修设施或无形资产的评估时,评估师需要满足动产评估(见准则7)或企业价值评估(见准则9)中对专业胜任能力的要求。

准则条文 1-5

在根据通常执业方式能够获得相关信息的情况下,评估师评估市场价值时,应当②:

(a) 对评估对象在评估基准日的所有交易协议、期权③和挂牌④信息进行分析;

(b) 对评估对象在评估基准日前三年内所有的交易情况进行分析。⑤

注 见准则条文 2-2(a)(8)、2-2(b)(8) 注释中关于这些信息相关性和可获得性的报告披露要求。

准则条文 1-6

评估师执行不动产评估业务,应当:

(a) 综合分析⑥各种评估途径中获得的和所使用的数据的质量和数量;

(b) 综合分析形成最终评估结论所使用的各种评估途径、方法和技术的可行性及相关性。

---

① 见"咨询意见17——对计划改良不动产的评估"。
② 见"咨询意见24——正常执业方式"。
③ 期权(options),指房地产期权,是房地产投资的一种方式。投资人可以买入房产价格的看跌期权或看涨期权,触发行权条件时可以行使期权以获利。——译者
④ 挂牌(listings),指房地产所有者在出售资产或租赁资产前,通过专业经纪机构对外公开提供相关信息。——译者
⑤ 见"咨询意见1——交易历史""咨询意见4——准则条文1-5(b)"。
⑥ "reconcile"在本书中译为"综合分析",是指在运用多种评估途径、方法或多种数据形成若干初步评估结论后,评估师需要对各结论的合理性、各途径或方法中使用参数的合理性进行分析,确定最终评估结论的过程。USPAP 并未强制规定采用什么方法确定最终评估结论。在实务中评估师可以从初步评估结论中选择一个合理的结论,也可以对几个初步评估结论进行筛选、综合分析后予以加权平均。——译者

准则 2　不动产评估，报告

评估师编制反映不动产评估结论的报告，应当恰当反映每项分析、意见和结论，不得误导。

注 准则 2 规范不动产评估报告中的内容和信息详细程度。

准则 2 并未规定不动产评估报告的形式、格式和风格。报告的形式、格式和风格与预期使用者的需求及评估师相关。报告是否符合准则应当根据其实质性内容确定。

准则条文 2-1

每份书面或口头不动产评估报告应当：

(a) 清晰、准确地以不会引起误导的方式说明评估；

(b) 包括足够的信息，使评估业务预期使用者能够恰当理解报告；

(c) 清晰、准确地披露评估业务中使用的所有假设、特别假设、非真实性条件和限制条件。

准则条文 2-2

每份书面不动产评估报告应当采用以下报告类型之一，并应当在报告中显著标明所采用的报告类型[1]：评估报告或限制评估报告。[2]

---

[1] 评估报告类型是近 20 年来 USPAP 中多次发生重大变化的领域，反映了美国评估界在理论和实务上的思考与妥协。这些变化特别体现了 USPAP 一贯提倡的"不引起误导"的原则，即评估报告类型不能由评估服务提供者或评估准则制定者闭门造车，需要从评估服务使用者、评估报告阅读者的角度看是否清晰、不误导和实用。美国评估界很早就认识到在评估过程中可能会受到各种限制，这种限制对评估业务的结论构成一定的影响。如果不把这种限制披露出来，很可能会影响评估报告阅读者、使用者的恰当理解和使用。因此，美国评估界一直努力要求对各种形式和程度的限制以直接明了的方式予以说明，这也体现了评估行业对公众利益的维护。其中，对评估业务和评估报告类型加"标签"，即在业务类型和报告类型名称上注明受到的某种限制，被认为是最直接明了的方式。译者在翻译 1996 年版 USPAP 时，当时的美国资产评估准则将评估业务分为完全评估业务（complete appraisal）和限制评估业务（limited appraisal），限制评估业务指启用了偏离条款的评估业务，往往是在评估程序等方面受到了一定限制。根据这一要求，评估师在承接业务时，就需要根据业务过程中是否受到限制、是否会启用偏离条款，将本次业务定义为完全评估业务或限制评估业务，以便在第一时间以标签的方式标明所受到的限制及其对评估结论可能造成的影响。除了在业务类型上加注"标签"外，为更好地服务于评估服务使用者，避免误导，USPAP 在报告类型上也进行了分类，并分别加注"标签"。评估报告（以不动产评估为例）分为 "Self-Contained Appraisal Report" "Summary Appraisal Report" "Restricted Use Appraisal Report"，根据其名称及实际内容，译者在 2009 年重译 USPAP 时，统一译为"完整评估报告"、"简明评估报告"和"限制评估报告"，在 1996 年版 USPAP 翻译过程中曾将 "Restricted Use Appraisal Report" 直译为"限制评估报告"。

评估受限这一概念在引进中国时给我国评估行业带来一定的正面影响，特别是当时国内评估界没有理论去指导评估师、评估机构在评估程序受限时应当如何去做。译者在主持《金融不良资产评估指导意见（试行）》起草过程中，尝试引进评估受限这一概念，并提出了"价值分析报告"概念，以区分在正常程序下能够出具的评估报告。这一思路即来源于 USPAP 中的限制评估及报告类型的做法，在实务中也收到了良好的效果。

但 USPAP 中限制评估业务与限制评估报告在我国评估行业理论和实务上也引起了长期误解。如很多人以为在受到限制的情况下（即限制评估业务中）出具的就是限制评估报告，根据当时的 USPAP，完全评估业务、限制评估业务中都可能出具完整评估报告、简明评估报告和限制用途评估报告。同时，限制评估业务与限制用途评估报告在美国评估理论和实践中也易造成混淆，很多评估师和评估报告使用者经常被这些概念扰乱。因此在 2006 年修改工作中 USPAP 正式取消完整评估业务和限制评估业务这对概念，这是对 USPAP 的一次重大调整。不动产、动产的评估报告类型仍分完整评估报告、简明评估报告和限制用途评估报告三种，所谓限制用途评估报告主要是对评估报告的使用人进行了限制，即仅限于委托方使用，与评估过程是否受限并无关系。在此基础上，USPAP 进一步简化报告类型，取消了完整评估报告和简明评估报告的分类，将两者合并为 "appraisal report"（评估报告），同时将 "restricted use report" 改为 "restrict appraisal report"（限制评估报告）。考虑到 "limited appraisal" 概念已经取消且不会再与报告类型的限制引起误导，本着忠于英文的原则，本次将 "restricted appraisal report" 译为"限制评估报告"。

上述评估业务类型及评估报告类型的理论是 USPAP 中具有严格定义的概念，主要适用于不动产和动产的评估，在其他领域如企业价值评估或其他国家并不具有广泛代表性。——译者

[2] 见"咨询意见 11——评估准则条文 2-2、8-2 和 10-2 中有关评估报告类型的内容""咨询意见 12——采用准则条文 2-2、8-2 和 10-2 中的评估报告类型"。

注 当预期使用者包括客户以外的其他当事方时,评估师应当采用评估报告类型。当预期使用者不包括客户以外的其他当事方时,评估师可以采用限制评估报告类型。

两种报告类型的主要区别在于所提供的内容和信息详细程度不同。报告类型合适与否及报告中需要提供的信息详细程度取决于预期用途和预期使用者。

评估师在业务完成后进行沟通时,应当谨慎标识评估报告类型和信息详细程度。评估师可以使用本准则条文规定报告类型之外的其他报告标识,但不能取代本准则条文所规定的报告类型标识。

本准则条文中规定的内容和信息程度是每类报告的最低要求。评估师应当根据需要进行补充,以确信不误导评估业务预期使用者,并确信评估报告符合本准则条文的相关要求。

根据相关披露要求获得评估报告或限制评估报告的当事方,并不能成为预期使用者,除非在评估业务中评估师将其明确为预期使用者。

(a) 评估报告的内容应当与预期用途相适应,并至少应当包括以下内容:

(1) 说明①客户的身份,除非客户明确要求不得披露其身份;以名称或类型的方式说明任何预期使用者的身份。②

注 评估师在明确客户时应当保持谨慎,避免违反职业道德规则中的保密要求。如果客户要求在报告中不公开其身份,评估师可以满足其要求。在此种情况下,评估师应当在工作底稿中记录客户身份,并在报告中说明基于客户要求隐去客户身份。

报告的预期使用者可能包括贷款方、政府部门的雇员、客户的合作伙伴以及客户的律师和会计师。

(2) 说明评估的预期用途。③

(3) 概要说明足以明确被评估不动产的信息,包括与业务相关的不动产实体、法律和经济特征。④

注 评估中所涉及的不动产可以通过诸如法律状况说明、地址、地图标识、测量文件或地图副本、草图、照片等相关资料予以明确。这些概要说明的信息除包括与评

---

① 原文为区分两种类型评估报告所披露的不同信息程度,采用了不同的动词。USPAP 早期规定了三种评估报告类型。针对当时的完整评估报告、简明评估报告、限制用途评估报告,在描述对相关信息的披露程度时,USPAP 使用了"describe"、"summarize"和"state"三个不同的动词。这三个动词所表达的详细程度是依次递减的,即"describe"所要求的描述是最为详尽的,"summarize"所要求的描述是较详尽的,"state"所要求的描述是最简单的。当时译为"描述""简要说明""说明",并做了解释。USPAP 将完整评估报告取消后,不再使用"describe"这个词,只保留"summarize"和"state"这两个动词区分所需要描述信息的详细程度。为体现原文用意,并考虑到与中文表达方式的差异,译者在本次翻译过程中将两者分别译为"概要说明"和"说明"。"说明"指提供少量的信息资料,"概要说明"指提供较为详细的信息资料。请读者注意区别。——译者

② 见"咨询意见 36——明确并披露客户、预期用途和预期使用者""咨询意见 25——在涉及联邦的交易中对客户的明确"。

③ 见"咨询意见 36——明确并披露客户、预期用途和预期使用者"。

④ 见"咨询意见 2——评估对象的勘查""咨询意见 23——在不动产评估业务中明确评估对象的相关特征"。

估业务预期用途、价值类型和定义相关的不动产法律、实体和经济特征的书面注解，也可以包括不动产测绘图、照片等。

（4）说明被评估的不动产权益。

注 被评估的不动产权益说明应当翔实，必要时应当包括设定任何已知权利限制的所有权证明文件复印件或简述及其他文件。

（5）说明价值类型和定义，并说明价值定义的出处。

注 对价值定义的说明还应当包括提供给预期使用者的注解或意见，以清晰地引导预期使用者理解如何使用该价值定义。

如果报告中披露的是市场价值意见，应说明该价值意见是不是：
- 以现金计量或以等同于现金的财务方式计量；
- 以非市场融资为基础，或者按非正常条件或动机进行融资。

如果市场价值意见不是以现金计量或等同于现金的财务方式计量，评估师需要简要说明相关的融资条件，并解释其对价值的贡献或负面影响。

如果根据准则条文1-2（c）形成了关于合理展示期的意见，报告中应当说明该意见。①

（6）说明评估基准日和报告日。②

注 评估基准日确定价值意见的基础，评估报告日则表明评估师对评估基准日市场和资产状况的评价是不是未来的、现行的或追溯的角度。

（7）概要说明执行评估业务所履行的工作范围。③

注 由于预期使用者对评估服务的信任可能会受到工作范围的影响，评估报告应当使预期使用者能够被恰当告知工作范围且不被误导。足够的信息包括披露所进行的研究和分析工作，也可能包括对未进行的研究和分析工作进行披露。

如果评估业务中部分工作利用了重要的不动产评估支持，评估师应当概要说明该支持的程度。应当根据准则条文2-3的要求，在报告声明中说明提供重要不动产评估支持的人员姓名。④

（8）概要说明为支持分析、意见和结论，所分析的信息、采用的评估方法和技术以及相关的分析过程；对未采用市场途径、成本途径或收益途径的原因应当予以解释。

注 评估报告应当包括足够的信息，以说明评估师遵守了准则1的要求。所需要的信息详细程度应当根据相关信息对评估的重要程度予以确定。

评估师应当提供足够的信息，以使客户和预期使用者能够理解相关意见和结论的分析过程，包括根据准则条文1-6所进行的对数据和评估途径的综合分析。

---

① 见"咨询意见7——展示期意见""咨询意见22——市场价值评估业务中的工作范围，不动产""咨询意见35——不动产和动产价值意见中的合理展示期"。
② 见"咨询意见34——追溯性和未来价值意见"。
③ 见"咨询意见28——工作范围的决定、执行和披露""咨询意见29——可以接受的工作范围"。
④ 见"咨询意见31——涉及多个评估师的业务"。

在提供市场价值意见时，评估师应当根据准则条文 1-5 的规定，提供对评估对象出售、交易协议、期权和挂牌信息进行分析的汇总结果。① 如果这些信息无法获得，评估师应当说明为获取这些信息所做出的努力。如果这些信息不相关，评估师应当说明这些信息的存在，并指出其非相关性。

（9）说明评估基准日被评估不动产的现行用途和在评估业务中所采用的不动产用途。

（10）评估师形成最佳用途意见时，概要说明形成该意见的依据和分析过程。

（11）明确并显著地：
- 说明所有特别假设和非真实性条件；
- 说明特别假设和非真实性条件的使用可能会影响业务结论。

（12）包括一份根据准则条文 2-3 签署的声明。

（b）限制评估报告的内容应当与预期用途相适应，并至少应当包括以下内容：

（1）说明客户的身份，除非客户明确要求不得披露其身份②；增加显著的限制使用说明，限制评估报告仅供客户使用，警示如果不辅以评估师工作底稿中的额外信息，报告中提供的关于评估师如何形成意见和结论的分析过程将无法正确理解③。

注 评估师在明确客户时应当保持谨慎，避免违反职业道德规则中的保密要求。如果客户要求在报告中不公开身份，评估师可以满足其要求。在此种情况下，评估师应当在工作底稿中记录客户身份，并在报告中说明基于客户要求隐去客户身份。

限制评估报告仅供客户使用。在签订业务约定之前，评估师应当与客户确定此类报告使用的范围，并确信客户能够理解限制评估报告在使用上所受到的限制。

（2）说明评估的预期用途。④

注 评估的预期用途应当与限制评估报告所受到的使用限制相适应（如仅供客户使用）。

（3）说明足以明确被评估不动产的信息。⑤

注 评估中所涉及的不动产可以通过诸如法律状况说明、地址、地图标识、测量

---

① 见"咨询意见 1——销售历史"。
② 见"咨询意见 36——明确并披露客户、预期用途和预期使用者"。
③ 在以前的版本中，此款所表述的是"如果不辅以评估师工作底稿中的额外信息，报告中提供的意见和结论将无法正确理解"。此处的修改反映了 USPAP 准则制定者的进步和越来越严谨的逻辑。以前的表述其实更直接，即传达强烈的信息，告知客户以外的人不得使用限制评估报告，否则将被误导。为强调误导的严重性，当时描述的是"意见和结论将无法正确理解"。从理论上分析，限制评估报告（以前译为限制用途评估报告）仅仅是报告中披露的内容和程度减少（由于各种合理的原因），这不应当影响评估意见和结论的可理解性，否则就违反了 USPAP 一直倡导的基本原则，即评估报告意见和结论应当清晰、不误导，也违反了 USPAP 中关于报告的基本要求，即评估报告应当提供足够信息以使报告使用者（即使报告使用者仅为客户）能够恰当理解评估意见和结论。从逻辑上分析，之前版本的规定引起了 USPAP 体系内的自相矛盾，具体规定与基本原则发生了冲突，因此做了相应的修改，在维护限制评估报告特殊性的同时，也兼顾了对基本原则的遵守。这些细微的、逻辑上的错误的识别和逐步更正，反映了 USPAP 准则制定者"工匠式"的严谨和科学的态度。这些都是我们在制定准则过程中所需要学习和借鉴的精神。——译者
④ 见"咨询意见 36——明确并披露客户、预期用途和预期使用者"。
⑤ 见"咨询意见 2——评估对象的勘查"。

文件或地图副本、草图、照片等相关资料予以明确。

(4) 说明被评估的不动产权益。

(5) 说明价值类型，并说明价值定义的出处。[①]

注 如果根据准则条文1-2(c)形成了关于合理展示期的意见，报告中应当说明该意见。

(6) 说明评估基准日和报告日。[②]

注 评估基准日确定价值意见的基础，评估报告日则表明评估师对评估基准日市场和资产状况的评价是不是未来的、现行的或追溯的角度。

(7) 说明[③]执行评估业务所履行的工作范围。[④]

注 由于预期使用者对评估服务的信任可能会受到工作范围的影响，评估报告应当使预期使用者能够被恰当告知工作范围且不被误导。足够的信息包括披露所进行的研究和分析工作，也可能包括对未进行的研究和分析工作进行披露。

如果评估业务中部分工作利用了重要的不动产评估支持，评估师应当说明该支持的程度。应当根据准则条文2-3的要求，在报告声明中说明提供重要不动产评估支持的人员姓名。[⑤]

(8) 说明[⑥]所采用的评估方法和技术，说明所形成的价值意见和结论，并标明需要参照工作底稿。对未采用市场途径、成本途径或收益途径的原因应当予以解释。

注 评估师应当建立一份特定和连贯的工作底稿，以支持限制评估报告。工作底稿的内容应当包括足够的信息，以表明评估师遵守了准则1的要求，并能够支持评估师在此基础上形成一份评估报告。

在提供市场价值意见时，评估师应当根据准则条文1-5的规定，提供对评估对象出售、交易协议、期权和挂牌信息进行分析的汇总结果。如果这些信息无法获得，评估师应当说明为获取这些信息所做出的努力。如果这些信息不相关，评估师应当说明这些信息的存在，并指出其非相关性。

(9) 说明评估基准日被评估不动产的现行用途和在评估业务中所采用的不动产用途。

(10) 评估师形成最佳用途意见时，说明该意见。

(11) 明确并显著地：
- 说明所有特别假设和非真实性条件；
- 说明特别假设和非真实性条件的使用可能会影响业务结论。

---

① 见"咨询意见7——展示期意见""咨询意见22——市场价值评估业务中的工作范围，不动产""咨询意见34——追溯性和未来价值意见"。
② 见"咨询意见34——追溯性和未来价值意见"。
③ 注意此处使用了"说明"，区别于准则2-2(a)第七款中的"概要说明"。——译者
④ 见"咨询意见28——工作范围的决定、执行和披露""咨询意见29——可接受的工作范围"。
⑤ 见"咨询意见31——涉及多个评估师的业务"。
⑥ 注意此处使用了"说明"，区别于准则2-2(a)第八款中的"概要说明"。——译者

(12) 包括一份根据准则条文 2-3 签署的声明。

准则条文 2-3

每份书面不动产评估报告应当包括由评估师署名的声明,声明内容应当与以下内容相似:

本人声明:尽本人所知所信,

——本报告中陈述的事实是真实和正确的。

——报告中的分析、意见和结论是本人的公正、无偏见的专业分析、意见和结论,仅受报告中披露的假设和限制性条件的限制。

——本人与本报告中的评估对象不存在(或存在特定说明的)现时和未来利益关系,与相关当事方不存在(或存在特定说明的)个人利益关系。①

——本人在承接本次业务之前的三年之内,未以评估师或其他身份为本报告中的标的资产提供过服务(或提供过特定说明的服务)。②

——本人对本报告中的标的资产或与本业务的相关当事方不存在偏见。

——本人承接本次业务与形成或报告预先确定的结论无关。③

——本人完成本次业务所获取的报酬与下列事项无关:形成或报告预先确定的价值,形成对客户有利的价值,评估意见的结论数额,达到约定的结论,或实现与本次评估业务预期用途直接相关的期后事项。

——本人的分析、意见和结论以及评估报告的编制符合 USPAP 的规定。

——本人已经(或没有)对评估报告中的标的资产进行个人勘查。(如果有多名评估师签署声明,应当在声明中明确说明哪些评估师对评估对象进行勘查,哪些评估师未对评估对象进行勘查。)④

——没有人对本声明签署人提供过重要的不动产评估专业帮助。(如果有,应当列出每一位提供重要不动产评估专业帮助的人士姓名。)

注 经签署的声明是评估报告的组成部分之一。签署评估报告中任何部分内容(包括签署提交函)的评估师,都应当签署声明。

在仅由不动产评估师提供结论的业务中,任何签署声明的评估师均对声明的全部内容、业务结论和评估报告内容承担责任。在包括动产、企业价值或无形资产等非由不动产评估师提供结论的业务中,任何签署声明的不动产评估师对声明中的不动产相

---

① 此条声明目前在美国评估界存在较大争议。USPAP 的逻辑是:第一,准则并不禁止评估师对与其存在利益关系的评估对象进行评估;第二,评估师需要在声明中予以披露(其实在业务洽谈时就应当告知客户);第三,客户是否接受评估师对与其存在利益关系的评估对象进行评估是客户的商业决策。如果客户在明知评估师与评估对象存在利益关系的基础上仍要求评估师进行评估,则评估师可以执行此项业务。这个逻辑只是反映了评估行业的观点,许多客户、监管部门往往不接受这种做法。如美联储等美国联邦金融监管机构在其制定的《监管部门联合评估和估价指南》中就明确规定:"选择的人士应当具有独立性,并且与所评估资产或交易业务没有直接、间接或潜在的财务或其他利益"(参见本书第 5 部分)。美国评估界已经有许多人呼吁修改此条声明。——译者

② 此条为近年来新增加的声明内容,体现了对评估师独立性的要求逐步增加。——译者

③ 此条主要是强调评估师在业务承接环节不得与形成或报告预先确定的结论挂钩。下一条是 USPAP 的长期经典声明内容,主要是从评估师所获报酬角度进行声明,即不得存在或有收费。——译者

④ 见"咨询意见 2——评估对象的勘查"。

关部分、不动产业务结论和评估报告中的不动产内容承担责任。

如果签署声明的评估师依赖未签署声明的评估师和其他人士的工作，签字评估师对其做出的依赖其他人工作的决定承担责任。签字评估师应当有合理依据相信这些人士工作的专业性。签字评估师应当确信这些人士工作的可信性。①

提供重要不动产评估专业帮助但未签署声明的人士姓名应当在声明中列明。声明中并不要求对所提供的专业帮助进行描述，但应当分别根据准则条文 2 - 2（a）(7)或 2 - 2（b）(7) 的规定披露该专业帮助。②

准则条文 2 - 4

在适当和可行的情况下，口头不动产评估报告应当包括准则条文 2 - 2（a）规定的实质性内容。

注 参见资料保管规则中的相关要求。

---

① 关于评估师如何确信其他人士工作的可信性，参见《USPAP 常见问题（汇编）》第 261 问的回答——依赖其他人士的报告。——译者
② 见"咨询意见 31——涉及多个评估师的业务"。

准则3 评估复核,操作①

评估师执行评估复核业务,应当明确需要解决的问题,确定解决该问题所必需的工作范围,恰当完成形成可信评估复核结论所需要的研究和分析工作。

注 准则3规范在某项评估业务的一部分工作中或在评估复核业务中,为形成关于其他评估师工作质量的可信意见而进行评估复核的实质性操作过程。准则3中的规定按照其标题反映了进行评估复核的过程,评估师和评估服务使用者可以将准则3作为一个方便的检查对照表。

在本准则中,"复核人"是指执行评估复核业务的评估师。

准则条文3-1

执行评估复核业务时,复核人应当:

(a)熟知、理解并正确运用形成可信评估复核结论所需要的方法和技术。

注 经济、金融、法律、技术以及社会方面的变化和发展对评估行业有着重要影响。为适应这些变化和发展,评估行业一直在总结、改进评估方法和技术,并不断引进新的方法和技术以满足新形势的需要。每一位评估师都应持续提高其专业技能,以保持在评估复核领域的精通。

复核人应当具有明确和执行形成可信业务结论所必要的工作范围的专业能力和经验。某项评估复核业务的专业能力要求取决于该复核业务的工作范围,包括但不限于对特定不动产或资产类型、市场、地理区域、分析方法及相关法律、规定和指南的熟悉。

(b)不得出现严重影响评估复核的实质性疏忽或错误。

注 评估师执行评估复核业务应当保持足够的谨慎,避免产生对其意见或结论具有重大影响的错误。评估师在确认和分析对业务结论可信性具有重要影响的因素、条件、数据和其他信息时,应当保持勤勉。

(c)执行评估复核业务时不得粗心或疏忽大意,例如不得在评估中犯一系列错误,虽然其中每一个错误单独对评估结论并不会产生重要影响,但汇总在一起将会影响结论的可信性。

注 完美无缺是无法实现的,专业胜任能力并不要求评估师做到完美无缺,但是评估师执行评估复核业务不得粗心或疏忽大意。本准则条文要求评估师执行评估复核业务时应当勤勉尽责,保持应有的谨慎。

---

① 在长达三十多年的USPAP历史中,评估复核准则的操作性要求和披露性要求均合并在准则3中进行规范,这与不动产、动产、企业价值等准则将操作要求与披露要求分为两个准则进行规范有明显的不同。近年来USPAP的重大调整之一就是对不动产、评估复核、批量评估动产和企业价值等五个准则在规范形式上进行调整,即这五个准则均分别包括操作准则和报告准则,分别规范操作层面和报告披露方面的内容。基于此思路,原先的准则3——评估复核准则也分拆为两个准则,即准则3规范评估复核的操作,准则4规范评估复核的报告与披露。——译者

准则条文 3-2

复核人执行评估复核业务，应当：

(a) 明确客户和其他预期使用者。

(b) 明确复核人意见和结论的预期用途。①

注 复核人不得受业务预期用途或客户目标的影响，损害业务结论的公正性。复核人不得为客户的目标进行求证②。

预期用途指客户或其他预期使用者将复核人的意见和结论用于何处，例如包括（但不限于）质量控制、审计、资格审查或确认等。

(c) 明确评估复核的目的，包括该业务中是否由复核人形成自己的价值意见或是形成对被复核工作的复核意见。

注 评估复核业务的目的与复核人的目标相关，包括但不限于确定被复核的工作结论相对于预期使用者的预期用途是否可信，评价其是否符合 USPAP 的相关要求、客户的要求或其他适用的规则。

在评估复核业务中，复核人可以提供被复核工作的标的资产的价值意见。

在评估复核业务中，复核人可以提供该评估复核业务中被复核工作的质量方面的意见。

(d) 明确被复核的工作以及该工作与预期用途和评估复核目的相关的特征，包括：

(1) 被复核工作标的资产的任何所有权权益；

(2) 被复核工作的日期③和被复核工作中意见或结论的基准日；

(3) 执行被复核工作的评估师，除非客户隐去其身份；

(4) 被复核工作中标的资产、资产组、资产类型或市场区域的实体、法律和经济特征。

注 评估复核业务的对象可以是报告的全部或某一组成部分、工作底稿或报告与底稿的组合，可以是评估或评估复核业务。

(e) 明确评估复核业务所需的任何特别假设。

注 在评估复核业务中，特别假设仅在下列情况下可以使用：

- 基于形成可信意见和结论的需要；
- 复核人有合理的理由使用特别假设；
- 使用特别假设后能够进行可信的分析；
- 复核人遵守 USPAP 中关于特别假设披露的要求。

(f) 明确评估复核业务所需要的任何非真实性条件。

注 在评估复核业务中，非真实性条件仅在下列情况下可以使用：

---

① 见"咨询意见 36——明确和披露客户、预期用途和预期使用者"。
② 原文使用了"advocate"一词，意指不得支持或为客户的利益进行求证、辩护。——译者
③ 原文中使用了"the date of the work"这一较模糊的用语，指被复核工作的报告日。——译者

- 基于法律规定、合理分析或进行比较的需要；
- 使用非真实性条件后能够进行可信的分析；
- 复核人遵守 USPAP 中关于非真实性条件披露的要求。

（g）根据工作范围规则确定形成可信业务结论所必需的工作范围。[①]

注 在评估复核业务中，复核人在确定恰当工作范围时有较大的灵活性和重要责任。

复核人在形成关于被复核工作质量意见时，可以使用原先的评估师已经使用过的信息。

复核人也可以使用在正常业务情况下原先的评估师不能获得的信息，但是复核人在形成关于被复核工作质量意见时不得使用该信息。

准则条文 3-3

复核人执行评估复核业务，应当采用能够形成可信业务结论的评估复核方法和技术。

（a）复核人为形成可信业务结论在对分析、意见和结论进行复核时，应当：
（1）根据被复核工作所适用的要求，形成分析是否恰当的意见；
（2）根据被复核工作所适用的要求，形成意见和结论是否可信的意见；
（3）提供形成不同意见的理由。

注 基于复核人的工作范围要求，复核人需根据被复核工作所适用的法律、规定或预期使用者的要求，提供关于被复核工作中相关分析完整性、准确性、充分性、相关性和合理性方面的意见。

（b）复核人为形成可信业务结论在对报告进行复核时，应当：
（1）根据被复核工作所适用的要求，形成报告是否恰当、未构成误导的意见；
（2）提供形成不同意见的理由。

注 基于复核人的工作范围要求，复核人需根据被复核工作所适用的法律、规定或预期使用者的要求，提供关于报告完整性、准确性、充分性、相关性和合理性方面的意见。

（c）如果业务中包括复核人形成其价值意见或复核意见，复核人需遵守以下规定[②]：
（1）复核人在评估复核业务中形成资产价值意见的部分需符合准则 1、5、7、9 的相关规定；
（2）复核人在评估复核业务中形成被复核工作质量意见的部分需符合准则 3 的规定。

[①] 见"咨询意见 28——工作范围的决定、执行和披露""咨询意见 29——可接受的工作范围"。
[②] 见"咨询意见 20——包括复核人自己价值意见的评估复核业务"。

注 本款要求适用于：
- 复核人的价值意见，当复核的标的是评估业务的成果时；
- 复核人关于所复核的其他人士工作的意见，当复核的标的是评估复核业务的成果时。

无论复核人的意见是下述哪种情况，本款要求均适用：
- 复核人同意被复核业务中的意见和结论；
- 复核人不同意被复核业务中的意见和结论。

如果业务中包括复核人形成其价值意见或复核意见，需遵守以下规定：
- 复核人形成其价值意见或复核意见的工作范围可以不同于被复核工作的工作范围。
- 复核人价值意见的基准日可以与被复核工作的基准日相同或不同。
- 复核人并不需要重复原评估师所执行的程序。复核人可以将其认为可信的被复核工作中的部分，以特别假设的方式列为复核人所执行的程序。对于那些被认定为不可信的工作内容，复核人应当更换信息或根据评估准则1、3、5、7、9的相应要求重新分析，以形成可信的价值意见。

准则 4 评估复核，报告

评估师编制反映评估复核结论的报告，应当恰当反映每项分析、意见和结论，不得误导。

注 准则 4 规范评估复核报告中的内容和信息详细程度。

准则 4 并未规定评估复核报告的形式、格式和风格。报告的形式、格式和风格与预期使用者的需求及评估师相关。报告是否符合准则应当根据其实质性内容确定。

准则条文 4-1

每份书面或口头评估复核报告应当与被复核的报告明确区分，并应当：

(a) 清晰、准确地以不会引起误导的方式说明评估复核；

(b) 包括足够的信息，使评估复核业务预期使用者能够恰当理解报告；

(c) 清晰、准确地披露业务中使用的所有假设、特别假设、非真实性条件和限制条件。

评估复核报告应当说明评估复核业务的结论，这一点与被复核的其他评估师在评估业务或评估复核业务中的做法一致。

评估复核报告所披露内容以及信息的详细程度应当根据客户、其他预期使用者、预期用途及业务的特定要求确定。本准则中规定的披露要求仅是评估复核报告的最低要求。评估师应当根据需要补充报告内容，以确信该评估复核业务结论的任何预期使用者未被误导，确信报告符合本准则条文的相关要求。

准则条文 4-2

评估复核报告的内容应当与评估复核业务的预期用途相适应，并至少应当包括以下内容：

(a) 说明客户的身份，除非客户明确要求不得披露其身份；以名称或类型的方式说明任何预期使用者的身份。①

注 评估师在明确客户时应当保持谨慎，避免违反职业道德规则中的保密要求。如果客户要求在报告中不公开其身份，评估师可以满足其要求。在此种情况下，评估师应当在工作底稿中记录客户身份，并在报告中说明基于客户要求隐去客户身份。

(b) 说明评估复核的预期用途。

(c) 说明评估复核的目的。

(d) 说明足够的信息，以明确：

(1) 被复核的工作，包括被复核工作中标的资产的任何所有者权益；

(2) 被复核工作的报告日期；

(3) 被复核工作中意见或结论的基准日；

---

① 见"咨询意见 36——明确并披露客户、预期用途和预期使用者"。

(4) 完成被复核工作的评估师，除非客户要求不披露其身份。

注 如果客户要求不披露被复核工作的评估师，该事项应当在评估复核报告中予以说明。

(e) 说明评估复核报告的报告日。

(f) 明确并显著地：
- 说明所有特别假设和非真实性条件；
- 说明特别假设和非真实性条件的使用可能会影响业务结论。

(g) 说明执行评估复核业务所履行的工作范围。

注 由于预期使用者对评估复核服务的信任可能会受到工作范围的影响，评估复核报告应当使预期使用者能够被恰当告知工作范围且不被误导。足够的信息包括披露所进行的研究和分析工作，也可能包括对未进行的研究和分析工作进行披露。

如果评估复核业务中部分工作利用了重要评估或评估复核支持，复核人应当说明该支持的程度，并应当根据准则条文4-3的要求在报告声明中说明提供重要支持的人员姓名。

(h) 说明复核人关于被复核工作的意见和结论，包括对任何不同意见的分析说明。

注 报告应当提供足够的信息，以使客户和预期使用者能够理解复核人意见和结论的分析过程。

(i) 如果工作范围包括复核人形成关于被复核工作的价值意见或复核意见，复核人应当[1]：

(1) 说明复核人认为被复核工作中哪些信息、分析、意见和结论可信且用于支持形成复核人的意见和结论。

(2) 说明复核人价值意见的基准日（如适用）。

(3) 至少概要说明复核人所依赖的其他额外信息以及复核人形成关于被复核工作意见和结论的分析过程。

(4) 明确并显著地：
- 说明所有与复核人关于被复核工作意见和结论相关的特别假设和非真实性条件；
- 说明特别假设和非真实性条件的使用可能会影响业务结论。

注 复核人可以将其关于被复核工作的价值意见或复核意见置于评估复核报告中，无须另行编制单独的报告。但是，复核人提供的用于支持不同意见或结论的数据和分析除需要满足声明要求外，还应当至少满足以下相应的报告要求：
- 不动产评估中的评估报告（准则条文2-2(a)）；

---

[1] 见"咨询意见20——包括复核人自己价值意见的评估复核业务"。

- 动产评估中的评估报告（准则条文 8-2（a））；
- 评估复核业务中的评估复核报告（准则条文 4-2）；
- 批量评估中的批量评估报告（准则条文 6-2）；
- 企业价值评估中的评估报告（准则条文 10-2（a））。

(j) 包括一份根据准则条文 4-3 签署的声明。

准则条文 4-3

每份书面评估复核报告应当包括由评估师署名的声明，声明内容应当与以下内容相似：

本人声明：尽本人所知所信，

——本报告中陈述的事实是真实和正确的。

——报告中的分析、意见和结论是本人的公正、无偏见的专业分析、意见和结论，仅受报告中披露的假设和限制性条件的限制。

——本人与被复核工作中的标的资产不存在（或存在特定说明的）现时和未来利益关系，与相关当事方不存在（或存在特定说明的）个人利益关系。

——本人在承接本次业务之前的三年之内，未以评估师或其他身份为被复核工作中的标的资产提供过服务（或提供过特定说明的服务）。①

——本人对被复核工作中的标的资产或与本业务的相关当事方不存在偏见。

——本人承接本次业务与形成或报告预先确定的结论无关。

——本人的报酬与本次复核业务的分析、意见或结论所导致的行为、事件或其使用无关。

——本人完成本次业务所获取的报酬与下列事项无关：形成或报告预先确定的业务结论，形成对客户有利的业务结论，达到约定的结论，或实现与本次评估复核业务预期用途直接相关的期后事项。

——本人的分析、意见和结论以及评估复核报告的编制符合 USPAP 的规定。

——本人已经（或没有）对被复核工作中的标的资产进行个人勘查。（如果有多名评估师签署声明，应当在声明中明确说明哪些评估师对被复核工作中的标的资产进行勘查，哪些评估师未进行勘查。）（在对企业价值或无形资产评估业务进行复核时，本声明中的勘查部分不适用。）

——没有人对本声明签署人提供过重要的评估或评估复核帮助。（如果有，应当列出每一位提供重要评估或评估复核帮助的人士姓名。）

注 经签署的声明是评估复核报告的组成部分之一。签署评估复核报告中任何部分内容（包括签署提交函）的复核人，都应当签署声明。

任何签署声明的复核人均对声明的全部内容、业务结论和评估复核报告内容承担责任。

在共同签署方面，评估复核与准则条文 2-3、6-3、8-3 和 10-3 中的规定明显不同。为避免出现这方面的混淆，除非执行复核业务的复核人准备以共同签署的身份

---

① 此条为近年来新增加的声明内容，体现了对评估师独立性的要求逐步增加。——译者

承担责任，否则该复核人不应当签名。

如果签署声明的评估师依赖未签署声明的评估师和其他人士的工作，签字评估师对其做出的依赖其他人工作的决定承担责任。签字评估师应当有合理依据相信这些人士工作的专业性。签字评估师应当确信这些人士工作的可信性。

提供重要评估或评估复核帮助但未签署声明的人士姓名应当在声明中列明。声明中并不要求对所提供的专业帮助进行描述，但应当根据准则条文4-2（g）的规定披露该专业帮助。

准则条文4-4

在适当和可行的情况下，口头评估复核报告应当包括准则条文4-2规定的实质性内容。

注 参见资产保管规则中的相关要求。

准则 5 批量评估，操作

评估师执行批量评估业务，应当熟知、理解并正确运用形成可信批量评估结论的公认方法和技术。

注 准则 5 适用于各种目的或用途的不动产或动产批量评估业务。[①] 准则 5 规范形成可信批量评估业务分析、意见和结论的资产评估的实质性操作过程。适用于以从价税为目的的公共批量评估的披露要求和管辖除外规则，并不适用于其他目的的批量评估。

批量评估包括：

(1) 明确被评估的资产；
(2) 明确与被评估资产相似[②]的市场区域；
(3) 明确该市场区域中影响价值的特征（供应与需求）；
(4) 设计模型，该模型能够反映市场区域内对价值有影响的特征之间的关系；
(5) 对模型进行校准，确定能够影响价值的个别特征对价值的贡献；
(6) 将模型所反映出的结论与被评估资产的特征结合，进行分析；
(7) 复核批量评估结论。

由于从价税的管理需要遵守各州、郡和城市的法律，管辖除外规则可能会适用于准则 5 中的几个部分。

准则条文 5-1

评估师执行批量评估业务，应当：

(a) 熟知、理解并正确运用形成可信批量评估结论所需要的公认评估方法和技术。

注 批量评估提供一种系统性方法与对评估方法与技术的一致性应用，以形成对价值的估计，该估计应当接受统计复核和结论分析。

本准则条文认可变化原则持续影响评估师执行批量评估业务的方式。不动产和动产领域的变化与发展对评估行业具有重要影响。

为适应这些变化和发展，评估行业一直在总结、改进评估方法和技术，并不断引进新的方法和技术以满足新形势的需要。基于此原因，评估师仅仅保持在获得评估师资格时所具有的专业知识和技能是远远不够的。每一位评估师都应持续提高其专业技能，以保持在批量评估领域的精通。

(b) 不得出现严重影响批量评估的实质性疏忽或错误。

注 评估师执行评估业务应当保持足够的谨慎，避免产生对评估意见或结论具有

[①] 见"咨询意见 32——从价税评估和批量评估业务"。
[②] 原文的用语是指"一致行动"。——译者

重大影响的错误。评估师在确认和分析对业务结论可信性具有重要影响的因素、条件、数据和其他信息时，应当保持勤勉。

（c）执行批量评估业务时不得粗心或疏忽大意。

注 完美无缺是无法实现的，专业胜任能力并不要求评估师做到完美无缺，但是评估师执行评估业务不得粗心或疏忽大意。本准则条文要求评估师应当勤勉尽责、保持应有的谨慎。

准则条文 5-2

评估师执行批量评估业务，应当：
（a）明确客户和其他预期使用者。①

注 评估师负有责任去明确客户和其他预期使用者。在从价税批量评估中，估税官或者其他负有签发估税或税单责任的当事人应当遵守相应的法律或规定，并明确客户和其他预期使用者（如果适用）。

（b）明确评估的预期用途。②

注 评估师不得受业务预期用途或客户目标影响，损害业务结论的公正性。

（c）明确价值的类型和定义。如果评估的价值类型是市场价值，评估师需要明确该价值是不是符合下列的最可能价格：
（1）以现金计量；
（2）以等同于现金的财务方式计量；
（3）以其他明确定义的方式计量；
（4）如果价值意见建立在非市场融资方式基础之上，或按非正常条件或动机进行融资，应当清晰地说明这些融资方式的条件，评估师应当通过对相关市场数据的分析，分析这些融资方式对价值的正面或负面影响。
（d）明确评估基准日。③
（e）明确与价值类型和定义、预期用途相关的资产特征④，包括：
（1）根据相似市场影响因素所确定的资产类别；
（2）与被评估资产相关的市场区域和时间因素；
（3）地理位置及其实体、法律和经济特征。

注 评估师应当对资产进行总体辨识，同时也需要根据资产记录中保存的信息明确每个单独资产。

评估拟计划进行的改良物时，评估师应当检查规划、说明材料或其他能够明确拟建设改良物特征和细节的文件，并确信在未来也能对这些文件进行检查。⑤

---

① ② 见"咨询意见36——明确和披露客户、预期用途和预期使用者"。
③ 见"咨询意见34——追溯性与未来价值意见"。
④ 见"咨询意见23——在不动产评估业务中明确评估对象的相关特征"。
⑤ 见"咨询意见17——计划进行改良的不动产评估"。

通常情况下，在以从价税为目的的评估业务中不对拟改良物进行评估。在某些情况下，开发商为了解将来可能承担的财产税税赋，会要求评估师提供拟建设的改良物价值。有时共有产权的单元或计划开发的单元会连同尚未建设的社区资产权益一起出售，在分析交易数据时应当考虑其相应的份额价值。

(f) 明确与批量评估目的和预期用途相关的市场特征，包括：
(1) 市场区域的地理位置；
(2) 实体、法律和经济特征；
(3) 市场行为的时间区间；
(4) 市场中所反映的资产权益。
(g) 评估不动产或动产时：
(1) 明确与被评估资产相关的市场区域和时间区间；
(2) 评估对象是不动产时，明确并考虑评估中所包括的任何动产、装修设施或无形资产等非不动产资产项目；
(3) 评估对象是动产时，明确评估中所包括的任何不动产或无形资产等非动产资产项目；
(4) 明确已知的地役权、限制、财产留置权、租赁、保留、契约、合同、声明、特殊估税、法令及其他类似事项；
(5) 说明并分析被评估的部分权益、部分实物资产或部分股权是否按份额比例对整体价值构成贡献。

注 评估对象为部分权益、部分实物资产或部分股权时，上述规定并不要求评估师必须评估整体的价值。但是如果未明确整体的价值，则该评估业务中应当清晰说明：不能根据被评估资产的价值采用简单数学扩展的方式得出整体价值意见。

(h) 分析评估时的相关经济条件，包括市场对资产的容纳能力、供应、需求、稀缺程度等。
(i) 明确业务所需要的任何特别假设和非真实性条件。

注 特别假设仅在下列情况下可以使用：
- 基于形成可信意见和结论的需要；
- 评估师有合理的理由使用特别假设；
- 使用特别假设后能够进行可信的分析；
- 评估师遵守 USPAP 中关于特别假设披露的要求。

非真实性条件仅在下列情况下可以使用：
- 基于法律规定、合理分析或进行比较的需要；
- 使用非真实性条件后能够进行可信的分析；
- 评估师遵守 USPAP 中关于非真实性条件披露的要求。

(j) 根据工作范围规则确定形成可信业务结论所必需的工作范围。[①]

[①] 见"咨询意见 28——工作范围的决定、执行和披露""咨询意见 29——可接受的工作范围"。

准则条文 5-3

为形成可信业务结论，评估师应当：

（a）评估不动产时，说明并分析下列因素对（不动产）用途和价值的影响：现行土地用途规定、对这些土地用途规定可能进行的合理修订、经济供需关系、不动产（改动）的物理可行性、相邻区域趋势和不动产的最佳用途。

注 本条规定列出影响用途和价值的因素清单。在考虑相邻区域趋势时，评估师不能使用以下过于简单的或有偏见的假设，如种族、年龄、肤色、性别、原籍国等，也不能做出种族、民族或宗教的一致性能够最大化相邻区域价值的假设。评估师也不能做出未经充分依据支持的有关相邻区域价值下降、实际年限、剩余寿命等假设。在考虑最佳用途时，评估师应当根据恰当解决评估问题所需要的程度形成最佳用途概念。

（b）评估动产时，明确并分析产业趋势、在用价值、动产交易层次等对（动产）用途和价值的影响。在适当的情况下，应当根据评估业务中价值的类型和定义以及预期用途分析现行用途和替代用途，比较哪种用途在经济上更有利，在法律和物理上更可行。动产具有多个可计量的市场，因此评估师应当定义并分析与价值的类型和定义相关的市场。

注 评估师应当知晓（动产）存在不同的交易层次，每个交易层次可能会产生各自的数据。例如，资产在批发层次、零售层次或各种拍卖条件下会具有不同的价值。因此评估师需要根据适当的市场层次对评估对象进行分析。

准则条文 5-4

评估师执行批量评估业务，应当：

（a）明确执行业务所需要的适当程序和市场信息，包括可能影响评估的实体性、功能性和外部性市场因素。

注 这些工作通常包括制定标准化的数据采集表格、程序和培训资料，统一应用于所评估的所有资产。

（b）采用公认的技术对资产评估模型进行详细说明。

注 以说明或方程式对模型进行的阐释称为模型说明。批量评估师必须形成数学模型，通过资产的质量和数量特征，合理、准确地揭示资产价值与供求因素之间的关系。模型可采用成本途径、市场途径或收益途径进行评估。模型说明的格式可以是表格式、数学方式、线性、非线性或其他任何适合反映被观察资产特征的结构方式。在评估每类资产时应当采用适当的方法。不动产和动产评估模型都应当符合公认的技术。

（c）采用公认技术对批量评估模型进行校准。

注 校准是指通过将资产和市场的数据组进行分析以确定模型特定参数的过程。

成本手册上的表格输入栏以及线性和非线性模型中的系数等都是参数校准的例子。模型应当采用公认技术进行校准，包括但不限于多元线性回归、非线性回归和自适应估计等。

准则条文 5-5

为形成可信业务结论，评估师执行批量评估业务时，应当：
（a）收集、查验和分析所需要和恰当的数据：
（1）改良物的全新成本；
（2）折旧；
（3）可比资产交易案例中的土地价值；
（4）可比资产交易案例中的资产价值；
（5）收益或潜在盈利能力资本化所需要的价值数据（如租金、费用、利率、资本化率和空置率等）。

注 本准则条文要求评估师执行批量评估业务时应当履行合理程序，确信所收集数据的质量和数量足以支持可信结论。例如在不动产评估中，应当在适当和可行的情况下建立一个体系，建立一个系统，以收集并保存不动产所有权、地理位置、交易情况、收益和费用、成本和资产特征等数据。地理位置数据应当尽可能保存在完整的地籍图中，并按现行行业的详细程度和精度惯例进行整理。评估师应当根据现行行业惯例收集、查验、筛选、修正交易数据并存档。交易档案应当包括每份交易案例中资产在交易日的特征数据。资产特征数据应当与所使用的模型相适应并相关。资产特征数据应当包括与评估日同时期的相关数据，并在适当和可行的情况下包括交易的历史数据。数据收集程序应当配有相应的质量控制程序，包括对数据的检查和审校以确信相关数据的时效性和一致性。

（b）在合理和适当证据的基础上，估算资本化率、未来租金率和盈利能力预测、费用、利率、空置率等。①

注 本规定要求评估师在预测收益、费用和现金流时，对历史信息、趋势、影响趋势的现行市场条件以及能够合理预计的事件等进行权衡，其中能够合理预计的事件包括计划中和正在开发中的项目带来的竞争因素。

（c）明确并在可行的前提下，分析任何可获得租约的内容和条件。
（d）明确现场实际勘查的必要性及勘查程度。②

准则条文 5-6

评估师应用校准批量评估模型时，为形成可信业务结论，应当：
（a）采用建立在成本途径、市场途径和收益途径基础上的公认方法和技术评估改良物价值。

---

① 见"咨询意见33——折现现金流分析"。
② 见"咨询意见2——评估对象的勘查"。

(b) 采用公认方法和技术评估土地价值；这些技术包括但不限于市场途径、分配方法①、提取方法②、地面租金资本化法、剩余土地价值技术等。

(c) 评估租出资产或租入资产③时，分析租约内容和条件对价值的可能影响（如适用）。

注 在以从价税为目的的评估业务中，根据法律或规则的要求，评估师可能会被要求评估资产在完全所有权情况下的价值，假设该资产未受现行租约的限制。在此情况下应当使用市场租金，不考虑个别或实际合同租金的影响。

(d) 在适用的情况下，分析各种资产包、分割权益或资产组成部分的组合对价值可能具有的影响；不能通过简单加总各资产包、各分割权益或资产各部分价值的方式估算资产整体的价值。

注 当资产整体价值已确定，评估师需要评估资产某一部分的价值时，任何部分资产的价值评估均需参考适当的市场数据，并通过对这些数据的合理分析得到支持。

(e) 分析计划中的公共或私人改良（原地或其他地方）时，应当在适用的情况下，根据市场的动向分析这些预计改良可能对价值造成的影响。

准则条文 5-7

对批量评估初步结论进行综合分析和取舍时，评估师应当：

(a) 综合分析所获得的并在相应方法中使用的数据的质量和数量，综合分析所使用途径、方法和技术的适用性和相关性。

(b) 采用能够保持准确性水平的公认批量评估测试程序和技术。

注 在批量评估中，即使使用了已经恰当详细说明和校准的批量评估模型，有些个别的价值结论仍可能无法满足合理性、一致性和准确性水平。但是进行批量评估的评估师负有专业责任确信模型所产生的价值结论在总体上能够达到可接受的准确性水平。这种责任要求评估师采用以下技术（不限于）评价模型的运行情况：适合度统计④和模型运行统计⑤，如评估值与交易价比率研究、滞留样本评价⑥、剩余分析等。

---

① 原文为"allocation method"。——译者
② 原文为"abstraction method"。——译者
③ 原文为"a leased fee estate or a leasehold estate"，指所有人已经对外出租的资产及承租人租入的资产。——译者
④ 原文为"goodness-off-it statistics"。——译者
⑤ 原文为"model performance statistics"。——译者
⑥ 原文为"evaluation of hold-out samples"。——译者

准则 6 批量评估，报告

评估师编制反映批量评估结论的报告，应当恰当反映每项分析、意见和结论，不得误导。

注 准则 6 规范批量评估报告中的内容和信息详细程度。

准则 6 并未规定批量评估报告的形式、格式和风格。报告的形式、格式和风格与预期使用者的需求及评估师相关。报告是否符合准则应当根据其实质性内容确定。

准则条文 6-1

每份书面批量评估报告应当：

(a) 清晰、准确地以不会引起误导的方式说明评估。

(b) 包括足够的信息，使评估业务预期使用者能够恰当理解报告。

注 以从价税为目的的批量评估应包括以下内容：(1) 资产记录；(2) 交易比率和其他统计研究资料；(3) 评估手册和相关文件；(4) 市场研究资料；(5) 模型设计文件；(6) 规则；(7) 法律规定；(8) 其他需要的资料。

(c) 清晰、准确地披露评估业务中使用的所有假设、特别假设、非真实性条件和限制条件。

注 报告中应当明确并显著地：
- 说明所有特别假设和非真实性条件；
- 说明特别假设和非真实性条件的使用可能会影响业务结论。

准则条文 6-2

每份书面批量评估报告应当：

(a) 说明客户的身份，除非客户明确要求不得披露其身份；以名称或类型的方式说明任何预期使用者的身份。①

注 评估师在明确客户时应当保持谨慎，避免违反职业道德规则中的保密要求。如果客户要求在报告中不公开其身份，评估师可以满足其要求。在此种情况下，评估师应当在工作底稿中记录客户身份，并在报告中说明基于客户要求隐去客户身份。

(b) 说明评估的预期用途。②

(c) 披露任何导致背离公认方法以及影响分析、意见和结论的假设或限制条件。

(d) 说明评估基准日和报告日。

注 以从价税为目的的评估业务中，评估基准日通常由法律予以规定。如果法律未规定评估基准日，在未说明的情况下，评估基准日与数据和评估结论的日期应当

---

① ② 见"咨询意见 36——明确并披露客户、预期用途和预期使用者"。

相同。

评估基准日确定价值意见的基础，评估报告日则表明评估师对评估基准日市场和资产状况的评价是不是未来的、现行的或追溯的角度。①

（e）说明价值类型和定义，并说明价值定义的出处。

注 对价值定义进行的说明还应当包括提供给预期使用者的建议，以引导其理解如何使用该价值定义。②

如果报告中采用的是市场价值，应说明价值意见是不是：
- 以现金计量或以等同于现金的财务方式计量；
- 以非市场融资为基础，或者按非正常条件或动机进行融资。

如果市场价值意见不是以现金计量或以等同于现金的财务方式计量，评估师需要概要说明相关的融资方式，并解释其对价值的贡献或负面影响。

（f）说明被评估的资产，包括产权。

注 报告中应当包括地理位置、资产描述和资产挂牌情况。在可行的情况下，应当包括法律状况说明、地址、地块标识、照片、建筑测绘图等。在批量评估中，这些信息往往包括在资产记录中。如果委估资产的产权是在法律或法庭决定中确立的，应当对相关法律进行说明。

（g）概要说明执行评估业务所履行的工作范围③；如未使用市场途径、成本途径或收益途径，应予以说明。

注 由于预期使用者对评估服务的信任可能会受到工作范围的影响，评估报告应当使预期使用者能够被恰当告知工作范围且不被误导。足够的信息包括披露所进行的研究和分析工作，也可能包括对未进行的研究和分析工作进行披露。

如果评估业务中部分工作利用了重要的批量评估支持，评估师应当说明该支持的程度。应当根据准则条文 6-3 的要求，在报告声明中说明提供重要批量评估支持的人员姓名。④

（h）概要说明并论证所使用的模型参数、数据要求和所采用的模型。

注 评估师应当提供足够的信息，以使客户和预期使用者相信所采用的程序和步骤符合公认方法，所形成的评估结论可信。以从价税为目的的批量评估业务中，稳定性和准确性是价值意见可信性的重要指标。报告中应当概要说明每个模型的分析过程、所采用的校准技术和使用的计量指标。

（i）概要说明收集、查验和披露数据的程序。

注 报告中应当说明数据的来源、数据的收集和查验程序。报告中应当指出所使用的详细数据收集手册或电子记录，适当时应当说明在何处可获得这些资料以供检查。

---

① ② 见"咨询意见 34——追溯性和未来价值意见"。
③ 见"咨询意见 28——工作范围的决定、执行和披露""咨询意见 29——可以接受的工作范围"。
④ 见"咨询意见 31——涉及多个评估师的业务"。

(j) 概要说明所考虑和选择的校准方法,包括最终模型的数学公式;概要说明对价值结论的复核,必要时应说明单独的价值结论是否可获得及从何处获得。

(k) 如果使用最佳用途或适当的市场、市场层次,应概要说明这些意见的确定过程。

注 批量评估报告应当引用规定最佳用途的案例判决、法规或公共政策。如果采用实际用途,报告中应当说明该用途和价值意见是如何确定的。评估师应当根据重要性,确定最佳用途意见分析过程的披露深度和详细程度。

(l) 说明所采用的评估运行测试,并说明所达到的测试标准。

(m) 概要说明根据准则条文5-7所进行的综合分析过程。

(n) 包括一份根据准则条文6-3签署的声明。

准则条文6-3

每份书面批量评估报告应当包括由评估师署名的声明,声明内容应当与以下内容相似:

本人声明:尽本人所知所信,

——本报告中陈述的事实是真实和正确的。

——报告中的分析、意见和结论是本人的公正、无偏见的专业分析、意见和结论,仅受报告中披露的假设和限制性条件的限制。

——本人与本报告中的评估对象不存在(或存在特定说明的)现时和未来利益关系,与相关当事方不存在(或存在特定说明的)个人利益关系。

——本人在承接本次业务之前的三年之内,未以评估师或其他身份为本报告中的标的资产提供过服务(或提供过特定说明的服务)。

——本人对本报告中的标的资产或与本业务的相关当事方不存在偏见。

——本人承接本次业务与形成或报告预先确定的结论无关。

——本人完成本次业务所获取的报酬与下列事项无关:形成或报告预先确定的价值,形成对客户有利的价值,评估意见的结论数额,达到约定的结论,或实现与本次评估业务预期用途直接相关的期后事项。

——本人的分析、意见和结论以及评估报告的编制符合USPAP的规定。

——本人已经(或没有)对评估报告中的标的资产进行个人勘查。(如果有多名评估师签署声明,应当在声明中明确说明哪些评估师对评估对象进行勘查,哪些评估师未对评估对象进行勘查。[①])

——没有人对本声明签署人提供过重要的批量评估专业帮助。(如果有,应当列出每一位提供重要批量评估专业帮助的人士姓名。)

注 上述声明无意干扰(选举的或聘用的)估税官的工作计划或其工作誓言。经签署的声明是评估报告的组成部分之一。签署批量评估报告中任何部分内容(包括签署提交函)的评估师,都应当签署声明。

---

① 见"咨询意见2——评估对象的勘查"。

仅由不动产评估师提供结论的业务中，任何签署声明的评估师均对声明的全部内容、业务结论和评估报告内容承担责任。在包括动产等非由不动产评估师提供结论的业务中，任何签署声明的不动产评估师对声明中的不动产相关部分、不动产业务结论和评估报告中的不动产内容承担责任。

仅由动产评估师提供结论的业务中，任何签署声明的评估师均对声明的全部内容、业务结论和评估报告内容承担责任。在包括不动产等非由动产评估师提供结论的业务中，任何签署声明的动产评估师对声明中的动产相关部分、动产业务结论和评估报告中的动产内容承担责任。

如果签署声明的评估师依赖未签署声明的评估师和其他人士的工作，签字评估师对其做出的依赖其他人工作的决定承担责任。签字评估师应当有合理依据相信这些人士工作的专业性。签字评估师应当确信这些人士工作的可信性。

提供重要批量评估专业帮助但未签署声明的人士姓名应当在声明中列明。声明中并不要求对所提供的专业帮助进行描述，但应当根据准则条文6—2（g）的规定披露该专业帮助。①

---

① 见"咨询意见31——涉及多个评估师的业务"。

准则 7　动产评估，操作

评估师执行动产评估业务，应当明确需要解决的问题，确定解决该问题所必需的工作范围，恰当完成形成可信评估结论所需要的研究和分析工作。

注　准则 7 规范形成可信动产评估的实质性操作过程。准则 7 中的规定按照其标题反映了进行评估的过程，评估师和评估服务使用者可以将准则 7 作为一个方便的检查对照表。

准则条文 7-1

评估师执行动产评估业务，应当：
(a) 熟知、理解并正确运用形成可信评估结论所需要的公认评估方法和技术。

注　本准则条文认可变化原则持续影响评估师执行评估业务的方式。动产领域的变化和发展对评估行业有着重要影响。动产在成本与建造、生产方式、营销方式的重大变化，以及动产产权和相关权益赖以设立、转让和抵押的法律体系的变化，都给动产评估理论和实践带来相应变化。社会的变化也对评估理论和实践产生影响。为适应这些变化和发展，评估行业一直在总结、改进评估方法和技术，并不断引进新的方法和技术以满足新形势的需要。基于此原因，评估师仅仅保持在获得评估师资格时所具有的专业知识和技能是远远不够的。每一位评估师都应持续提高其专业技能，以保持在动产评估技术领域的精通。

(b) 不得出现严重影响评估的重大疏忽错误或误差错误。

注　评估师执行评估业务应当保持足够的谨慎，避免产生对评估意见或结论具有重大影响的错误。评估师在确认和分析对业务结论可信性具有重要影响的因素、条件、数据和其他信息时，应当保持勤勉。

(c) 执行评估业务时不得粗心或疏忽大意，例如不得在评估中犯一系列错误，虽然其中每一个错误单独对评估结论并不会产生重要影响，但汇总在一起将会影响结论的可信性。

注　完美无缺是无法实现的，专业胜任能力并不要求评估师做到完美无缺，但是评估师执行评估业务不得粗心或疏忽大意。本准则条文要求评估师执行评估业务时应当勤勉尽责、保持应有的谨慎。

准则条文 7-2

评估师执行动产评估业务，应当：
(a) 明确客户和其他预期使用者。[①]

[①] 见"咨询意见 36——明确和披露客户、预期用途和预期使用者"。

(b) 明确评估师意见和结论的预期用途。①

注 评估师不得受业务预期用途或客户目标的影响，损害业务结论的公正性。

(c) 明确价值的类型和定义。如果评估的价值类型是市场价值，评估师需要明确该价值是不是符合下列条件的最可能价格：
(1) 以现金计量；
(2) 以等同于现金的财务安排计量；
(3) 以其他明确定义的方式计量；
(4) 如果价值意见建立在非市场性融资方式基础之上或者按非正常条件或动机进行融资，评估师应当明确地揭示这些融资方式的条件，并通过对相关市场数据的分析去披露这些融资方式对价值的正面或负面影响。

注 如果展示期是所需要评估价值意见的定义组成部分，评估师也应当形成与该价值结论相关的有关合理展示期的意见。②

(d) 明确评估师意见和结论的基准日。

(e) 明确被评估资产的特征。这些特征应当与价值类型和定义、预期用途相关，包括：
(1) 能够鉴别评估对象的足够特征，包括鉴别的方法。③
(2) 在某一资产类别内能够明确评估对象（有时还包括其组成部分）相关质量指标的特征。
(3) 其他对价值有实质性影响的实体和经济特征。

注 实体和经济特征包括状况、类别、规格、质量、生产者、作者、材质、产地、年代、出处、改造、修复和损耗等。需要结合资产类型、价值类型和定义、评估预期用途判断哪些特征对价值有实质性影响。

(4) 所评估的动产所有权。
(5) 任何已知的与业务相关的限制、财产留置权、租赁、契约、合同、声明、特殊估税、法令及其他类似事项。
(6) 评估业务中包括的任何不动产或无形资产等非动产资产项目。

注 (1) ～ (6)：评估师应当从其能够合理确信为可靠的渠道，获得用于明确评估对象特征的相关信息。

评估师可以通过资产勘查、相关文件或其他渠道明确评估对象的相关特征。

在对计划进行改造的资产评估时，评估师应当检查规划、说明材料或其他能够明确拟改造特征和程度的文件，并确信在未来也能对这些文件进行检查。

当评估对象是部分权益、部分实体资产或部分份额时，评估师并不需要评估整个资产的价值。

---

① 见"咨询意见36——明确和披露客户、预期用途和预期使用者"。
② 见"咨询意见7——营销时间意见""咨询意见35——不动产和动产价值意见中的合理展示期"。
③ 见"咨询意见2——评估对象的勘查"。

(f) 明确业务所需要的任何特别假设。

注 特别假设仅在下列情况下可以使用：
- 基于形成可信意见和结论的需要；
- 评估师有合理的理由使用特别假设；
- 使用特别假设后能够进行可信的分析；
- 评估师遵守 USPAP 中关于特别假设披露的要求。

(g) 明确业务所需要的任何非真实性条件。

注 非真实性条件仅在下列情况下可以使用：
- 基于法律规定、合理分析或进行比较的需要；
- 使用非真实性条件后能够进行可信的分析；
- 评估师遵守 USPAP 中关于非真实性条件披露的要求。

(h) 根据工作范围规则确定形成可信业务结论所必需的工作范围。①

准则条文 7-3

评估师执行动产评估业务，为形成可信业务结论，应当：

(a) 根据价值的类型和定义、评估的预期用途，分析资产的现行用途和替代用途。

注 在动产领域中，价值可能与所选择的恰当市场，或在某些情况下，与该资产类别的市场层级、价值的类型和定义及评估的预期用途相关。②

如果资产存在着不同的用途且这些不同的用途可能会形成不同的价值，评估师应当考虑资产的不同用途。

---

① 见"咨询意见 28——工作范围的决定、执行和披露""咨询意见 29——可接受的工作范围"。

② 最佳用途（highest and best use）是不动产评估中的重要概念，也是市场价值定义的重要组成部分，即市场价值是指最佳用途下的价值。这一概念在不动产评估领域长期运用，不存在任何争议。但当不动产评估理论和概念向非不动产评估领域拓展时，最佳用途引起了极大的争议和混乱。最佳用途是与不动产的不可移动性密切相关的，土地在不可移动的情况下所具有的最佳用途（相对于物理、法律和经济方面的可行性）是很容易理解和接受的，但动产具有可移动性，将最佳用途用于动产领域就很难理解并会引起很大争议。这在一定程度上阻碍了不动产评估与非不动产评估领域的专业交流。例如，《国际评估准则 2017》在市场价值定义中（International Valuation Standards 2017，IVS104 Base of value，30.1）并未涉及最佳用途，但在解释时（IVS104 Base of value，30.4）又在定义之外强调市场价值应当反映最佳用途下的价值。这种矛盾的处理方式体现了评估理论从不动产领域向综合领域发展过程中的矛盾，即市场价值概念起源于不动产评估，最佳用途是市场价值定义中不可缺少的组成部分，但在动产、企业价值等领域，最佳用途又受到各种各样的批评和抵制。由于《国际评估准则》试图给出一个适用于不动产、动产、企业价值等领域的市场价值的统一定义，基于前述的矛盾，《国际评估准则》一方面不得不在市场价值定义中回避最佳用途这一概念，以避免对不动产评估以外的其他评估领域的不适用性，另一方面仍固守最佳用途在不动产评估中的重要作用，在定义之外的解释中又强调市场价值与最佳用途的必然关系。这种矛盾的处理方式解决不了最佳用途在动产、企业价值评估领域使用的尴尬问题。相对而言，美国评估行业在理论和实务上对此问题较为灵活，USPAP 比较巧妙地处理了这一矛盾。首先 USPAP 并未尝试给出统一的市场价值定义，这与国际评估准则中将市场价值定义列为重中之重的做法形成鲜明对比；其次在动产评估中创造性地提出，在动产领域里，最佳用途等同于根据资产类型、价值类型和定义、评估的预期用途等选择的适当市场或市场层次。这是 USPAP 在促进评估业综合发展过程中对评估理论的一大贡献。在企业价值评估中，虽然未就最佳用途的问题进行讨论，但译者认为根据动产评估中关于最佳用途等同于市场层次的思路，其实不动产评估中的最佳用途等同于企业价值评估中的价值前提（premise of value），如持续经营或清算的价值前提。价值前提的概念在中国评估界有所涉及，但未充分讨论。——译者

(b) 确定并分析与价值类型和定义相关的恰当市场。

注 评估师应当知晓存在不同的交易层次（计量市场），每个交易层次都可能会产生各自的数据。例如，资产在批发交易层次、零售交易层次或各种拍卖条件下，会有不同的价值。因此评估师需要根据适当的市场层次对评估对象进行分析。

(c) 分析评估基准日时的相关经济条件，包括市场对资产的容纳能力、供应、需求、稀缺程度等。

准则条文 7-4

评估师执行动产评估业务，应当收集、查证和分析形成可信业务结论必需的所有信息。

(a) 评估师采用市场途径进行评估时，为形成可信业务结论，应当对能够获得的与评估结论有关的可比交易数据进行分析。

(b) 评估师采用成本途径进行评估时，为形成可信业务结论，应当：

(1) 分析能够获得的可比成本数据，估算资产的全新成本；

(2) 分析能够获得的可比数据，估算全新成本与资产现行价值之间的差额（折旧）。

(c) 为形成可信业务结论，评估师采用收益法进行评估时，应当：

(1) 分析能够获得的可比数据，估算资产的市场收益；

(2) 分析能够获得的可比营运费用数据，估算资产的营运费用；

(3) 分析能够获得的可比数据，估算资本化率或折现率；

(4) 确信对未来收益和费用的预测建立在合理清晰并具有恰当证据的基础上。

注 评估师分析收益和费用、预测现金流时，应当权衡历史信息和趋势、影响这些趋势的当前供求因素以及竞争因素。

(d) 评估师评估租出资产、租入资产或受限资产价值时，应当分析租约内容和条款或限制条件对价值可能具有的影响。

(e) 评估多项资产时，评估师应当考虑个别资产价值对业务结论的重要性。对业务结论更为重要的资产应当是分析的重点，并应以恰当的详尽程度进行分析。

注 资产组合可能是由价值高与价值低的资产组成。对业务结论更为重要的资产应当进行更多、更深的分析。

(f) 评估师对各种资产的组合或资产的各组成部分进行评估时，应当分析组合因素（如果有）对价值可能具有的影响。评估师不能仅通过简单加总各资产或资产各部分价值的方式估计资产整体的价值。

注 资产整体的价值虽然可能与各组成资产或资产各组成部分价值之和相等，但也可能大于或小于各组成资产或资产各组成部分价值之和。因此资产整体价值的评估需要参考相应的市场数据，并通过对这些数据的合理分析得到支持。

当资产整体价值已确定，评估师需要评估资产某一部分的价值时，也应遵守相类似的程序。对资产任何组成部分进行的价值评估需要参考相应的市场数据，并通过对这些数据的合理分析予以支持。

(g) 分析对评估对象将要进行的改造时，评估师应当根据市场所反映的观点分析这些预计改造对价值的影响（如果有）。

(h) 评估中包括不动产或无形资产时，评估师应当分析这些非动产项目对价值的影响。

注 当工作范围包括对不动产或无形资产的评估时，评估师需要满足不动产评估（见准则 1）或企业价值评估（见准则 9）中对专业胜任能力的要求。此外，如果涉及评估师专长领域之外的其他动产领域，也需要具有相应的专业胜任能力（见准则 7 和专业胜任能力规则）。

准则条文 7-5

在根据通常执业方式能够获得相关信息的情况下，评估师评估市场价值时应当[①]：

(a) 如果与评估的预期用途相关，对评估对象在评估基准日所有的交易协议、有效要约或第三方出售要约、期权和挂牌信息进行分析。

(b) 根据预期用途和资产类型，对发生在合理和适当期间内的评估对象的所有历史交易情况进行分析。

注 根据准则条文 7-5 (a) 和 7-5 (b) 需要分析的数据在所有业务中并不都相关或都能获得。见准则条文 8-2 (a)（8）、8-2 (b)（8）注释中的相应披露要求。

准则条文 7-6

评估师执行动产评估业务，应当：

(a) 综合分析各种评估途径中获得和使用数据的质量和数量。

(b) 综合分析所使用的各种评估途径、方法与技术的可行性和相关性，形成最终评估结论。

---

① 见"咨询意见 24——正常业务程序"。

准则 8 动产评估，报告

评估师编制反映动产评估结论的报告，应当恰当反映每项分析、意见和结论，不得误导。

注 准则 8 规范动产评估报告中的内容和信息详细程度。

准则 8 并未规定动产评估报告的形式、格式和风格。报告的形式、格式和风格与预期使用者的需求及评估师相关。报告是否符合准则应当根据其实质性内容确定。

准则条文 8-1

每份书面或口头动产评估报告应当：

(a) 清晰、准确地以不会引起误导的方式说明评估；

(b) 包括足够的信息，使评估业务预期使用者能够恰当理解报告；

(c) 清晰、准确地披露评估业务中使用的所有假设、特别假设、非真实性条件和限制条件。

准则条文 8-2

每份书面动产评估报告应当采用以下报告类型之一，并应当在报告中显著标明所采用的报告类型：评估报告或限制评估报告。①

注 预期使用者包括客户以外的其他当事方时，评估师应当采用评估报告类型。预期使用者不包括客户以外的其他当事方时，评估师可以采用限制评估报告类型。

两种报告类型的主要区别在于所提供的内容和信息详细程度不同。报告类型合适与否及报告中需要提供的信息详细程度取决于预期用途和预期使用者。

评估师在业务完成后进行沟通时，应当谨慎标识评估报告类型和信息详细程度。评估师可以使用本准则条文规定报告类型之外的其他报告标识，但不能取代本准则条文所规定的报告类型标识。

本准则条文中规定的内容和信息详细程度是每类报告的最低要求。评估师应当根据需要进行补充，以确信不误导评估业务预期使用者，并确信评估报告符合本准则条文的相关要求。

根据相关披露要求获得评估报告或限制评估报告的当事方，并不能成为预期使用者，除非在评估业务中评估师将其明确为预期使用者。

(a) 评估报告的内容应当与预期用途相适应，并至少应当包括以下内容：

(1) 说明客户的身份，除非客户明确要求不得披露其身份；以名称或类型的方式说明任何预期使用者的身份。②

注 评估师在明确客户时应当保持谨慎，避免违反职业道德规则中的保密要求。

---

① 见"咨询意见 11——评估准则条文 2-2、8-2 和 10-2 中有关评估报告类型的内容""咨询意见 12——采用准则条文 2-2、8-2 和 10-2 中的评估报告类型"。

② 见"咨询意见 36——明确并披露客户、预期用途和预期使用者"。

如果客户要求在报告中不公开其身份，评估师可以满足其要求。在此种情况下，评估师应当在工作底稿中记录客户身份，并在报告中说明基于客户要求隐去客户身份。

报告的预期使用者可能包括贷款方、政府部门的雇员、客户的合作伙伴以及客户的律师和会计师。

(2) 说明评估的预期用途。①

(3) 概要说明足以明确被评估资产的信息，包括与业务相关的资产实体和经济特征。

(4) 说明被评估的资产权益。

(5) 说明价值类型和定义，并说明价值定义的出处。

注 对价值定义进行的说明还应当包括提供给预期使用者的注解或意见，以清晰地引导预期使用者理解如何使用该价值定义。

如果披露价值意见，应说明该价值意见是不是：

● 以现金计量或以等同于现金的财务方式计量；

● 以非市场融资为基础，或者按非正常条件或动机进行融资。

如果价值意见不是以现金计量或等同于现金的财务方式计量，评估师需要简要说明相关的融资条件，并解释其对价值的贡献或负面影响。

如果根据准则 7-2（c）形成了关于合理展示期的意见，报告中应当说明该意见。

(6) 说明评估基准日和报告日。②

注 评估基准日确定价值意见的基础，评估报告日则表明评估师对评估基准日市场和资产状况的评价是不是未来的、现行的或追溯的角度。

(7) 概要说明执行评估业务所履行的工作范围。③

注 由于预期使用者对评估服务的信任可能会受到工作范围的影响，评估报告应当使预期使用者能够被恰当告知工作范围且不被误导。足够的信息包括披露所进行的研究和分析工作，也可能包括对未进行的研究和分析工作进行披露。

如果评估业务中部分工作利用了重要的动产评估支持，评估师应当概要说明该支持的程度。应当根据准则条文 8-3 的要求，在报告声明中说明提供重要动产评估支持的人员姓名。④

(8) 概要说明为支持分析、意见和结论，所分析的信息、采用的评估方法和技术以及相关的分析过程；对未采用市场途径、成本途径或收益途径的原因应当予以解释。⑤

注 评估报告应当包括足够的信息，以说明评估师遵守了准则 7 的要求。所需要

---

① 见"咨询意见 36——明确并披露客户、预期用途和预期使用者"。
② 见"咨询意见 34——追溯性和未来价值意见"。
③ 见"咨询意见 28——工作范围的决定、执行和披露""咨询意见 29——可以接受的工作范围"。
④ 见"咨询意见 31——涉及多个评估师的业务"。
⑤ 见"咨询意见 2——评估对象的勘查"。

的信息详细程度应当根据相关信息对评估的重要程度或某些资产、资产组合对整体业务结论的重要性予以确定。

评估师根据准则条文 7-5 的规定对评估对象出售、交易协议、期权和挂牌信息进行分析后,应当简要披露该分析的结果。如果这些信息无法获得,评估师应当说明为获取这些信息所做出的努力。如果这些信息不相关,评估师应当说明这些信息的存在,并指出其非相关性。

评估师应当提供足够的信息,以使客户和预期使用者能够理解相关意见和结论的分析过程,包括根据准则条文 7-6 所进行的对数据和评估途径的综合分析。

(9) 根据被评估动产的类别,说明评估基准日被评估资产的用途和在评估业务中所采用的用途。

注 在动产领域里,价值与被评估资产的现行和替代用途、所选择的该类资产恰当的市场或市场层级、价值类型和定义、报告的预期用途等相关。

(10) 评估师形成关于恰当市场或市场层级意见时,应概要说明形成该意见的依据和分析过程。

(11) 明确并显著地:
- 说明所有特别假设和非真实性条件;
- 说明特别假设和非真实性条件的使用可能会影响业务结论。

(12) 包括一份根据准则条文 8-3 签署的声明。

(b) 限制评估报告的内容应当与预期用途相适应,并至少应当包括以下内容:

(1) 说明客户的身份,除非客户明确要求不得披露其身份①;并增加显著的用途限制说明,表明报告仅供客户使用,警示如果不辅以评估师工作底稿中的其他信息,评估报告中提供的意见和结论无法正确理解。

注 评估师在明确客户时应当保持谨慎,确信能够清晰理解,避免违反职业道德规则中的保密要求。在客户要求保持匿名的情况下,评估师可以在报告中隐去客户的身份,但仍需要在工作底稿中记录客户身份。

限制评估报告仅供客户使用。在签订业务约定之前,评估师应当与客户确定此类报告使用的范围,并确信客户理解限制评估报告在使用上所受到的限制。

(2) 说明评估的预期用途。②

注 评估的预期用途应当与本准则条文中限制评估报告所受到的使用限制相适应(如仅供客户使用)。

(3) 说明足以明确被评估资产的信息。
(4) 说明被评估的资产权益。
(5) 说明价值类型,并说明价值定义的出处。③

如果根据准则 7-2 (c) 形成了关于合理展示期的意见,报告中应当说明该意见。

---

① ② 见"咨询意见 36——明确并披露客户、预期用途和预期使用者"。
③ 见"咨询意见 7——营销时间意见""咨询意见 35——不动产和动产价值意见中的合理展示期"。

(6) 说明评估基准日和报告日。①

注 评估基准日确定价值意见的基础，评估报告日则表明评估师对评估基准日市场和资产状况的评价是未来的、现行的还是追溯的角度。

(7) 说明执行评估业务所履行的工作范围。②

注 由于预期使用者对评估服务的信任可能会受到工作范围的影响，评估报告应当使预期使用者能够恰当知晓工作范围且不被误导。足够的信息包括披露所进行的研究和分析工作，也可能包括需要对未进行的研究和分析工作进行披露。

如果评估业务中部分工作利用了重要的动产评估支持，评估师应当说明所涉及帮助、支持的程度。签字评估师应当根据准则条文 8-3 的要求，在声明中说明提供重要动产评估帮助的人员姓名。③

(8) 说明所采用的评估方法和技术，说明所形成的价值意见和结论，并指出需要参考工作底稿。对未采用市场途径、成本途径或收益途径的原因应当予以解释。④

注 评估师应当建立一份特定和连续的工作底稿，以支持限制评估报告。工作底稿的内容应当包括足够的信息，以说明评估师遵守准则 7 的要求，并能够支持评估师在此基础上形成一份评估报告。

评估师根据准则条文 7-5 的规定所分析的信息是在限制评估报告中必须披露的重要信息。如果这些信息无法获得，评估师应当说明为获取这些信息所做出的努力。如果这些信息不相关，评估师应当说明这些信息的存在，并指出其非相关性。

(9) 根据被评估动产的类别，说明评估基准日被评估资产的用途和在评估业务中所采用的用途。

注 在动产领域里，价值与被评估资产的现行和替代用途、所选择的该类资产恰当的市场或市场层级、价值类型和定义、报告的预期用途等相关。

(10) 评估师形成关于恰当市场或市场层级意见时，应说明该意见。

(11) 明确并显著地：
- 说明所有特别假设和非真实性条件；
- 说明特别假设和非真实性条件的使用可能会影响业务结论。

(12) 包括一份根据准则条文 8-3 签署的声明。

准则条文 8-3

每份书面动产评估报告应当包括由评估师署名的声明，声明内容应当与以下内容相似：

---

① 见"咨询意见 34——追溯性和未来价值意见"。
② 见"咨询意见 28——工作范围的决定、执行和披露"。
③ 见"咨询意见 31——涉及多个评估师的业务"。
④ 见"咨询意见 2——评估对象的勘查"。

本人声明：尽本人所知所信，

——本报告中陈述的事实是真实和正确的。

——报告中的分析、意见和结论是本人的公正、无偏见的专业分析、意见和结论，仅受报告中披露的假设和限制性条件的限制。

——本人与本报告中的评估对象不存在（或存在特定说明的）现时和未来利益关系，与相关当事方不存在（或存在特定说明的）个人利益关系。

——本人在承接本次业务之前的三年之内，未以评估师或其他身份为本报告中的标的资产提供过服务（或提供过特定说明的服务）。

——本人对本报告中的标的资产或与本业务的相关当事方不存在偏见。

——本人承接本次业务与形成或报告预先确定的结论无关。

——本人完成本次业务所获取的报酬与下列事项无关：形成或报告预先确定的价值，形成对客户有利的价值，评估意见的结论数额，达到约定的结论，或实现与本次评估业务预期用途直接相关的期后事项。

——本人的分析、意见和结论以及评估报告的编制符合 USPAP 的规定。

——本人已经（或没有）对评估报告中的标的资产进行个人勘查。（如果有多名评估师签署声明，应当在声明中明确说明哪些评估师对评估对象进行勘查，哪些评估师未对评估对象进行勘查。）①

——没有人对本声明签署人提供过重要的动产评估专业帮助。（如果有，应当列出每一位提供重要动产评估专业帮助的人士姓名。）

注 经签署的声明是评估报告的组成部分之一。签署评估报告中任何部分内容（包括签署提交函）的评估师，都应当签署声明。在业务结论仅由同一动产领域的动产评估师形成的业务中，任何签署声明的评估师均对声明全部内容、业务结论和评估报告全部内容承担责任。在与其他动产领域（如古董、艺术品或机器设备等）内具有专业能力的评估师共同完成的业务中，签署声明的评估师仅对其特定领域内的声明内容、业务结论和报告内容承担责任。签署声明的每一位评估师的角色应当在报告中予以披露。

在包括不动产、企业价值或无形资产等非由动产评估师提供结论的业务中，任何签署声明的动产评估师均对声明中的动产相关部分、动产业务结论和评估报告中的动产内容承担责任。

如果签署声明的评估师依赖未签署声明的评估师和其他人士的工作，签字评估师对其做出的依赖其他人工作的决定承担责任。签字评估师应当有合理依据相信这些人士工作的专业性。签字评估师应当确信这些人士工作的可信性。②

提供重要动产评估专业帮助但未签署声明的人士姓名应当在声明中列明。声明中并不要求对所提供的专业帮助进行描述，但应当分别根据准则条文 8-2（a）(7) 或 8-2（b）(7) 的规定披露该专业帮助。③

---

① 见"咨询意见 2——评估对象的勘查"。
②③ 见"咨询意见 31——涉及多个评估师的业务"。

准则条文 8-4

在适当和可行的情况下,口头动产评估报告应当包括准则条文 8-2(a)规定的实质性内容。

注 参见资料保管规则中的相关要求。

准则9 企业价值评估，操作

评估师对企业权益或无形资产进行评估时①，应当明确需要解决的问题，确定解决该问题所必需的工作范围，恰当完成形成可信评估结论所需要的研究和分析工作。

注 准则9规范进行可信企业权益或无形资产评估的实质性操作过程。②

准则条文9-1

评估师执行企业权益或无形资产评估业务，应当：

（a）熟知、理解并正确运用形成可信评估结论所需要的公认评估方法和技术。

注 经济和投资理论的变化和发展对企业权益和无形资产评估具有重要影响。金融领域、证券管理、财务报告要求和法律的重大变化给评估理论和实践带来相应变化。

（b）不得出现严重影响评估的重大疏忽错误或误差错误。

注 评估师执行评估业务，应当保持足够的谨慎，避免产生对评估意见或结论具有重大影响的错误。评估师在确认和分析对业务结论可信性具有重要影响的因素、条件、数据和其他信息时，应当保持勤勉。

（c）执行评估业务时不得粗心或疏忽大意。例如不得在评估中犯一系列错误，虽然其中每一个错误单独对评估结论并不会产生重要影响，但汇总在一起将会影响结论的可信性。

注 完美无缺是无法实现的，专业胜任能力并不要求评估师做到完美无缺，但是评估师执行评估业务不得粗心或疏忽大意。本准则条文要求评估师执行评估业务时应当勤勉尽责，保持应有的谨慎。

准则条文9-2

评估师执行企业权益或无形资产评估业务应当：

（a）明确客户和其他预期使用者。③

（b）明确评估师意见和结论的预期用途。④

---

① 本准则的标题为"Business Appraisal，Development"，依习惯译为"企业价值评估"，但在正文部分为"an appraisal of an interest in a business enterprise or intangible asset"，为忠实反映原文，直译为"企业权益或无形资产"。——译者

② 注意此处与不动产评估、动产评估相应内容的不同，即评估准则委员会在企业价值评估准则中与不动产准则、动产评估准则中相同的表述段落中，有意略去"准则1（或7）中的规定按照其标题反映了进行评估的过程，评估师和评估服务使用者可以将准则1（或7）作为一个方便的检查对照表"。这种处理方式反映了评估准则委员会的努力和小心，即谨慎体现企业价值评估与不动产、动产评估的不同之处，这种注意不同领域评估区别的谨慎做法值得学习。——译者

③④ 见"咨询意见36——明确和披露客户、预期用途和预期使用者"。

注 评估师不得受业务预期用途或客户目标的影响，损害业务结论的公正性。①

(c) 明确价值类型②和定义、价值前提。③

(d) 明确评估基准日。

(e) 明确被评估资产的特征。这些特征应当与价值类型和定义、预期用途相关，包括：

(1) 被评估的企业或无形资产。

(2) 被评估的企业权益、所有者权益、资产或负债。

注 被评估的权益可以是全部所有权，也可以是所有权中的部分权利，如使用资产的权利。

(3) 所有买卖和期权协议、说明股权限制的投资文件、带有限制性内容的公司章程或合伙协议条款及其他可能对价值带来影响的类似因素。

(4) 被评估权益所涉及的控制权因素④。

注 在特定个案中，控制权因素受到法律、所有者权益转让、合同关系及其他因素的影响。

(5) 被评估权益所涉及的流动性程度。

注 (1)～(5)：评估师应当明确被评估权益的特征，包括所有者权利和权益。评估师应当从其能够合理确信为可靠的渠道，获得用于明确评估对象特征的相关信息。

(f) 明确业务所需要的任何特别假设。

注 特别假设仅在下列情况下可以使用：

- 基于形成可信意见和结论的需要；
- 评估师有合理的理由使用特别假设；
- 使用特别假设后能够进行可信的分析；
- 评估师遵守 USPAP 中关于特别假设披露的要求。

(g) 明确业务所需要的任何非真实性条件。

注 非真实性条件仅在下列情况下可以使用：

- 基于法律规定、合理分析或进行比较的需要；
- 使用非真实性条件后能够进行可信的分析；
- 评估师遵守 USPAP 中关于非真实性条件披露的要求。

---

① 见"咨询意见 19——不动产评估业务中不能接受的业务条件"。

② 在不动产和动产评估准则中，关于价值类型直接使用了"the type of value"的术语来表达。在企业价值评估中，为尊重企业价值的理论和实务，价值类型使用了"the standard (type) of value"的术语。——译者

③ 原文为"the premise of value"。此要求是企业价值评估准则中独有的，参见准则条文 7-3 (a) 注释部分的脚注。——译者

④ 原文为"elements of ownership control"。——译者

(h) 根据工作范围规则确定形成可信业务结论所必需的工作范围。①

准则条文 9-3

评估师对拥有启动清算程序权利的企业权益进行评估时，应当调查企业在全部或部分清算时价值高于持续经营时价值的可能性。如果评估的价值前提是对企业进行全部或部分清算，需要对将要清算的任何不动产和动产进行评估。②

注 本准则条文要求评估师知晓企业持续经营并非总是最佳的价值前提，因为对企业全部或部分资产进行清算可能会带来更高的价值。但这种情况仅适用于拥有启动清算程序权利的被评估企业权益。如果企业全部或部分清算是评估的价值前提，工作范围应当包括对不动产或有形动产③进行评估的内容。在此情况下，需要具有执行不动产评估（准则1）或有形动产评估（准则7）的专业胜任能力。

准则条文 9-4

评估师执行企业权益或无形资产评估业务，应当收集、分析形成可信业务结论必需的所有信息。

(a) 为形成可信业务结论，评估师应当采用一种或多种评估途径形成价值意见和结论。

(b) 为形成可信业务结论，评估师应当分析下列因素对价值的影响④（如适用）：

(1) 企业或无形资产的性质和历史状况；
(2) 影响企业或无形资产、产业和基本经济的财务与经济状况；
(3) 企业历史业绩、当前经营和未来前景；
(4) 被评估企业股权、其他所有者权益或无形资产的历史交易情况；
(5) 相似企业的股权或其他所有者权益交易状况；
(6) 影响被评估资产或相似资产之相似所有者权益历史交易的价格、条件等；
(7) 有形和无形资产的经济利益。

注 (1)~(7)：本准则条文指导评估师研究企业的历史和未来状况，并结合该企业所在产业环境和宏观经济状况进行研究。

(c) 为形成可信业务结论，评估师应当在适用的情况下，分析下列因素对价值可能带来的影响：买卖和期权协议、说明股权限制的投资文件、带有限制性内容的公司章程或合伙协议条款及其他可能对价值带来影响的类似因素。

---

① 见"咨询意见28——工作范围的决定、执行和披露""咨询意见29——可接受的工作范围"。
② 本条款是企业价值评估中独有的，提醒评估师注意企业在持续经营价值前提下的价值未必总是大于清算价值前提下的价值。本条对中国企业价值评估准则影响较大。在起草《企业价值评估指导意见（试行）》时，其中的第十八条即来源于此："注册资产评估师应当知晓评估对象在持续经营前提下的价值并不必然大于在清算前提下的价值。如果相关权益人有权启动被评估企业清算程序，注册资产评估师应当根据委托，分析评估对象在清算前提下价值大于在持续经营前提下价值的可能性。"——译者
③ 原文为"tangible personal property"，此概念在全书中出现过两次，但未给出定义。——译者
④ 本条款可对比《企业价值评估指导意见（试行）》第十四条、《资产评估执业准则——企业价值》的相关规定。——译者

(d) 为形成可信业务结论，评估师应当在适用的情况下，分析被评估权益控制权因素和流动性因素对价值的影响。

注 评估师应当分析被评估权益的持有期间、期间利益、交易难度和成本等因素。

企业部分权益的价值并不必然与全部权益价值成比例关系。同样，企业整体的价值也不必然是部分权益价值的简单数学加总。控制权、流动性程度或缺乏控制权、流动性的程度等取决于较多因素和情形，评估师在可行的情况下应当对此进行分析。

准则条文 9-5

评估师执行企业权益或无形资产评估业务，应当：

(a) 综合分析采用各种评估途径、方法和程序所获得和使用的数据的质量和数量。

(b) 综合分析所使用的各种评估途径、方法和程序的可行性和相关性，形成最终评估结论。

注 最终评估结论是评估师的专业判断，并不必然是数学计算的结果。

准则 10　企业价值评估，报告

评估师编制反映企业权益或无形资产评估结论的报告，应当恰当反映分析、意见和结论，不得误导。

注　准则 10 规范根据准则 9 进行的企业权益或无形资产评估业务的报告内容和信息详细程度。

准则 10 并不规定企业价值或无形资产评估报告的形式、格式和风格。评估报告的形式、格式和风格与预期使用者的需求及评估师相关。报告是否符合准则应当根据其实质性内容确定。

准则条文 10-1

书面或口头企业权益或者无形资产评估报告应当：
（a）清晰、准确地以不会引起误导的方式说明评估。
（b）包括足够的信息，使预期使用者能够正确理解报告。
（c）清晰、准确地披露评估业务中使用的所有假设、特别假设、非真实性条件和限制条件。

准则条文 10-2

企业权益或无形资产书面评估报告应当采用以下两种报告类型之一，并应当在报告中显著标明所采用的报告类型：评估报告或限制评估报告。①

注　预期使用者包括客户以外的其他当事方时，评估师应当采用评估报告类型。当预期使用者不包括客户以外的其他当事方时，评估师可以采用限制评估报告类型。

两种报告类型的主要区别在于所提供的内容和信息详细程度不同。报告类型合适与否及报告中需要提供的信息详细程度取决于预期用途和预期使用者。

评估师在业务完成后进行沟通时，应当谨慎标识评估报告类型和信息详细程度。评估师可以使用本准则条文规定报告类型之外的其他报告标识，但不能取代本准则条文所规定的报告类型标识。

本准则条文中规定的内容和信息详细程度是每类报告的最低要求。评估师应当根据需要进行补充，以确信不误导评估业务预期使用者，并确信评估报告符合本准则条文的相关要求。

根据相关披露要求获得评估报告或限制评估报告的当事方，并不能成为预期使用者，除非在评估业务中评估师将其明确为预期使用者。

（a）评估报告的内容应当与预期用途相适应，并至少应当包括以下内容：
（1）说明客户的身份，除非客户明确要求不得披露其身份；以名称或类型的方式

---

① 见"咨询意见 11——评估准则条文 2-2、8-2 和 10-2 中有关评估报告类型的内容""咨询意见 12——采用准则条文 2-2、8-2 和 10-2 中的评估报告类型"。

说明任何预期使用者的身份。①

注 评估师在明确客户时应当保持谨慎，避免违反职业道德规则中的保密要求。如果客户要求在报告中不公开其身份，评估师可以满足其要求。在此种情况下，评估师应当在工作底稿中记录客户身份，并在报告中说明基于客户要求隐去客户身份。

报告的预期使用者可能包括贷款方、政府部门的雇员、客户的合作伙伴以及客户的律师和会计师。

(2) 说明评估的预期用途②。
(3) 概要说明足以明确企业或无形资产及其被评估权益的信息。

注 需要明确的信息应当包括与价值类型和定义、评估的预期用途相关的资产特征。

(4) 说明被评估权益所包含的控制权程度以及确定的依据。
(5) 说明被评估权益所包含的缺乏流动性的程度以及确定的依据。
(6) 说明价值类型和定义，并说明价值定义的出处。

注 对价值定义进行的说明还应当包括提供给预期使用者的注解或意见，以清晰地引导预期使用者理解如何使用该价值定义。

(7) 说明评估基准日和报告日。

注 评估基准日确定价值意见的基础，评估报告日则表明评估师对评估基准日市场和资产状况的评价是不是未来的、现行的或追溯的角度。

(8) 概要说明执行评估业务所履行的工作范围。③

注 由于预期使用者对评估服务的信任可能会受到工作范围的影响，评估报告应当使预期使用者能够被恰当告知工作范围且不被误导。足够的信息包括披露所进行的研究和分析工作，也可能包括对未进行的研究和分析工作进行披露。

如果评估业务中部分工作利用了重要的企业价值或无形资产评估支持，评估师应当概要说明该支持的程度。应当根据准则条文 10-3 的要求，在报告声明中说明提供重要企业价值或无形资产评估支持的人员姓名。④

(9) 概要说明为支持分析、意见和结论，所分析的信息、采用的评估方法和技术以及相关的分析过程；对未采用市场途径、资产基础（成本）途径或收益途径的原因应当予以解释。

注 评估报告应当包括足够的信息，以说明评估师遵守了准则9的要求。所需要的信息详细程度应当根据相关信息对评估的重要程度或某些资产、资产组合对整体业务结论的重要性予以确定。

---

① ② 见"咨询意见 36——明确并披露客户、预期用途和预期使用者"。
③ 见"咨询意见 28——工作范围的决定、执行和披露""咨询意见 29——可以接受的工作范围"。
④ 见"咨询意见 31——涉及多个评估师的业务"。

评估师应当提供足够的信息，以使客户和预期使用者能够理解相关意见和结论的分析过程，包括根据准则条文 9-5 所进行的对数据和评估途径的综合分析。

(10) 明确并显著地：
- 说明所有特别假设和非真实性条件；
- 说明特别假设和非真实性条件的使用可能会影响业务结论。

(11) 包括一份根据准则条文 10-3 签署的声明。

(b) 限制评估报告的内容应当与预期用途相适应，并至少应当包括以下内容：

(1) 说明客户的身份，除非客户明确要求不得披露其身份①；并增加显著的用途限制说明，表明报告仅供客户使用，警示如果不辅以评估师工作底稿中的其他信息，评估报告中提供的意见和结论将无法被正确理解。

注 评估师在明确客户时应当保持谨慎，确信能够清晰理解，避免违反职业道德规则中的保密要求。在客户要求保持匿名的情况下，评估师可以在报告中隐去客户的身份，但仍需要在工作底稿中记录客户身份。

限制评估报告仅供客户使用。在签订业务约定之前，评估师应当与客户确定此类报告使用的范围，并确信客户理解限制评估报告在使用上所受到的限制。

(2) 说明评估的预期用途。②

注 评估的预期用途应当与本准则条文中限制评估报告所受到的使用限制相适应（如仅供客户使用）。

(3) 说明足以明确企业或无形资产以及被评估权益的信息。

注 需要明确的信息应当包括与价值类型和定义、评估的预期用途相关的资产特征。

(4) 说明被评估权益所包含的控制权程度以及确定的依据。
(5) 说明被评估权益所包含的缺乏流动性的程度以及确定的依据。
(6) 说明价值类型和定义，并说明价值定义的出处。
(7) 说明评估基准日和报告日。

注 评估基准日确定价值意见的基础，评估报告日则表明评估师对评估基准日市场和资产状况的评价是不是未来的、现行的或追溯的角度。

(8) 说明执行评估业务所履行的工作范围。③

注 由于预期使用者对评估服务的信任可能会受到工作范围的影响，评估报告应当使预期使用者能够被恰当告知工作范围且不被误导。足够的信息包括披露所进行的研究和分析工作，也可能包括对未进行的研究和分析工作进行披露。

如果评估业务中部分工作利用了重要的企业价值或无形资产评估支持，评估师应当概要说明该支持的程度。应当根据准则条文 10-3 的要求，在报告声明中说明提供

---

① ② 见"咨询意见 36——明确并披露客户、预期用途和预期使用者"。
③ 见"咨询意见 28——工作范围的决定、执行和披露""咨询意见 29——可以接受的工作范围"。

重要企业价值或无形资产评估支持的人员姓名。①

  (9) 说明所执行的评估程序，说明分析、意见和结论，并标明需要参考工作底稿；对未采用市场途径、资产基础（成本）途径或收益途径的原因应当予以解释。

  注 评估师应当建立一份特定和连续的工作底稿，以支持限制评估报告。工作底稿的内容应当包括足够的信息，以说明评估师遵守准则9的要求，并能够支持评估师在此基础上形成一份评估报告。

  (10) 明确并显著地：
- 说明所有特别假设和非真实性条件；
- 说明特别假设和非真实性条件的使用可能会影响业务结论。

  (11) 包括一份根据准则条文10-3签署的声明。

准则条文 10-3

  每份书面动产评估报告应当包括由评估师署名的声明，声明内容应当与以下内容相似：

  本人声明：尽本人所知所信，

  ——本报告中陈述的事实是真实和正确的。

  ——报告中的分析、意见和结论是本人的公正、无偏见的专业分析、意见和结论，仅受报告中披露的假设和限制性条件的限制。

  ——本人与本报告中的评估对象不存在（或存在特定说明的）现时和未来利益关系，与相关当事方不存在（或存在特定说明的）个人利益关系。

  ——本人在承接本次业务之前的三年之内，未以评估师或其他身份为本报告中的标的资产提供过服务（或提供过特定说明的服务）。

  ——本人对本报告中的标的资产或与本业务的相关当事方不存在偏见。

  ——本人承接本次业务与形成或报告预先确定的结论无关。

  ——本人完成本次业务所获取的报酬与下列事项无关：形成或报告预先确定的价值，形成对客户有利的价值，评估意见的结论数额，达到约定的结论，或实现与本次评估业务预期用途直接相关的期后事项。

  ——本人的分析、意见和结论以及评估报告的编制符合USPAP的规定。

  ——没有人对本声明签署人提供过重要的企业价值或无形资产评估专业帮助。（如果有，应当列出每一位提供重要企业价值或无形资产评估专业帮助的人士姓名。）

  注 经签署的声明是评估报告的组成部分之一。签署评估报告中任何部分内容（包括签署提交函）的评估师，都应当签署声明。

  在仅由企业价值或无形资产评估师形成业务结论的业务中，任何签署声明的评估师均对声明全部内容、业务结论和评估报告全部内容承担责任。在包括不动产或动产

---

① 见"咨询意见31——涉及多个评估师的业务"。

等非由企业价值或无形资产评估师提供结论的业务中,任何签署声明的企业价值或无形资产评估师仅对声明中的企业价值或无形资产相关部分、企业价值或无形资产业务结论和评估报告中的企业价值或无形资产内容承担责任。

如果签署声明的评估师依赖未签署声明的评估师和其他人士的工作,签字评估师对其做出的依赖其他人工作的决定承担责任。签字评估师应当有合理依据相信这些人士工作的专业性。签字评估师应当确信这些人士工作的可信性。

提供重要企业价值或无形资产评估专业帮助但未签署声明的人士姓名应当在声明中列明。声明中并不要求对所提供的专业帮助进行描述,但应当分别根据准则条文10-2(a)(8)或10-2(b)(8)① 的规定披露该专业帮助。②

准则条文 10-4

在适当和可行的情况下,口头企业价值或无形资产评估报告应当包括准则条文10-2(a)规定的实质性内容。

注 参见资料保管规则中的相关要求。

---

① 原文中误为准则条文10-2(a)(7)或10-2(b)(7),系校对错误,予以更正,并已致函评估准则委员会建议校正。——译者

② 见"咨询意见31——涉及多个评估师的业务"。

第 2 部分

USPAP 咨询意见

前　言

评估促进会（Appraisal Foundation）下属的评估准则委员会（Appraisal Standards Board，ASB）为维护评估师和评估服务使用者利益，制定、出版、解释并修订 USPAP（*Uniform Standards of Professional Appraisal Practice*）。2018—2019 年版 USPAP 有效期为 2018 年 1 月 1 日至 2019 年 12 月 31 日。理解并跟踪 USPAP 每个版本的变化是十分重要的。各州及联邦政府有关监管部门执行现行或适用的 USPAP 版本。

咨询意见是评估准则委员会发布的一种指南，阐释 USPAP 在特定情况下的应用，并从评估准则委员会的角度提供相关评估事项和问题的解决方案。咨询意见并不是新的准则，也不是现行准则的解释。咨询意见不是 USPAP 的组成部分，评估准则委员会发布咨询意见无须履行公开征求意见程序。

咨询意见以假定的条件为基础，未对真实状况进行调查或验证。咨询意见中提供的指导意见并不是相关问题的唯一解决方案，并且对相似的情况未必都能适用。

咨询意见是评估师、监管官员、评估服务使用者和社会公众的参考资料。本咨询意见应当结合 USPAP（2018—2019 年版）一起使用。

每条咨询意见适用于该文件和目录中所明确的一个或多个评估专业领域。在某些情况下，某条咨询意见中的指南也对该咨询意见未针对的其他评估专业领域评估师具有指导意义。由于咨询意见并非 USPAP 的组成部分，亦未设立新的准则或对现行准则进行解释，因此咨询意见的使用应当严格限定在其所针对的评估专业领域。

与评估准则委员会联系

评估准则委员会欢迎所有感兴趣者，包括评估师、各州监管部门、评估服务使用者和社会公众，提出有关 USPAP 的问题、意见以及修改建议。

如果您有任何有关 USPAP 的意见、问题或建议，请与评估准则委员会联系。

联系方式如下：

Appraisal Standards Board
The Appraisal Foundation
1155 15th Street，NW，Suite 1111
Washington，DC 20005
Phone：202-347-7722
E-Mail：info@appraisalfoundation.org
www.appraisalfoundation.org

咨询意见 1 交易历史

咨询意见由评估准则委员会发布，并不构成新的准则或对现行准则的解释。咨询意见阐释评估准则在特定情况下的应用，并从评估准则委员会的角度提供相关评估事项和问题的解决建议。

主题：交易历史

适用范围：不动产

问题：

USPAP 包含交易历史条款，要求不动产评估师分析并披露与评估对象相关的即将成交的和近期成交的协议、期权、挂牌及交易情况。由于有关不动产交易数据披露及保密的联邦立法、各州法律和操作实务存在差异，评估师遵守交易历史条款的方式随着管辖地和信息获得程度的不同而变化。这种不一致的状况引起了交易历史条款的适用性和相关性问题。

评估师遇到其不可控制的障碍时，怎样才能最好地遵守评估准则中的交易历史条款？

评估准则委员会对此问题的建议：

USPAP 和咨询意见的相关参照

- 咨询意见 24 涉及"通常执业方式"。

分析和披露要求

本咨询意见就不动产评估业务中遵守分析和披露交易历史及相关信息的要求提供建议和指南。

USPAP 准则条文 1-5（a）和（b）要求评估师评估市场价值时，如果根据通常执业方式能够获得相关信息，应当分析：(1) 评估对象在评估基准日的所有交易协议、期权和挂牌信息；(2) 评估对象在评估基准日前三年内所有的交易情况。USPAP 准则条文 2-2（a）(8) 和 2-2（b）(8) 要求书面评估报告中包括对这些分析结果进行的概要说明。需要注意的是，即使在限制评估报告中也是需要进行"概要说明"而非"说明"。准则条文 2-2（a）(8) 和 2-2（b）(8) 进一步要求如果交易历史信息无法获得，书面评估报告中应当注明为获取这些信息所做出的努力。

政府部门、政府资助企业[①]制定的法律、规定和指南中也会包括一些条款，要求

[①] 原文为"government sponsored enterprises"，主要指房利美（Federal National Mortgage Association，Fannie Mae）和房地美（Federal Home Loan Mortgage Corporation，Freddie Mac）。房利美和房地美是美国不动产评估服务的两大主要客户。——译者

评估师分析和披露交易历史信息。这些要求会因管辖权限不同而发生变化。

评估师分析和披露交易历史和相关信息的要求对于评估过程来说是非常重要的。正如评估师应当分析相关可比不动产当前和近期交易的细节一样，评估师也应当考虑与评估对象当前或近期交易相关的各种因素。这并不意味着当前或近期评估对象交易所达成的价格必然代表评估报告中所定义的价值，但评估师如果没有分析和披露这些事实则可能会遗漏市场比较法中的重要信息。有关当前市场状况和评估对象交易历史的信息对确定资产最佳用途或分析市场趋势也是十分有用的。

准则条文1-5中关于对交易、报价等进行分析的要求远远高于仅仅对已知交易事实的陈述。评估师应当对每一个相关的因素进行单独、有序和深入的分析，以确信其是否与该交易及其他潜在的业务结论（包括市场价值意见（如果适用））相关或有潜在影响。通过检查（或评价）评估对象所有的交易、期权或当前挂牌协议以及过去三年所有交易的细节，评估师能够获得对市场趋势、评估对象和购买方特征的有价值（或重要）认识。

范例

以下是对可能包括在评估报告中的根据评估准则的分析进行简要说明的范例。

1. 对于目前未达成交易协议或未设定期权、未在公开市场上发出要约以及在过去三年中未交易过的不动产，在评估报告中可以这样描述其交易历史：

    基于对相关公共记录、私营数据服务的研究以及对当前业主的访谈，评估对象目前未达成交易协议或设定期权，且未在公开市场上发出出售要约。此外，根据这些信息来源，评估对象在过去三年中未曾有过交易。

2. 对于正在公开市场上发出出售要约（当前挂牌）的不动产，在评估报告中可以按如下方式描述其交易历史：

    A. 评估对象目前正在以35万美元的价格挂牌出售。截至评估基准日已挂牌112天；最初挂牌价格为36.99万美元并在60天后将价格降到目前水平。基于与其他目前挂牌信息的比较，评估对象的价格具有竞争力。

    B. 评估对象目前正在以37.9万美元的价格挂牌出售。截至评估基准日已挂牌174天；最初挂牌价格为39.99万美元并在60天后将价格降到目前水平。基于与其他目前挂牌信息的比较，评估对象逊于相似价格的资产。

    C. 评估对象目前正在以33.9万美元的价格挂牌出售。截至评估基准日已挂牌4天。基于与其他目前挂牌信息的比较，评估对象优于相似价格的资产。

    根据公开记录，评估对象在过去三年内无其他交易。

3. 对于目前已经签订合同（即将成交）的资产，可以按如下方式描述其交易历史：

    A. 评估对象目前已经签约，合同价格52.5万美元。在合同签署之前，该资产已经以53.5万美元的价格在市场上挂牌107天。提供给评估师的合同中无非正常条款或条件，无卖方的优惠折价。该交易属于公平交易。

    B. 评估对象目前已经签约，合同价格52.5万美元。在合同签署之前，该资产已经以 53.5 万美元的价格在市场上挂牌 107 天。提供给评估师的合同中约定卖方在交割后可继续使用该物业 30 天，其实质是买方提供了相当于一个月租金的优惠折让。除此之外无非正常条款或条件，无卖方的优惠折价。该交易属于公平交易，且假定交易双方各自为其最大利益行事（根据市场价值的定义），价格可能会受优惠折价的影响。

  C. 评估对象目前已经签约，合同价格 52.5 万美元。在合同签署之前，该资产已经以 53.5 万美元的价格在市场上挂牌 107 天。提供给评估师的合同中无非正常条款或条件。该合同约定卖方向买方支付成交价格的 2%（1.05 万美元）以覆盖买方的交割成本。除此之外无非正常条款或条件，无卖方的优惠折价。该交易属于公平交易，且假定交易双方各自为其最大利益行事（根据市场价值的定义），价格可能会受优惠折价的影响。

4. 对于目前未准备出售但在过去三年中由现业主购得的物业，可以按如下方式描述其交易历史：

  A. 评估对象于（插入销售日期）以 40 万美元成交。基于与业主的讨论以及查询 MLS 系统①和公共记录，之前的交易应当属于公平交易，未受任何优惠折让的影响。

  B. 在建造目前的房屋之前，评估对象（仅土地）于（插入销售日期）以 10 万美元成交。基于与业主的讨论以及查询 MLS 系统和公共记录，之前的交易应当属于公平交易，未受任何优惠折让的影响。

  C. 评估对象于（插入销售日期）以 25 万美元成交。基于与业主的讨论以及查询 MLS 系统和公共记录，之前的交易涉及银行拥有的物业资产（REO）②。在市场上，银行拥有的物业资产（REO）通常会以快速销售的方式出售，成交价格会包含折价。之前的交易不属于市场价值的交易。

特别情形

  如果在正常的业务流程中评估师无法获得相关的信息，关于交易历史的措辞将会有别于以上范例。以下文本仅用于范例用途。

5. 如果知悉评估对象是即将成交的标的，但评估师无法了解该即将成交交易的交易条款，该交易的当事方也拒绝向评估师提供交易条款，评估报告中关于交易历史的表述可采取以下类似措辞：

  评估对象已知是某即将成交的交易的标的，但评估师无法获得合同的条款。当前业主确认该评估对象为交易合同的标的，但拒绝披露交易的

---

  ① Multiple Listing System（MLS），在有的房地产文章中将此译为"房地产公司网络系统"。实际上是指由众多房地产经纪人（公司）自发组成的网络系统，集中提供某一区域的批转让、出租房地产的信息。——译者

  ② Bank Owned REO，银行拥有的物业资产，是美国房地产和金融界使用的概念，指放款人（通常为银行、政府部门或政府贷款的发放者）在丧失赎回权后进行的拍卖中未能售出而拥有的不动产。丧失赎回权的权益人通常会在拍卖中将底价设定为不低于未偿付贷款金额。如果没有竞标人对拍卖物感兴趣，权益人将在法律层面上"重新"拥有（legally repossess）该项不动产。这种情况通常出现在该不动产相关的贷款未偿还金额高于其现行市场价值时，例如在不动产泡沫过后的高放款比例的抵押物。一旦权益人"重新"拥有该项不动产，该不动产即在账面上列为 REO 并归类为资产。——译者

细节。

6. 如果在某司法管辖区域内,从公共记录中无法获得可靠的价格信息,并且评估师在正常的业务流程中无法获得之前交易的完整信息,评估报告中关于交易历史的表述可采取以下类似措辞:

> 评估对象于20××年由约翰·琼斯以不知晓的价格出售给当前业主。在该州,交易价格不属于公共记录信息。评估师尝试获得交易价格和交易的其他条款,但未能成功。交易的当事方均拒绝讨论交易的条款或条件。
>
> 根据公开记录,评估对象在过去三年内无其他交易。

在许多情形下,根据准则条文1-5的规定可能会要求分析多个事项(如之前交易和当前挂牌),报告中应当对进行的每个分析进行简要说明。

咨询意见 2　评估对象的勘查

咨询意见由评估准则委员会发布,并不构成新的准则或对现行准则的解释。咨询意见阐释评估准则在特定情况下的应用,并从评估准则委员会的角度提供相关评估事项和问题的解决建议。

主题: 评估对象的勘查

适用范围: 不动产;动产

问题:

USPAP 要求在不动产和动产评估报告中包括一项声明,以表明评估师本人是否对评估对象进行过勘查。

- 对评估对象进行勘查的目的是什么?
- USPAP 是否对评估对象的最低勘查限度做出强制性要求?
- 在评估对象勘查方面有什么披露责任?

评估准则委员会对此问题的建议:

评估对象勘查的目的

评估对象勘查的主要目的是收集与资产价值相关的资产特征信息。[①]

尽管还有收集此类信息的其他方式,在多数情况下评估师本人的观察是收集评估对象信息的主要方式。

勘查的最低程度

USPAP 并不要求必须进行评估对象勘查,但评估对象勘查是通常进行的一项工作。如果不需要进行勘查,不动产和动产评估报告中应当包括一项声明,清晰地说明评估师本人已经或未对评估对象进行过勘查。此项要求将在下文的"披露要求"中进一步讨论。

勘查程度是工作范围的一项指标,根据业务条件和业务结论的预期用途会有变化。[②] 确定恰当的工作范围是评估师的责任,包括根据预期用途确定形成可信业务结论所需要的勘查程度。

每项业务中,评估对象的勘查工作都会受到这样或那样的条件限制。无论评估师采用什么样的详细勘查方式,其总是能将勘查工作进行得更为详细。评估师的勘查工作通常限于可以观察的部分,不包括采用特殊测试或仪器的工作。

评估师通常采用多种组合方式收集评估对象相关特征的信息,包括资产勘查、查

[①] 见"咨询意见 23——在不动产评估业务中明确评估对象的相关特征"。
[②] 见"咨询意见 28——工作范围的决定、执行和披露"。

阅计划书和说明文件、资产记录、照片、资产草图、记录媒介等。① 在某些业务中，评估师可能还需要依赖其他专业人士提供的报告。这种情况下，评估师应当遵守 US-PAP 有关依赖其他人士工作的规定。

有很多情形会影响评估师进行资产勘查的程度。在某些业务中，客户可能会要求评估师仅从街道上进行外部勘查②或不进行评估对象的勘查（如"桌面评估"③）。有些情况下，对评估对象进行勘查是不可能的，如改良物已经被破坏、转移或尚未建成。在一些其他情况下评估师被拒绝进入评估对象。

评估师应当确信勘查程度足以形成可信的评估结论。如果无法获得评估对象相关特征的足够信息，评估师无法形成可信的评估结论。如果无法通过评估师本人勘查或从评估师认为可靠的渠道获得相关特征的足够信息，评估师应当退出此项业务，除非评估师能够：

- 修改业务条件，扩展工作范围，以获得足够的信息；
- 就此类信息使用特别假设，如果仍能形成可信的业务结论。

评估师进行的勘查工作通常不等同于勘查专业人士所进行的勘查工作（如结构工程师、注册民宅勘查师④、文艺复兴艺术品专家等）。评估师的观察至少应当足以支持进行恰当的评估并充分披露资产的相关特征。无论相关信息是如何获得的，应当足以支持进行相关分析，如最佳用途、应用评估途径等。

披露要求

不动产和动产评估报告应当包括一份经签署的声明，表明评估师是否已亲自对评估对象进行了勘查。所有的评估报告都应当包括足够的信息，以使预期使用者理解所进行的勘查程度。

由于勘查工作具有很多变化，因而评估报告清晰地说明勘查的程度就变得很重要，这样能确保评估报告是有意义的。⑤

范例

1. 客户要求我仅从街道上进行外部勘查，在此基础上对一个独户住宅进行评估。在此情况下，我有什么样的评估和披露责任？

如果评估师的观察受到限制，仅能从街道上进行外部勘查，评估师应当通过其他信息渠道获得评估对象相关特征的信息和/或采用特别假设。⑥ 评估师所使用的信息渠道通常是收集可比交易信息所使用的渠道。例如，资产的规模可以从公共记录中获得，其他信息可以从资产出售挂牌信息中包含的内部照片等获得，或从评估师自己的

---

① 见准则条文 1-2 (e) 和准则条文 7-2 (e) 的注释部分。
② 原文为 "exterior-only inspection from the street"。——译者
③ 原文为 "desktop appraisal"，指无须评估师进行现场勘查工作的评估业务。——译者
④ "licensed home inspector"，指住宅物业买卖前由买方或卖方聘请的专业检测人员，其职责是对拟转让的标的物业的状况，包括需要维修之处及其费用预估，供当事方决策参考。——译者
⑤ 见准则条文 2-2 (a) (7)、2-2 (b) (7)；准则条文 8-2 (a) (7)、8-2 (b) (7)。
⑥ 见准则条文 2-2 (a) (11)、2-2 (b) (11)；准则条文 8-2 (a) (11)、8-2 (b) (11)。

工作档案中获得。

报告中对资产勘查的披露应当采用能够使预期使用者清晰理解的方式。例如，在本例中仅仅说明对资产进行了勘查是不够的，报告应当清楚地表明本评估是建立在从街道上进行的外部勘查的基础之上，并说明勘查过程中通过观察获得的特征之外的其他特征信息是从什么渠道获得的。

2. 某经销商要求我评估一块劳力士手表。我无法见到这块表，但客户提供给我该表的序列号、鉴定证书和几张该表的近期照片。我能够仅在这些信息基础上进行评估吗？

是的，如果提供给你的资料包括评估对象相关特征的足够信息，你可以根据以上描述的信息进行评估。然而，由于未能直接检查这块手表，这些提供的信息是"假定"为正确的。由于这些假设中的某些部分会给业务结论带来重要影响，该业务中将启用特别假设并进行恰当的披露。该业务中的工作范围，包括勘查的程度，必须能够支持形成与预期用途相关的可信评估结论[①]。

3. 一位被公司派往其他城市工作的业主与我接洽。该业主表示以后可能会需要一个"详细的评估"，但目前仅需要得到一个关于其住宅的大概价值，以进行工作调整安置的谈判。他要求我进行"桌面评估"（不对资产进行勘查的评估）。我相信，根据其预期用途，即使不进行资产勘查也能够形成可信的业务结论。这在 USPAP 中是允许的吗？

是的，如果能够获得该资产相关特征的足够信息，该种做法是允许的。这些信息可以从公共记录、该资产先前的挂牌信息、评估师的工作档案中获得。如果需要就各种相关特征使用特别假设，评估师应当遵守相关的要求。

---

① 见工作范围规则。

咨询意见 3　以前评估的更新

咨询意见由评估准则委员会发布，并不构成新的准则或对现行准则的解释。咨询意见阐释评估准则在特定情况下的应用，并从评估准则委员会的角度提供相关评估事项和问题的解决建议。

主题：以前评估的更新①

适用范围：不动产；动产；无形资产

问题：

某资产的评估业务完成后，在很多情况下客户会要求对同一资产在以后的时间里再次进行评估。例如：

- 在不动产评估业务中，当前次评估的基准日与放款日之间存在一定的时间差异时，放款人和二级市场参与者往往会要求提供现行的价值。在财产征用过程中，如果前次评估的基准日与征用日之间存在一定的时间差异，相关部门也会要求提供现行的价值。
- 对职工入股信托基金②所持有的非上市公司股权价值进行评估时，至少每年要评估一次现行价值。
- 评估动产时，基于财务目的可能需要对设备每两年进行一次评估。

客户有时将此类要求标识为"更新"、"再评估"或"再证明"③。USPAP 是否规范此类业务？评估师在此类业务中应当如何遵守 USPAP？

评估准则委员会对此问题的建议：

术语澄清

客户及客户团体为此类业务形成了不同的术语，包括"更新"和"再证明"。这些术语在业务中用起来可能会比较方便，但并不是在每次业务中都有相同的内涵。

客户需要对作为前次业务评估对象的资产进行一次当前的评估时，常常会使用"更新"一词。此类业务是本咨询意见所针对的内容。

---

①　原文为"Update of a Prior Appraisal"，在 1996 年版 USPAP 中为"Appraisal Updating"，译为"评估更新"。评估更新指评估师在客户提出要求的情况下，根据资产和市场变化情况，按新的评估基准日对以前评估过的评估对象再次进行评估的业务。最典型的是在不动产市场变化剧烈的情况下，贷款银行会要求评估师以更近的时点为基准日对作为抵押物的不动产进行评估。译者在组织起草《金融不良资产评估指导意见（试行）》时，在第十三条尝试引进了评估更新这一概念：如果资产状况、市场状况与基准日相关状况相比发生重大变化，委托方应当委托评估机构执行评估更新业务或重新评估。——译者

②　原文为"Employee Stock Ownership Trusts"。——译者

③　原文为"updates, reappraisals, recertifications"。——译者

一些客户经常错误地用"价值再证明"① 一词来替代"更新"。价值再证明是用来确认前次评估中的条件是否已经实现。价值再证明并没有变更评估基准日。如果客户在某项业务中使用此词，但要求评估师提供更新后的价值意见，这实际上构成一项新的评估业务，应当根据本咨询意见进行操作。

前次业务的新业务

无论使用什么样的术语，如果客户需要在更新时点上得到作为前次业务对象的资产价值意见或进行分析，该业务不是前次已完成业务的延续，完全是一项新的业务②。在USPAP中，术语"业务"定义如下：

根据与客户签订的协议由评估师提供的评估服务。

对作为前次业务对象的资产进行评估或分析时，无论谁是评估师、谁是客户③、前次业务与本次业务之间的间隔时间长度、评估对象特征没有变化或发生重大变化等，评估师同样需要遵守USPAP的规定。

操作要求

所有业务均需按照准则（1、3、5、7、9）的规定形成业务结论。对与前次业务对象相同的资产进行评估时，此次新业务的工作范围可以不同于前次业务。此外，评估师可以选择采用特别假设，将前次业务中的某些分析（那些评估师认为可信且符合相应操作准则的内容）纳入本次新业务评估过程中而不是完全重复评估程序。④

披露要求

所有业务均需按照准则（2、4、6、8、10）的规定披露结论。新报告的详细程度并不需要与原报告相同，例如，可以采用不同的报告类型。但是，新报告应当包括足够的信息，以使报告有意义、不误导预期使用者。此类业务中可以采用以下三种方式满足披露要求：

（1）提供一份新报告，包括所有必要的信息、分析，以满足相关披露要求，且不以附件或参照的方式与前次报告进行结合。

（2）提供一份新报告，以附件的方式说明前次报告中的信息、分析，附件部分与新的信息、分析合起来共同满足相关披露要求。

（3）提供一份新报告，以参照引用的方式说明前次报告中的信息、分析，参照部

---

① 原文为"Recertification of Value"。——译者
② USPAP中明确，只要是评估基准日发生变化，即便是针对同一评估对象、目的或用途，也构成一项新的业务，需要按照准则对业务的要求进行操作，包括明确业务基本事项、签署协议、明确工作范围和费用等，不能将其视为以前业务的延续。此条规定的精神值得中国评估行业借鉴，以明确指导评估师和委托方正确处理基准日变更事宜。——译者
③ 见"咨询意见27——为新客户评估同一资产"。
④ USPAP此条规定体现了"实质重于形式"的原则，值得中国评估准则借鉴。国内评估业务中已经大量出现需要对同一评估对象（资产或股权）在调整后的评估基准日进行评估的现象。此类业务中，评估师和评估机构是否需要重复或完全执行所有的程序，在相关准则和文件中并未涉及。评估准则委员会在此咨询意见中的解释，即评估师可以将前次业务中的某些分析（那些评估师认为可信且符合相应操作准则的内容）纳入本次新业务评估过程中而不是完全重复评估程序，对我国评估行业具有较大的借鉴价值。——译者

分与新信息、分析合起来共同满足相关披露要求。由于前次报告是评估师签发给特定预期使用者的，只有他们才拥有前次报告，因此本方式仅在涉及原评估机构和原预期使用者的情形下适用。如果采用参照引用的方式结合使用前次报告，前次报告中的下列内容需要在新报告中予以特别明确，以避免误导：

- 评估对象；
- 客户和任何其他预期使用者；
- 预期用途；
- 评估师；
- 价值或业务结论的基准日；
- 报告日；
- 被评估的权益。

如果以特别假设的方式将相关信息引用到报告中，需要遵守 USPAP 中关于特别假设的规定。

保密

在所有业务中，评估师在处理保密信息事项时，应当遵守职业道德规则中的保密要求。例如，前次评估或评估复核报告如果包括任何保密信息，在新报告中将此类信息披露给不同的客户或预期使用者将会违背职业道德规则。评估师应当遵守所有保密和隐私保护的法律和规定。

资料保管

如果业务中使用或依赖了前次报告的全部或部分，该报告（所使用或依赖的部分）应当保存在新业务的工作底稿中，或者在工作底稿中说明该报告的保存地点。可参照资料保管规则中的要求获取更多信息。

咨询意见 4　准则条文 1-5（b）

咨询意见由评估准则委员会发布，并不构成新的准则或对现行准则的解释。咨询意见阐释评估准则在特定情况下的应用，并从评估准则委员会的角度提供相关评估事项和问题的解决建议。

主题：准则条文 1-5（b）

适用范围：不动产

问题：

准则条文 1-5（b）要求评估师对评估对象在评估基准日前三年内所有的交易情况进行分析。是否应当对因丧失抵押品赎回权而发生的资产所有权转移或因丧失抵押品赎回权进行的交易进行分析？

评估准则委员会对此问题的建议：

准则条文 1-5（b）的意图是鼓励评估师对评估对象历史交易情况进行调研和分析。准则条文 1-5（b）规定的评估对象在三年期间的交易情况包括因丧失抵押品赎回权而发生的资产所有权转移和因丧失抵押品赎回权进行的交易。

因丧失抵押品赎回权进行的交易与抵押人和受押人之间因丧失抵押品赎回权而自愿进行的所有权转让具有客观必然性。这些行为也属于交易，因为资产所有权的转移是基于一定的对价。通过研究和分析，评估师能够根据准则 2 披露评估对象以前的交易受到非正常动机的影响，或该交易不能反映买方与卖方的正常动机。

咨询意见 7[1][2]　营销时间意见

咨询意见由评估准则委员会发布，并不构成新的准则或对现行准则的解释。咨询意见阐释评估准则在特定情况下的应用，并从评估准则委员会的角度提供相关评估事项和问题的解决建议。

主题： 营销时间意见

适用范围： 不动产；动产

问题：

USPAP 指出，某些业务条件可能会要求评估师在评估资产市场价值时分析并披露评估对象合理的营销时间。

合理的营销时间如何形成？营销时间意见与评估程序的关系如何？

评估准则委员会对此问题的建议：

合理的营销时间是关于不动产或动产在评估基准日后多长时间的期限内能够按照得出的市场价值或基准价格成交的意见。

相关当事方经常将展示期与营销时间混淆。营销时间是从评估基准日的角度做出的预计。营销时间不同于展示期，后者总是在评估基准日之前。[3]

形成营销时间意见的原理和方法

营销时间意见的目标并不是预测交易日期或做一简单陈述，而是作为执行评估业务过程的一个组成部分，会使用部分合理展示期意见分析过程中所使用的相同数据分析。营销时间分析是评估业务中进行分析的一部分内容。意见可以表示为一个区间或数字。评估报告中应当包括对据以得出结论的分析进行概要说明。营销时间意见可以建立在以下一个或多个因素基础之上：

- 对市场上有关日期的统计信息；
- 通过数据采集服务而获得的信息；

---

① 咨询意见 5（主题：开展评估业务过程中的帮助及助手要求）、咨询意见 6（主题：评估复核功能）已被评估准则委员会废止。——译者

② 营销时间与展示期是 USPAP 中较易引起混淆的概念。由于中美两国评估实务的不同，这两个概念译成中文后较为令人费解。在以前年度的 USPAP 中，依其重要性先讨论展示期后讨论营销时间。其中，关于合理展示期的规范以评估准则说明 6 的方式出现（见 1996 年版及 2008 年版 USPAP 中文版），关于营销时间的讨论则在咨询意见 7 中出现。目前评估准则委员会取消了所有的评估准则说明，关于合理展示期的规范要求则以咨询意见 35 的方式出现，内容有所增加。这种变化导致关于这两个概念的讨论顺序变化，在先出现的咨询意见 7 中却涉及并引用大量与展示期相关的讨论，这也给阅读者带来一定的困难。译者在完成本次翻译后致评估准则委员会的总结建议中，专门提出调整这两个咨询意见的先后顺序以更符合逻辑。建议将关于合理展示期的咨询意见 35 与关于营销时间的咨询意见 7 结合阅读。——译者

③ 见"咨询意见 35——不动产和动产价值意见中的合理展示期"。

- 通过交易资料验证而获得的信息；
- 对市场参与者的调查；
- 市场条件的预期变化。

通过这些程序收集的信息包括可能会影响营销时间的其他市场条件，例如，明确所涉及不动产或动产的典型买方和卖方、典型的权益投资水平和/或融资条件。合理的营销时间与价格、时间、用途以及成本变化、资金水平等预期的市场条件相关，不仅仅是一种孤立的时间估计。

评估师不应当简单地将合理展示期的预测作为营销时间的预测。营销时间预测的关键不同之处在于评估师必须研究和考虑市场条件的预期变化。例如，在做研究时，评估师会观察市场力度信号。这些信号包括缩短的展示期、上涨的价格、降低的利率、挂牌价格与成交价格比率的上升或存货的减少。一个上升的市场意味着会比过去销售得更快，反之亦然。

在评估报告中对营销时间的讨论

营销时间发生在市场价值意见的评估基准日之后，营销时间意见与评估程序既相互关联又相互分离。因此，在报告中予以披露的妥当方式是将讨论营销时间意见及其意义的部分放在评估报告的最后，排在市场价值意见结论之后。提供合理营销时间意见的要求超出了评估程序通常所需要的一般信息，应当在程序中单独处理。

评估师对价格/价值与营销时间的关系进行讨论在评估师形成的市场价值意见基础上，将不同的可能交易价格与相应的营销时间进行比较，也是一种妥当的方式。

评估中客户条件的应用

客户如有意出售不动产或动产，并作为其决策程序之一寻求获得市场价值意见的评估，则应当知晓假定价值在营销时间内保持稳定不变是不恰当的。因此，评估服务使用者将现行价值意见视为营销时间期末的价值，再折现为现值的做法，存在技术上的错误。

有的客户试图以下列方式解决他们的问题，如要求评估师提供"120天的市场价值""6个月的市场价值""一年的市场价值"等意见。除非评估师在进行这种评估业务时估计的合理展示期意见与客户要求的先决条件相吻合，否则该业务的结论不能表达为一般意义上的市场价值概念。在此种情况下，评估师应当将基于合理展示期的市场价值意见，与基于在客户所要求的特殊营销时间的任何经适当定义的其他价值意见予以区分。

无论评估师与客户是否约定在评估业务中形成一个以上的市场价值意见，当事人双方的角色必须分清楚。评估师是向客户提供经过定义的价值意见，并在恰当编制的报告中包括一个关于合理营销时间及其相关价值/价格应用的部分。最终的一些决定，如需要报什么价格、何时接受一个特定的报价，以及在此期间如何计量资产等，则由客户自己决定。

总结:

- 预测营销时间是一种常见的业务条件,但并不是 USPAP 所要求的。
- 评估师关于营销时间的意见是对评估基准日之后的时间的预测。
- 营销时间因不同的资产类型和不同的市场条件而不同。
- 营销时间可以表达为一个区间或时点。
- 对于"合理营销时间预测是什么"的回答,应当结合"什么样的资产以什么样的价格"的答案,不应当仅仅是一个孤立的时间区间估计。
- 如果在营销时间不同于标的合理展示期的情况下估测价值,则该价值结论可能不是市场价值。

咨询意见 9[①]　受到环境污染影响的不动产的评估

咨询意见由评估准则委员会发布，并不构成新的准则或对现行准则的解释。咨询意见阐释评估准则在特定情况下的应用，并从评估准则委员会的角度提供相关评估事项和问题的解决建议。

主题：受到环境污染影响的不动产的评估

适用范围：不动产

问题：

对受到污染的资产或对怀疑受到污染的资产进行评估时，有时需要采用非真实性条件或特别假设，假定评估对象未受到污染。相对于某些条件和某些预期用途，这种执业做法是可以接受的，但也有些业务会要求对"现在状态"的资产进行评估，即充分考虑环境污染因素的影响。在这些业务中，评估师需要分析已知的环境污染对评估对象价值的影响。

评估师评估可能受到环境污染影响的资产时应当如何遵守 USPAP？

评估准则委员会对此问题的建议：

USPAP 和咨询意见参照

- 定义部分，特别是以下定义：

特别假设（extraordinary assumption）：直接与某项特定业务相关的、关于分析中所使用的基准日不确定信息的假设。如果该假设不成立，评估师意见或结论将会改变。

注　不确定信息包括评估对象的物理、法律、经济特征；资产的外部条件，如市场条件或趋势；分析中所使用数据的完整性；等等。

非真实性条件（hypothetical condition）：直接与某项特定业务相关、评估师已知在业务结论的基准日并不存在但为进行分析仍被假定（存在）的条件。

注　非真实性条件所假定的评估对象的物理、法律或经济特征，市场条件或趋势等资产外部因素，以及分析中所使用数据的完整性等与已知的实际情况相反。

- 职业道德规则，特别是：

行为：评估师执行业务应当公正、客观、独立，不得掺杂私利。……在提供业务结论时不得故意误导或欺诈。

- 专业胜任能力规则：评估师必须：(1) 具有执行业务的专业能力；(2) 获得执

[①] "咨询意见 8——不动产评估中的市场价值和公允价值"已被废止。——译者

行业务所必需的专业能力；(3) 拒绝或退出该项业务。在任何情况下，评估师应当以符合专业能力的方式完成业务。

- 准则条文 1-1 (a)：评估师执行不动产评估业务，应当：(a) 熟知、理解并正确运用形成可信评估结论所需要的公认评估方法和技术。
- 准则条文 1-2 (e)：评估师执行不动产评估业务，应当：(e) 明确被评估资产的特征，这些特征应当与价值类型和定义、预期用途相关……
- 准则条文 1-2 (f) 和 (g)：评估师执行不动产评估业务，应当：(f) 明确业务所需要的任何特别假设；(g) 明确业务所需要的任何非真实性条件。
- 准则条文 1-3 (b)：评估师进行市场价值评估业务，为形成可信业务结论应当：(b) 形成不动产最佳用途的意见。
- 准则条文 1-4：评估师执行不动产评估业务，应当收集、查证和分析形成可信业务结论必需的所有信息。

专业胜任能力及相关事项

根据准则条文 1-1 (a) 的规定，对受到环境污染影响的资产进行评估时，评估师应当熟知、理解并正确运用形成可信评估结论所需要的公认评估方法和技术。因此，评估师应当具备相关方法等方面的必备专业知识，能够收集必备的信息。评估师如果在分析环境污染对不动产价值影响方面缺乏必要的专业知识和经验，应当根据专业胜任能力规则的要求，采取必要措施，以恰当完成业务。当然，评估师并不需要成为环境污染技术方面的专家。在多数情形下，评估师需要采用环境工程师等其他专业人士提供的科技及其他技术数据。在这种情况下，评估师在报告中引用其他专家提供的信息，应当采用特别假设（见准则条文 1-2 (f)）。这些信息包括本咨询意见"相关资产特征"中 (1)～(10) 所列的信息。当相关信息存在矛盾时，做到这点尤为重要。

特别术语和定义

对可能受到环境污染影响的资产进行评估时，会使用一些特别的术语和定义。这些术语和定义在不需要分析环境污染对资产的影响或资产未受污染的业务中是不会涉及的。虽然存在其他关于下列或相似术语的有效定义，在本咨询意见中，相关术语定义如下。

资产减值（Diminution in Value, Property Value Diminution）：评估对象在未减值状态和减值状态下的价值之差。该价值差额是由资产环境条件所带来的风险和/或成本上升所导致的。

环境污染（Environmental Contamination）：由于向空气、地表水、地下水或土壤释放危险物质而带来的负面环境条件。通常情况下，这些物质的浓度（含量）超过相关联邦、州和地方部门规定的管制标准。

环境风险（Environmental Risk）：在投资、融资、购买或拥有某项资产时，由于环境条件的影响而带来的额外风险。该风险是由以下方面的不确定性带来的：

(1) 污染的性质和程度；

(2) 未来补救成本及时间的估计；
(3) 管制要求的可能变化；
(4) 清除方面的责任（买方、卖方、第三方）；
(5) 潜在的非现场影响；
(6) 其他相关的环境风险因素。

环境瑕疵（Environmental Stigma）：基于污染因素，市场普遍认为会增加环境风险，由此带来的对资产价值的负面影响。（见"环境风险"。）

减值价值（Impaired Value）：评估对象在充分考虑环境条件及位于或相邻、临近评估对象的环境污染因素的情况下的市场价值。从概念上理解，该价值是被污染资产的"现在状态"价值。

补救成本（Remediation Cost）：对受污染资产进行清除（或补救），使其达到相关管制标准的成本。该成本包括污染现场的清除费用，也包括处理传播性污染的非现场污染影响的缓解费用。

补救周期（Remediation Lifecycle）：由清除污染现场的三个阶段组成的周期，包括补救或清除前、补救中、补救后。被污染资产所处的补救周期阶段是确定环境污染风险的重要因素。资产所处的不同补救周期阶段会带来不同的环境风险。

源发地、非源发地、相邻区域和临近区域（Source, Non-source, Adjacent and Proximate Site）：源发地是指污染正在发生或已经发生的区域。非源发地是指污染从源发地传播过来的区域。相邻区域是指未受污染但与源发地具有共享物业的区域。临近区域是指未受污染且不属于相邻区域，但临近源发地的区域。

未减值价值（Unimpaired Value）：受到污染的资产在假设未受到污染的非真实性条件下的市场价值。

相关资产特征

对环境污染可能影响价值的资产进行评估时，对数据的要求不同于与污染无关的评估业务，也不同于采用非真实性条件或特别假设对可能受到污染的资产所进行的评估业务。增加这些与资产特征相关的数据是基于准则条文 1-2（e）的要求。资产相关特征包括但不限于：
(1) 污染释放是由事故引起的还是经许可的；
(2) 资产的状况，结合管制要求；
(3) 评估基准日资产所处的补救周期阶段（清除前、清除中或清除后）；
(4) 污染物的构成（石油碳氢化合物、氯化溶剂等）；
(5) 污染传递（空气、地表水、土壤等）；
(6) 资产是否位于源发地、非源发地、相邻区域或临近区域；
(7) 现场补救计划的成本和时间；
(8) 现场清除的责任和潜在责任；
(9) 由于污染影响和补救措施导致的对资产使用的潜在限制；
(10)（源发地）由于污染传播而带来的潜在的或现实的非现场影响。

由于评估师通常并不是污染科技方面的专家，因此需要其他领域的专家提供这些信息，也需要接洽相关管理部门以确定污染是否存在。评估师将这些信息作为形成价值意见的基础时，应当采用特别假设。评估师应当为分析中使用的可比交易案例收集相似的数据。

评估事项——视为未减值

在某些业务中，评估师会被要求对已知被污染的不动产按照假设其未受污染的非真实性条件进行评估。在这些业务中，评估师在满足下列条件的情况下，可以按照非真实性条件对已被污染的不动产权益进行评估：

(1) 最终形成的评估报告不会引起误导；

(2) 已告知客户此限制条件；

(3) 满足职业道德规则的所有要求。

为避免在市场上引起误导，评估师应当披露关于污染问题的可获得信息，解释使用非真实性条件（假设不动产未被污染）的原因，并根据准则条文 2-2 (a)(11)、(b)(11) 的规定说明使用非真实性条件会影响业务结论。

在其他业务中，客户可能会要求评估师对被认为未受污染的不动产进行评估，或对由于缺乏信息或存在矛盾信息而环境状况不明的不动产进行评估。此类业务中，需要根据环境条件和状况的特别假设对相关不动产进行评估。实际上，由于评估师通常不是鉴别污染或确认污染是否存在的专家，其在许多业务中需要使用关于环境状况的特别假设。

评估事项——视为减值

最佳用途事项：对可能受到污染的不动产进行评估时，通常会涉及大量的最佳用途分析。根据准则条文 1-2 (e) 和准则条文 1-3 (b) 的规定，评估师在形成减值状况下不动产最佳用途意见时应当考虑相关因素。评估受到污染的不动产通常会涉及两个价值：未减值价值和减值价值。因此，通常需要进行两个最佳用途分析。前者不考虑环境污染所带来的限制，后者需要考虑环境污染的限制、补救影响及与污染源清除有关的任何法定用途限制。环境污染及根据管制标准所进行的补救会影响宗地开发或再开发的可行性、补救过程中宗地的用途、补救后宗地的用途、宗地的可销售性以及被污染不动产的其他经济和实体特征。评估师应当考虑宗地补救及补救后，任何对宗地用途的限制会给减值状况下最佳用途带来改变或限制的可能性。此外，额外的环境风险和瑕疵可能会妨碍宗地开发或再开发，因此会限制最佳用途，直到该不动产的环境风险降低到相关市场参与者可接受的水平。

满足准则条文 1-4 要求：评估师涉及资产减值或减值价值时，应当知晓受污染影响的或受污染的不动产权益的价值不应当简单地从未受影响的价值（未减值价值）中扣减补救或弥补成本。实际上，成本、用途和风险因素都会影响被污染不动产的价值。成本因素主要是扣除为补救受污染不动产而发生的成本。这些成本通常由评估师以外的人士提供，应当包括由于不动产补救而增加的任何营运成本。评估师也应当知晓市场可能并不认可所有估算成本对价值具有影响。用途因素反映了受到污染后宗地效用的影响。如果污染或其清除工作导致部分宗地无法使用，或对未来最佳用途构成限制，用途因素就会对价值产生影响。风险因素通常是由评估师估计，也是评估业务中最具挑战性的工作。这些因素来源于市场对环境风险和不确定性增加的看法。环境风险和不确定性增加的风险（环境瑕疵）对不动产价值的影响，应当根据市场数据判断，不能依据无证据支持的意见或判断。

不动产的未减值价值总体上可以采用市场途径（准则条文 1-4 (a)）、成本途径（准则条文 1-4 (b)）和收益途径（准则条文 1-4 (c)）进行评估。估算环境污染对不动产价值的影响通常会涉及一种或一种以上特殊的评估方法。这些方法应当符合 USPAP 关于评估途径的要求。

咨询意见 11[①]　评估准则条文 2-2、8-2 和 10-2 中有关评估报告类型的内容

咨询意见由评估准则委员会发布，并不构成新的准则或对现行准则的解释。咨询意见阐释评估准则在特定情况下的应用，并从评估准则委员会的角度提供相关评估事项和问题的解决建议。

主题： 评估准则条文 2-2、8-2 和 10-2 中有关评估报告类型的内容[②]

适用范围： 不动产；动产；无形资产

问题：

USPAP 准则条文 2-2、8-2 和 10-2 规定了两种评估报告类型。每种类型的报告应包括什么信息？

评估准则委员会对此问题的建议：

USPAP 和咨询意见参照

- 根据准则条文 2-2、8-2 和 10-2 的规定，评估师可按下列两种类型之一提供评估结论：评估报告（准则条文 2-2 (a)、8-2 (a) 和 10-2 (a)）或限制评估报告（准则条文 2-2 (b)、8-2 (b) 和 10-2 (b)）。准则条文 2-2、8-2 和 10-2 要求在报告中显著标明所采用的报告类型。

- 根据准则条文 2-2、8-2 和 10-2，两种报告类型主要区别于以下三个方面：(1) 评估报告可能仅以客户为唯一的预期使用者，也可能有其他预期使用者；限制评估报告只能以客户为预期使用者。(2) 评估报告中需要对所进行研究及操作的特定过程进行概要说明，限制评估报告中相同的内容只需要说明[③]。(3) 评估报告中评估师应当概要说明所分析的信息以及支持分析、意见和结论的推理过程，限制评估报告则无此要求。因此，限制评估报告中应当增加显著的限制使用说明：限定报告仅供客户使用，警示如果不辅以评估师工作底稿中的额外信息，报告中提供的关于评估师如何形成意见和结论的分析过程将无法被正确理解。

显著标明所使用的报告类型

使用何种报告类型的显著说明是一种标志，用以向阅读者表明报告结论是如何披露的。因此该说明应当置于报告的开始部分或接近于开始部分。

在叙述性评估报告中，采用何种报告类型的显著说明可以与评估的预期用途说明

[①] "咨询意见 10——评估师和客户关系"已被评估准则委员会废止。——译者
[②] 见准则条文 2-2、8-2 和 10-2；"咨询意见 12——采用准则条文 2-2、8-2 和 10-2 中的报告类型"。
[③] 概要说明与说明的区别见准则 2-2 (a)(1) 中的译者注。——译者

放在一起，因为使用何种报告类型的决定主要与评估的预期用途相关。为更加显著地予以标明，报告类型的说明可以置于报告的封面或提交函中（如果提交函是报告的一部分）。

在格式性评估报告中，报告类型的显著说明可以置于表格顶端上的空白处。

评估报告和限制评估报告都要求评估师至少需要"说明"准则条文 2-2 和 8-2 中所列出的（1）（2）（4）（5）（6）（9）（11）等事项（见表1总结）（准则条文 10-2 在下文以单独的表2总结），（3）（7）（10）项的要求则通过一个动词予以区分，评估报告中使用的是"概要说明"，限制评估报告中使用的是"说明"。

在剩下的第（8）项要求中，评估报告要求"评估师概要说明为支持分析、意见和结论所分析的信息、采用的评估方法和技术以及相关的分析过程"。限制评估报告中第（8）项要求的是"说明所采用的评估方法和技术，说明所形成的价值意见和结论，并标明需要参照工作底稿"。评估报告和限制评估报告都要求"对未采用市场途径、成本途径或收益途径的原因应当予以解释"。根据准则条文 2-2（a）(10)，评估师形成最佳用途意见时，在评估报告中需要概要说明形成该意见的依据和分析过程。根据准则条文 2-2（b）(10)，评估师形成最佳用途意见时，在限制评估报告中需要说明该意见。

以下表格（表1）对准则2和准则8中两种报告类型的披露规则逐条进行了比较。准则10的讨论表格在其后单独提供（见表2）。由于空间有限，表格内未包含披露规则的注释。注释中包含了编制每种类型评估报告时应予考虑的重大区别，因此本咨询意见的阅读者还应参阅准则条文 2-2、准则条文 8-2 和准则条文 10-2 的全部内容。

准则条文 2-2 和准则条文 8-2 报告内容比较表（见表1）：两种报告类型的主要区别在于使用了"说明"和"概要说明"两个术语。"说明"意味着最低程度的信息披露，"概要说明"意味着提供更多的信息。

表1　　　　　　　　准则条文 2-2 和准则条文 8-2 报告内容比较表

（a）评估报告	（b）限制评估报告
（1）以名称或类型的方式说明客户和任何预期使用者的身份	（1）以名称或类型的方式说明客户身份，并增加显著的用途限制说明，表明报告仅供客户使用，警示如果不辅以评估师工作底稿中的其他信息，评估报告中提供的意见和结论将无法被正确理解
（2）说明评估的预期用途	（2）说明评估的预期用途
（3）概要说明足以明确被评估不动产或动产的信息，包括与业务相关的资产特征	（3）说明足以明确被评估不动产或动产的信息
（4）说明被评估的资产权益	（4）说明被评估的资产权益
（5）说明价值类型和定义，并说明价值定义的出处	（5）说明价值类型，并说明价值定义的出处
（6）说明评估基准日和报告日	（6）说明评估基准日和报告日

续前表

（a）评估报告	（b）限制评估报告
（7）概要说明执行评估业务所履行的工作范围	（7）说明执行评估业务所履行的工作范围
（8）概要说明为支持分析、意见和结论所分析的信息、采用的评估方法和技术以及相关分析过程；对未采用市场途径、成本途径或收益途径的原因应当予以解释	（8）说明所采用的评估方法和技术，说明所形成的价值意见和结论，并标明需要参照工作底稿。对未采用市场途径、成本途径或收益途径的原因应当予以解释
（9）说明评估基准日资产的现行用途和在评估业务中所采用的不动产或动产用途	（9）说明评估基准日资产的现行用途和在评估业务中所采用的不动产或动产用途
（10）评估师形成最佳用途意见时，概要说明形成该意见的依据和分析过程	（10）评估师形成最佳用途意见时，说明该意见
（11）明确并显著说明所有特别假设和非真实性条件；特别假设和非真实性条件的使用可能会影响业务结论	（11）明确并显著说明所有特别假设和非真实性条件；特别假设和非真实性条件的使用可能会影响业务结论
（12）包括一份根据准则条文2-3或8-3签署的声明	（12）包括一份根据准则条文2-3或8-3签署的声明
注释内容未包括在本表中	

准则条文10-2报告内容比较表（见表2）：两种报告类型的主要区别在于使用了"说明"和"概要说明"两个术语。"说明"意味着最低程度的信息披露，"概要说明"意味着提供更多的信息。

表2　　　　　　　　　　准则条文10-2报告内容比较表

（a）评估报告	（b）限制评估报告
（1）以名称或类型的方式说明客户和任何预期使用者的身份	（1）以名称或类型的方式说明客户身份，并增加显著的用途限制说明，表明报告仅供客户使用，警示如果不辅以评估师工作底稿中的其他信息，评估报告中提供的意见和结论将无法被正确理解
（2）说明评估的预期用途	（2）说明评估的预期用途
（3）概要说明足以明确企业或无形资产及其被评估权益的信息	（3）说明足以明确企业或无形资产及其被评估权益的信息
（4）说明被评估权益所包含的控制权程度以及确定的依据	（4）说明被评估权益所包含的控制权程度以及确定的依据
（5）说明被评估权益所包含的缺乏流动性的程度以及确定的依据	（5）说明被评估权益所包含的缺乏流动性的程度以及确定的依据
（6）说明价值类型和定义，并说明价值定义的出处	（6）说明价值类型和定义，并说明价值定义的出处
（7）说明评估基准日和报告日	（7）说明评估基准日和报告日

续前表

（a）评估报告	（b）限制评估报告
（8）概要说明执行评估业务所履行的工作范围	（8）说明执行评估业务所履行的工作范围
（9）概要说明为支持分析、意见和结论所分析的信息、采用的评估方法和技术以及相关的分析过程；对未采用市场途径、资产基础（成本）途径或收益途径的原因应当予以解释	（9）说明所执行的评估程序，说明分析、意见和结论，并标明需要参考工作底稿；对未采用市场途径、资产基础（成本）途径或收益途径的原因应当予以解释
（10）明确并显著说明所有特别假设和非真实性条件；特别假设和非真实性条件的使用可能会影响业务结论	（10）明确并显著说明所有特别假设和非真实性条件；特别假设和非真实性条件的使用可能会影响业务结论
（11）包括一份根据准则条文 10-3 签署的声明	（11）包括一份根据准则条文 10-3 签署的声明
注释内容未包括在本表中	

"概要说明"和"说明"在不动产评估报告中的应用范例

以下商业性不动产评估报告中，关于区域规划说明的范例解释了两种评估报告类型的不同之处。这些例子演示了相应的说明深度和提供信息的详细程度，但并非用于确定整份评估报告的格式。这些例子并不表明其中有关区域规划的信息适用于所有评估报告。

"概要说明"的范例

区域规划

一般商业 B-4 区域规则，其目的主要是鼓励沿着主要街道开发当地银行机构、零售店和服务机构等商业性开发，最小地块为 10 000 平方英尺①，宽度为 100 英尺②。建筑面积比上限为 50%，建筑物高度限定为 2 层或 20 英尺。××城市计划和区域规划办公室的约翰·N. 福斯先生指出现行用途与改良计划相符。

"说明"的范例

区域规则

一般商业，B-4；现行用途与改良计划相符。

上述范例的目的在于从一个角度表明"概要说明"和"说明"这两个术语在运用上的区别。这些范例不应超出本咨询意见范围，并不适用于评估报告的每个部分。

本咨询意见侧重于不同类型评估报告的内容，需要与咨询意见 12 结合起来阅读。咨询意见 12 侧重于准则 2、8 和 10 的评估报告类型的使用。

---

① 1 平方英尺＝0.092 903 04 平方米。
② 1 英尺＝0.304 8 米。

咨询意见 12　采用准则条文 2-2、8-2 和 10-2 中的报告类型

咨询意见由评估准则委员会发布，并不构成新的准则或对现行准则的解释。咨询意见阐释评估准则在特定情况下的应用，并从评估准则委员会的角度提供相关评估事项和问题的解决建议。

主题：采用准则条文 2-2、8-2 和 10-2 中的报告类型[①]

适用范围：不动产；动产；无形资产

问题：

USPAP 准则条文 2-2、8-2 和 10-2 规定了书面评估报告的两种类型。在什么样的情况下可以选择这些报告类型？

评估准则委员会对此问题的建议：

USPAP 和相关咨询意见参照

根据准则条文 2-2、8-2 和 10-2 的规定，评估师可按下列两种类型之一提供评估结论：评估报告（准则条文 2-2（a）、8-2（a）和 10-2（a））或限制评估报告（准则条文 2-2（b）、8-2（b）和 10-2（b））。

决定采用何种报告类型

如果预期使用者包括客户之外的其他当事方，则必须采用评估报告。如果客户是仅有的预期使用者，限制评估报告才可能被采用。限制评估报告中必须增加显著的用途限制说明，表明报告仅供客户使用，警示如果不辅以评估师工作底稿中的其他信息，评估报告中提供的意见和结论将无法被正确理解。

正如执行 USPAP 过程中的许多决策一样，评估报告类型的选择意味着评估师与客户之间在达成承接业务的协议之前对明确评估问题进行了对话。对话中的一部分内容就是决定什么样的报告类型适用于此项业务。该对话/决定过程适用于单个业务，也可适用于评估师为同一客户所提供的一系列业务。在多数情况下，客户会决定哪种报告类型适用于本次业务。

只要客户所选择的报告类型适用于评估的预期用途和预期使用者，评估师可以同意采用该报告类型。

决定采用限制评估报告完全是因为限制评估报告所要求的最低程度信息量不是为了满足任何第三方使用者的需要。评估师采用限制评估报告时，需要给阅读者提供一个显著的说明。该显著的使用限制说明对报告的使用予以限制，并警示如果不辅以评

[①] 见准则条文 2-2、8-2 和 10-2；咨询意见 11——评估准则条文 2-2、8-2 和 10-2 中有关评估报告类型的内容。

估师工作底稿中的其他信息，评估报告中提供的意见和结论将无法被正确理解。在下列情况下，可以考虑采用限制评估报告：

- 客户是报告中所提供的评估师意见和结论的唯一预期使用者；
- 客户理解限制评估报告类型在使用上的限制；
- 评估的预期用途允许对完成评估业务的过程、步骤等进行有限披露；
- 客户（仅有的预期使用者）不需要获得评估报告中所提供的信息量。

本咨询意见侧重于评估报告类型的选择，需要与侧重于准则2、准则8和准则10中各类型评估报告内容的咨询意见11结合起来阅读。

咨询意见 13　不动产抵押估价业务中遵守 USPAP

咨询意见由评估准则委员会发布，并不构成新的准则或对现行准则的解释。咨询意见阐释评估准则在特定情况下的应用，并从评估准则委员会的角度提供相关评估事项和问题的解决建议。

主题： 不动产抵押估价业务中遵守 USPAP

适用范围： 不动产

问题：

评估师如何根据 USPAP 提供并报告符合《监管部门联合评估和估价指南》[①] 的不动产抵押物估价[②]业务？[③]

评估准则委员会对此问题的建议：

USPAP 和相关咨询意见参照

- USPAP 定义中，评估（appraisal）：（名词）形成价值意见的行为或过程；关于价值的意见。
- USPAP 定义中，评估师（appraiser）：被认为具有能力提供评估服务且以独

[①] *Interagency Appraisal and Evaluation Guidelines*。针对 20 世纪 80 年代中期以后金融领域特别是抵押贷款评估领域出现的乱象，美国几个主要的金融机构监管部门陆续在其管辖范围内分别制定了与金融相关的不动产评估要求，如：联邦储备委员会之《不动产评估程序准则》（1992 年 9 月 28 日）；货币监理署之《不动产评估准则》（1992 年 9 月 28 日）；联邦储蓄保险公司之《不动产评估程序准则》（1992 年 9 月 30 日）；储蓄管理局之第 55 次公告中《不动产评估准则》（1992 年 10 月 13 日）。这些金融监管措施在一定程度上起到了规范不动产抵押评估的作用，但由于各自行事，也带来一定的混乱。为此，1994 年货币监理署、联邦储蓄保险公司、联邦储备委员会、储蓄管理局四个金融机构监管部门根据 1989 年《金融机构改革、复兴和实施法案》，联合制定了 *Interagency Appraisal and Evaluation Guidelines*，作为最低评估准则规定，并要求其管辖下的金融机构执行。这些指南与 USPAP 一起构成了对执行金融抵押评估业务的评估师的指导与约束体系，在规范评估行业发展、规范金融评估领域方面发挥了重要作用。2010 年 12 月 2 日美联储等五大金融机构监管部门制定了新的 *Interagency Appraisal and Evaluation Guidelines*，该指南根据金融评估的发展需要以及 USPAP 近年来的变化，做了较大程度的更新，其核心内容是监管部门要求其管辖的金融机构在涉及相关不动产融资业务时，恰当进行评估或估价，并确保这些评估或估价符合 USPAP 及各监管部门的评估规则。——译者

[②] 原文为 "evaluation"。本咨询意见中的 "evaluation" 与 USPAP 全文中出现的 "appraisal" 是两个相对的、具有明确定义的概念。"appraisal" 是形成价值意见的行为或过程，即一般意义上的评估；"evaluation" 则是美国金融评估领域的一个特有术语。1994 年美国四大联邦金融监管机构联合制定的《监管部门联合评估和估价指南》中，将 "appraisal" 和 "evaluation" 予以区分：在多数情况下，为保证金融机构的安全、防范风险，金融机构需要聘请评估师对抵押物进行评估，此类评估业务需要遵守 USPAP 的规定；符合一定条件（主要是金额低于一定数额或对金融机构风险不构成威胁）的情况下，金融机构可以不进行评估而只进行估价，此种估价业务中可不受 USPAP 的约束，可以由评估师以外的专业人士进行。在本书翻译过程中，将 "evaluation" 译为 "估价"，以与 "appraisal" 区别。这两个词的划分仅在美国金融评估领域中及 USPAP 体系中有严格定义，并不具有广泛的意义。我国评估界中不同部门长期混用 "评估" "估价" 等语，与《美国资产评估准则》中的 "评估" 与 "估价" 关系截然不同，提请读者注意。——译者

[③] *Interagency Appraisal and Evaluation Guidelines*，75 Federal Register 77450 (December 2010)。

立、公正和客观态度执业的个人。

- 工作范围规则中，评估师在确定执行评估和评估复核业务所需的适当工作范围方面有较强的灵活性。
- 准则 1 中，评估师执行不动产评估业务应当熟知、理解并正确运用形成可信评估结论所需要的公认评估方法和技术背景。
- 准则 2 中，要求评估师披露足够的信息，使评估业务预期使用者能够恰当理解报告。

背景

评估（appraisal）和估价（evaluation）这两个术语对受下列部门监管并遵守其规定和指南的（金融）机构具有特殊意义和用途：货币监理署（OCC）、联邦储备委员会（FRB）、联邦储蓄保险公司（FDIC）、储蓄管理局（OTS）、全国信用协会管理局（NCUA）。联邦监管部门规定评估业务必须遵守以 USPAP 为代表的公认评估准则，估价业务则不需要遵守 USPAP。2010 年 12 月制定的《监管部门联合评估和估价指南》中的术语表中，对"估价"的定义如下：满足评估最低门槛豁免、商业贷款豁免或后期交易豁免条件下监管部门评估规则所允许的估值。但是，受 USPAP 约束的评估师应当知晓，执行满足 USPAP 评估和评估师定义的估价业务应当遵守 USPAP。

评估师应当知晓每个贷款机构都有关于估价报告格式和内容的内部政策和要求。这些政策和要求构成对监管部门指南的补充。评估师和客户就业务的预期用途和工作范围达成共同理解是十分重要的。加强这种共同理解的方式之一是评估师要求获得与业务相关的金融机构估价准则或要求的文件。

评估准则委员会关于不动产抵押估价的意见

USPAP 中对评估定义如下：

评估（appraisal）：（名词）形成价值意见的行为或过程；关于价值的意见。

根据监管部门的指南，估价服务需要提供市场价值的估计。如果市场价值的估计是某位人士的意见，该人士需要遵守 USPAP，根据 USPAP 该意见（如估价）就是评估。因此，需要遵守 USPAP 的评估师应当同时遵守监管部门关于估价的要求和 USPAP 准则 1 和准则 2 的要求及 USPAP 中的其他相应要求。

任何需要提供不动产价值意见的业务都需要遵守工作范围规则，其相关内容如下：

工作范围应当包括形成可信业务结论所需要进行的研究和分析工作。

如果在工作范围中排除了客户、其他预期使用者或评估师同行认为相关的调查、信息、方法或技术，评估师应当能够证明该决定的合理性。

评估师不得因业务预期用途或客户目标影响业务结论的公正性。

根据工作范围规则，任何在不动产抵押估价业务上增加的操作要求都被视为需要考虑的业务条件。

如果某位人士接受委托提供信息或分析但不包括提供价值意见，则该业务既不构成评估业务（根据 USPAP），也不构成估价业务（根据监管部门指南）。但是，如果该人士是以评估师的身份（根据 USPAP 中的定义）提供这种服务，则该业务构成评估业务①，评估师需要遵守职业道德规则、专业胜任能力规则和管辖除外规则。

不需要提供价值结论的业务包括但不限于以下例子：

- 提供交易和租金数据、挂牌、估税和其他类似信息（无须为得出或表明特定资产的价值而对可比性进行调整或确定）；
- 提供关于相邻区域、社区或任何其他不动产市场区块的描述以及对不动产市场趋势的分析。

如果评估师相信某些不动产抵押估价的要求不符合 USPAP 的规定或者违反法律或规定的要求，应当将对此的关注与潜在客户进行解释。如果需要的话，可以从相关联邦监管部门获得关于监管部门指南的额外信息和指导。如果客户不同意某项业务符合 USPAP 或相关法律、规定的要求，评估师应当拒绝或退出该项业务。

范例

潜在的客户要求需要遵守 USPAP 的评估师进行两项不动产抵押估价业务。客户希望了解拥有完全所有权的不动产市场价值，并在报告中做简明、扼要的说明。客户对所涉及不动产类型的市场状况十分熟悉。

在对每个物业进行评估时，评估师在根据准则 2 考虑报告要求之前，应当根据所要解决的问题确定形成可信业务结论所必需的工作范围。

一项估价业务是对现有的单户住宅完全所有权权益进行估价，该业务涉及 25 万美元以下的不动产贷款。客户要求只采用市场比较法对该住宅进行估价。

如果评估师确定在该住宅不动产评估业务中，单独使用市场比较法足以形成可信业务结论，仅在市场比较法基础上进行此项估价业务符合 USPAP 的规定。

另一项估价业务是对业主拥有的（无租约）写字楼进行估价。放款人正在考虑发放 100 万美元或以下的商业贷款，该贷款并不是以该不动产的出售价格或租金收入为主要还款来源。② 客户要求只采用收益法对该写字楼进行估价。

如果评估师确定在该写字楼评估业务中，单独使用收益法足以形成可信的业务结论，仅在收益法基础上对该写字楼进行估价符合 USPAP 的规定。但是，如果为形成可信业务结论也需要采用市场比较法，评估师应当与客户讨论采用该方法并予以披露的必要性。评估师最终为工作范围的可信结论承担责任，并应当纳入所有形成可信结论所需要的研究和分析工作。

披露估价结论

披露估价结论时，评估师应当知晓监管部门指南所要求的估价报告内容不同于准则 2 所要求的评估报告内容（见咨询意见 11）。所有评估报告的内容除需要满足相应的业务条件之外，也需要符合准则 2 的要求。在很多情况下需要提供评估报告，但在

---

① 见 USPAP 定义部分中关于"评估业务"的定义。该部分内容逻辑性较强，均建立在 USPAP 严密的定义基础之上，相关术语须结合 USPAP 定义理解，不应当做一般意义上的理解。——译者

② NCUA 要求其管辖的会员商业贷款不得采用此项评估要求豁免。

某些情况下，如果进行扩展并将估价的内容要求均予以满足，则限制评估报告也可以使用。

除 USPAP 中的要求之外，估价业务中的报告也需要满足《监管部门联合评估和估价指南》的要求。2010 年 12 月制定的监管部门指南包括以下报告要求：

13. 估价内容　估价报告应当包含关于分析、假设和结论的足够信息以支持信贷决定。估价报告的内容应当归入信用档案。估价报告至少应该符合以下要求：

- 明确标的资产的位置。
- 提供关于标的资产及其现行和未来用途的描述。
- 提供标的资产在估价基准日（即分析完成的日期）真实物理条件、用途和规划下的市场价值，以及相应的限制条件。
- 描述确认标的资产真实物理状况的方法以及对其进行勘查的程度。
- 描述所进行的分析以及对标的资产进行估价时所使用的支持性信息。
- 采用分析方法或技术工具时，描述所考虑的补充信息。
- 在适用的情况下，说明分析中所使用的各种信息渠道，包括：
  - 外部数据渠道（例如市场交易数据库和公共税收及土地文件）；
  - 标的资产的特定信息（例如标的资产以前的交易、估税数据和可比交易信息）；
  - 标的资产勘查的证据；
  - 标的资产的照片；
  - 对相邻区域的描述；
  - 当地市场条件。
- 如果估价是由专业人士进行，包括关于估价人员的信息，例如其姓名、联系方式和签名（电子签名或其他法律许可的签名）。

结论

以评估师身份提供的估价服务构成评估。除需要符合 USPAP 的要求之外，评估师应当知晓并遵守额外的业务条件和报告要求。

咨询意见 14 补贴住房的评估

咨询意见由评估准则委员会发布,并不构成新的准则或对现行准则的解释。咨询意见阐释评估准则在特定情况下的应用,并从评估准则委员会的角度提供相关评估事项和问题的解决建议。

主题:补贴住房的评估

适用范围:不动产

问题:

根据 USPAP 对补贴住房进行评估所需要的知识和经验超过一般住宅性不动产评估的要求。USPAP 对补贴住房的评估有什么样的指导意见?

评估准则委员会对此问题的建议:

<u>USPAP 和相关咨询意见参照</u>

- 专业胜任能力规则指出:

专业能力要求:

1. 恰当明确所涉及问题的能力;
2. 以符合专业能力的方式完成该业务的知识和经验。

- 专业胜任能力规则也要求:

知晓并遵守与评估师或该项业务相关的法律和规定。

- 准则条文 1-1(a)的注释部分指出:

　　商业、工业和民用不动产在成本与建造方式、营销方式的重大变化,以及不动产产权和相关权益赖以设立、转让和抵押的法律体系的变化,都给评估理论和实践带来相应变化。社会的变化也对评估理论和实践产生影响……

- 准则条文 1-2,特别是(a)、(b)、(c)(4)、(e)和(h);准则条文 1-3(a)和(b);准则条文 1-4(g)。

<u>补贴住房的辨别</u>

补贴住房是指通过资助或补贴开发商、购买者或承租人等公共政策或其他财务资助手段形成的、由中低收入家庭拥有或使用的单户或多户住宅性不动产,此类补贴住房存在用途和使用上的限制。美国住房和城市发展部(HUD)[①] 确定符合中低收入家庭定义的收入和资产标准。其他联邦、州和地方部门在其管辖区域内负责确定特定政策或发展计划中的收入划分标准。

---

① 原文为"United States Department of Housing and Urban Development"。——译者

专业胜任能力事项

评估师应当知晓补贴住房评估业务中对专业胜任能力的要求高于一般住宅性不动产评估业务中对专业胜任能力的要求。对补贴住房进行评估时，评估师需要了解与特定项目中地点和开发计划相关的各种政策、定义及税收问题。评估师应能够分析政策和定义对当地补贴住房细分市场的影响，同时也需要了解其对不受住房补贴政策影响的一般性市场的影响。评估师应当知晓政治上的变化将会影响享受利益的期间和对补贴住房计划的限制，并充分了解补贴政策的解释和执行情况。如果评估师缺乏对各种影响补贴住房计划因素的了解和知识，将会引起误导。例如，补贴住房计划与不接受补贴的住房计划相比，在收入、费用、回报率等方面会存在不同。评估师应当反映出市场参与者的行为，避免模式化的或有偏见的假设。

产权事项

鼓励中低收入家庭拥有住房的补贴或刺激政策可能会在不动产权益之外形成无形财产权，也可能会对不动产产权形成限制，进而对不动产产权进行修改。评估师应当有能力辨别不动产权益和无形财产权之间的区别，对所涉及的各种权利进行评估。《低收入住房税收减免法》（LIHTCs）[①] 就是这样一个刺激政策的例子，会带来不动产权益以外的无形财产权，在评估中可能需要予以考虑。项目租金补贴则是另一个例子，表明此种补贴会带来限制，将改变不动产权益。评估师应当知晓承租人的租金补贴并不必然会形成业主或该补贴住房开发商的财产权。

准则条文1-2（e）允许在评估中包括不动产以外的无形资产。准则条文1-4（g）指出，评估中包括动产、装修设施或无形资产时，评估师应当分析这些非不动产项目对价值的影响。

在对补贴住房进行评估的过程中，一个很重要的考虑因素是分析在不动产出售或丧失赎回权后，各种补贴、刺激政策和限制是否依然存在，是否属于评估中应当包括的可流通财产权利。

价值定义事项

任何评估中的价值定义都是与评估中需要考虑的权利束相关的决定性因素。准则条文1-2（c）要求评估师明确价值的类型和定义。准则条文1-2（c）进一步指出，如果评估的价值类型是市场价值，评估师需要明确该价值是不是符合下列条件的最可能价格：

（1）以现金计量；
（2）以等同于现金的财务安排计量；
（3）以其他明确定义的方式计量；
（4）如果价值意见建立在非市场性融资方式基础之上或者按非正常条件或动机进行融资，评估师应当明确地揭示这些融资方式的条件，并通过对相关市场数据的分析

[①] 原文为"Low-Income Housing Tax Credits"。——译者

去披露这些融资方式对价值的正面或负面影响。

如果补贴住房评估中评估的是市场价值，评估师应当确定上述（1）、（2）、（3）或（4）款是否适用于客户选择或要求的特定定义。然后，评估师可以确定相关政策以及由政策带来的影响不动产的无形资产是否符合所选择或要求的价值定义。这种判断需要具有关于政策的专业知识，并具有判断相关政策是否符合上述（1）、（2）、（3）或（4）款要求的能力。

USPAP并不强制要求进行市场价值的评估，但要求明确价值的类型和定义。如果全部资产（包括不动产和无形资产）的价值类型都不是市场价值，则上述（1）、（2）、（3）或（4）款不适用。

在评估补贴住房时，由于相关分析可能会基于一般的市场条件，或基于非正常条件或刺激政策的补贴住房细分市场融资方式，或基于两者都考虑及其他经定义的前提，因此评估师应当在承接业务前与客户就其所选择或要求的价值定义及披露方式进行讨论。

准则条文1-2（c）也指出应当明确说明细分市场的融资条件或非正常条件、刺激政策的融资方式，这些因素对价值的贡献或负面影响应当通过对相关市场数据的分析得出。

评估报告中应当对补贴和刺激措施进行解释，其对价值的影响（如果存在）需要根据准则2的规定予以披露。

市场分析事项

评估补贴住房时需要履行一些特定的步骤。应当对住房协会或公共部门进行调研，以获取适当的融资、租金和使用限制、再出售限制、可比补贴住房或限制性不动产的交易等数据。在相关分析中需要展示对一般市场和补贴住房细分市场的了解。市场分析中也需要分析评估对象能否吸引足够多的、具有享受补贴资格的承租人。关于补贴取消的预测应当建立在对市场参与者调查的基础上，并考虑任何有关的开发计划已接近补贴政策、刺激政策和限制的截止日期及其他相关信息。

咨询意见 16[①]　公平住房法和评估报告内容

咨询意见由评估准则委员会发布,并不构成新的准则或对现行准则的解释。咨询意见阐释评估准则在特定情况下的应用,并从评估准则委员会的角度提供相关评估事项和问题的解决建议。

主题: 公平住房法和评估报告内容

适用范围: 不动产

问题:

评估师执行评估、评估复核业务时,如何遵守现行的公平住房法?

背景:

公平住房法禁止在一些业务中使用与被保护群体相关的特定信息或结论。因此,评估师应当了解可能会影响评估对象的法律。有关公平借贷和公平住房的法律(如《公平住房法案》《同等借贷机会法案》[②] 以及联邦、州和地方管辖区域内的相关法律、规定)处于不断的变化中。评估师应当提供不会形成非法歧视或不会带来非法歧视的评估服务。职业道德规则中的行为部分要求:评估师不能使用、依赖未经充分依据支持的关于某些特征的结论,如种族、肤色、宗教信仰、原籍国、性别、婚姻状况、家族状况、年龄、接受社会公共资助状况、残疾等;也不能使用、依赖未经充分依据支持的、认为这些特征的一致性能够最大化价值的结论。

在某些情况下由于受到法律的禁止,即使有关特征的结论有依据支持,如种族、肤色、宗教信仰、原籍国、性别、婚姻状况、家族状况、年龄、接受社会公共资助状况、残疾以及这些特征的一致性等,在评估中也不能使用。

评估准则委员会对此问题的建议:

<u>USPAP 和相关咨询意见参照</u>

- 导言部分中指出:

对评估师而言,以严肃且不误导的方式进行评估并与预期使用者就分析、意见和结论进行沟通是十分重要的。

- 职业道德规则中的行为要求:

评估师不得有犯罪行为。

评估师执行业务应当公正、客观、独立,不得掺杂私利。

- 专业胜任能力规则指出:

[①] "咨询意见 15——限制评估业务中启用偏离条款"已被废止。——译者
[②] 原文分别为《The Fair Housing Act》《The Equal Credit Opportunity Act》。——译者

评估师必须：(1) 保持执行业务的专业能力；(2) 获得执行业务所必需的专业能力；(3) 否则拒绝或退出该项业务。在任何情况下，评估师应当以符合专业能力的方式完成业务。

- 专业胜任能力规则的注释部分指出：

  专业胜任能力包括但不限于以下能力：评估师对特定类型资产、市场、地理区域、预期用途、特定法律和规则或分析方法的熟悉程度。

- 准则条文1-1（a）的注释指出：

  社会的变化也对评估理论和实践产生影响。为适应这些变化和发展，评估行业一直在总结、改进评估方法和技术，并不断引进新的方法和技术以满足新形势的需要。基于此原因，评估师仅仅保持在获得评估师资格时所具有的专业知识和技能是远远不够的。每一位评估师都应持续提高其专业技能，以保持在不动产评估技术领域的精通。

- 准则条文2-1（a）指出：

  每份书面或口头不动产评估报告应当清晰、准确地以不会引起误导的方式说明评估。

- 准则条文2-3、4-3、6-3的声明部分要求做以下披露：

  本人声明：尽本人所知所信……报告中的分析、意见和结论是我本人的公正、无偏见的专业分析、意见和结论……本人的分析、意见和结论以及评估报告的编制符合USPAP的规定。

- 职业道德规则行为指出：

  评估师不能使用、依赖未经充分依据支持的关于某些特征的结论，如种族、肤色、宗教信仰、原籍国、性别、婚姻状况、家族状况、年龄、接受社会公共资助状况、残疾等；也不能使用、依赖未经充分依据支持的、认为这些特征的一致性能够最大化价值的结论。

评估报告内容

评估师应当确信其评估、评估复核意见和结论是公正、独立的，不得通过采用主观性的或模式性的假设，形成非法歧视或带来非法歧视的后果。

在报告中采用术语或描述性词语来说明实际信息时，评估师有责任确信使用者能够恰当理解该报告且不被误导。这些术语或描述性词语反映了市场和资产的规模或比率，会对价值或可流通性结论构成影响，因此在适当和可能的情况下，评估师应当披露实际信息以支持所使用的术语或描述性词语。如果不存在实际信息，评估师应当清晰地披露评价性或描述性词语是评估师的意见，且不存在可支持这些评价性或描述性词语的实际信息，并确信使用这些术语或描述性词语不会形成非法歧视。

评估师应当调查评估对象所在市场中参与者的反应，以确定影响流通性或价值的正面、负面因素。如果未能从评估对象所在市场获取相关的市场信息（如交易价格、租金、使用率、费用比率、资本化率或折现率、建筑成本、折旧或展示期等），可能会形成误导的结论或形成非法歧视。

评估师应当保持谨慎，避免在评估中所做的评论被认为是不公正的或歧视性的。

采用实际状况的描述而不是主观性的词语，将有助于报告使用者形成他们自己的判断。如果使用反映规模的术语，如"高""低""好""坏""差""强""弱""快""慢""平均"及相似词语等，应当提供能够恰当反映参照体系及评估对象在规模体系中相对位置的背景信息。例如，如果市场容纳能力表述为"快"，也应当提供整个评价体系的信息（"快"是相对于什么）。

专业胜任能力

出现下列情况时，要求评估师进行特定调研并具有特定的专业胜任能力，以避免使用未经充分依据支持的结论：

- 不动产是用于满足受保护群体的需求；
- 相似资产的交易信息很少或没有；
- 资产处于某市场而该市场以前不存在相似的资产；
- 市场条件不同于以前市场交易时的市场条件；
- 有补贴租金或补贴所有权计划。

范例

1. 评估师正在进行某项业务，其所在地的犯罪行为最近开始曝光。评估师考虑使用"高犯罪率区域"这一术语。

这是一个评估师能够理解但可能误导客户的主观性术语。这一术语并没有提供评估师做出这一观察结论的证据。评估师可以提供实际发生的客观参考数据（如每100人犯罪案件数或每100万人犯罪案件数），但这样仍然可能会误导客户。如果评估师有专业能力处理这些统计数据，犯罪率应当与市场在调整价值或影响不动产需求方面的反应结合起来进行关联分析。如果评估师使用的可比交易均来自具有相同犯罪率特征的市场，评估师应当考虑这一术语或统计数据是否与该评估业务相关。

2. 某宗教组织要求评估师判断为特定宗教成员提供独特服务的设施（建设）是否具有可行性。评估师应当对区域市场进行调研，确定该特定宗教个人成员的集中程度。评估师是否可以根据 USPAP 完成该项业务？

《同等借贷机会法案》《公平住房法案》等对此类业务未做专门规定。根据 USPAP，评估师应当遵守职业道德规则中有关歧视的规定。

该业务的关键之处在于不得使用或依赖无依据支持的结论。如果评估师能够明确这些宗教成员的市场行为，并将这些行为与业务关联起来，则评估师未违反 USPAP。

3. 评估师复核一组公寓评估报告，这些公寓位于存在公共租金补贴的市场区域。职业道德规则中的行为部分如何影响复核人员的行为？

评估复核人员形成复核业务的结论以及做出接受或拒绝被复核报告的结论时，不得依赖其得出的未经充分支持的有关公共资助项目的结论。

4. 评估师被要求评估一处具有特殊特征的房屋（如有斜坡、宽门道、特殊水暖设施），该房屋系为残疾人士居住而设计的。评估师如何分析这些独特的改良？

评估师应当反映市场对这些结构部分的观点。但是，评估师不能形成无依据支持的关于这些设施增加或减少价值的结论。

咨询意见 17 计划进行改良的不动产评估

咨询意见由评估准则委员会发布，并不构成新的准则或对现行准则的解释。咨询意见阐释评估准则在特定情况下的应用，并从评估准则委员会的角度提供相关评估事项和问题的解决建议。

主题：计划进行改良的不动产评估

适用范围：不动产

问题：

根据 USPAP，对计划进行改良的不动产能否出具现行价值意见或未来价值意见？

背景：

由于所评估的资产中有部分资产在评估时并不存在，对计划进行改良的不动产进行评估时就会涉及复杂的分析和披露事项。因此，评估师评估此类资产时应当保持谨慎，确信结论是可信的且评估报告不会引起误导。

客户对计划进行改良的不动产可能会提出评估现行价值或未来价值（或两者）的合法需求。此类业务可能会针对各种客户群体，包括放款人、开发商、私人投资者、信托、律师、政府部门或保险公司。这些业务的目的也可能是需要提供市场价值以外的意见。

许多不动产评估师无法确定在对计划进行改良的不动产评估时，根据 USPAP 是否可以提供现行价值意见或未来价值意见。如果可以，USPAP 中哪些部分与此类业务相关？

咨询意见 34 涉及评估师在提供未来价值意见时如何不引起误导。本咨询意见对计划进行改良的不动产评估业务进行规范，无论该业务的目的是提供现行价值意见还是未来价值意见。

对计划进行改良的不动产进行评估后所形成的价值意见，应当建立在一个或多个特别假设基础之上。使用特别假设需要做出特殊的披露。评估师应当根据准则条文 1-2（f）的规定使用特别假设，并根据准则条文 2-2（a）(11) 和（b）(11) 的规定进行披露，以确信结论是可信的，不会引起误导。

评估准则委员会对此问题的建议：

USPAP 和相关咨询意见参照

对计划进行改良的不动产进行评估时，应当参照执行以下 USPAP 规定：
- 专业胜任能力规则，因其与计划进行改良的评估业务复杂性相关；
- 工作范围规则，尤其是可能会对 USPAP 进行补充的法律、规定或指南；

- 管辖除外规则；
- 准则1，尤其是准则条文1-1（a）、1-2（d）、1-2（e）、1-2（h）、1-3（a）；
- 准则2，尤其是准则条文2-1（a）、2-1（c）和准则条文2-2。

下列咨询意见也提供了额外的指南：
- 咨询意见7——营销时间意见；
- 咨询意见30——联邦监管金融机构使用的评估；
- 咨询意见33——折现现金流分析；
- 咨询意见34——过去和未来价值意见；
- 咨询意见35——不动产和动产价值意见中的合理展示期。

关于营销时间意见的咨询意见7也提供指导。"咨询意见30——联邦监管金融机构使用的评估"也涉及了对USPAP扩充的要求。

综合意见

根据USPAP，对计划进行改良的不动产进行现行价值意见和未来价值意见的评估都是允许的。正如咨询意见34所指出的，现行价值评估是评估基准日与报告日相同，未来价值评估是评估基准日晚于报告日。

对计划进行改良的不动产进行现行价值评估至少会涉及一个非真实性条件，即所描述的改良在基准日已经完成。使用非真实性条件，需要根据准则条文1-2（g）和准则条文2-2（a）（11）、（b）（11）进行额外披露。这些额外披露要求的目的是确信预期使用者理解：

（1）在评估基准日标的资产的改良实际上并不存在；

（2）为形成价值意见而进行的分析是建立在非真实性条件之上，即假设不动产改良已经实现但实际上并未实现；

（3）正如报告中所披露的，在被评估的计划改良真正实现前，需要有相关事件发生；

（4）评估中未考虑可能对计划中的改良或分析中所采用市场条件构成影响的不可预知事件。

在非真实性条件基础上形成价值意见的要求体现在准则条文1-2（g）中。如果明显是基于法定目的、合理分析的目的或比较的目的，非真实性条件是可以使用的。使用非真实性条件不得导致评估、评估复核报告被误导。非真实性条件必须清晰、显著地在报告中予以披露和描述，并说明非真实性条件的使用将会影响业务结论。

相关法律、规定或指南也会规定如何以及何时在评估业务中采用非真实性条件。评估师应当考虑这些业务条件，但应当确信根据这些业务条件采用非真实性条件后所进行的评估和披露仍然符合USPAP的要求。

业务中考虑事项

客户要求评估师对计划进行改良的不动产进行评估时，评估师应当考虑并与客户讨论：
- 评估报告的预期用途；

- 评估基准日以及改良预计完成日；
- 计划改良完成后对当前不动产的实体性和经济性影响以及不动产市场的变化；
- 计划改良持续期间的其他不动产项目对市场竞争状况的可能影响。

评估师的重要工作之一是确信客户知晓由于两种分析中所考虑信息的不同，将会导致同一评估对象现行价值意见和未来价值意见的不同。

综上所述，上述因素和客户的需求将决定是否需要进行：

- 现行价值评估，以计划进行的改良已经完成的非真实性条件为基础；
- 未来价值评估，以计划进行的改良在未来时点完成的特别假设为基础。

如果确定未来价值意见是最适当的，评估师应当确信在执行业务过程中遵守咨询意见 34 中的规定。

正如综合意见中所指出的，对计划进行改良的不动产按当前基准日进行评估总是需要使用至少一个非真实性条件（如假设计划进行的改良在评估基准日已经完成），并需要披露是在评估基准日已经完成相关改良的假设基础上对计划进行的改良进行评估。

评估未来价值意见时，计划进行的改良在未来基准日已经完成的特别假设应当清晰、显著地予以披露。评估师还应当披露特别假设可能会影响业务结论。

评估师应当仔细阅读准则条文 1-2（e），确定分析中获得的信息是否足以明确计划进行改良的程度和特征。如果无法获得足够信息，在确信仍然能够形成可信业务结论的前提下，评估师需要采用关于计划改良程度和特征的特别假设。在未来价值意见评估业务中，关于计划改良程度和特征的特别假设，应当在计划进行的改良在未来基准日完成的特殊假设之外单独存在。

现行价值意见业务中并不要求评估师提供未来价值意见。但是，为避免引起误导，评估师应当清晰地说明不动产在评估基准日实际状况下的价值，不同于在假设计划改良已经完成的非真实性条件下该不动产的价值。

范例

1. 某客户考虑对单户住宅的施工工程进行融资。预计施工将在评估报告日后 6~8 个月内完成。在施工期间未能预见市场条件会发生重大变化。客户要求在相关改良已经于评估基准日完成的非真实性条件基础上评估其现行价值。是否可以根据 USPAP 提供这样的评估服务？

如果能够获得计划进行改良的程度和特征的足够信息，或者为合理分析目的采用非真实性条件对计划进行改良的程度和特征的足够信息进行假设，则可以提供此类评估服务。在本案例中，基于评估的预期用途（对施工工程进行融资）以及建设期间无市场条件发生重大变化，在改良物于评估基准日已经完成的非真实性条件基础上对现行价值进行评估将不会引起误导。

2. 某客户要求进行评估，以确定建造-租赁协议[①]中的合同租金。该协议规定合

[①] 原文为"build-to-suit agreement"，指由出租人根据承租人需要建造房屋并在建成后租给承租人的协议，译为"建造-租赁协议"。——译者

同租金根据该不动产在已于当前时点建造完成的假设基础上的市场价值百分比确定。客户要求在假设相关改良已经完成的非真实性条件基础上评估现行价值。是否可以根据 USPAP 提供这样的评估服务？

可以。根据该评估业务的预期用途，采用非真实性条件是出于进行合理分析的目的，不会引起误导。

3. 某客户拟以宾馆进行融资，要求评估现行价值。当前的使用率水平低于 60%，预计未来两年内不会有提高。客户要求评估师采用非真实性条件，假设该宾馆的使用率达到 70%。能否根据 USPAP 提供此类评估服务？

不能。综合考虑此评估业务的预期用途是进行当前的融资以及市场条件将影响标的物等因素，在此基础上进行的评估将会引起误导。

4. 某客户筹备建设一大型公寓建筑。客户希望在两年内完成建设工作。目前对类似公寓的需求很强劲，但是由于新建项目及近期将开工项目的影响，空置率预计将在两年内从当前的水平（低于 1%）上升至 20%。

（a）客户要求在该建筑物已经完成并达到稳定使用率的非真实性条件基础上进行现行价值评估，以从一家不受联邦监管的金融机构获得融资。能否根据 USPAP 提供此类评估服务？

不能。根据其预期用途和建设期内可预见的市场竞争情况，假设已经完成的不动产现行价值意见将很可能会引起误导。以预期完工日为评估基准日的未来价值意见能够更加现实地反映影响评估对象的市场条件。

（b）客户要求以公寓建筑已经完成且达到稳定使用率为非真实性条件评估其现行价值，以测试项目的可行性或投资项目的替代性。能否根据 USPAP 提供此类评估服务？

可以，因为该项业务中的评估预期用途和非真实性条件是用于进行合理分析和比较的目的。但是，为避免引起误导，评估分析中需要反映由可预见的空置率趋势带来的市场风险及其对现金流和市场竞争的可能影响，评估报告中应当清晰地说明评估的预期用途。

咨询意见 18　自动评估模型（AVM）的使用

咨询意见由评估准则委员会发布，并不构成新的准则或对现行准则的解释。咨询意见阐释评估准则在特定情况下的应用，并从评估准则委员会的角度提供相关评估事项和问题的解决建议。

主题： 自动评估模型（AVM）[①] 的使用

适用范围： 不动产；动产；无形资产

问题：

在评估或评估复核业务中，如果采用自动评估模型形成单个资产的价值意见和结论，评估师应当采取什么样的步骤？

此外，如果评估师仅应用自动评估模型处理信息并仅提供自动评估模型的结果而不是执行评估或评估复核业务，评估师应当采取什么样的步骤？

背景：

本咨询意见对评估师如何使用自动评估模型进行规范。

自动评估模型是对数据进行自动运算的计算机软件程序。例如，自动评估模型可以采用回归技术、适应性预测、神经网络、专家论证和人工智能程序等方法。

自动评估模型运算的结果本身并不是评估。如果评估师认为自动评估模型的结果是可信的且可以用于特定业务中，则自动评估模型的结果可以作为评估或评估复核服务的基础。

评估师可以将自动评估模型作为一种工具在评估或评估复核业务中加以应用。但是，正如其他工具一样，自动评估模型能否恰当运用取决于使用者的技术以及该工具是否适用于特定项目。

本咨询意见适用于采用自动评估模型评估单项资产的业务，不适用于批量评估业务。

评估师在使用自动评估模型之前，应当了解使用自动评估模型是为了达到以下何种目的：

（1）评估或评估复核服务；

[①] 自动评估模型是计算机和数据库技术普及以后使用回归、适应性预测、神经网络、专家论证和人工智能等方法评估不动产等资产价值的系列计算机化计量经济模型。20世纪90年代以后自动评估模型在美国发展迅速，在某些资产（如民用不动产）的评估中，自动评估模型大有取代评估师之势，被税基评估部门和相关金融机构大量采用。为此自动评估模型在美国评估界引起很大争议。评估师和各大评估专业协会认为自动评估模型的运算结果并不是评估，税基评估部门和金融部门则认为自动评估模型因其独立性、专业性（特别是针对量大质同的民用不动产）完全可以取代评估师的工作。本咨询意见基本反映了评估界对自动评估模型的观点，为帮助读者了解自动评估模型的相关情况，在本书第5部分中的"AVM简介"介绍自动评估模型的发展和应用。——译者

（2）仅向客户提供自动评估模型结果。

如果评估师在评估或评估复核业务中使用自动评估模型，应当遵守与该业务相关的所有 USPAP 规定以及本咨询意见的全部内容。

如果评估师只是将客户提供的信息应用于自动评估模型，且符合以下条件，则该评估师执行的不是评估或评估复核业务：

（1）不改变输入参数或不影响自动评估模型的输出结果；

（2）不将自动评估模型的结果作为评估或评估复核业务的意见或结论提供给客户。

如果评估师使用自动评估模型的目的仅是向客户提供自动评估模型的结果，仅需遵守职业道德规则中的行为部分以及本咨询意见中的"提供自动评估模型结果"部分。

评估准则委员会对此问题的建议：

USPAP 和相关咨询意见参照

- 职业道德规则中的行为部分：

  评估师不得有犯罪行为。

  评估师执行业务应当公正、客观、独立，不得掺杂私利。

  进一步要求：

  评估师在提供业务结论时不得故意误导或欺诈。评估师不得在已知情况下使用或提供误导性或欺诈性的报告，不得在知晓的情况下允许雇员或其他人员提供误导性或欺诈性报告。

- 专业胜任能力规则要求：

  ……专业能力要求：（1）恰当明确所涉及问题的能力；（2）以符合专业能力的方式完成该业务的知识和经验；（3）知晓并遵守与评估师或该项业务相关的法律和规定的能力。

- 专业胜任能力规则的注释要求：

  专业胜任能力包括但不限于以下能力：评估师对特定类型资产、市场、地理区域、预期用途、特定法律和规则或分析方法的熟悉程度。

- 工作范围规则：工作范围应当包括形成可信业务结论所需要的研究和分析工作……评估师在确定执行评估和评估复核业务所需的适当工作范围方面有较强的灵活性。评估师应当能够证明（所执行的）工作范围足以形成可信业务结论。评估师不得因业务预期用途或客户目标影响业务结论的公正性。

- 准则条文 1-1（a）：评估师应当熟知、理解并正确运用形成可信评估结论所需要的公认评估方法和技术。

- 准则条文 1-1（b）：评估师不得出现严重影响评估的重大疏忽错误或误差错误。

- 准则条文 1-1（c）：评估师执行评估业务时不得粗心或疏忽大意，例如，不得在评估中犯一系列错误，虽然其中每一个错误单独对评估结论并不会产生重要影响，但汇总在一起将会影响评估结论的可信性。

- 准则条文 1-6（b）：评估师应当综合分析形成最终评估结论所使用的各种评估途径、方法和技术的可行性和相关性。
- 准则 2：评估师编制反映不动产评估结论的报告，应当恰当反映每项分析、意见和结论，不得误导。
- 准则 3：评估师执行评估复核业务，应当明确需要解决的问题，确定解决该问题所必需的工作范围，恰当完成形成可信评估复核结论所需要的研究和分析工作。
- 准则 4：评估师编制反映评估复核结论的报告，应当恰当反映每项分析、意见和结论，不得误导。
- 咨询意见 37——计算机支持的评估工具。

专业胜任能力

如果客户要求评估师在业务中使用自动评估模型，评估师应当确信在承接业务前和执行业务过程中符合专业胜任能力规则的要求。

在评估业务中，评估师应当了解自动评估的基本运作原理，以合理确定：

（1）自动评估模型在此项业务中是否适用；

（2）自动评估模型结果是否可信，能否用于此项业务；

（3）自动评估模型是否排除了进行可信运算所必需的市场参数或实际数据。

客户可以建议或要求在评估或评估复核业务中使用自动评估模型，但是否使用自动评估模型及其结果的决定最终仍由评估师做出。评估师在决定使用自动评估模型或依赖其结果之前，应当能够合理判断自动评估模型的结果是可信的。例如，在评估业务中，可以将自动评估模型的结果与评估对象所在市场的数据进行比较，以确定其可信程度。如果评估师认为在业务中采用自动评估模型的结果将会引起误导，评估师应当使用其他工具进行分析或拒绝此项业务。

自动评估模型在什么情况下可以使用

评估师在评估或评估复核业务中决定使用自动评估模型前，应当对下面 5 个问题做出肯定的答复：

（1）评估师对自动评估模型的基本运作原理是否了解？

（2）评估师能否恰当地应用自动评估模型？

（3）自动评估模型及其使用的数据是否符合该业务的预期用途？

（4）自动评估模型的结果是否可信？

（5）自动评估模型结果的可信性是否足以支持将其应用于该项业务中？

评估师能否与自动评估模型之间形成互动，将影响对上述问题的回答。是否使用自动评估模型的决定也将受到自动评估模型开发商提供的支持信息、评估师以往使用自动评估模型的经验以及其他相关信息的影响。

数据库

所使用数据库的质量以及自动评估模型如何对数据库进行分析将会影响到自动评估模型结果的可信性。在评估或评估复核业务中使用自动评估模型时，评估师应当确信自动评估模型能够恰当地使用相关数据。

理解并控制自动评估模型

在评估或评估复核业务中使用自动评估模型时，评估师应当对自动评估模型分析数据的方式有基本的理解，以判断自动评估模型是否反映市场对评估对象的看法。评估师并不需要懂得或能够解释自动评估模型十进位制或复杂的统计、运算公式，但评估师应当能够描述自动评估模型的总体过程，并能够查验自动评估模型的结果是否持续反映市场关于评估对象的主流观点。

不同的自动评估模型在数据特征的数量、类型以及所分析的数据总量等方面存在差异。评估师应当了解对哪些特征（如规模、地点、质量等）进行了分析，对这些分析如何进行准确性、合理性检验。评估师应当确信所分析的特征是与市场相关的。

某些自动评估模型允许评估师根据一定标准选择拟分析的数据，如根据评估对象的远近、规模或改良物的年限等。能否改变自动评估模型的参数选择，也将是评估师决定是否使用自动评估模型及其结果的考虑因素。

评估师应当知晓即使按照给定的参数标准，自动评估模型也可能形成不一致的结果。评估师在运用自动评估模型评估某特定资产时，应当确信该自动评估模型的可信性。评估师决定是否采纳自动评估模型结果时，不需要考虑该自动评估模型的总体测试表现。在某些情况下，评估师可以接受自动评估模型的结果，但在其他情况下，同一自动评估模型的结果也可能是无法接受的。

提供自动评估模型结果

评估师应当确信以不会引起误导的方式提供自动评估模型结果。

自动评估模型结果本身并不是评估，自动评估模型结果的提供也不是评估报告。如果在评估或评估复核业务中使用了自动评估模型，评估师形成的报告中关于自动评估模型的信息应当符合相应评估报告类型（如不动产评估业务中的评估报告、限制评估报告）的要求。评估师应当说明自动评估模型软件的名称、版本，简单描述其方法、假设及允许使用者调整的程度。评估报告中应当尽可能地说明所使用的数据库（如房地产经纪人共同挂牌系统[①]）以及所分析的数据。

受 USPAP 管辖的评估师可能会被要求使用自动评估模型并提供其结果而无须执行评估或评估复核业务。例如，客户会要求评估师只是简单地将客户提供的资产特征信息输入模型，无须调整输入参数或自动评估模型的结果。在此情况下，评估师扮演的是自动评估模型操作员的角色而不是评估师的角色。此类业务中，评估师应当谨慎行事，避免任何可能被认为会引起误导或欺诈的行为。评估师应当采取措施，防止其提供的自动评估模型结果被误认为是评估或评估复核报告。例如，评估师应当：

（1）在自动评估模型结果的可信性、可靠性方面，不得以评估师的身份提供意见或结论；

[①] 原文为"Multiple Listing System（MLS）"，在有的房地产文章中将此译为"房地产公司网络系统"。它实际上是指由众多房地产经纪人（公司）自发组成的网络系统，集中提供某一区域的拟转让、出租房地产的信息。——译者

（2）不得提供与自动评估模型结果相关的评估师声明或限制条件说明；

（3）在提供自动评估模型结果时，确信在签名部分或其他表明身份的部分将其身份明确表述为自动评估模型操作人员。

<u>分析自动评估模型的有效性</u>

根据相关法律、规定或协议需要遵守 USPAP 的评估师，可能会被要求分析并评价在某种预期用途下自动评估模型的有效性。这种要求会部分涉及价值，因此构成评估业务，但 USPAP 对此没有专门的操作准则。为承接此类业务，需要遵守 USPAP 的评估师应当确信符合职业道德规则、专业胜任能力规则以及管辖除外规则。作为符合专业胜任能力规则的最低要求，评估师应当了解自动评估模型运行的基本原理。

<u>对自动评估模型结果的复核</u>

根据相关法律、规定或协议需要遵守 USPAP 的评估师，可能会被要求根据预期用途分析自动评估模型结果在某项业务中的可信性。这种要求会部分涉及价值，因此构成评估业务，但 USPAP 对此没有专门的操作准则。评估师应当确信遵守职业道德规则、专业胜任能力规则以及管辖除外规则。

<u>对包括自动评估模型结果的评估报告的复核</u>

评估师可能会被要求对在自动评估模型结果基础上形成价值意见的评估报告进行复核。根据 USPAP 的规定，该项业务为评估复核业务，应当遵守准则 3 和准则 4 的相关要求。如果执行此项复核业务的评估师了解自动评估模型的运作，能够根据被复核报告中提供的信息对数据的相关性、分析的恰当性进行判断，则可以承接此项业务。

<u>在评估复核业务中使用自动评估模型</u>

在复核不动产评估报告的过程中，可能会使用自动评估模型。如果评估复核人了解自动评估模型的运作，能够恰当应用自动评估模型，能够判断自动评估模型适用于该评估复核业务，并且确信自动评估模型结果可信并足以支持评估复核业务中的结论，则可以在评估复核业务中使用自动评估模型，检测被复核报告价值结论的合理性。

<u>范例</u>

1（a）. 评估师 D 拥有市场数据库的使用权，客户要求其使用自动评估模型对相关信息进行处理。评估师 D 应用自动评估模型时，没有做其他评估调研。评估师 D 在操作自动评估模型时没有使用任何评估知识或判断，只是将客户提供的资产特征信息输入模型，且评估师 D 并不了解自动评估模型是如何对数据进行分析的。该自动评估模型结果是评估吗？

不是。自动评估模型结果本身并不是评估。评估师 D 未使用任何评估知识、判断或技能，也未将该结果表述为他的价值意见。

评估师 D 在提供自动评估模型结果时应当十分谨慎，确信他在操作自动评估模型和提供其结果过程中的角色不会被误解。例如，评估师 D 应当：

（1）在自动评估模型结果的可信性、可靠性方面，不得以评估师的身份提供意见或结论；

（2）不得提供与自动评估模型结果相关的评估师声明或限制条件说明；

（3）如果他的签名或其他表明身份的方式出现在提供自动评估模型结果的文件中，确信将其身份明确表述为自动评估模型操作人员。

1（b）．评估师 D 从其同事处获得自动评估模型结果，该同事不是评估师。客户要求评估师 D 根据预期用途，确定自动评估模型结果是否可信。评估师 D 应当如何处理？

评估师 D 不能提供价值意见。但是，此项要求会部分涉及价值因素，因此评估师 D 可以说明自动评估模型的结果是否可信。USPAP 中对此类业务没有具体的操作准则。但是，评估师执行此类业务会考虑资产价值因素，因此构成评估业务。评估师 D 应当确信遵守职业道德规则、专业胜任能力规则以及管辖除外规则。

1（c）．评估师 D 收到自动评估模型结果后，他能否将其用于评估过程中？

可以。但是评估师 D 应当能够了解自动评估模型的运作方式，确定所分析的信息是可信及可靠的。

2. 评估师 V 为客户 A 提供民用不动产评估服务，客户 A 的预期用途是用于贷款额度的保证。评估师 V 确定"Orange Box"自动评估模型是可信的，可以用于此类评估业务中。评估师 V 最近在对位于城区单户家庭住宅区域的房屋进行评估时使用过"Orange Box"自动评估模型。

客户 B 要求评估师 V 在员工安置调整评估业务中只使用"Orange Box"自动评估模型，评估对象是位于上述同一区域的相似房屋。评估师 V 在此员工安置调整评估业务中是否可以仅使用"Orange Box"自动评估模型？

自动评估模型本身以及能够满足客户 A 需求的自动评估模型结果可能并不能满足客户 B 的需求。

客户 A 的预期用途是作为贷款额度的担保。一般情况下，给客户 A 贷款的决定首先是基于该业主的还债能力，其次才是基于该房屋的价值。客户 A 对价值意见可信度的预期是相对比较低的。

客户 B 在员工安置评估业务中的预期用途是在特定条件下形成房屋出售价格的意见。一般情况下，客户 B 对价值意见可信度的预期是相对较高的，因为其预期用途将会涉及近期的房屋交易，即具有现时的财务动机。评估师 V 应当判断"Orange Box"自动评估模型所形成结果的可信度能否满足客户 B 的期望。

3（a）．评估师 A 建立回归分析模型，在住宅规模与特定市场中相似住宅每平方英尺价格之间建立关联关系。该关联关系已经得到市场行为的支持，所使用的数据库也被认为是可靠的。评估师在评估同一市场区域内相似不动产时，能否使用该回归分析模型？

可以，因为评估师了解回归分析模型的运作，已经独立测试过该模型形成的结果，并相信数据库是可靠的。但评估师应当在每个具体评估业务中考虑自动评估模型结果在该业务中的可信性和可靠性。

3（b）. 评估师 B 是评估师 A 的朋友，工作在不同的市场区域。评估师 B 认为评估师 A 的模型很好，想在评估师 B 的市场区域内使用该模型。评估师 B 能否使用评估师 A 的模型？

如果评估师 B 了解评估师 A 的模型是如何运作的，进行独立测试后证明该模型在评估师 B 的市场区域也能形成可靠的结果，并确信评估师 B 使用的数据库反映了评估师 B 市场区域的市场行为，则评估师 B 可以使用评估师 A 的模型。评估师应当在每个具体评估业务中考虑自动评估模型结果在该业务中的可信性和可靠性。

4（a）. 客户要求评估师 A 采用"Blue Box"自动评估模型。客户提出："由于我们只是做住宅评估，你可以不使用成本法和收益法。为降低评估成本，请只使用'Blue Box'自动评估模型的结果，作为你价值意见的基础。"客户指出："'Blue Box'自动评估模型需要做 13 处调整，评估师只需要考虑这些就行。""Blue Box"自动评估模型开发商认为评估师不能了解该项新技术，评估师不需要了解 13 处调整是如何进行的。评估师 A 应当如何处理？

评估师 A 应当：

（1）了解"Blue Box"自动评估模型是如何运作的；

（2）判断他能否恰当运用该自动评估模型；

（3）根据预期用途，判断"Blue Box"自动评估模型的结果是否可信、可靠，是否可以用于该业务中。

如果评估师 A 不能理解"Blue Box"自动评估模型的运作，或根据预期用途认为该模型的结果不可信，评估师 A 应当与客户就此进行讨论。讨论的结果或者是修改工作范围，或者是评估师拒绝此项业务。

4（b）. 另一个客户要求评估师 A 考虑使用"Green Box"自动评估模型。该客户指出评估师 A 可以修改"Green Box"自动评估模型所分析的 13 个参数中的 6 个，如所选择可比参照物的距离、参照物的规模（平方英尺）等。"Green Box"自动评估模型的开发商将会描述该模型的运作原理，并提供测试数据证明该模型是可靠的。评估师 A 应当如何处理？

评估师 A 需要执行 4（a）范例中的步骤。

咨询意见 19　不动产评估业务中不能接受的业务条件

咨询意见由评估准则委员会发布，并不构成新的准则或对现行准则的解释。咨询意见阐释评估准则在特定情况下的应用，并从评估准则委员会的角度提供相关评估事项和问题的解决建议。

主题： 不动产评估业务中不能接受的业务条件

适用范围： 不动产

问题：

所有不动产评估业务中都会有相关业务条件对评估师的工作范围以及报告的类型产生影响。什么样的业务条件是不可接受的？

背景：

许多民用不动产评估师指出，客户在业务要求中可能会提出下列条件：

1. 我们需要用于支持_____美元贷款的可比参照物（描述具体状况），你能否提供？
2. 交易价格：_____。
3. 大致（或最低）价值需要达到_____。
4. 价值需要达到_____。
5. 业主自我估价为_____。
6. 如果该不动产价值不能评估到至少_____，停止业务并立即联系我们。
7. 如果价值不能达到或高于_____，在你操作之前请给我打电话告知！

评估师也指出客户往往明确提出他们不希望评估师进行任何现场工作。有些客户将相关业务称为"参照物对比"，有的客户则称之为"初步评估"或使用评估以外的其他词语（如初步估价、研究、分析等）。有的客户提出如果不能满足相关数字的要求，评估师可就其所做的研究工作或"初步"勘查发来账单。其他客户则承诺如果评估师能够促成此单业务，将会在以后带给其更多的业务。

评估师问："我能够对此类要求做出回应而不违反 USPAP 吗？如果可以，如何处理？"

评估准则委员会对此问题的建议：

<u>USPAP 和相关咨询意见参照</u>

如果接触到涉及本咨询意见背景部分中提及的信息或情形的业务，评估师需要仔细阅读：

- 职业道德规则中的行为和管理部分，特别是涉及以下情形时：形成"事先确定的意见或结论"、以报告预先确定的评估结论为条件进行收费、形成有利于客户的业务结论倾向、形成一定的价值意见数额、达到约定的结果，或与具有评估师意见和业务目的直接相关的、在评估业务提供以后发生的事项。
- USPAP 定义部分中有关"评估""评估执业""业务""工作范围"的定义。
- 准则条文 1-1（b），特别是涉及形成可信意见和结论所必需的研究和分析深度。
- 准则条文 1-2（f）、(g)、(h)，关于完成业务所需要的工作范围以及业务中所必需的特别假设或非真实性条件。
- 准则条文 1-5（a）和（b），关于被评估资产现行或历史市场行为的分析。
- 工作范围规则，尤其是评估师在做出工作范围决定方面的责任以及披露义务。
- 咨询意见 11、12 和 13。

不可接受的条件

有些类型的业务条件在任何业务中都是不可接受的，因为根据这些业务条件执业将会违反 USPAP。特别是以下这些情况都是不可接受的业务条件：
- 妨害评估师的公正性，因为此类条件破坏了形成并披露可信业务结论所必需的客观性和独立性；
- 对工作范围的限制达到一定程度，以至于无法根据业务预期用途形成可信的业务结论；
- 限制报告内容，导致报告会引起误导。

接受业务条件

业务结论的预期用途将会对相关业务条件的接受与否具有影响。某些业务条件在某类业务中是可以接受的，但在其他业务中则是不可接受的。评估师在承接或拒绝业务前，应当仔细考虑客户提供的有关潜在业务的信息（见咨询意见 36）。

在高度竞争的金融服务市场中，成本与收益永远是个问题。尤其是民用不动产评估师已经见证了他们的放款人客户越来越多地采用经验性的贷款申请筛选工具。许多放款人相信评估师通过提供"初步工作"而不是"评估"可以提升这种筛选的效果。

其他一些客户群体会在限制评估师工作范围的情况下要求评估师提供服务。投资人、信托管理人、投资组合经理经常需要获得评估师的意见和数据以做出相关决策。律师也经常会依赖评估师的工作为其客户提供咨询，进行诉讼准备。

在考虑这些业务要求时，评估师应当确定：
- 该业务是否涉及评估；
- 该业务所涉及的风险水平；
- 该业务是否有不可接受的条件。

评估师在与潜在客户沟通时应当保持谨慎，达成对业务条件的共同理解。评估师与客户需要进一步认可：

1) 本咨询意见背景部分中所提到的各种业务要求都属于评估业务。

如果评估师被问及某项资产是否具有价值（确定的价值、价值区间或与一定基准的关系），则该项要求属于价值意见（评估）要求。受 USPAP 约束的评估师应当根据准则1的规定执行不动产评估业务。对价值意见的披露应当遵守准则2的相关规定。

如同其他专业人士一样，评估师应当确信评估服务使用者知晓形成可信价值结论需要一定的工作量以及相关专业知识。

当然，这并不意味着评估师就不能提供经济性或竞争性的服务。实际上，USPAP认可不同类型的评估。具有专业能力的评估师可以根据价值类型和定义、业务的预期用途，选择不同的工作范围，同时还能确保遵守USPAP。

2）业务限制条件影响业务各方接受的风险水平。

评估师和评估服务使用者应当知晓业务限制条件将会影响评估师意见和结论的可靠性。在某些业务中，评估师能够合理地运用特别假设以弥补这些业务限制条件。在其他情况下，则不能使用同样的假设。

相对于预期用途是贷款申请或贷款处置的业务，在以筛选潜在业务可行性为预期用途的业务中，假设或特别假设的使用会更加适用。由于预期使用者对评估的依赖受到工作范围的影响，报告中应当恰当告知使用者所进行的工作范围，不得误导。

3）损害评估师公正性和客观性的业务条件是不可接受的。

虽然客户会认为可以用当前或未来的业务来换取在特定业务中"使相应数字管用"的结果，但附加这样的条件将会损害评估师的公正性，破坏评估师的可信性。

USPAP在这方面是很明确的。在这种条件下承接评估业务违反了USPAP职业道德规则中的行为要求：

评估师执行业务应当公正、客观、独立，不得掺杂私利。

评估师不得接受需要报告预先确定的意见和结论的业务。

在这种条件下完成评估业务并接受报酬也违反了USPAP职业道德规则中的管理要求。

评估师不得基于以下事项承接某项业务或确定某项业务的报酬安排：

（1）报告事先确定的结果（如价值意见）；

（2）有利于客户的业务结论倾向；

（3）价值意见的数额；

（4）达到约定的结果；

（5）在评估服务提供以后发生的与评估师意见和业务目的直接相关的事项。

范例

本咨询意见背景部分中客户提出的要求有的是共性的。对每一大类的业务要求可以做如下回答：

1. 我们需要用于支持_____美元贷款的"参照物"（描述具体状况），你能否提供？

"也许可以，但我需要对市场进行调研，以了解'参照物'能否支持与这一贷款额度相关的价值区间。为达到此目的，我将要决定哪些交易是'参照物'以及这些'参照物'的意义。这些决定将会形成潜在借款人资产的价值区间，从而构成一项评估业务。

"您也需要理解您在此类业务中存在着风险。您应当知晓如果我提供评估服务，价值结论可能会发生变化。根据您提出的研究和分析限制条件，我将不会验证某些数据，而会使用关于市场数据以及借款人资产信息方面的特别假设。我将不会进行那些在未受到限制条件下为完成评估业务所需要进行的分析工作。如果您对此同意，我可以提供此类服务。"

2. 交易价格：_____。

"如果这一数额仅是告知我将要达成的协议（或交易价格），而不是您聘请我的条件之一，我可以提供此项服务。但如果该数额是业务的条件之一，在此条件下承接该业务将违反职业道德。"

请注意，交易价格（在即将达成或已经成交的交易中）是评估师根据准则条文 1-5 (a) 和 (b) 所应当获得的信息之一。获取这一信息是正常的，但以交易协议、期权或挂牌信息中的价格或者以已成交的交易价格为预先设定的价值，在此条件下承接业务则违反 USPAP。

3. 大致（或最低）价值需要达到_____。

4. 价值需要达到_____。

5. 业主自我估价为_____。

"如果该数额仅是把您的目标或其他人的意见告知我，而不是您聘请我的条件之一，我可以提供此项服务。但如果该数额是业务的条件之一，在此条件下承接该业务将违反职业道德。"

6. 如果该不动产价值不能评估到至少_____，请停止业务并立即联系我们。

7. 如果价值不能达到或高于_____，在你操作之前请给我打电话告知！

"您的要求收悉，但您应当知晓在我能够告诉您该资产是否支持该数额前，我必须进行评估。同样您也应当知晓您关于该数额的说明，在我的观点看来，不是我执行此项评估业务的'条件'。如果您想以此作为执行业务的条件，我无法承接此业务，因为这样做违反职业道德。"

研究的范例

前述范例均是有关评估业务的。在某些情况下，客户会要求 USPAP 所定义的评估或评估复核以外的其他服务。评估师在下面范例中所提供的服务：

- 不是评估服务（评估师不需要形成价值意见）；
- 不是不动产评估复核业务（没有被复核的评估）。

此类范例中的客户通常处于决策过程中，需要获得公正、客观的信息，但还没有决定是否进行待决事项。该客户知道可能存在评估的需求，这部分取决于相关交易数据的表现。该客户也相信如果相关数据表明进行评估是值得的，评估师先进行了相关研究工作，则之后的评估业务将会花费较少的时间。该潜在客户可能会问：

"我们希望你检查你的数据来源，看看位于（某地址）1 英里[①]以内的区域在过去

[①] 1 英里＝1.609 344 千米。

6 个月中是否有交易案例？如果你发现此类交易，我们将聘请你进行评估。"

对此可做如下回答：

"如果您只是希望我根据您确定的标准在数据库里寻找交易案例，我可以进行此项研究工作并将结果提供给您。之后您可以确定您客户资产的价值是多少。如果我仅做这些工作，那么这只是一项研究工作而不是评估。

"但是，您应当知晓如果您决定做这样的研究会存在风险。如果您决定将我的工作限制为仅根据您设定的标准收集交易数据，您应当为这些标准的充分性和恰当性承担责任，即这些标准是不是发现与您客户资产相关的所有市场数据的充分、恰当标准。您所承担的另一个风险是，任何评估师对这些数据进行分析后所形成的价值意见能否落在根据您的标准收集的交易数据所支持的价格区间内。无法保证结果会是这样。"

员工或多个评估师组成的机构相关事项

前述范例反映了评估师作为独立签约人（收费评估师）时，客户与评估师之间进行的沟通。

在一个体系的内部，例如评估职能作为一种业务或机构单元存在时，使用评估师意见和结论的部门代表客户（预期使用者），完成业务的部门代表评估师。

在该体系中，业务来自代表预期使用者的部门。评估部门与预期使用者之间的沟通也应当像前述范例中一样。因为无论在何种情况下，损害评估师公正性和客观性的业务条件都是不可接受的。

当然，前述范例中的沟通并不适用于一个组织内评估师之间或由多个评估师组成的机构内同事之间的接触和对话。在团队或组织内部之间的接触和对话不同于将意见和结论提供给预期使用者。

咨询意见 20　复核人单独形成价值意见的评估复核业务

咨询意见由评估准则委员会发布，并不构成新的准则或对现行准则的解释。咨询意见阐释评估准则在特定情况下的应用，并从评估准则委员会的角度提供相关评估事项和问题的解决建议。

主题： 复核人单独形成价值意见的评估复核业务

适用范围： 不动产；动产；无形资产

问题：

客户可能会要求评估师以复核人的身份，在评估复核业务中形成并披露自己的价值意见（如评估结论）。这种要求引出两个问题：

（1）如果复核人的工作范围包括形成自己的价值意见，该业务是否发生变化？

（2）复核人形成或不形成自己的价值意见，在评估复核报告中应当如何措辞？

背景：

评估复核是评估执业的专门领域之一。评估复核应用于广泛的商业决策、政府行为和法定情形，在履行专业评估准则方面也发挥着重要作用。

准则3和准则4允许复核人对被复核工作（在本咨询意见中也称为"原始工作"）的全部或部分内容进行复核。在每一项评估复核业务中，复核人"……应当明确需要解决的问题，确定解决该问题所必需的工作范围，恰当完成形成可信评估复核结论所需要的研究和分析工作"。基于某项复核业务的要求，复核人对被复核工作质量的意见可以包括完整性、相关性、适当性和合理性等。

当然，客户也可能会要求复核人在评估复核业务中形成并披露自己的价值意见（评估意见）。在这种情况下，评估复核业务实际上变成两个阶段的业务，即评估复核加上复核人的价值意见。

评估复核业务的目的和预期用途将会影响业务的工作范围。因此，复核人的一项重要工作就是清晰地界定评估复核业务的目的和预期用途，与客户就工作范围达成共识，明确哪些步骤是该业务必需的，哪些步骤不需要履行。

本咨询意见适用于准则3和准则4，并对评估师、客户以及评估复核报告的其他使用者或阅读者提供以下指导：

A. 知晓准则3、准则4和本咨询意见所使用的术语是如何避免对复核人在评估复核业务中所扮演的角色产生误解；

B. 理解评估复核业务的目的和预期用途如何影响评估复核业务的工作范围；

C. 知晓当评估复核业务要求复核人形成（准则3）和披露（准则4）被复核工作中评估对象价值意见时，工作范围如何变化；

D. 理解在评估复核报告中如何措辞，以说明复核人是否形成了单独的价值意见。

评估准则委员会对此问题的建议：

USPAP 和相关咨询意见参照

- 定义部分，特别是"评估"、"评估复核"和"业务"的定义。
- 准则 3，评估复核，操作。
- 准则 4，评估复核，报告。

本咨询意见中引用了这些参照规定的部分内容。评估师执行评估复核业务应当仔细研究准则全文，确信正确理解准则 1、5、7 或 9 以及准则 3、准则 4 中的相关要求和内容。

A. 术语

阅读上述提到的参照规定时，执行评估复核业务的评估师（在 USPAP 中称为"复核人"）应当注意准则 3、准则 4 中所使用的术语是有特定含义的。

USPAP 中所使用的"评估复核"这一术语是指复核人在评估复核业务中的行为。评估师有时会使用"桌面复核""现场复核""完整复核""有限复核""技术复核""管理复核"[①] 等术语。如果不加以解释，这些术语和词汇将会导致对复核人所扮演角色的误解。虽然这些术语在实践中是比较简易的标签，但它们并不是在每个场合中都有相同的含义。

复核人不应当简单地使用这些标签，应当准确地对工作范围进行界定。实际上，准则条文 3-2（g）要求复核人"……根据工作范围规则确定形成可信业务结论所必需的工作范围"；准则条文 4-2（g）要求评估师"说明执行评估复核业务所履行的工作范围……"这些要求是为了确信评估复核结论的预期使用者不会被复核人的工作范围及其意见、结论的基础误导。

"复核评估"和"复核评估师"[②] 也是实务中经常使用的术语，主要用于业务宣传或表明评估师在工作中的职能。准则 3 和准则 4 并没有采用这两个术语，在一定程度上是为了避免这些词语的表面含义引起误解，例如，会给他人形成评估总是复核业务一部分的印象。

B. 目的和预期用途如何影响工作范围

复核人在评估复核业务中的工作范围主要取决于业务结论的目的和预期用途。准则条文 3-2（b）要求复核人"明确复核人意见和结论的预期用途"。此外，准则条文 3-2（c）指出评估师应当"明确评估复核的目的，包括该业务中是否由复核人形成自己的价值意见或是形成对被复核工作的复核意见"。

预期用途的例子包括（但不限于）质量控制、审计、审核或确认。不同类型的预期用途影响适用于特定评估复核业务的工作范围。

---

① 原文为"Desk Review, Field Review, Complete Review, Limited Review, Technical Review, Administrative Review"。——译者

② 原文为"Review Appraisal, Review Appraiser"。——译者

例如，客户可能会要求复核人对其他评估师工作的质量形成（根据准则3）并发表（根据准则4）意见，且：

1. 只说明被复核评估师为弥补缺陷而应当采取的补救性措施，让客户自己决定是否与评估师就补救工作进行沟通；

2. 代表客户与进行原始工作的评估师进行交涉，确信该评估师恰当更正所有缺陷；

3. 进行更正以纠正错误，例如，更正错误的计算，说明正确的计算应当是什么，但不将结论表达为复核人自己的价值意见；

4. 进行更正以弥补缺陷，将结论表达为复核人自己的价值意见，按照与原始工作中工作范围相同的工作范围进行操作；

5. 进行更正以弥补缺陷，将结论表达为复核人自己的价值意见，按照与原始工作中工作范围不同的工作范围进行操作；

6. 不提供复核结论，形成自己的价值意见，按照与原始工作中工作范围相同的工作范围进行操作；

7. 不提供复核结论，形成自己的价值意见，按照与原始工作中工作范围不同的工作范围进行操作。

在1、2、3中，复核人没有采取任何步骤去形成自己的价值意见，因此未进入评估阶段。

在4、5、6、7中，评估复核业务实际上由两阶段业务构成——评估复核加复核人的价值意见。应当注意的是，即使复核人同意原始工作中的价值意见，也实际上完成了第二阶段的业务。复核人同意另一位评估师的价值意见，表明已将其作为复核人自己的价值意见，实际上，复核人通过同意以前的价值意见将其变为自己的意见，因此，形成了复核人的价值意见（评估）。

在6、7中，客户可以选择聘请复核人（作为评估师）进行一项单独的评估业务，与评估复核业务无关。

在任何情形下，复核人应当根据准则条文3-2（g）的要求谨慎确定所需的工作范围，并根据准则条文4-2（g）的要求说明工作范围。表达结论的措辞（见以下范例）也应当与工作范围的决定相一致。

C. 工作范围和复核人的价值意见

在需要复核人形成自己价值意见的评估复核业务中，复核人应当扩展其工作范围。准则条文3-2（g）的注释部分列出了额外工作范围的要求：

根据工作范围规则确定形成可信业务结论所必需的工作范围。

注 在评估复核业务中，复核人在确定恰当工作范围时有较大的灵活性和重要责任。

● 复核人在形成关于被复核工作质量意见时，可以使用原先的评估师已经使用过的信息。

● 复核人也可以使用在正常业务情况下原先的评估师未能获得的信息，但是复核人在形成关于被复核工作质量意见时不得使用这些信息。

通过使用特别假设遵守准则 1、5、7、9。形成复核人自己的价值意见时,需要遵守准则 1、5、7、9 的相应要求。对于被复核工作中那些复核人认为可信并符合相应操作准则的工作,复核人可以在特别假设的基础上予以引用。这是因为除非复核人真实地按照原来的步骤进行操作,复核人在未进行本人验证的情况下需要假设原先这些工作的真实性。如果这个假设是错误的,则复核人形成的评估意见和结论将会受到影响。因此,这种情况将构成特别假设(参见准则条文 1-2(f)、5-2(i)、7-2(f) 或 9-2(f) 的相关规定)。对于那些复核人认为不可信或不符合操作准则的工作,复核人应当根据准则 1、5、7、9 的相应要求收集信息或进行分析,以形成可信的价值意见。

形成复核人自己的价值意见时改变工作范围。在某些评估复核业务中,客户要求复核人根据与原始工作中工作范围不同的工作范围形成价值意见。

如果复核人的工作范围不同于原始工作,或复核人依赖原评估师无法获得或没有使用的信息,两个评估的结论很可能会不同。这并不意味着哪个结果是对或是错。在任何情况下,复核人不应当在采用原先评估师无法获得信息的基础上质疑原评估师的价值意见。

如果原评估师的价值意见与复核人的价值意见不同,复核人应当在评估复核过程中谨慎找出差异的原因。复核人在评估复核报告中为其结论提供支持证据时应当保持谨慎,不得误导预期使用者。这一点从执法和商业的角度都是极为重要的。对差异原因的不恰当表述将会损害评估复核结论及复核人价值意见的可信度。

D. 评估复核报告内容

基于评估复核目的和预期用途的不同,根据准则条文 4-2(h) 所表述的复核人意见和结论会有很大不同。复核人在表达其意见和结论时应当谨慎措辞,避免在业务中所履行的工作范围以及复核人所表述的意见和结论等方面对评估复核报告使用者形成误导。除了按照规定必须说明的内容之外,依赖的任何其他信息、推理过程以及复核人价值意见的基础也应当概要说明。此外,复核人为支持不同价值结论而对报告内容的更改,应当至少符合评估报告的披露要求。

无须形成价值意见的评估复核业务。如果评估复核业务中仅需对其他评估师工作的质量发表意见,评估复核报告应当包括以下内容:

(1) 准则条文 4-2(a)~(h) 和 (j) 规定的信息;
(2) 复核人根据准则条文 4-3 所做的声明。

如果评估复核仅是为了确定质量,复核人应当谨慎行事,确信评估复核报告中不能包括暗示复核人对原始工作的评估对象形成自己价值意见的文字。如果复核人的措辞表明认同原价值意见或有不同的价值意见,复核人需要遵守额外的操作和披露要求。

无须形成价值意见的评估复核报告表述范例

以下文字是无须形成价值意见的评估复核报告中的表达范例,表明复核人未进行评估:

- "评估报告所表达的价值意见有(或没有)充分依据支持。"

- "基于所提供的数据和分析,价值结论是(或不是)恰当、合理的。"
- "被复核报告中的价值意见符合(或不符合)相关准则和要求。"
- "被复核报告的内容、分析和结论符合(或不符合)相关准则和要求。"
- "由于所发现的错误或不一致性影响了可信度,我不认同该价值结论。"
- "由于在市场比较法计算中存在严重错误(举出具体例子),该价值结论是不恰当的。如果计算正确,价值结论将会变更为×××美元。阅读者应当注意此处仅代表了重新进行的计算而不是复核人的价值意见。"
- "我认可(或同意)该评估报告可以被 XYZ 银行(或部门)使用。"

上述措辞以及向评估复核报告预期使用者传递相似意义的措辞都与被复核工作的质量有关,也包括与被复核工作中的价值意见相关,但既未表明复核人认同原价值意见,又未表明复核人形成不同的价值意见。另一个重要之处在于这些措辞应当与评估复核报告中所描述的工作范围相一致。

需要形成价值意见的评估复核业务。如果评估复核人需要对其他评估师的工作质量及自己的价值意见发表意见,评估报告内容应当包括:

(1) 准则条文 4-2 (a)~(j) 规定的信息;
(2) 复核人根据准则条文 4-3 所做的声明。

评估复核报告中有关评估意见的内容,加上对原始工作是否符合相关准则的内容,应当至少符合评估报告的内容要求。

评估复核人并不需要在评估复核报告中重复或复制被复核报告中复核人认为符合相关准则规定的内容。复核人可以采用特别假设的方式,引用或参照被复核报告中复核人认为符合相关准则规定的内容。

形成价值意见的评估复核报告表述范例

以下措辞是表明价值意见的范例(认同或给出一个确定值、区间或与某数量基准的关系)。这些范例表明复核人提供了价值意见(如评估意见),表明此评估复核业务包括评估服务。

- "我认同(或不认同)该价值。"
- "我同意(或不同意)该价值。"
- "我认为价值是(相同的)。"
- "我认为该价值不正确,价值应当是×××美元。"
- "我认为该价值过高(或过低)。"

这些措辞或向报告预期使用者传递相似意思的措辞表明复核人已经完成形成其价值意见所需要的工作步骤。这些措辞表明复核人认同了原报告中评估师的价值意见,并将其作为自己的价值意见,或表明复核人形成了不同的价值意见。另一个重要之处在于这些措辞应当与评估复核报告中所描述的工作范围相一致。

如果复核人否定原价值意见,复核人应当在表达结论时保持谨慎。如果这种否定是基于原始工作的错误或不一致而不包括对价值走向的判断,这并不表明复核人进行了评估。

如果这种否定与价值或价值区间相关,如指出价值的走向(如大于、小于)或确定了基准价值,这样的措辞表明该评估复核业务具有形成价值意见的特征。复核人在对原评估师的意见或结论进行措辞时,需要留意这个重要区别。此外,无论如何措辞,都需要与评估复核结论的目的、工作范围和预期用途相适应。

以下内容概要说明了需要复核人形成价值意见的不动产评估复核业务中的相关要求。在此类业务中,需要按照下列顺序列出所履行的工作步骤。

(1) 复核人形成有关被复核工作质量的意见和结论;

(2) 复核人形成被复核工作中评估对象的价值意见;

(3) 复核人在报告中披露前两个步骤中形成的意见和结论。

咨询意见 21　遵守 USPAP

咨询意见由评估准则委员会发布，并不构成新的准则或对现行准则的解释。咨询意见阐释评估准则在特定情况下的应用，并从评估准则委员会的角度提供相关评估事项和问题的解决建议。

主题： 遵守 USPAP

适用范围： 不动产；动产；无形资产

问题：

人们在涉及面很宽的评估服务①中可以扮演不同的角色，例如评估、经纪、拍卖、资产管理、咨询、评估复核以及收集市场数据。某些评估服务是评估业务②中的一部分内容，需要遵守 USPAP。在各类业务中如何遵守 USPAP? 具体问题如下：

1. 什么时候需要遵守 USPAP?
2. 评估服务与评估业务之间是何关系?
3. 如何理解"作为评估师"或"以评估师身份"提供服务?
4. 为什么被认为以评估师身份执业的人士有遵守 USPAP 的义务?
5. 在预期使用者的期望方面，评估师有什么样的责任?
6. 评估、评估复核以外的评估业务有何遵守 USPAP 的义务?
7. 评估业务以外的评估服务中有何遵守 USPAP 的义务?

评估准则委员会对此问题的建议：

1. 什么时候需要遵守 USPAP?

导言部分指出，是否需要遵守 USPAP 是根据相关法律和规定的要求，或是根据评估师与客户或预期使用者的协议。遵守 USPAP 的义务是由法律、规定或与预期使用者的协议创设的。③ 在这些情况下，评估师必须遵守 USPAP。导言部分还指出即使没有强制义务，个人也可以选择遵守 USPAP。职业道德规则指出，任何个人以评估师身份提供服务时都应当遵守 USPAP。④ 遵守 USPAP 的职业道德义务可以通过选择创设，即选择以评估师身份执业。

---

① 本咨询意见中的评估服务（valuation service）有明确定义，见定义部分中"评估服务"定义。——译者
② 本咨询意见中的评估业务（appraisal practice）有明确定义，见定义部分中"评估业务"定义。——译者
③ USPAP 被联邦和各州管理部门采纳，因而具有法律效力。联邦和州法律或规定中有遵守 USPAP 的法律要求。
④ 导言部分指出评估师的责任是维护社会公众的信任，其重要的角色也要求这个行业的从业者遵守职业道德义务。导言部分指出 USPAP 并没有规定何种业务和什么人需要遵守其规定。评估促进会及评估准则委员会均不是政府部门，无权制定、审核或执行法律。

因此，

- 法律、规定或协议要求遵守 USPAP 时，评估师必须遵守。
- 选择以评估师身份执业时，做出该选择的个人应当遵守 USPAP。

2. 评估服务与评估业务之间是何关系？

区分评估师义务的关键在于理解 USPAP 中评估服务与评估业务的关系。评估业务是评估服务的一部分。

评估服务是与资产价值相关的业务。评估师和其他与价值有关的人士都可以提供评估服务。例如，评估、经纪、拍卖、资产管理、咨询、评估复核以及收集市场数据。

评估业务是指以评估师身份执业的个人所提供的评估服务。只有评估师才能提供评估业务的服务，例如，评估、评估复核、收集市场数据（以评估师的身份）。

USPAP 的义务适用于那些以评估师身份执业的人，因此 USPAP 适用于所有评估业务。

3. 如何理解"作为评估师"或"以评估师身份"提供服务？

评估师是指被认为具有能力提供评估服务[①]且以独立、公正和客观态度执业的个人。因此，"作为评估师"的个人是指被认为具有与所提供服务相关的专业胜任能力的人。同时，"作为评估师"的个人也被认为是能够以独立、公正、客观态度提供服务的人。

"作为评估师"意味着将自己对外表示为评估师。许多人除了评估师专业资格外，还有其他专业角色。例如，有的评估师同时也是经纪人、咨询师或租赁代理。既扮演评估师角色又扮演其他专业角色的人在提供某项特定的评估服务时，应当谨慎表明其（所扮演的）角色（参见问题7）。

评估师将评估服务作为评估业务的一部分提供服务时，相关法律、规定、协议或选择都有相应规定。"评估师"定义中强调的另一部分内容是，评估师是指被认为具有能力提供评估服务且以独立、公正和客观态度执业的个人。该定义的注释部分进一步指出，当个人基于选择，根据相关法律、规定，或者基于与客户或预期使用者的协议需要遵守 USPAP，或某项业务根据相关法律、规定或者基于与客户或预期使用者的协议需要遵守 USPAP 时，这种期望就已产生。在确定某人是否作为评估师时，他人的期望是一个很重要的因素。

4. 为什么被认为以评估师身份执业的人士有遵守 USPAP 的义务？

当某人被认为（期望）按照评估师的职业道德和专业能力提供服务时，公众的信任会要求其达到这种期望。如果某人同意以评估师的身份提供评估服务，他就有义务遵守职业道德和专业能力要求，正如社会公众所期望的那样。这就要求评估师在执业时遵守 USPAP。

[①] 注意此处的评估服务基于前文中的严格定义。——译者

评估师的定义和维护公众信任的需要，确定了"期望"成为遵守 USPAP 的基础。

评估师对外表示以评估师的身份提供服务时，预期使用者就形成了他应当遵守 USPAP 的期望。例如，如果某人对外将自己宣传为评估师（如以电话名录、专业人士名录、名片、信笺或办公室标志进行宣传）、持有注册部门颁发的评估师专业资质、持有专业评估协会的会员资格，这种期望就已经产生。个人在特定评估服务中将自己表示为评估师后，社会公众就有合理的理由期望其执行评估业务时应当遵守 USPAP。

综上所述，期望是确定个人是否以评估师身份执行评估业务的基础。由于需要保护社会公众对评估行业的信任和信心，客户及其他预期使用者对职业道德和专业操作的期望形成了遵守 USPAP 的义务。

5. 在预期使用者的期望方面，评估师有什么样的责任？

评估师负有认清其执行业务时身份类别的专业责任。这种责任包括询问、了解预期使用者的期望。如果客户或其他预期使用者认为某人的评估专业知识和信誉有利于提供公正的服务，因而希望聘请其提供评估服务，在这种情况下，就可以合理期望其执行该评估业务时应当遵守 USPAP。

在某些情况下，作为评估师的个人选择以其他身份类别（不是以评估师身份、不属于评估业务）提供评估服务时，该评估师不得表示为是以评估师身份执业。由于选择是确立 USPAP 义务的基础，因此当某人有机会选择提供评估服务的身份时，他可以自由选择以评估师身份或其他身份提供评估服务。但是，被认为是以评估师身份执业的个人应当保持更多的谨慎，不得辜负公众的信任。

6. 评估、评估复核以外的评估业务有何遵守 USPAP 的义务？

评估业务所涉及的部分业务在准则中予以规范。准则规定了执行评估、评估复核业务的相关要求。

但是，准则并没有规范所有评估业务。例如，（以评估师身份）教授评估课程、提供市场数据、收集市场数据、分析价值的特定要素（如某功能设施的复原重置成本）、编制教育材料等业务。根据 USPAP 的定义，业务[①]是以评估师身份开展的工作。因此，所有的业务都属于评估业务。

导言、定义、职业道德规则、专业胜任能力规则、管辖除外规则适用于所有的评估业务。准则未规范的业务应当由具有专业胜任能力的评估师执行，不得有偏见或掺杂私利。

资料保管规则适用于评估、评估复核业务。USPAP 对于其他业务并没有关于工作底稿或工作记录保存的要求。工作范围规则也仅适用于评估、评估复核业务。

某些业务中可能会包括评估或评估复核以及其他会形成额外意见或建议的分析。此类业务中，对于业务中的评估或评估复核部分，评估师应当遵守 USPAP 的要求，

[①] 此处的业务（assignment）不是泛指，是指在定义部分中给出明确定义的业务。参见定义部分。——译者

业务中的其他部分至少应当遵守职业道德规则、专业胜任能力规则和管辖除外规则。

7. 评估业务以外的评估服务中有何遵守 USPAP 的义务？

正如前文所述，许多人除了具有评估师的资质，还可以扮演其他专业角色。例如，有的评估师同时也是律师、会计师、经纪人或咨询师。对于那些有时以评估师身份执业的人，即使在以其他身份执行评估业务时，USPAP 对其也有义务要求，即不要让评估业务的使用者对其扮演的角色产生误解。职业道德规则要求评估师在提供评估业务以外的其他评估服务时不得错误地表述其身份。如果某项评估服务是为了维护一方当事人利益或基于职业道德规则不允许的收费安排，则该项评估服务违背 USPAP 的目标，不得以评估师身份提供此类服务。

有的人有时会以评估师身份提供服务，但目前以其他身份执业，则需要确信预期使用者不会误解其在执行评估业务时的身份。可以在执行评估业务时以披露、告知、谨慎区分等方式明确其身份。此外，在业务约定环节、工作范围描述、合同、与客户的书面或口头沟通中对所执行的评估服务进行清晰的表述，也将有助于避免预期使用者误解。

关系和应用

评估服务和评估业务之间的关系见图 1。

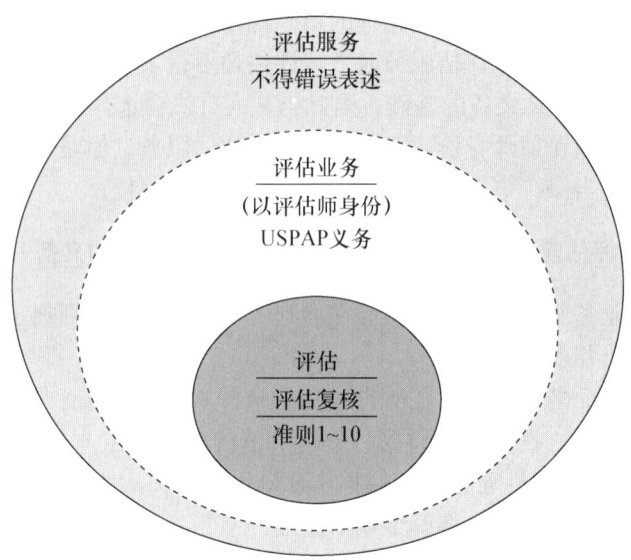

图 1　评估服务与评估业务的关系图

说明：评估服务（浅阴影的大椭圆部分）：在某些场合下被认为是评估师的个人在提供评估服务时，其义务是不得错误表明其身份。

评估业务（虚线内的椭圆部分）：在评估服务内是评估业务（如以评估师身份提供的评估服务）。作为评估业务所提供的所有业务都需要遵守 USPAP。USPAP 中通用于评估业务的内容包括导言、定义、职业道德规则、专业胜任能力规则、管辖除外规则。

评估和评估复核（评估业务的椭圆内之深阴影部分）：在评估业务范畴内，除了通用于所有评估业务的规定外，还有适用于评估和评估复核的操作和披露要求。这些要求见准则、工作范围规则和资料保管规则。

```
┌─────────────────────── 评估服务 ───────────────────────┐

┌──────────────────────────────────────────────────┬──────────────┐
│ 评估业务                                          │              │
│ 由个人以评估师身份提供的评估服务                  │              │
│ 评估和评估复核（操作与披露）                      │              │
│                   ┌───────────────────────────────┤              │
│                   │ 以评估师身份提供的其他评      │ 非以评估师身 │
│                   │ 估服务                        │ 份提供的评估 │
│                   ├───────────────────────────────┤ 服务         │
│                   │ 三个规则适用：                │              │
│                   │ 职业道德规则                  │              │
│ 所有规则都适用    │ 专业胜任能力规则              │              │
│                   │ 管辖除外规则                  │ 提供此类服务 │
│ 准则适用，根据不  │                               │ 时，不得错误 │
│ 同业务适用不同准则│ 准则不适用于此类业务          │ 表示其身份， │
│                   │                               │ 如明确地表达 │
│                   │ 此类业务不适用资料保管        │ 你不是以评估 │
│                   │ 规则和工作范围规则            │ 师身份提供服 │
│                   │                               │ 务           │
└───────────────────┴───────────────────────────────┴──────────────┘
```

例子

评估和评估复核 （操作与披露）	以评估师身份提供的 其他评估服务	非以评估师身份提供的 评估服务
评估，评估报告	市场数据研究（以评估师身份）	经纪
评估，限制评估报告	讲授评估课程	咨询（非以评估师身份）
评估，口头报告	分析价值中的特定要素（如相关功能设施的重置成本）	从价税（非以评估师身份）
专家庭证	咨询（以评估师身份）	拍卖
评估复核，报告	机械运算	诉讼支持（非以评估师身份）
选择可比交易数据	编制教育材料	资产管理
*计算委托	从价税咨询（以评估师身份）	抵押承揽
*范围有限的评估	提供初步交易数据	租赁（代理）
*评估委托	诉讼支持（以评估师身份）	
*估值		
购买价格分配		

　　*这些术语是评估师通常使用的概念，用以描述工作范围较窄的评估业务。无论其在业务中所使用的是什么标签，这些价值意见都是 USPAP 中所定义的评估。评估师应当根据 USPAP 的规则和相应的准则执行这些业务。

总结
- 法律、规定或协议要求遵守 USPAP 时，评估师必须遵守。
- 选择以评估师身份执业时，做出该选择的个人应当遵守 USPAP。

- 评估业务是评估服务的一部分（子集）。USPAP 的义务适用于那些以评估师身份执业的人，因此 USPAP 适用于所有评估业务。
- 评估师的定义和维护公众信任的需要，确定了"期望"成为遵守 USPAP 的基础。
- 个人在特定评估业务中将自己表示为评估师后，社会公众就有合理的理由期望其执行评估业务时应当遵守 USPAP。由于需要保护社会公众对评估业务的信任和信心，客户及其他预期使用者对职业道德和专业操作的期望形成了评估师遵守 USPAP 的义务。
- 评估师负有专业责任认清其在执行业务时的身份类别。这种责任包括询问、了解预期使用者对此的期望。
- 当某人有机会选择提供评估服务的身份时，他可以自由选择以评估师身份或其他身份提供评估服务。
- 被认为以评估师身份提供评估服务的个人应当保持更多的谨慎，不得辜负公众的信任。以其他身份执业的评估师应当确信预期使用者不会误解其在提供评估服务时的身份。
- USPAP 对那些即使以其他身份提供评估服务的评估师也有义务要求，即不要让评估业务的使用者对其扮演的角色产生误解。
- 如果某项业务是为了捍卫一方当事人利益或基于职业道德规则不允许的收费安排，不得以评估师的身份提供此类评估服务。
- 准则对评估业务内的评估、评估复核规定了操作和披露要求。评估师提供准则未规范的评估服务时，需要遵守 USPAP 中通用于评估业务的规定。
- 资料保管规则适用于评估、评估复核。USPAP 对其他业务并没有关于工作底稿或工作记录保存的要求。
- 工作范围规则仅适用于评估、评估复核业务。

范例

经纪业务与评估业务

1. 代理人罗伯特既提供评估服务也做经纪人业务。罗伯特在准备提供经纪人价格意见（BPO）时，根据 USPAP，他有什么义务？

很多州的经纪人和评估师许可法对兼做经纪人的评估师都有专门的规定。如果没有这些法律，USPAP 为经纪人/评估师以及具有多种专业资格的专业人士提供了较大的灵活性。

如果罗伯特以代理人或经纪人的身份提供此项服务，USPAP 仅要求评估师不要错误地表述其身份。换言之，如果客户接洽罗伯特是基于其代理人或经纪人的身份，并以代理人或经纪人的身份签署报告，罗伯特则不需要遵守 USPAP。如果客户接洽罗伯特是因为知道他是一名评估师，并将以评估师身份签署报告，则需要遵守 USPAP。

评估复核

2. 丹·威廉斯是一位评估师。客户要求他对某评估报告进行"管理性复核"，以确定是否需要进行更深入的复核。客户希望丹检查数学运算过程，判断评估报告是否符合客户的基本要求。根据 USPAP，丹有什么义务？

客户聘请丹是因为他将自己的身份表示为评估师，很明显客户产生一种期望，即丹执行业务时会遵守 USPAP。因此该业务是评估业务，丹至少应当遵守 USPAP 中通用于评估业务的规定（如导言、定义、职业道德规则、专业胜任能力规则、管辖除外规则）。

丹应当进一步确定是否需要遵守准则 3 和准则 4 的规定。为做出这一判断，丹应当考虑该业务的预期用途、预期使用者以及价值类型和定义。这些因素是丹决定工作范围的基础。如果恰当的工作范围包括"对其他评估师所执行的评估、评估复核业务的全部或部分工作质量形成和发表意见"，根据定义，该项业务即为评估复核业务。当事人对该业务所加的标签并不能使该业务免受准则 3 和准则 4 的约束。客户可以将其称为"管理性复核"，但需要根据该业务的实质内容对其进行定义。[①]丹应当根据所需要解决的问题和需要履行的工作范围，确定该业务是不是 USPAP 所定义的评估复核。如果该业务是评估复核，丹应当遵守准则 3 和准则 4 中操作和披露的要求。

丹也有可能不是以评估师身份执业。如果丹以其他身份执业，如以抵押承销人的身份，丹可以将该业务作为评估业务以外的评估服务予以执行。如果丹不是将此作为评估业务，他应当确信他没有错误表述其身份，客户和任何其他预期使用者也不期望他是以评估师身份执业。

租金调查

3. 客户要求迈克·布莱克做租金调查。客户拥有 Acme 写字楼，希望了解所收租金是否充分。因为客户知道迈克是评估师，所以要求他执行此项业务。因此这项评估服务属于评估业务，应当遵守 USPAP。根据 USPAP，迈克应当如何处理？

迈克在确定该业务的工作范围之前，应当充分调查客户的期望。客户是否只想知道同一区域内其他写字楼的租金水平？如果是这样，USPAP 没有对该项业务做出专门规定（如准则 1 和准则 2 只涉及不动产评估业务）。迈克应当遵守 USPAP 中通用于评估业务的规定（如导言、定义、职业道德规则、专业胜任能力规则、管辖除外规则）。迈克可以自行决定如何操作此项业务以及如何披露业务结论，也不需要形成工作底稿。

尽管如此，如果客户希望迈克收集租金数据、租赁条款信息并进行分析，得出 Acme 写字楼的市场租金水平，这就构成一项评估业务。因为此项业务涉及一个特定的标的资产（如使用该写字楼空间的权利），业务所需要解决的问题是形成价值意见（如该空间的市场租金水平）。该评估业务需要遵守准则 1 和准则 2 的规定。

评估和市场信息

4. 玛丽·沃恩提供多种服务，在诉讼业务领域中也有专长。她通常帮助律师为评估师出庭作证业务制定交互质询的策略。玛丽的诉讼业务如何遵守 USPAP？

为确定玛丽的义务，首先需要明确她所扮演角色的实质。如果她是以评估师身份提供服务，她的诉讼业务就属于评估业务。导言、定义、职业道德规则、专业胜任能

---

① 评估业务定义的注释部分指出，使用其他表示评估、评估复核的术语（如分析、咨询、估价、研究、提供意见或估值），不能免除评估师遵守 USPAP 的义务。

力规则、管辖除外规则等将适用于此项业务。作为评估师，玛丽不能以辩护人的身份为当事人或相关事项服务。

如果玛丽的服务需要形成价值意见，她应当遵守相应的评估准则（准则 1 和 2、7 和 8、9 和 10）。如果玛丽的服务需要对其他评估师工作的质量发表意见，应当遵守准则 3 和准则 4 关于评估复核业务的规定。如果她的业务需要提供分析、建议或意见，价值意见是为形成业务结论所进行的分析工作的组成部分，玛丽应当遵守职业道德规则、专业胜任能力规则、管辖除外规则。如果她在业务中涉及评估或评估复核，还需要遵守相关的规则和准则。①

另外，如果玛丽以辩护人的身份提供诉讼服务，则该业务是评估业务以外的评估服务。当提供评估业务以外的评估服务时，玛丽可以以辩护人的身份执业，并可以采用或有收费的方式收取报酬。她需要遵守的 USPAP 义务仅是不能让人们误解其角色。她应当保持谨慎，将这种角色与其他可能被认为是公正、客观、独立的角色（如以评估师身份）予以区分。

玛丽可以以评估师身份提供诉讼服务，也可以以辩护人的身份捍卫客户的利益，但她在同一业务中不能同时扮演这两个角色。

包含评估或评估复核以外的服务的业务

5a. 简·多伊是名评估师，承接某项业务，为计划中的不动产细分进行可行性研究。为完成该项业务，她根据几个不同的可能参数形成拟细分区域的未来市场价值意见。每个参数都会涉及不同的市场消化率和市场消化期②。业务的目标是推荐最优的参数。简需要遵守 USPAP 的哪部分内容？

简在整个业务中应当遵守职业道德规则、专业胜任能力规则、管辖除外规则。

由于价值意见是评估业务，工作范围规则和资料保管规则适用于业务中的评估部分。此外，她应当根据准则 1 形成每个价值意见并按照准则 2 进行披露。

5b. 约翰·多伊是名评估师，承接某项业务，就以更新更高效的设备替代现有的生产设备向客户提供可行性意见。为完成此项业务，他对现有的设备采用了清算价值。该部分的评估是由另一名评估师进行，由约翰进行复核。此项业务的目的是推荐现在更换设备还是再等待一段时间。约翰在此项业务中需要遵守 USPAP 的哪部分内容？

约翰在整个业务中应当遵守职业道德规则、专业胜任能力规则、管辖除外规则。

由于约翰进行评估复核，工作范围规则和资料保管规则适用于业务中的评估复核部分。他应当根据准则 3 和准则 4 进行评估复核操作和披露。

5c. 克里斯·希罗是名评估师，承接某项业务，向公司提供股权出售的建议。公司工作人员已经向克里斯提供了现有股票的价值。克里斯做出一个重大假设，假定所提供的价值是可信的，在提供最终推荐意见之前将该价值用于分析之中。USPAP 中

---

① 此段落中最后两句话较为令人费解，且与前文有重合。这部分内容是以前 USPAP 版本中针对评估咨询业务的规定。评估咨询业务已从 USPAP 中删除，这两句话应当是原文中未删除干净的部分。——译者

② 原文为"absorption rate and absorption period"。消化率是指可供销售的住宅在特定不动产市场上特定时期内销售的比率，以每月平均销售数量除以总的可供销售的住宅数量。该指标反映了需要多少个月将市场上可供销售的住宅全部售完。——译者

的哪部分内容适用于此业务?

克里斯在整个业务中应当遵守职业道德规则、专业胜任能力规则、管辖除外规则。

由于此项业务不涉及评估或评估复核,工作范围规则和资料保管规则均不适用。此外,也没有操作或披露准则适用于该业务。

5d. 简·多伊从事不动产业务,向客户提供多种服务。她是一名不动产许可经纪人,也是一名注册评估师。客户要求简以不动产经纪人/咨询师的身份而非评估师的身份,提供一项被客户和简都视为咨询的服务。此项业务中简需要遵守USPAP的哪部分内容?

人们在不同的业务中可能会扮演不同的角色。通常情况下,USPAP仅在某人以评估师身份执业时才适用。只要简清晰地表明她不是以评估师身份执行此项业务,她以经纪人/咨询师的身份执行业务所承担的义务仅见于职业道德规则的行为部分,即:

评估师:

在提供评估业务以外的其他评估服务时不得错误地表述其身份。

咨询意见 22 不动产市场价值评估业务中的工作范围

咨询意见由评估准则委员会发布,并不构成新的准则或对现行准则的解释。咨询意见阐释评估准则在特定情况下的应用,并从评估准则委员会的角度提供相关评估事项和问题的解决建议。

主题:不动产市场价值评估业务中的工作范围

适用范围:不动产

问题:

在不动产评估业务中,市场价值对工作范围有什么影响?

评估准则委员会对此问题的建议:

USPAP 和相关咨询意见参照

- 专业胜任能力规则。
- 工作范围规则。
- 定义部分:评估、预期用途、市场价值、工作范围。
- 准则 1。
- 咨询意见 35 和 36。

市场价值评估中的工作范围

本咨询意见为评估师、评估服务使用者以及监管部门在确定市场价值评估业务(本咨询意见中称为"市场价值业务"或"市场价值评估")的工作范围时提供指南。

在根据 USPAP 执行的所有业务中,恰当确定工作范围是一个重要环节。在不动产评估业务中,准则条文 1-2(a)～(h)列出了评估师理解和完成任何评估业务所需明确的 8 个步骤。第 8 个步骤(评估师的工作范围)是在前 7 个步骤完成的基础上确定的。

不动产评估中准则条文 1-2 所需要的步骤之间的顺序和关系 图 2 展示了做出工作范围决定的各相关步骤顺序和关系以及工作范围决定做出后直到完成评估程序的相关步骤。

十分重要的一点是,需要理解明确客户和预期使用者、预期用途、价值类型和定义、评估基准日(准则条文 1-2(a)～(d))四个步骤将会影响评估师关于评估对象相关特征、工作范围、特别假设或非真实性条件(准则条文 1-2(e)～(h))步骤。评估师对后四个要素的明确应当基于前四个要素所明确的信息并与之保持一致。

图 2 中所示的顺序要求评估师在业务刚开始的阶段就启动决策程序。这也表明评

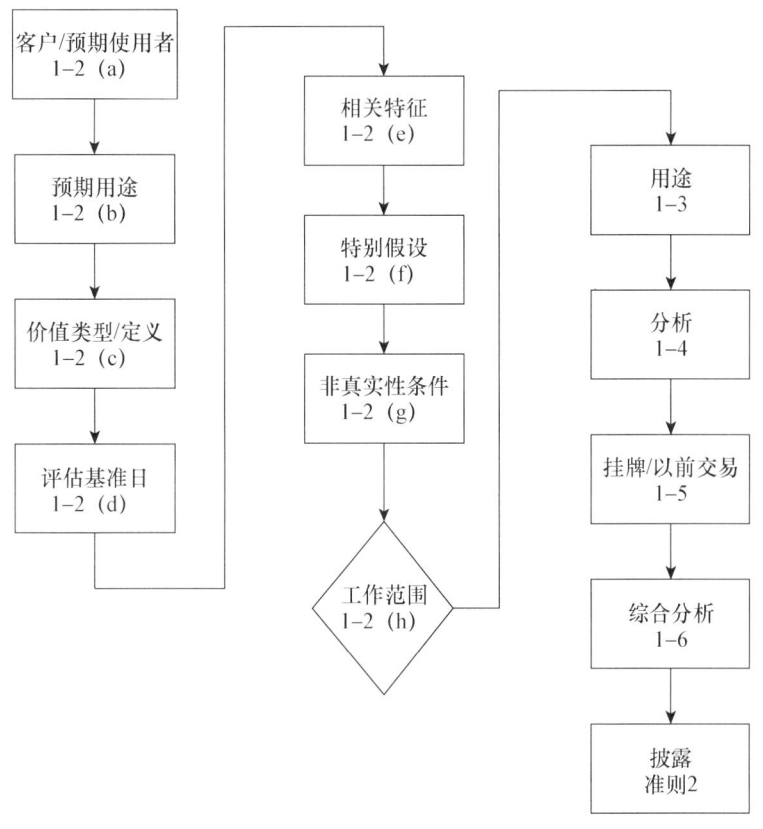

图 2

估师有义务证明哪些资产特征是相关的,哪些是不相关的。

准则条文 1-2 规定的不动产评估中相关步骤的顺序和关系

专业胜任能力和工作范围的确定 完成图 2 中所示的准则条文 1-2 (a)～(d) 四个步骤后,评估师可以在此基础上决定哪些资产特征与业务相关。在这一信息的基础上,加上评估师在相关资产领域的专业胜任能力(知识和经验),评估师可以决定是否需要采用完成业务所必需的特别假设或非真实性条件,并确定合理的、有依据支持的工作范围。

需要重点关注的是,评估师在相似业务中的专业能力是确定工作范围的重要因素。如果不具备专业能力,评估师就不能正确地理解根据准则条文 1-2 (a)～(e) 所收集的信息,或者不能根据准则条文 1-2 (f)～(h) 在这些信息的基础上做出合理决定。特别是在不具备专业能力的情况下,评估师将不熟悉或不能理解根据准则条文 1-2 (a)～(e) 所收集的信息,以及根据准则条文 1-2 (f) 和 (g) 所形成的结论将如何影响下一步决策——决定准则条文 1-3 和 1-4 中规定的哪些分析是该业务中必须执行的。

理解哪些分析、方法、技术以及哪些数据是恰当完成业务所必需的,是确定工作范围所需要做的工作之一。如果不能理解市场价值定义中的"条件"与根据准则条文 1-2 所明确的其他信息是如何共同发生作用的,评估师不可能恰当确定哪些数据是相关的以及哪些分析是业务中所必需的。

市场价值定义的综合意见

市场价值评估不同于采用其他价值类型的评估，因为市场价值评估是以市场的角度为基础，并建立在正常或典型的前提之上。以下市场价值定义①范例演示了这些标准。

"市场价值指在公开竞争市场上的公平交易中，资产应当实现的最可能价格，买方和卖方均谨慎行事并具有相应的知识，价格未受到不正常动机的影响。本定义指在满足下列条件的情况下，于特定日期完成交易并将所有权由卖方转移给买方：

(1) 买方和卖方具有正常动机；
(2) 双方充分知情且以追求各自利益最大化为目的采取行动；
(3) 在公开市场有合理的展示期；
(4) 交易是以美元现金计价或以可比的财务手段计价；
(5) 价格代表了资产的正常对价水平，未受交易任何一方提供的特别或特殊融资、交易折让的影响。"

市场角度替代了投资价值或保险价值等其他评估业务中的特定使用者（如买方、卖方、放款人、代理人等）角度。市场角度直接影响着在市场价值评估中形成可信意见和结论所必需的工作范围。公众的期望是十分重要的，即市场价值评估反映了整个市场的角度，不受预期使用者目标等标准的影响。满足这种期望是为了促进和提高社会公众对专业评估的信任，这也是 USPAP 的主要目标及根据 USPAP 执行的所有业务的目标。

市场价值评估建立在评估基准日被评估资产所在市场"正常"或"典型"条件之上。如果评估中采用的价值定义包括不同于"正常"或"典型"的标准，则不能将业务结论标识为"市场价值"。例如，反映强制出售条件下最可能实现价格的价值意见是清算价值，不符合市场价值评估中所反映的"正常"或"典型"条件。

明确特定市场价值定义的重要性　业务中需要评估的价值定义确定了特定条件。这些条件给定了评估业务中必需的参数，这样才能确信业务结论相对于该价值定义是有意义的。

价值定义有许多种，其中有些是市场价值定义，其他一些价值定义与市场价值相关，但不能称为市场价值。例如，在以职员调整安置为预期用途的评估业务中，通常使用的价值定义是"预期交易价格"而不是市场价值。"预期交易价格"的定义包括特定的市场、资产条件和交易要求条款，取代了正常或典型的市场条件。因此，虽然这些特定条件下的评估程序与市场价值业务中的程序很类似，其结果是根据客户特定标准确定的对特定资产使用者——安置公司的价值，而不是市场价值。

明确市场价值定义来源的重要性　来自不同渠道的市场价值定义包括不同的条

---

① 1990 年 7 月 5 日至 1990 年 8 月 24 日，联邦金融监管部门根据 1989 年《金融机构改革、复兴和实施法案》第 11 章的有关规定，制定了相关规则。本定义范例取自这些规则。该规则由货币监理署、联邦储备委员会、联邦储蓄保险公司、全国信用协会管理局、储蓄管理局等制定。1994 年 6 月 7 日货币监理署、联邦储备委员会、联邦储蓄保险公司、储蓄管理局联合制定的规则，以及 2010 年 10 月修订的《监管部门联合评估和估价指南》都采用了该定义。

件。这些差异会直接影响到形成可信业务结论所必需的工作范围。每个定义都是独特的，仅在特定的管辖区域或对特定的客户群体有效。因此，明确业务中所使用的市场价值定义来源是十分重要的。

市场价值定义的来源应当与将使用该评估报告的交易事项所在的管辖范围相符。例如，如果使用的市场价值定义不是取自根据1989年《金融机构改革、复兴和实施法案》第11章所制定的规则，该评估在涉及联邦交易的业务中是无效的。同样，如果某评估是用于诉讼目的，未使用对诉讼事项有管辖权的法庭所认可的市场价值定义，该评估也不会被法院认可。

市场价值定义中的"条件"如何影响工作范围决策

市场价值在USPAP中是作为一个总体概念进行定义的。在评估业务中，市场价值由特定管辖当局（如法院、拥有法定权力的监管部门或公共机构）或客户群体（如房地美、房利美[①]）定义。

在市场价值评估中，评估师在决定如何更好地分析市场或为形成可信业务结论必须收集什么数据时，需要根据该业务中所采用的特定市场价值定义中的条件。本咨询意见中的市场价值定义范例演示了业务中所使用特定市场价值定义中可能包括的条件。

市场价值总是假定在某一特定时点，根据特定条件进行资产转让。市场价值定义所涉及的"条件"通常包括三大类：

(1) 各方当事人的关系、知识和动机（如买方和卖方）；
(2) 交易价格的计量（如现金、现金等价物或其他条件）；
(3) 交易的条件（如交易前在竞争性市场上展示一个合理的期间）。

市场价值评估侧重于理解买方和卖方根据特定价值定义中的条件如何对标的资产做出反映。虽然多数市场价值定义包括共同的要素，但并不是所有的市场价值定义都包括相同的条件。有经验的评估师理解不同定义之间的细微差别，执业时会根据所使用特定定义的条件采用数据并进行分析。

市场价值定义中的"知识"是指对被评估资产的知识、对该资产所在市场的知识以及被评估师认为与被评估资产具有合理竞争性的替代物的知识。[②]

评估师对于被评估资产所在市场应当具有至少与典型市场参与者相同的知识。通过在执业过程中进行调研和验证，评估师对标的资产及其可比参照物应当具有与典型市场参与者相同的知识。

关于标的资产的知识　在典型市场参与者应当了解的三个领域的知识（标的资产、市场和竞争情况）中，评估师首先应当涉及的领域是标的资产的知识，可以通过收集和验证标的资产信息等方式实现。这一环节可能会要求进行个人勘查，也可能不需要。

[①] 房地美、房利美是美国最大的不动产评估客户，对抵押评估有一系列的要求和规定，其中包括对价值的定义。——译者

[②] 见"咨询意见35——不动产和动产价值意见中的合理展示期"。

在市场价值业务中，相关特征（准则条文1-2(e)）是指那些对不动产可交易性有重要影响的特征。这些特征包括法律、经济和实体（物理）特征。如果不了解该资产进行交易的市场，就无法做出哪些特征具有相关性的决定。这就是为什么评估特定类型资产的专业能力和对标的资产所在市场的知识在业务中极为重要。

了解资产的相关特征也为选择适当的评估方法奠定了基础。

关于市场的知识 确信对标的资产所在市场具有充分知识所需要的工作范围可能会差别很大，从很少（只需要获得评估师已经知道的以外的知识）到进行广泛的新调研。如果标的资产是经常被评估的，或者位于评估师经常提供服务的区域，可能就不需要进行广泛的市场调研，只要确认用于分析的数据是现时的、充分的、相关的和可信的即可。

如果标的资产不是评估师经常评估的，或者其市场区域不是评估师所熟悉的，评估师为获得专业胜任能力就需要进行足够多的调研。正如专业胜任能力规则所指出的，可以通过几种途径达到这个目的（自我学习、与了解当地情况并具有专业胜任能力的评估师合作等）。

在决定工作范围的过程中，一个十分重要的环节是知道什么时候需要进行额外的调研。一名具有专业能力的评估师不能仅仅为了方便而假定自己具有相关知识。即使评估师经常评估位于某一区域的某类不动产，专业团体仍然提醒他确信工作范围中应当包括对分析中所使用数据的可信性、相关性、适当性、充分性和现时性进行验证。

这些做法符合准则条文1-1(b)，该条文要求应当根据评估的预期用途，确信评估中所履行的工作范围足以形成可信意见和结论。

关于替代物的知识 为了充分理解市场行为，需要在工作范围中包括足够的研究和分析，以确信充分理解与被评估资产类型和特定时间阶段相关的供求关系。在市场价值评估中，这就意味着除了市场通用数据，还需要收集、验证和评价竞争性资产交易、挂牌的数据和失败交易的数据。

交易条件 市场价值评估要求研究和分析足够数量的市场数据，以形成合理的展示期意见（参见准则条文1-2(c)注释和咨询意见35），展示期应当反映所在地区该类资产的典型营销方式。评估师如果在不同的市场区域进行评估，不得假定某地区的营销方式适用于所有区域。例如，在某些市场中，资产通常是以拍卖的方式进行交易，在某些市场中则以专业经纪为主，在其他市场中典型方式则可能是业主自行买卖。在特定时间、特定区域以及针对特定资产类型的情况下，每种方式可能都是正常的。明确营销方式和展示期就需要对标的所在市场有充分的理解。

市场价值定义意味着在资产交易中买方和卖方具有典型动机。这一条件就要求市场价值评估中的研究水平达到能够理解所使用交易案例中买卖双方动机的程度。导致交易的动机在确定某项交易的相关性或非相关性，能否将其作为可比交易案例等方面起着重要作用。

对交易数据的分析能够得出许多数量结果，但如果不理解促成这些交易的市场条件，这些数字是没有实际意义的。不理解交易时的市场条件以及某项交易的特定条件，评估师就无法合理确定该交易价格或以该价格为基础的任何比较要素能否代表市场价值。

标的资产的营销和交易历史及综合分析

在市场价值评估中,评估师所做出的工作范围决定应当明确符合准则条文 1-5 和准则条文 1-6 的研究和分析步骤。这些要求有两个目的,在市场价值评估中尤为重要。

第一个目的是确信评估师努力去获得与标的资产当前和最近市场行为相关的信息(准则条文 1-5(a) 和 (b))。这个尽职调查的要求与准则条文 1-1(b) 是吻合的。这一要求有利于防止误解某合同(交易协议或期权)、某市场价值报价中的价格,也有利于防止评估师随意地遗漏一次或多次近期交易的情况。

第二个目的是确信评估师对各种方法得出的初步价值结论进行综合分析,形成最终评估结论(准则条文 1-6)。

总结:

工作范围的确定是任何评估业务中的重要环节。业务中所进行研究和分析的程度应当与业务中所使用价值定义的特定条件相匹配。

在市场价值评估中,评估师确定的工作范围应当能够支持其评估结论,包括证明如何满足评估中所使用市场价值定义中的各项条件。定义中所包括的条件通常要求评估师具有较高的知识、能力并做出合理判断,这些都是有效完成评估过程所必需的。在市场价值评估中,评估师如果不能有效地明确并执行形成可信意见和结论所必需的工作范围,就没有履行其应尽的义务。

咨询意见 23　在不动产评估业务中明确评估对象的相关特征

咨询意见由评估准则委员会发布，并不构成新的准则或对现行准则的解释。咨询意见阐释评估准则在特定情况下的应用，并从评估准则委员会的角度提供相关评估事项和问题的解决建议。

主题： 在不动产评估业务中明确评估对象的相关特征

适用范围： 不动产

问题：

评估师如何确定不动产的何种特征与评估相关？

评估准则委员会对此问题的建议：

USPAP 和相关咨询意见参照

- 定义部分，尤其是以下定义：

评估（appraisal）：（名词）形成价值意见的行为或过程；关于价值的意见。
············

注　一项评估必须在数量上表示为确定的数值、数值区间或与以前的评估意见、数量基准（如估税价值、抵押价值）的关系（如不大于、不低于）。

业务（assignment）：根据与客户签订的协议由评估师提供的评估服务。
不动产（real estate）：可辨认的一宗或一片土地，包括改良物（如果有）。
不动产权（real property）：不动产所有权所包括的利益、权益和权利。
价值（value）：资产购买方、出售方或使用方与该资产之间的货币关系。

注　价值表达的是一个经济概念。因此价值从来就不是一个事实，永远是某项资产根据特定价值定义在某一特定时点的价值的意见。在评估业务中，价值必须是经过定义的，如市场价值、清算价值、投资价值等。

- 准则条文 1-2 (e)：评估师应当明确被评估资产的特征，这些特征应当与价值类型和定义、预期用途相关，包括：

(1) 地理位置及其实体、法律和经济属性；
(2) 需要进行评估的不动产权益；
(3) 评估业务中包括的任何动产、装修设施[①]或无形资产等非不动产资产项目；
(4) 任何已知的地役权、限制、财产留置权、租赁、保留、契约、合同、声明、

[①] "trade fixtures" 在本书中译为"装修设施"，指承租人为经营需要在所承租不动产上增加的一些营业设施，例如支架、展柜等。这些设施在法律上被认为是承租人所有的动产（虽然有可能固定在不动产上），承租人在租赁期届满后可以将这些设施移走，但一般需要就设施移动给不动产造成的损失予以赔偿。在评估中此类资产虽然属于动产，但一般仍将其与所附着的不动产一并评估，故列入不动产评估范围。——译者

特殊估税、法令及其他类似事项;

(5) 评估对象是不是部分权益 (fractional interest)、部分实物资产 (physical segment) 或部分持有权 (partial holding)。

不动产评估业务中的评估对象

不动产评估中的评估对象同时具有实体和法律特征。这些特征组合起来定义了评估对象,再加上价值类型和定义、业务结论的预期用途,就可以确定工作范围中应当包括哪些数据和分析。

评估师与资产所有者经常会使用物理性描述词语来讨论评估对象,如"我家""住房""我的土地""建筑物",但是被评估的并不是物理实体本身。

USPAP中不动产和不动产权的定义共同指出,不动产评估中的评估对象是所拥有的特定不动产的特定权利(或多种权利)。

所拥有的权利或多种权利的组合可以是部分拥有,如部分权益,也可以是全部拥有。不动产可以分为许多种形式,如土地、土地与改良物、不包括土地的改良物、不动产一种或多种实体特征的各种组合。此外,一种资产的类型,如A级写字楼,并未表明该特定不动产中的特定权利。因此,对某类不动产的调查或研究并不能使该类不动产成为准则1所规定的不动产评估业务中的评估对象。在此情况下,所进行的调查或研究工作并不是评估业务,因为没有评估对象。

理解这些不同的特征对于恰当明确不动产评估业务的评估对象以及确定该资产哪些特征与业务具有相关性是十分重要的。

评估对象的特征如何影响工作范围的确定

正如以上所讨论的,不动产具有不同的特征,每个特征都会对业务中的工作范围形成重要影响。参见以下范例。

1. 评估对象是单户住宅的完全所有权,该住宅位于某块已开发的土地上。这些组成部分(土地、建筑物及所有权)合在一起构成评估业务的评估对象。在该业务中,评估师将形成并披露市场价值意见。

该业务中的工作范围应当包括收集有关评估对象的特征数据,这些数据是该类不动产所在市场上能够反映最佳用途的重要数据。根据评估对象的特征,应当分析评估对象所在市场上其他拥有完全所有权的不动产的交易情况,这些交易在其他方面应当尽可能与评估对象相似。

2. 范例1中不动产其他各项特征保持不变,只是土地为租赁的,评估对象变为:
- 租客权益 (leasehold interest)①,如果预期使用者希望知道承租人通过租约所

---

① "leasehold interest" 和 "leased fee interest" 这两个术语在国内较少使用,在不同的场合,两者都曾被译为租赁权益,易引起混淆。在本书中,原文中的 "leasehold interest" 译为 "租客权益",原文中的 "leased fee interest" 译为 "租赁权益"。为准确体现原文含义,现将美国评估学会《不动产评估词典》中的相关定义原文摘录如下:

Leased Fee Estate—The ownership interest that the landlord or lessor maintains in a property under a lease with the rights of use and occupancy being conveyed or granted to a tenant or lessee. The ownership interest in a leased property.

Leasehold Estate—The interest which a tenant or lessee acquires under a lease including rights of use and occupancy for a stated term under certain conditions.

Source: Appraisal Institute. The Dictionary of Real Estate Appraisal. 5th ed. Chicago: Appraisal Institute, 2010. ——译者

拥有的在该不动产中的权利价值；

● 租赁权益（leased fee interest），如果预期使用者希望知道出租人通过租约所拥有的在该不动产中的权利价值。

要注意不动产标的（实物资产）未改变，但所拥有的标的权利发生了变化。这些变化对各项业务中工作范围以及相关数据的影响是重大的。例如，在市场价值评估中：

● 如果评估对象是租客权益，相关分析应当包括对与评估对象相似的不动产租客权益交易案例进行分析，这些交易案例应当在实体上和租约条款（现金流）方面与评估对象尽可能相似。

● 如果评估对象是租赁权益，相关数据应当包括与评估对象具有相似实体和现金流特征的交易案例数据。评估对象租约条款将决定改良物的特征在此业务中是否重要。如果租约在改良物经济寿命结束前中止，改良物的特征对评估是重要的。如果承租人必须在租约结束时拆走改良物，改良物的特征在此业务中则不重要。

3. 范例1中评估对象其他各项特征不变，但拥有的权利改为不可分割的1/3所有权。本范例中的工作范围与范例1和范例2有显著区别（见准则条文1-4（e））。

在能够获得的前提下，最相关的分析应当是对相似不动产的相似部分权益交易案例进行分析。如果没有上述交易案例，应当将研究扩展到次要的其他来源或非直接性分析，以形成、验证并支持部分权益的价值结论。

4. 某潜在客户准备以贷款申请人拥有完全所有权的不动产组合为保证发放贷款。作为贷款保证的是某当事人拥有的位于不同区域的几个相似不动产的所有权。

在此情况下，评估师应当特别关注业务结论的预期用途，以及该用途如何影响在分析中所采用的资产组合情况。由于业务结论必须对客户具有意义，对评估对象市场的分析应当符合预期用途，这种关注是极为重要的。

如果客户以贷款申请人的所有不动产为一项贷款提供保证，评估对象就是不动产整体（资产组合）。在此情况下，评估师应当研究和分析下列影响：评估对象的所有单独部分同时在市场出现，并由一位业主卖给一位买家。预期用途决定了评估对象特征的组合。

如果该客户准备在申请人持有的每项不动产可以处置（变卖）的基础上为贷款提供保证，该业务实际上是一份报告中提供多项评估结果或多份评估报告。在此组合下，每项不动产均是评估对象，由一位卖家在同一时期向（潜在的）多位买家出售。此种情况下，依然需要分析贷款申请人不动产组合中的所有不动产同时出现在市场上可能带来的影响，但不需要考虑必须在一个交易中卖给一个买家。

业务结论的预期用途改变了与评估相关的评估对象特征，也明显改变了相应的工作范围。在第一种情况下，与评估对象及其市场相关的数据应当反映评估对象作为不动产组合的特征，而不是作为组合中一个单项不动产的特征。在后一种情况下，相关的数据应当反映每个单项不动产的特征和市场条件。评估对象是不动产组合时，所进行的分析是将每项不动产作为组成部分或价值的增加部分对不动产组合进行分析，忽略了单项不动产市场和不动产组合市场之间的明显差别。特别需要说明的是，不动产组合作为评估对象的价值并不必然等于组合中各单项不动产价值之和，可能会高于，也可能会低于。

5. 某潜在客户为不动产开发项目进行融资,需要评估将用于单户住宅开发的融资。客户需要项目的价值意见,还要求提供 4 个楼层在假设已经完工并处于典型开发情况下每个楼层的价值意见。在该项目中,收购宗地、建设并销售完工住宅需要耗时数年。所要求的价值都是市场价值,评估基准日均为当前,预期用途均是用于开发贷款和按揭购房的保证。

此范例的重点之处在于该业务实际上涉及 5 项资产:整个项目再加上 4 个单独的楼层。在此案例中,以项目为评估对象时,包括土地和可以在土地上建设住宅的权利。在评估基准日住宅已按典型状况完工的非真实性条件下,4 个单独的楼层也成为评估对象。评估师应当对 5 个不同的评估对象形成并披露评估结论。

在项目开发贷款中,评估对象的相关特征是与项目相关的,与住宅无关;分析项目市场的工作范围也应当反映整个项目的特征。

在每个按揭购房贷款中,评估对象是单独的已完工住宅而不是项目;这些单独住宅的价值之和对项目价值而言没有意义。用单独住宅的价值之和代表项目的市场价值是一种错误的做法,将这些价值之和表述为项目的市场价值也是一种误导。

分析单独住宅市场所必需的工作范围与将项目作为评估对象而必须进行市场分析的工作范围存在明显的不同。

总结:

明确评估对象的相关特征,再加上根据准则条文 1-2 所需要收集的其他信息,将有助于评估师做出正确的工作范围决定。

在不了解完整信息的情况下承接评估业务,将会导致工作范围与评估业务中所要解决的评估问题之间的不匹配。在决定接受某项业务前,缺乏与客户的充分沟通,将会使工作范围不足或过多。工作范围过多时,评估师可能会不必要地失去评估业务机会。工作范围不足或者评估对象特征未根据预期用途进行恰当分析时,业务结论很可能是不可信或无意义的。

在决定哪些特征具有相关性以及确定适当的工作范围前,评估师应当与潜在客户进行沟通,收集价值类型和定义、预期用途、评估基准日以及不动产评估业务中评估对象的特征信息。

咨询意见 24　通常执业方式

咨询意见由评估准则委员会发布,并不构成新的准则或对现行准则的解释。咨询意见阐释评估准则在特定情况下的应用,并从评估准则委员会的角度提供相关评估事项和问题的解决建议。

主题:通常执业方式

适用范围:不动产;动产

问题:

准则条文 1-5 和准则条文 7-5 要求评估师在根据通常执业方式能够获得相关信息的情况下分析评估对象的某些信息。如何确定特定业务中的通常执业方式?

背景:

准则条文 1-5 和准则条文 7-5 所要求的分析加大了评估师尽职调查的程度。适当的尽职调查将会提升社会公众对评估行业的信心。这些规定的目的是在不增加评估师不必要负担的前提下,确信对评估对象过去交易的情况以及当前挂牌、期权或交易协议的研究是充分的,以提高社会公众的信心。

准则条文 1-5 和准则条文 7-5 所要求的数据能否获得,其变数很大。在某些情况下,可以从多个渠道获得这些数据。在其他情况下,可能无法获得交易和挂牌数据。

通常执业方式在很大程度上是由特定业务的工作范围所决定的。预期用途、预期使用者、价值类型和定义或其他因素的差异将会极大地影响工作范围。因此,某项业务的通常执业方式会不同于相似业务的通常执业方式。

评估准则委员会对此问题的建议:

<u>USPAP 和相关咨询意见参照</u>

- 确定某项业务中通常执业方式时可参照 USPAP 的下列规定:
  (1) 准则条文 1-2 (h) 和准则条文 7-2 (h);
  (2) 准则条文 1-5 和准则条文 7-5。
- 其他建议可参见"咨询意见 1——交易历史"。

<u>综合意见</u>

通常执业方式是根据评估师同行的行为所决定的,或者是由那些通常作为相似业务预期使用者的当事方的期望所决定的,而不是评估师的惯例或评估机构的政策。

为充分理解这一概念,需要回顾"工作范围"和"评估师的同行"的定义。

工作范围规则、准则条文 1-2 (h) 和准则条文 7-2 (h) 对"工作范围"做出

了规定。在 USPAP 中,"工作范围"定义如下:

> 在某项评估、评估复核业务中需要进行研究、分析的类型与深度。

研究评估对象的交易历史是工作范围的一部分内容。工作范围规则中可接受的工作范围注释部分指出:

> 工作范围符合或超过下列要求方被视为可接受:
> - 在类似业务中经常作为预期使用者的当事方的期望;
> - 评估师的同行在执行相同或类似业务中所采取的行为。

因此,并不是根据某位评估师的工作习惯来确定业务中的通常执业方式,而是由评估师的同行根据准则条文的要求所应当采取的行动或根据经常作为相似业务预期使用者的当事方的期望所决定的。

"评估师的同行"定义如下:

> 在相似类型的业务中具有专业知识和专业胜任能力的其他评估师。

除了通常执业方式的概念,评估师有责任根据业务的预期用途进行恰当的研究和分析。准则条文 1-1(b)和准则条文 7-1(b)指出:

> 执行评估业务时,评估师:
> 不得出现严重影响评估的重大疏忽错误或误差错误……

这些准则条文的注释部分指出:

> 评估师在确认和分析对业务结论可信性具有重要影响的因素、条件、数据和其他信息时,应当保持勤勉。

范例

1. 某复核人注意到不动产评估报告中没有对评估基准日前 6 个月内发生的评估对象交易进行分析。该交易在当地的房地产公司网络系统(MLS)中有记录,该区域评估师是能够获得该信息的,且该区域多数评估师订购了该系统信息。进行接触后,评估师声称他并未订购房地产网络系统信息,其通常执业方式中不包括查询该数据渠道。这样的答复是否合适?

不合适。该评估师未订购此信息渠道的事实并不能成为其不进行此类分析的理由。由于该市场区域内多数评估师均订购此信息,市场参与者均了解此情况并期望达到这样的尽职调查水平,评估师没有进行此项研究和分析不符合该市场的通常执业方式。

2. 某不动产评估师受雇对位于农村区域的不动产进行评估。交易价格记载于公共记录文件,但没有进行计算机处理。如果对公共信息进行个人分析则需要评估师去市政大楼花费较多的时间寻找相关记录。当地官员不会在电话中提供此类信息。该区域的多数评估师在分析交易数据时,使用一家当地的数据在线提供商的数据以及当地管辖区域内邮寄的季度交易报告。在这种情况下,评估师需要如何去做才能符合有关分析交易历史的要求?

在本案例中,通常执业方式就是使用当地数据提供商以及季度交易报告提供的信息。如果去市政大楼并不是当地多数评估师在评估此类资产类型时的典型做法,或者此类业务的客户也不期望这么做,这就不是此业务所要求进行的研究和分析工作。

3. 某动产评估师受雇评估一位知名艺术家的画作，评估目的为遗产税事宜。虽然该画是在评估前 6 个月内购买的，但继承人和遗嘱执行人都无法找到死者的购买文件。由于此画是在公共拍卖中购得的，且交易价格创了该艺术家作品价格的新高，因此该交易在报纸和行业出版物上被广泛报道。评估师在评估时使用了该艺术家其他画作的交易案例，但未包括评估对象最近的交易，并在报告中声明无法获得此次交易的相关文件。这样做是否符合准则条文 7-5 有关交易历史的要求？

这样做不符合准则条文 7-5 的要求。具有专业能力的艺术品评估师会研究报纸和行业杂志上的相关内容，建立工作文档或重要交易的数据库。因此，该评估师应当至少知道在新闻媒体中所披露的交易细节。

4. 在评估业务中，业主告知评估师评估对象在一个主要网站上进行交易挂牌。评估师没有进行更多的研究，只是在评估报告中指出该资产被挂牌出售。这样的做法是否符合 USPAP 的要求？

不符合。评估师应当分析当前的挂牌情况并在评估中对分析结果进行披露。由于挂牌是在互联网上进行的，社会公众均可获得此信息，它也是评估师在通常执业方式中能够获得的。

咨询意见 25 在涉及联邦权益业务中明确客户

咨询意见由评估准则委员会发布,并不构成新的准则或对现行准则的解释。咨询意见阐释评估准则在特定情况下的应用,并从评估准则委员会的角度提供相关评估事项和问题的解决建议。

主题: 在涉及联邦权益业务中明确客户

适用范围: 不动产

问题:

1990年8月,为执行《金融机构改革、复兴和实施法案》第11章的规定,联邦金融机构监管部门制定了评估规则。该规则要求接受监管的金融机构"如果由收费评估师进行评估,则该评估师必须由被监管的金融机构或其代理人直接聘用……"[①]。

在某些情况下,资产的业主可能会直接聘请评估师为某一预期用途提供评估服务,之后又希望在涉及联邦的贷款业务中使用该评估报告。此类情况及其他相似情况会产生一个问题:"评估师是否有义务确信其需要由联邦监管的金融机构直接聘用?"

评估准则委员会对此问题的建议:

USPAP 和相关咨询意见参照

- 定义部分,特别是"客户"、"预期使用者"和"预期用途"。
- 职业道德规则。
- 工作范围规则,要求评估师确定形成可信业务结论所需要的恰当工作范围。
- 准则条文 1-2(a)和 1-2(b),要求评估师明确客户、预期使用者和预期用途。
- 准则条文 2-1(a),要求评估师清晰、准确地说明评估事项,不得误导。
- 咨询意见 26——将报告改编(转交)给其他当事方。
- 咨询意见 27——为新客户评估同一资产。
- 咨询意见 30——联邦监管金融机构使用的评估。
- 咨询意见 36——明确并披露客户、预期用途和预期使用者。

意见

USPAP 要求评估师在评估业务中明确预期用途和预期使用者。USPAP 还要求

---

① 全国信用协会管理局(National Credit Union Administration)——12 CFR 722.5(b)。
联邦储备委员会(Federal Reserve System)——12 CFR 225.65(b)。
联邦储蓄保险公司(Federal Deposit Insurance Corporation)——12 CFR 323.5(b)。
美国货币监理署(Office of the Comptroller of the Currency)——12 CFR 34.45(b)。

评估师在进行业务宣传时不得误导（见职业道德规则中的管理要求）。咨询意见30就评估师为联邦监管金融机构提供服务时需要遵守的联邦规则和USPAP的规定等提供了指南。

在与潜在客户接洽时，为避免引起误导，评估师有责任进行恰当披露。如果评估师知晓某项评估的预期用途是或可能是与联邦监管金融机构相关的涉及联邦权益的交易，评估师有责任向该潜在客户进行披露，指出应当由放款人或其代理人直接聘请评估师。评估师也应当向该潜在客户披露，如果该项评估业务是为其他当事方提供的，评估师在以后将该报告改编或变更为提供给联邦监管金融机构的做法是违反职业道德的（相关指南参见"咨询意见26——将报告改编（转交）给其他当事方""咨询意见27——为新客户评估同一资产"）。

在评估师恰当履行这些披露责任后，如果客户仍然希望进行评估，评估师可以接受此项业务。在业务约定书和报告中列示这些披露是一种谨慎的做法（有关预期用途和预期使用者的信息参见咨询意见36）。

范例

1. 某住宅业主苏珊·戴利与评估师约翰·亨特接洽，要求评估她的住宅。她正在考虑进行再融资，希望在完成贷款申请前确定其住宅的价值。假设该项融资是联邦监管金融机构提供的涉及联邦权益的交易，约翰对该潜在客户具有什么样的责任？

在约翰接受此项业务前，他有责任向苏珊进行披露，指出在涉及联邦权益的交易中需要由放款人或其代理人直接委托评估师，因此相关机构不会接受他的评估报告。如果苏珊仍然希望委托约翰，在已经做出披露的情况下他可以接受该业务。

2. 某商业性不动产的购买者与评估师简·约翰逊接洽，以融资为目的要求对该不动产进行评估。购买者解释他将很可能把该报告提供给愿意为该不动产提供融资的某保险公司。只要将保险公司列为该业务的预期使用者，该保险公司不反对由购买者进行委托。但是，购买者也说他可能会向一家地方银行提出申请，该银行是接受联邦监管的金融机构。简能否接受此项业务？如果可以，她有什么样的披露责任？

简有责任向购买者披露在涉及联邦权益的交易中，应当由放款人或其代理人聘用评估师，因此联邦监管金融机构将不会接受她的评估报告。如果购买者仍然希望聘用简，做出上述披露后她可以接受此项业务。

咨询意见 26　将报告改编（转交）给其他当事方

咨询意见由评估准则委员会发布，并不构成新的准则或对现行准则的解释。咨询意见阐释评估准则在特定情况下的应用，并从评估准则委员会的角度提供相关评估事项和问题的解决建议。

主题：将报告改编（转交）给其他当事方[①]

适用范围：不动产；动产；无形资产

问题：

某项业务完成且报告已提交后，评估师可能会被要求改编（转交）该报告给另一当事方。在原始报告是为另一当事方提供的情况下，USPAP 是否允许评估师通过将新的收件人改为原客户以外的客户或新增加的预期使用者的方式改编（转交）报告？

评估准则委员会对此问题的建议：

USPAP 和相关咨询意见参照

- 职业道德规则中的保密和行为要求。
- 准则条文如 1-2 (a)、1-2 (b)、7-2 (a)、7-2 (b) 和 9-2 (a)、9-2 (b)，要求评估师明确客户、预期使用者和预期用途。
- 准则条文如 2-1 (a)、8-1 (a)、10-1 (a)，要求评估师清晰、准确地说明评估事项，不得引起误导。
- 工作范围规则，要求评估师确信除 USPAP 外，在业务中是否还需要遵守其他法律或规则。
- 咨询意见 25——在涉及联邦权益业务中明确客户。
- 咨询意见 27——为新客户评估同一资产。
- 咨询意见 36——明确并披露客户、预期用途和预期使用者。

意见

不允许。一旦评估师根据某特定预期用途为某特定客户和已明确的其他预期使用者提供了报告，不能再将该报告改编（转交）给其他当事方。

USPAP 中将"客户"定义如下：

> 在某项特定业务中通过雇佣或合同聘请评估师的一方或多方当事人。

[①] 原文是"readdressing (transferring) a report to another party"，本书中译为"改编"（转交），是指评估师以简单更改客户或其他预期使用者姓名或名称的方式，将以前为老客户及相关预期使用者出具的评估报告改编后转交给新客户的做法。这种做法在美国评估实务中曾经出现并且不断有此需求，为此 ASB 专门制定本咨询意见对此进行规范指导。——译者

> **注** 客户可以是个人、团体或实体，可以直接或通过代理人聘请评估师并与评估师沟通。

"业务"定义如下：

根据与客户签订的协议由评估师提供的评估服务。

"预期用途"定义如下：

评估师所提交的评估、评估复核业务结论的用途，由评估师在承接业务时与客户进行沟通确定。

"预期使用者"定义如下：

评估师承接业务时在与客户进行沟通基础上所确定的评估报告、评估复核报告的使用者，预期使用者可以以名称或类型的方式予以明确。

在所有业务中，明确客户、其他预期使用者和预期用途是很重要的事项。由于这些事项的明确将会影响评估师关于工作范围的决定，也会影响其他业务基本事项，因此必须在承接业务时予以确定。这些事项不得在业务完成后进行修改。相关说明可参照咨询意见36。

范例

1. A客户聘请某评估师对一项资产进行评估。评估师已向A客户提交评估报告。该客户最终决定不再进行该评估报告目的所涉及的交易。B客户接洽评估师，要求通过将报告中A客户的姓名改为B客户的方式将此份报告改编（转交）给B客户。这种做法可否接受？

不能。简单地在评估报告中改变客户的姓名并不能改变或替代评估师与A客户之间所建立的评估师-客户关系。因此，这种做法会引起误解。

2. 根据准则，此种情况下应当如何处置？

评估师可以将B客户的要求视为一项新的业务。为此，评估师需要与B客户建立新的评估师-客户关系，再为新客户评估该资产。有关保密信息及其他重要考虑事项的进一步讨论可参见"咨询意见27——为新客户评估同一资产"。

3. B客户为什么要求在为A客户提供的报告中出现其姓名？

B客户希望形成新的评估师-客户关系，因为该关系将影响评估师所承担的相应权利、义务和责任。

建立评估师-客户关系的正确做法是在承接业务时，与任何客户签署书面的约定书或协议。

咨询意见 27　为新客户评估同一资产

咨询意见由评估准则委员会发布，并不构成新的准则或对现行准则的解释。咨询意见阐释评估准则在特定情况下的应用，并从评估准则委员会的角度提供相关评估事项和问题的解决建议。

主题：为新客户评估同一资产

适用范围：不动产；动产；无形资产

问题：

在某些情况下，以前对某项资产曾进行过评估的评估师可能会被其他当事方要求对同一资产进行评估。有时这种情况会在第一次评估刚结束之后，有时可能会在数月或数年之后。如果评估师以前曾经为其他客户对某资产进行过评估，在什么情况下该评估师可以接受新客户的委托对同一资产进行评估？

评估准则委员会对此问题的建议：

USPAP 和相关咨询意见参照

- 职业道德规则中的行为部分。
- 职业道德规则中的保密部分。
- 咨询意见 25——在涉及联邦权益业务中明确客户。
- 咨询意见 26——将报告改编（转交）给其他当事方。
- 咨询意见 36——明确并披露客户、预期用途和预期使用者。

意见

如果在承接项目前向客户做出了适当披露并且所有既有的保密信息处置得当，USPAP 并不禁止评估师从之后的潜在客户处接受委托。

职业道德规则中行为部分的几处规定与此问题相关：

　　如果在接受业务之前或执行业务的过程中得知以下事项，评估师必须向客户披露，并在之后签发的每一份报告中声明[①]：

　　评估师在接受本次评估业务之前的三年中为评估对象所提供的任何服

[①] 向客户披露过去三年中为该资产提供过任何服务的义务是近年来 USPAP 新增加的内容，体现了评估行业对社会公共利益的维护。该义务不仅展示了评估师应有的诚实态度及绅士风度，更在第一时间保证了客户应具有的知情权和选择权，有利于避免一些不道德事件的发生。同时，USPAP 也再次严密地指出，此种披露义务不得与评估师的保密义务相冲突，即如果评估师与以前的客户有过协议不得在日后披露该评估师为该资产进行过评估，则评估师应当严格遵守此保密义务，不得在此业务之后三年内承接相关的业务。译者认为，向客户披露之前一段时间内为被评估资产进行过评估的义务应当引入中国《资产评估职业道德准则》。——译者

务，无论是以评估师的名义还是其他名义。

> **注** 除非与客户达成过将以前提供的服务列为保密事项的协议，否则，评估师可以将以前为某评估对象提供过评估服务的事实予以披露。如果评估师与客户约定不得披露其为该评估对象提供过评估服务，评估师应当在三年之内拒绝与该评估对象相关的所有业务。

职业道德规则中保密部分的几处规定与此问题相关：

评估师不得将（1）保密信息、（2）业务结论向当事方以外的人士披露。

评估师不得将为特定客户提供的特定业务结论提供给客户明确指定的人士以外的任何其他人。对业务、业务结论和客户的恰当理解有助于全面理解此项要求。

业务：根据与客户签订的协议由评估师提供的评估服务。

客户：在某项特定业务中通过雇佣或合同聘请评估师的一方或多方当事人。

> **注** 客户可以是个人、团体或实体，可以直接或通过代理人聘请评估师并与评估师沟通。

业务结论：评估师为某项特定业务形成的意见或结论。

正如这些定义所示，客户和业务结论都是相对于某项业务的。如果有一个新的潜在客户，为该新客户所提供的评估服务将构成一项新的业务，该业务结论也是相对于新业务的。因此，接受委托并在新业务中对同一资产进行评估，不应被视为将前次提交给客户的业务结论提供给第二个客户，即使价值结论是相同的。评估师应当注意如果评估基准日或工作范围发生变化，价值结论很可能会是不同的。评估师应当注意USPAP要求评估师为每一位客户提供公正的价值意见。

获取豁免

在实务中，有的评估师在接受委托为新客户对同一资产进行评估前，会从以前的客户处获得豁免，或向第一个客户披露为第二个客户所做的业务，但是USPAP并未做此要求。评估师应当知晓在某些情况下，将其他客户的存在以及为其他客户评估资产的事实告知客户可能会不符合职业道德规则中保密部分的要求，该要求如下：

评估师应当维护评估师-客户关系的保密性。

保密信息

在所有业务中，评估师在处理保密信息时都应当遵守职业道德规则中的保密要求。USPAP中对"保密信息"的定义如下：

符合下列条件之一的信息：
（1）客户在提供给评估师时明确为保密且从其他渠道无法获得的信息；
（2）根据相关法律或规定被列为保密或隐私的信息。

职业道德规则中保密要求如下：

评估师应当熟悉并遵守业务中涉及的所有与业务相关的保密、隐私法律和规定。

评估师不得将（1）保密信息、（2）业务结论向以下当事方以外的人士披露：客户、客户特别授权的当事方、州评估师监管部门、通过法律正当程序允许的第三方、经恰当授权的同业复核委员会（对该委员会的披露违反相关法律或规定的除外）。

如果以前的业务中包括任何保密信息，且该保密信息仍被列为保密信息，向其他客户或预期使用者披露这些信息的行为就违背了职业道德规则。这就要求评估师遵守所有的保密和隐私方面的法律、规定。

客户的期望

在某些场合下，客户会认为如果评估师向其他客户提供同一评估对象的评估服务，将会损害其合法商业利益。在这种情况下，客户和评估师可以在服务协议中约定评估师是否可以评估同一评估对象。诉讼业务中的客户可能会规定评估师不能为对方诉讼当事人评估同一评估对象。如果某评估师为拟通过拍卖出售资产的当事人提供资产的价值意见，评估师和客户可以约定评估师不得为拟参与竞标的当事方对同一评估对象进行评估。

范例

1. 范例A：诉讼

某评估师为涉诉的客户提供评估服务，之后又被要求为另一方当事人对同一资产进行评估。接受第二个客户的委托是否违背 USPAP 的规定？

如果已经向客户做出恰当披露且已恰当处理保密信息，接受此委托并不违反规定。但是在此情况下，仍有一些行业惯例。通常情况下，双方当事人会各自聘请一名评估师对评估对象进行评估。如果双方当事人无意共同委托一名评估师，各方当事人会在与评估师达成的协议中增加一部分规定，要求评估师不得为任何代表本次案件对方当事人利益的人士提供评估服务。

如果在客户与评估师之间没有上述约定，评估师应当向客户进行恰当披露，并考虑是否存在保密信息。对保密信息的掌握将可能会阻止评估师接受第二个客户的委托。在下列情况下评估师应当拒绝第二个客户的委托：

（1）评估师在第一次业务中使用了保密信息；

（2）该保密信息无法从其他来源获得；

（3）不使用该保密信息将无法形成可信结论。

但是，在满足下列条件的情况下，如果评估师能够确信不向第二个客户泄露前次业务中获取的保密信息，可以接受第二个业务：

（1）可以从其他渠道获得该信息（意味着该信息不是保密信息）；

（2）保密信息并不对形成可信业务结论构成实质性影响；

（3）在评估师做出恰当披露后客户同意聘请该评估师。

尽管如此，评估师应当确信未泄露相关保密信息，即使该保密信息对业务结论没有影响（如代表第一个客户的律师的诉讼策略）。

2. 范例B：竞争的银行

如果评估师已经为A银行评估了某资产，之后B银行与其接洽并要求其评估同一资产，USPAP是否禁止接受第二个委托？

如果做出恰当披露且保密信息得以恰当处理，并不禁止接受第二个业务。该委托构成第二个业务、新的客户以及客户和评估师之间的新协议。

咨询意见 28　工作范围的决定、执行和披露

咨询意见由评估准则委员会发布，并不构成新的准则或对现行准则的解释。咨询意见阐释评估准则在特定情况下的应用，并从评估准则委员会的角度提供相关评估事项和问题的解决建议。

主题： 工作范围的决定、执行和披露

适用范围： 不动产；动产；无形资产

问题：

工作范围规则指出：

评估师执行评估和评估复核业务，应当：

（1）明确需要解决的问题；

（2）确定并执行形成可信业务结论所必需的工作范围；

（3）在报告中披露工作范围。

工作范围规则的要求如何体现在评估和披露过程中？

评估准则委员会对此问题的建议：

<u>明确问题</u>

明确问题是每项业务的起始点。评估师应当收集和分析相关信息，并确信这些信息足以明确评估或评估复核业务中所需要解决的问题。为明确问题所需要的信息在评估、评估复核各相关操作准则中均有规定。例如，准则条文 1-2、5-2、7-2 和 9-2 列出了为明确评估业务中所需要解决的问题而应当进行定义和分析的业务要素。这些业务要素包括：

- 客户和任何其他预期使用者；
- 评估师意见和结论的预期用途；
- 价值类型和定义；
- 评估师意见和结论的基准日；
- 业务对象及其相关特征；
- 业务条件。

为了在确定恰当工作范围时做出重要的判断，需要对所要解决的问题予以明确。因此，在评估或评估复核业务中用于明确评估问题的业务要素也可以作为参照点，用于判断所执行的工作范围能否形成可信的业务结论。①

此外，恰当明确所需要解决的问题也是专业胜任能力规则所要求的，该规则

---

① 见"咨询意见 29——可接受的工作范围"。

指出：

> 在承接评估业务前，评估师应当确定其具有执行该项业务的专业能力。

专业能力要求：

1. 恰当明确所涉及问题的能力；
2. 以符合专业能力的方式完成该业务的知识和经验；
3. 知晓并遵守与评估师或该项业务相关的法律和规定的能力。

业务条件[①]是影响工作范围的业务要素之一。有些业务条件与选择无关，如由于资产已经毁损而无法进行资产勘查。有的业务条件是可以选择的，如客户为降低费用而要求对机器设备进行桌面评估。

工作范围的决定和执行

USPAP 认为在不同的业务中工作范围会差别很大。工作范围规则在确定工作范围方面提供了较大的灵活性。在允许的灵活性内确定适当工作范围的能力取决于评估师。因此，虽然客户向评估师提出所期望工作范围的做法是常见和合理的，但最终确定适当工作范围的责任在于评估师。

工作范围规则将灵活性和责任联系在一起，该规则指出：

> 评估师在确定执行评估和评估复核业务所需的适当工作范围方面有较强的灵活性。

工作范围规则对责任做出如下规定：

> 评估师应当能够证明（所执行的）工作范围足以形成可信业务结论。

举例而言，客户可能会要求评估师在工作范围内包括或排除某些特定的勘查、数据收集或分析工作。如果在这些业务条件下能够根据预期用途形成可信的业务结论，评估师可以承接这些业务。工作范围规则中可接受的工作范围部分指出：

> 如果在工作范围中排除了客户、其他预期使用者或评估师同行认为相关的调查、信息、方法或技术，评估师应当能够证明该决定的合理性。
>
> 如果业务条件对工作范围所构成的限制使得评估师无法形成与预期用途相关的可信业务结论，评估师不得接受这种业务条件。

决定工作范围的过程中需要做出判断。这种判断的做出需要评估师明确业务要素，理解为解决问题需要采取什么样的措施。在许多业务中，有经验的评估师由于具有较多类似业务（具有相似业务条件的业务）的经验，因此能够很快做出适当工作范围的判断。在其他业务中，由于所需要解决的问题具有一定的特殊性，评估师需要进行更多的分析才能确定适当的工作范围。在有的业务中，评估师可能在开始时确定了相关工作范围，但在执业过程中发现为形成可信的业务结论，需要对原定的工作范围进行调整。

工作范围规则认可实际执行的工作范围可能会不同于最初制定的工作范围：

> 确定工作范围在业务中是一个持续的过程。根据执业过程中发现的信息或条件，评估师可能需要重新考虑工作范围。

---

① 见定义部分中"业务条件"的定义。

披露所执行的工作范围

工作范围规则对披露工作范围的原因进行了解释：

> 由于客户和其他预期使用者依赖业务结论，因此需要……

该规则还指出：

> 报告中应当包括足够的信息，以使预期使用者能够理解所执行的工作范围。

评估师应当披露未进行的研究和分析工作，如果这种披露是预期使用者恰当理解评估报告和不引起误导所必需的。

这些披露要求适用于所执行的工作范围而不是评估师最初计划的工作范围。评估师应当披露评估过程中实际完成的研究、分析的类型和程度。此外，帮助预期使用者理解工作范围的信息还可能包括披露未进行的研究和分析。至于工作范围的描述出现在报告的哪一部分，准则未做要求。

范例

1. 某不动产评估师受雇评估一幢十二户公寓楼的市场价值。该楼有三种户型（带厨房的公寓、一卧室公寓及两卧室公寓）。评估师最初确定的工作范围中包括需要对每种户型的两户进行勘查。在勘查过程中，物业管理员只有一间两卧室公寓房的钥匙，因此评估师无法按原计划勘查另一间两卧室公寓房。

由于无法进入房间，该业务中的工作范围（包括勘查的程度）受到影响。如果评估师确定有足够的信息形成可信业务结论，他可以根据已完成的勘查情况完成此项评估。评估报告中需要对已执行的工作范围进行描述，说明已经勘查了五间房屋。

2. 某动产评估师受雇评估四件瓷器。报告的预期用途是用于与遗产税相关的诉讼目的。由于此次诉讼的原因之一就是这些瓷器的某些部分受到损坏，因此客户要求评估师对每件瓷器的所有组成部分进行检查。

评估师与遗产管理人就检查工作进行接洽时得知其中一件瓷器已经被封存，在法院规定的专家报告提交截止日期之前无法获得。

在此种情况下，业务条件改变了评估师的工作范围。根据这一业务的预期用途，评估师可能没有形成可信业务结论所必需的足够信息。评估师应当与客户就下一步的恰当行为进行沟通。评估师可以将工作范围变更，只评估可以检查的三件瓷器，或者就第四件瓷器的状况采用特别假设。

3. 某企业价值评估师评估私人持股公司（非上市公司），该公司拥有不动产和动产。在评估过程中，评估师通过研究发现公司产品的市场在下滑，管理层的预测无法得到支持。因此，评估师相信该公司在清算前提下的价值会高于在持续经营前提下的价值，这就需要根据准则条文 9-3 的规定开展相关工作，以形成可信的业务结论。

基于评估师在执业过程中通过研究和分析所发现的情况，工作范围需要进行调整。

4. 客户与某不动产评估师进行接洽，拟评估一正处于使用状态的生产厂房。客户要求评估师不进行现场勘查，以免打扰目前的使用人。客户还要求评估该建筑时使用成本途径。这些要求构成了业务条件，是评估师明确所需要解决的问题及确定恰当工作范围所需要考虑的一部分内容。

如果承接并完成此项业务，评估师需要：

- 确定客户的业务条件对工作范围的影响不会导致业务结论在该预期用途下不具有可信性；
- 通过勘查以外的方式收集相关特征的信息或采用特别假设；
- 在工作范围中包括采用成本途径，即使成本途径不是形成可信业务结论所必需的方法；
- 进行综合分析，在形成最终评估结论时恰当确定成本途径的适用性或适当性。

5. 某不动产评估师接受委托，对一幢三户住宅不动产进行评估。评估的预期用途是用于抵押融资。客户要求评估师不与市政官员验证三户住宅的法律状况（如是否符合规划、建筑条例、用途规定）。

由于评估师认为客户提出的业务条件严重限制了工作范围，根据预期用途无法形成可信的业务结论，因此评估师退出此项业务。以抵押融资为目的的业务中，对不动产的法律状况采用特别假设将会影响业务结论的可信性。

6. 某评估师受雇评估一单户住宅。评估师在明确所需要解决的评估问题后，确定了适当的工作范围，其中包括采用市场途径和成本途径。但是，在现场勘查时，评估师发现该住宅并不是单户而是由三户组成。

基于所发现的新信息，评估师重新考虑评估问题和适当的工作范围。评估对象特征的变化对工作范围造成重大影响。最初确定的工作范围不再适用，无法形成可信的业务结论。不动产类型从单户变为三户后，需要研究的数据种类和分析类型也随之发生变化。

新的评估问题要求对工作范围进行重新考虑。与新评估问题相适应的适当工作范围包括收益途径，成本途径不再是形成可信业务结论所必需的方法。

由于评估问题已经发生变化，评估师需要与客户进行沟通。

咨询意见 29 可接受的工作范围

咨询意见由评估准则委员会发布，并不构成新的准则或对现行准则的解释。咨询意见阐释评估准则在特定情况下的应用，并从评估准则委员会的角度提供相关评估事项和问题的解决建议。

主题：可接受的工作范围

适用范围：不动产；动产；无形资产

问题：

工作范围规则指出评估师的工作范围符合或超过下列要求方被视为可接受：
- 在类似业务中经常作为预期使用者的当事方的期望；
- 评估师的同行在执行相同或类似业务中所采取的行为。

如何判断业务是否相似？

谁是评估师的同行？

可接受的工作范围是否需要同时满足这两个条件？

评估准则委员会对此问题的建议：

<u>相似业务</u>

评估、评估复核业务所需要解决的问题是通过业务要素予以定义和描述的。明确评估问题所必需的业务要素在相关准则条文中均有规定（如准则条文 1-2、3-2、5-2、7-2 和 9-2）。这些准则条文是否适用取决于被评估资产的类型（不动产、有形动产①或无形资产及企业权益）和业务的类型（评估、评估复核）。

用于明确评估问题的业务要素类似时，这样的业务就是相似业务。业务要素包括预期用途、预期使用者、价值类型和定义、评估基准日、评估对象相关特征和业务条件等。

评估师收集关于业务要素的相关信息，以明确所需要解决的问题并确定可接受的工作范围。业务要素越相近，则业务越相似。

<u>评估师的同行</u>

USPAP 中对"评估师的同行"定义如下：

在相似类型的业务中具有专业知识和专业胜任能力的其他评估师。

作为特定业务中的评估师同行，该人士应当具备处理业务中评估问题的专业能力。这种能力包括下列知识和经验：

---

① 原文为"tangible personal property"。——译者

- 恰当明确评估或评估复核业务中所需要解决的问题；
- 确定评估过程中所需要进行的研究和分析的类型和深度；
- 恰当进行所需要的研究和分析工作。

由于不同业务需要不同的专业知识和能力，某人可能在某些业务中被视为评估师的同行，但在其他业务中可能就不能被视为评估师的同行。评估师的同行的确定总是需要结合特定业务的具体情况。

评估业务分为三个类别（不动产、有形动产或无形资产及企业权益），在每个类别中又根据相应的专业分为很多种。评估师可能在某一领域内具有专门的专业知识和能力，也可能具有较宽泛的专业知识和能力。仅持有同样类型或同等程度的专业资质，并不意味着该人士就能被视为评估师的同行。

确定某人是不是评估师的同行需要检查该人士与各业务要素有关的专业经历。例如，仅拥有评估同类型资产的专长并不足以证明该人士可以被视为评估师的同行。

应用

如果工作范围能够形成可信的业务结论，则该工作范围是可接受的。工作范围规则提出了确定工作范围可接受与否的两个标准且须同时满足。工作范围同时符合或超过下列要求方被视为可接受：(1) 在类似业务中经常作为预期使用者的当事方的期望；(2) 评估师的同行在执行相同或类似业务中所采取的行为。可接受的工作范围须同时满足这两个要求。

范例

1. 某评估师受雇对一单户住宅进行外部评估，预期用途是用于住房贷款。另一位评估师受雇对该区域的另一个单户住宅进行评估，预期用途是用于与联邦住宅管理局相关的贷款。由于两个评估对象是相似的，这两个评估业务是否要求同样的工作范围？

不。业务中的评估对象及其相关特征仅是明确评估问题的众多业务要素之一。由于预期用途和需要解决的问题存在重大差异，第一个业务中可以接受的工作范围在第二个业务中是不能接受的。例如，为联邦住宅管理局贷款目的而进行的评估需要包括额外的现场勘查要求。

2. 某位州注册评估师评估一个特殊性很强的工业性设施，该业务十分复杂，许多具有工业性不动产专业知识的评估师并不具备判断工作范围是否适当的能力。在此业务中，什么人可以被视为评估师的同行？

在此业务中评估师的同行应当是有能力完成相似业务的其他评估师。如果需要特殊的专业知识，其他不具备所需专业知识和专长的注册评估师不应当在此业务中被视为评估师的同行。为了找到具有评估相似复杂程度不动产类型或特殊预期用途的专业知识和能力的评估师，可能需要从其他地区的评估师中寻找。

3. 某企业价值评估师受雇评估一个小型私人持股公司25%的少数权益，预期用途是用于遗产税申报。价值类型是税法中规定的公允市场价值。该业务还需要雇用第二位评估师，复核第一位评估师的工作并对评估对象价值发表意见。第二位评估师需要符合评估师的同行的定义。所聘用的第二位评估师具有评估相似行业公司的经验，但主要是为交易目的评估100%的股东权益，从来没有以遗产税为目的评估过少数股东权益。在此业务中，第二位评估师是不是评估师的同行？

不是。在企业价值评估中，明确问题的一部分工作内容就是要明确评估对象所包含的控股权因素。评估过程中也需要分析控股权因素对评估对象价值的影响。符合评估师的同行定义的人士应当具有评估少数股权的专业知识和能力。此外，第二位评估师从来没有从事过相同预期用途的评估，这也使得他在此业务中不能被视为评估师的同行。

4. 某评估师同意在未来两天内完成业务。在做研究分析时，该评估师发现该业务的主要数据来源——当地计算机数据库关闭，三天之内无法使用。在此情况下应当怎么做？

如果评估师不能进行其同行能够进行且预期使用者期望进行的研究工作，该评估师应当修改业务条件以获得时间进行研究，或者退出该项业务。

咨询意见 30　联邦监管金融机构使用的评估

咨询意见由评估准则委员会发布，并不构成新的准则或对现行准则的解释。咨询意见阐释评估准则在特定情况下的应用，并从评估准则委员会的角度提供相关评估事项和问题的解决建议。

主题： 联邦监管金融机构使用的评估

适用范围： 不动产

问题：

根据 1989 年《金融机构改革、复兴和实施法案》第 11 章，美国联邦金融机构监管部门①（简称监管部门）制定了评估规定和指南。这些法律、规定和指南的目的是保护参加联邦储蓄保险的金融机构，要求相关评估事项遵守 USPAP。

评估师在提供联邦金融监管机构使用的不动产评估服务时具有什么责任？

评估准则委员会对此问题的建议：

<u>了解业务条件</u>

USPAP 要求评估师了解并遵守相关业务条件。评估师对预期用途和预期使用者的明确将对相关的业务条件构成影响。相关法律和监管部门评估规定、指南是联邦监管金融机构使用的不动产评估业务中的业务条件。这些业务条件包括但不限于：

- 法律，主要是 1989 年《金融机构改革、复兴和实施法案》第 11 章；
- 规定，主要是下列部门的评估规定：

——美国货币监理署（OCC）——12 CFR 34 第 C 部分；

——联邦储备委员会（FRB）——12 CFR 225 第 G 部分；

——联邦储蓄保险公司（FDIC）——12 CFR 323；

——全国信用协会管理局（NCUA）——12 CFR 722。

- 各部门公告和发布的指南，包括下列文件：

——《监管部门联合评估和估价指南》（Interagency Appraisal and Evaluation Guidelines）；

——《独立评估和估价职能》（Independent Appraisal and Evaluation Function）；

——《住宅开发贷款常见问题》（Frequently Asked Questions on Residential Tract Development Lending）；

——《评估规定常见问题和监管部门有关独立评估和估价职能的联合声明》（Frequently Asked Questions on the Appraisal Regulations and the Interagency State-

---

① 货币监理署、联邦储备委员会、联邦储蓄保险公司、全国信用协会管理局。

ment on Independent Appraisal and Evaluation Functions）。

本咨询意见所涉及的指南处于不断变化之中。评估师应当谨慎地与客户就特定业务中适用的现行指南进行沟通。评估师可以参照相关联邦金融机构监管部门网站上的文件以及当前公告中的信息。

遵守 USPAP

如果客户是接受联邦监管的金融机构，他们就需要遵守相关的规定和指南。在接洽和承接业务的过程中，评估师的责任得以明确。评估师应当了解和遵守业务中的条件，满足 USPAP 的下列要求：

（1）导言部分要求评估师以具有意义且不误导的方式进行评估和披露。

（2）职业道德规则要求评估师执行业务时遵守职业道德，具有专业胜任能力。

（3）专业胜任能力规则要求评估师有能力提供有效服务，其中包括了解和遵守相关法律和规定的特殊要求。

（4）工作范围规则要求评估师在评估过程中，确定、执行并披露形成可信业务结论所必需的工作范围。为确定适当的工作范围，需要评估师明确所要解决的问题，其中包括需要明确业务条件。

工作范围符合或超过作为正常预期使用者的当事方的期望时方被视为可接受。接受业务委托后，评估师有责任有效地满足相关业务条件。

（5）准则条文 1-1（a）是专业胜任能力规则的延伸，特别要求评估师熟知、理解并正确运用形成可信评估结论所需要的公认评估方法和技术。

（6）准则条文 2-1（a）和 2-1（b）要求书面评估报告：(a) 清晰、准确地以不会引起误导的方式说明评估；(b) 包括足够的信息，使评估业务预期使用者能够恰当理解报告。

（7）准则 2 也要求报告内容与预期用途相吻合。

相关监管部门发布的评估法律、规定中并未排斥对 USPAP 的遵守，因此无须启用管辖除外规则。

评估师应当明确并考虑业务的预期用途和预期使用者，以理解其根据 USPAP 所承担的评估和披露义务。监管部门评估规定和指南包括业务中所适用的业务条件，因此评估师需要遵守这些适用的业务条件，以遵守 USPAP 中关于评估和披露的要求。

未能遵守业务条件

如果评估师未能了解和遵守相应的业务条件，他就违背了 USPAP 的一条或多条要求。

- 如果评估师表示将根据相关业务条件执行评估业务，但后来未能遵守这些业务条件，他就违背了职业道德规则。
- 如果评估师在无意中未能了解或遵守业务条件，他就违背了专业胜任能力规则。
- 如果评估师未能根据形成可信业务结论所必需的业务条件进行评估，他就违背了工作范围规则和准则 1。
- 如果评估师未能根据业务条件披露业务结论，无法使预期使用者恰当理解评估报告，他就违背了准则 2。

评估师执行联邦监管金融机构使用的评估业务时应当遵守的义务

请注意：本部分中引用的内容均来自相关监管部门的评估规定。① 所引用的内容仅是整个规定的一部分，评估师应当阅读相关规定的全文。

评估师独立性

相关监管部门的评估规定指出：

"如果评估是由评估师职员提供的，则该评估师应当独立于放款、投资和收款职能，除了以评估师身份外，他不能介入涉及联邦权益的业务，不得在资产中拥有直接或间接的利益、财务或其他关系。如果具有资格从事评估的人员仅有一名，他也需要参与金融机构内部放款、投资和收款等职能工作，该受监管的金融机构应当采取适当措施确信该评估师做出独立判断。这些措施包括但不限于：禁止该人士对他以其他方式已经参与的涉及联邦权益的业务提供评估服务，禁止董事或官员对他们提供评估服务的资产进行投票或审批。"

"如果评估是由收费评估师提供的，该评估师必须由受监管的金融机构或其代理人直接聘用，不得与所涉及的资产或业务存在直接或间接的利益、财务或其他关系。"

"在满足下列条件的情况下，受监管的金融机构也可以接受另一家金融机构直接聘用的评估师提供的评估服务：

(1) 该评估师与相关资产或业务不存在直接或间接的利益、财务或其他关系；

(2) 受监管的金融机构确信该评估符合本节要求且该评估是可以接受的。"

有关这些要求的更多信息及相关的 USPAP 义务参见"咨询意见 25——在涉及联邦权益业务中明确客户"和"咨询意见 26——将报告改编（转交）给其他当事方"。

评估操作和披露

监管部门的评估规定指出：

"在涉及联邦权益的业务中，所有评估至少需要满足下列要求：

(a) 遵照以评估促进会下属评估准则委员会（ASB）制定的 USPAP 为代表的公认评估准则，除非基于银行业务的安全性和恰当性原则需要执行更严格的准则；

(b) 评估报告为书面形式，并包含充分、足够的信息及分析，能够支持金融机构做出是否开展该业务的决定；

(c) 分析和披露对计划建设或更新、部分租赁的建筑物、非市场性租赁条件以及有未出售单元的开发项目所进行的适当抵扣或折让；

(d) 在本节中提供的市场价值定义基础上进行评估；

(e) 必须根据本节的要求由州注册评估师或许可评估师进行评估。"

市场价值定义

监管部门评估规定中指出：

"市场价值指在公开竞争市场上的公平交易中资产应当实现的最可能价格，买方

---

① 美国货币监理署——12 CFR 34.45（b）、联邦储备委员会——12 CFR 225.65（b）、联邦储蓄保险公司——12 CFR 323.5（b）、全国信用协会管理局——12 CFR 722.5（b）。

和卖方均谨慎行事并具有相应的知识，价格未受到不正常动机的影响。本定义指在满足下列条件的情况下，于特定日期完成交易并将所有权由卖方转移给买方：

(1) 买方和卖方具有正常动机；

(2) 双方充分知情且以追求各自利益最大化为基础采取行动；

(3) 在公开市场有合理的展示期；

(4) 交易是以美元现金计价或以可比的财务手段计价；

(5) 价格代表了资产的正常对价水平，未受交易任何一方提供的特别或特殊融资、交易折让的影响。"

常见问题

1. 在联邦监管金融机构使用的评估业务中，业务条件如何影响评估师的工作范围和报告内容？

评估师承接需要遵守监管部门评估规定和指南的业务时，在评估过程中有义务遵守相应的评估规定和指南。

2. 什么是不动产相关的金融业务？

该术语在《金融机构改革、复兴和实施法案》第 11 章及监管部门评估规定中有定义，指"涉及以下因素的业务：

(1) 不动产或不动产权的销售、租赁、买卖、投资或交换，或者相应的融资业务；

(2) 不动产或不动产权的再融资；

(3) 为获取贷款或进行投资（包括抵押担保证券）而以不动产或不动产权进行担保。"

3. 什么是涉及联邦权益的业务？

该术语在《金融机构改革、复兴和实施法案》第 11 章中定义为"符合下列条件的涉及不动产的金融业务：

(1) 联邦金融机构监管部门或债务重整信托公司参与、签署合同或进行管理；

(2) 需要评估师提供评估服务。"

监管部门评估规定中明确了需要评估师提供服务的业务。部门评估规定还列出了可以不需要评估师提供评估服务的业务种类。

4. 监管部门评估规定是否适用于联邦住宅管理局（FHA）、退伍军人事务部（VA）、房利美（Fannie Mae）、房地美（Freddie Mac）、萨利美（Sallie Mae，学生贷款市场协会）？

联邦住宅管理局、退伍军人事务部、房利美、房地美、萨利美不受联邦金融监管部门的管理，因此无须遵守其评估规定。

咨询意见 31　涉及多个评估师的业务

咨询意见由评估准则委员会发布，并不构成新的准则或对现行准则的解释。咨询意见阐释评估准则在特定情况下的应用，并从评估准则委员会的角度提供相关评估事项和问题的解决建议。

主题：*涉及多个评估师的业务*

适用范围：*不动产；动产；无形资产*

问题：

评估或评估复核业务涉及多个评估师时，USPAP 有什么要求？

背景：

许多评估业务中有多个评估师参与。一些常见的情况包括但不限于：

- 两名评估师在一项业务中平等地合作。
- 某位评估师的工作被更高级别的评估师复核或指导。
- 某人接受评估师培训（受训人），由另一个已经具有相应资格的评估师进行指导和监督。
- 为评估公司提供服务的独立评估师或承包人。
- 两名或两名以上不同专业领域的评估师在某项业务中合作。

当某项业务涉及多个评估师时，在履行 USPAP 所要求的工作记录保存、签字和声明等义务时可能会产生问题。

需要关注的是，USPAP 并没有将评估师定义为在相关州进行注册或许可。USPAP 将评估师定义为，被认为具有能力提供评估服务且以独立、公正和客观态度执业的个人。这种期望是确定什么人被视为评估师的关键因素。因此，一个正在根据州注册相关规定进行培训的人也可以根据 USPAP 的定义被视为评估师。需要根据相关各州的法律去理解各管辖区域里评估师和受训人的特定定义。

评估准则委员会对此问题的建议：

<u>相关 USPAP 参照</u>

- 工作范围规则，要求评估师披露所执行工作范围。
- 资料保管规则。
- 准则条文 2-2 (a)(7)、2-2 (b)(7)、4-2 (g)、6-2 (g)、8-2 (a)(7)、8-2 (b)(7)、10-2 (a)(8)、10-2 (b)(8) 对有人提供重要帮助时应做的披露提出具体要求。
- 准则条文 2-3、4-3、6-3、8-3、10-3 明确了对签署声明的评估师的要求，也就评估师提供重要帮助但未签署声明的情况做出规定。

资料保管规则

资料保管规则要求：

评估师应当为每项评估、评估复核编制工作底稿。工作底稿应当在任何报告签发之前就已存在。

该规则也规定工作底稿必须保存一定的时期，并指出：

评估师应当保管其工作底稿，或者与保管工作底稿的当事方就工作底稿的保存、获得和检索达成协议。

保管工作底稿的评估师应当允许其他有权获得该业务工作底稿的评估师基于以下目的获得或取回这些工作资料：

- 向州评估师监管部门提交；
- 基于法律的正当程序要求；
- 向经恰当授权的专业同业复核委员会提交；
- 基于检索的安排。

某项业务涉及多个评估师时，无论评估师是否签署了声明，每名评估师在工作底稿方面都具有相同的义务。为履行此义务，每名评估师都可以保存一份工作底稿的副本。或者评估师之间可以达成保管协议，约定将工作底稿存放在某地，每名评估师都有权调用工作底稿。无论通过哪种方式，所有参与业务的评估师都必须符合 USPAP 关于这方面的要求。

声明和签字

所有评估、评估复核报告中都必须有一份经签署的声明。在包括提交函在内的评估报告任何部分签字的评估师，都应当签署声明。

经签署的声明是业务内容的重要披露。它表明评估师了解作为评估师应具有的职业道德义务。在单一专业领域的评估业务中，该声明还证明报告中所披露的分析、意见和结论是签字人的观点。提供了重要评估帮助但未签署声明的人员也需要在声明中披露。为某项业务提供重要评估、评估复核帮助的评估师应当签署声明，或者在声明中被披露。某项业务涉及多个评估师时，USPAP 允许以多种方式进行声明，包括：

- 所有评估师可以签署一份声明，承担整个分析和报告的责任，如果他们都具有专业胜任能力；
- 一名评估师可以签署声明，将提供重要评估、评估复核帮助的人士姓名列出。在这种情况下，具体帮助的性质应当予以披露，但不必在声明中披露。
- 在涉及多个专业领域（如不动产评估和动产评估）的业务中，评估师可以签署声明，只对与其专业领域相关的声明、业务结论和报告内容承担责任。
- 在有多个评估师参与的涉及多个专业领域的动产评估业务中（如涉及古董、艺术品、珠宝玉石、机器设备等），评估师可以签署声明，只对与其专业特长领域相关的声明、业务结论和报告内容承担责任。

重要的专业帮助

USPAP 并未明确在评估和评估复核业务中什么样的帮助能够构成重要的评估帮助。重要的帮助应当是足以影响业务结论形成的帮助。该帮助应当与评估程序相关，且需要评估专业胜任能力。因此，只有这样的人士才作为评估师签署声明，或者在声明中被明确为提供重要评估帮助。重要评估帮助的例子包括但不限于：明确（研究和选择）可比物业和数据，勘查标的资产和可比资产，估算应计折旧或预测收入和成本。

评估师经常会依赖一些并不构成重要评估帮助的支持性工作。虽然评估师有责任决定提供帮助的任何人士的角色，以下一些工作（不限于此）通常不会被认为是重要的评估帮助：在测量结构时记录评估师提供的测量数据、为标的资产进行拍照、提供文书记录服务。

提供帮助的评估师必须遵守适用于其所提供帮助工作的 USPAP 的相关规定。例如，如果评估师所提供的帮助仅是在不动产评估业务中进行成本法评估，该评估师应当遵守相关的规则（如职业道德规则）、准则条文 1-1、1-3、1-4（b）及准则条文 1-4 中的任何适用部分、准则条文 1-6（a）。

范例

受训人签署报告时的工作底稿义务

1. 珍妮弗作为不动产评估师，为履行州注册培训程序正在接受培训（受训人）。她的工作包括与指导她工作的评估师共同完成业务并联合签署评估报告。她是否需要保存所完成业务的工作底稿副本？

如果珍妮弗在业务中扮演的是评估师角色，USPAP 提供了两个选择：（1）她可以保存工作底稿原件或副本；（2）她可以与其雇主或指导评估师达成覆盖保存期限的保管协议。

通常情况下，受训评估师和指导评估师各自保管一份工作底稿。或者由指导评估师保管工作底稿，但允许受训评估师调用。这两种安排都符合资料保管规则。

受训人不签署报告时的声明要求

2. 其他条件与范例 1 相同，但受训评估师不签署报告，由较高级别的评估师签署报告。每名评估师根据 USPAP 具有什么样的声明义务？

USPAP 指出，如果签字评估师依赖了未签署声明的其他人所做的工作，签字评估师应当对其做出的信赖受训评估师工作的决定承担责任。

未签署声明但提供重要帮助的受训评估师的姓名应当在声明中披露。准则并未要求在声明中对这种帮助进行描述，但根据准则 2、4、6、8、10 的规定，帮助的程度应当在报告中予以说明。描述的深度需要根据各业务所选择的评估报告类型确定。例如，在评估报告中应当概要说明重要帮助的程度。

拥有工作底稿

3. 某评估师是评估机构的雇员。评估机构宣布将办公地址迁往其他城市，要求所有未搬迁至新地点的评估师将他们的工作底稿交给机构。该评估师认为他需要保存工作底稿。谁对谁错？

资料保管规则并未要求评估师占有工作底稿。雇佣合同及其他雇佣协议通常会要求评估师在离开机构时或其他情况下需要将工作底稿留下。如果评估师必须放弃对工作底稿的实际占有，评估师应当做出适当安排，确保在保管期限内有权调用工作底稿。根据本案例的情况，另一个解决方案是评估师获得雇主的同意，对工作底稿进行复印。

4. 乔纳森是受训的评估师，与指导其工作的评估师已经工作了一段时间。最近，他的指导评估师告诉他，由于他只是一名受训评估师，他无权调用他曾经提供重要专业帮助的业务工作底稿。该指导评估师的话是否正确？受训评估师是否有权调用工作底稿？

指导评估师的话是不正确的。USPAP规定工作底稿保存责任的主体是评估师。由于乔纳森发挥的是评估师的作用，就成为USPAP所定义的评估师。在涉及多个评估师（如受训评估师和指导评估师）的业务中，每名评估师都有责任遵守资料保管规则的要求。

指导评估师应当知晓，包括受训评估师在内的所有评估师必须能够至少在5年内调用工作底稿。在下列情况下，指导评估师不得妨害受训评估师调用工作底稿的权利：

- 向州评估师监管部门提交；
- 基于法律的正当程序要求；
- 向经恰当授权的专业同业复核委员会提交；
- 基于检索的安排。

拒绝受训人调用其参与过项目的工作底稿是违背职业道德规则的。

如果某团体或机构执业时不遵守USPAP，受雇于该团体或机构的评估师则应当在此情形下采取适当的措施以遵守USPAP。

承认重要评估帮助

5. 评估师马修与另一位更高级别的评估师共同执行一项复杂的评估业务。他的任务只是根据高级评估师提供的信息进行收益法计算。在该业务中如何恰当地描述马修的角色？

由于马修的工作仅限于业务的一部分工作，没有必要让他签署声明对整个业务承担责任。USPAP要求在声明中列出马修的名字，他所提供重要帮助的性质需要披露。

6. 玛格丽特在一项复杂的评估业务中承担部分工作，但她没有能力完成全部业务。作为受训工作的一部分，她阅读了报告并与高级评估师进行讨论。在她关于业务的知识得以扩充后，她想与高级评估师一起签署声明。这样做是否妥当？

不妥。如果签署声明，她将对所有的声明内容、业务结论和评估报告内容承担全部责任。虽然她有能力完成分配的工作，但阅读报告并与高级评估师讨论并不表明她具有相应专业胜任能力。因此，她不能签署声明，不能承担业务结论的全部责任。

7. 我是一家大机构的受训评估师。我们最近向客户提交了一份报告，我在该业务中提供了重要帮助。报告中表述我在评估过程的各环节均提供了帮助，我的名字也在声明中予以披露。客户的复核人员给我发送了一个要求:"因为你是评估师,如果你在评估的所有环节都提供了帮助,就应当签署(声明)。"签署该报告的主导评估师认为还是只由他签署为好,因为我并未取得许可证。没有法律或规定禁止我在此项业务中签署声明。我应当如何去做?

  未取得许可证的评估师应当与主导评估师就此事进行讨论,因为 USPAP 允许以多种方式进行声明。主导评估师选择了在声明中认可受训评估师的重要专业帮助而不是允许他签署。帮助的性质也需要披露,但并不需要在声明中说明。受训评估师所完成的业务部分应当在报告中予以概要说明,而不是仅仅说明受训评估师在业务的所有环节提供了帮助。

咨询意见 32　从价税评估和批量评估业务

咨询意见由评估准则委员会发布，并不构成新的准则或对现行准则的解释。咨询意见阐释评估准则在特定情况下的应用，并从评估准则委员会的角度提供相关评估事项和问题的解决建议。

主题：从价税评估和批量评估业务

适用范围：不动产；动产

问题：

Ad Valorem 是拉丁语，意思是"根据价值"。在从价税业务中，评估或批量评估被用来确定税赋的价值基础。本咨询意见为以从价税为目的的评估业务和批量评估业务提供指导性意见。

在本咨询意见中，评估业务是指准则 1 和准则 2 或准则 7 和准则 8 所规范的业务，批量评估业务是准则 5 和准则 6 所规范的业务。

评估准则委员会对此问题的建议：

准则的应用

从价税评估业务包括评估业务和批量评估业务。

- 准则 1 和准则 2 对特定日期特定不动产权益评估业务的操作和披露予以规范。
- 准则 5 和准则 6 对不动产和动产批量评估业务的操作和披露予以规范。批量评估是指在某一日期通过采用标准化方法、引用共同数据、进行统计测试等方法对某类群体资产进行评估。批量评估为获得价值估计值提供了系统性方法和评估方法及技术的统一应用，对于价值估计值可以进行统计复核和结论分析。
- 准则 7 和准则 8 对特定日期动产权益评估业务的操作和披露予以规范。

区分批量评估的要点在于：(1) 评估对象是资产的组合，意味着一项资产以上；(2) 评估过程中采用标准化方法并进行统计测试。这些模型可以以成本途径、收益途径、市场途径或这三种途径的混合为基础。

明确预期使用者

在从价税评估业务中，客户通常是聘请评估师的政府部门或税务部门。根据 USPAP 的定义，预期使用者包括客户。通过与客户的沟通，评估师可以明确其他预期使用者。为符合披露要求而获得报告的当事方并不能成为评估业务或批量评估业务的预期使用者，除非评估师将该当事方明确为业务的预期使用者。

工作范围

在包括以从价税为目的的所有评估业务和批量评估业务中，适当工作范围的确定是建立在明确相关问题的基础上。明确问题所必需的业务要素在准则条文1-2（不动产评估）、准则条文5-2（不动产或动产批量评估）和准则条文7-2（动产评估）都有规定。在这些信息的基础上，评估师能够确定形成可信业务结论所必需的工作范围。

在从价税评估业务中，估税管辖当局相关的法律、规定列出了明确问题所需要的业务要素。例如，法律通常会规定价值类型和定义、评估基准日（税收年度、课税年度、评估日期等）。无论明确问题所需要的业务要素来源于何处，评估师应当明确所需要解决的问题，确定并履行形成可信业务结论所必需的工作范围。

批量评估业务的工作范围可能还会包括有关评估水平（总评估值与实际价格比较）、同类资产价值（相似类别资产的价值）等方面的考虑。准则条文5-1（a）指出：

> 评估师执行批量评估业务应当熟知、理解并正确运用形成可信批量评估结论所需要的公认评估方法和技术。

评估师有责任确定在什么时候需要使用评估水平和同类资产价值的概念，以在从价税批量评估中形成可信业务结论。

披露

准则条文6-1和6-2规范不动产、动产批量评估的披露。批量评估报告应当清晰地说明批量评估的要素、结论、意见和价值结论。在从价税批量评估中，地方法律可能会对披露和提供业务结论的程序提出额外要求。

在批量评估中，每项资产的价值意见都是将适用于资产群体的标准方法运用于批量评估模型后得出的。评估整个群体资产价值的批量评估模型有许多种。单项资产的记录或表格可以说明在批量评估模型中特定资产是如何评估的。准则条文6-2所要求的书面批量评估报告并非针对每一个单项资产。只有掌握准则条文6-2所要求的所有信息和分析后，才能理解批量评估中单项资产的结论。

准则2和准则8对不动产和动产结论的披露（分别）做出规定。书面评估报告必须采用评估报告或限制评估报告等类型。

客户可能会要求评估师提供某单项资产的结论，即使该资产是作为批量评估业务的一部分进行评估。USPAP对此并没有做出规定。准则2中的披露要求适用于根据准则1进行的评估业务，不适用于根据准则6所进行的批量评估业务。但是导言部分的第二句话指出：对评估师而言，以严肃且不误导的方式进行评估并与预期使用者就分析、意见和结论进行沟通是十分重要的。此外，职业道德规则指出：评估师在提供业务结论时不得故意误导或欺诈。因此，如果评估师提供单项资产的批量评估结论，应当以严肃且不误导的方式进行披露。

在从价税评估业务中，相关公共政策会告知业主通过批量评估得出的资产价值。这种通知是根据管辖区域内的程序性要求做出的。这些给业主的通知并不构成USPAP所定义的"报告"。因此，根据相关披露要求获得这种通知的当事方并不能成为预期使用者，除非评估师将其明确为业务的预期使用者。

工作底稿要求

资料保管规则的要求也同样适用于以从价税为目的的评估业务或批量评估业务。

评估师的业务工作底稿保存了证明评估师遵守 USPAP 的证据，以及支持评估师意见和结论的其他信息。

在批量评估中，根据资料保管规则，评估师需要为该批量评估业务编制工作底稿，不需要为批量评估中的每项资产建立工作底稿。批量评估工作底稿包括支持所有资产批量评估结论的信息。这些支持性信息可以采取包括电子文档在内的任何媒介形式保存，包括资产记录、市场数据、交易价格比率及其他统计研究、评估手册和文件、市场研究报告、模型设计文件、规定、法律、资产照片、草绘图、航拍图、地图、自动地理信息地图系统、工作表、电子表格和分析报告。USPAP 并未规定工作底稿的形式或格式，也未要求必须将工作底稿的各项内容存放在一处。

从价税评估业务中工作底稿的保管受到 USPAP 和管辖区域的保管要求的约束。资料保管规则中关于文档保存时间的要求是最低要求。超过 USPAP 规定的期限是允许的。除非法律或法规另有规定，USPAP 不允许评估师以任何理由在短于 5 年的期限内销毁文档。

管辖除外规则

管辖除外规则豁免评估师对 USPAP 部分内容的遵守义务，如果这些要求违背特定管辖区域的法律或规定。如果 USPAP 中有一部分内容违背相应的联邦、州或地方法律和规定，仅违背的部分无效。评估师使用管辖除外规则时，必须恰当披露对 US-PAP 部分内容遵守义务予以豁免的合法权威部门。

使用管辖除外规则是由于 USPAP 的规定与管辖区域内法律或规定要求相冲突而不是基于客户或评估师的考虑。

USPAP 并没有规定什么人或什么业务需要遵守该准则。因此，决定是否遵守 USPAP 时不能使用管辖除外规则。

是否表明为评估师是判断什么人需要遵守 USPAP 的基础。这是因为某人向社会公众表明自己是评估师时，就使得社会公众合理期望相关评估服务将遵照 USPAP。法律、规定或协议要求遵守 USPAP 时，应当遵守。即使管理部门的政策并不要求遵守 USPAP，其他相关法律或规定也可能会要求遵守。

范例

1. 某评估师为下一年的纳税清单提供评估服务。在批量评估模型中对住宅性不动产、公用资产、通用商业不动产或大型商业物业进行评估，应当遵守哪个准则？

因为评估对象是资产群体且使用批量评估模型进行评估，该业务应当遵守准则 5 和准则 6。

2. 某评估师使用批量评估模型完成从价税批量评估业务，有一项特殊性不动产被认定无法采用批量评估模型进行评估。该不动产将被作为单项资产进行评估。该特殊性不动产的评估应当遵守哪个准则？

即使该特殊性不动产是为从价税目的进行的评估，但由于评估对象是单项资产而不是资产群体，因此应当遵守准则 1。

3. 某税基评估进入到上诉程序中。在上诉程序中需要对某单项资产进行评估，应当遵守哪个准则？

因为被评估的是单项资产而不是资产群体，应当遵守准则 1 或准则 7。

4. 某评估师以从价税为目的进行批量评估。每项资产都制作了资产记录卡。根据准则 6，每个资产记录卡是不是一份报告？

不是。资产记录卡不是批量评估报告，它只是支持批量评估的信息和分析之一。

咨询意见 33[①]　折现现金流分析

　　咨询意见由评估准则委员会发布，并不构成新的准则或对现行准则的解释。咨询意见阐释评估准则在特定情况下的应用，并从评估准则委员会的角度提供相关评估事项和问题的解决建议。

主题：折现现金流分析

适用范围：不动产

问题：

　　折现现金流（DCF）分析是收益评估途径中一种被广泛接受的分析工具和评估方法。折现现金流技术通常用来确定投资的潜在利润或回报。由于依赖于对未来不确定事件的分析，在应用过程中很容易出现误用。评估师采用什么措施能够在应用折现现金流分析中符合 USPAP 的要求？

背景：

　　在评估很多类型的资产时都可以采用折现现金流分析。折现现金流分析可以用于评估或分析将要进行的建筑项目、土地开发、共有项目开发[②]或置换、修复改造及能产生收益的各种类型不动产。折现现金流分析已经成为许多不动产客户和其他预期使用者的需求。这些评估服务的使用者倾向于把折现现金流分析作为一种管理工具，用于预测现金流量和预期回报、资本需求、再融资机会和未来资产处置适当时间等。折现现金流分析被认为是投资人做出购买、出售或持有等决定的最好分析方法之一，也往往是对某项投资进行尽职调查的内容之一。

　　折现现金流分析方法建立在预测原则之上，即价值是由预测的未来利益所带来的。折现现金流分析反映了投资的标准，要求评估师做出合理的、能够得到支持的假设。折现现金流分析可以用于投资价值和市场价值的评估，也可以用于其他目的，如敏感性测试。

　　折现现金流分析是评估师可以利用的一种手段，往往与其他一种或多种方法结合起来进行价值评估。但是在某些场合下，可能是解决评估问题的最可信的方法。本咨询意见的重点在于说明恰当应用折现现金流分析的标准，但这并不表明折现现金流分析是或应该是唯一可使用的方法。

　　专业胜任能力规则特别指出专业能力包括对分析方法的应用。折现现金流分析是较复杂的，要求具备特定的教育和经验以获得应用该方法的专业能力。此外，由于其复杂性和误用的可能性，在使用过程中应当保持足够的谨慎。

[①]　本咨询意见由以前 USPAP 版本中的评估准则说明 2（折现现金流分析）转换而来。——译者

[②]　指开发具有共同管辖权不动产的项目，如公寓中的某个房间或车库中的车位，在与其他地产单位的所有人共享时所有人要按各自的份额收取费用。——译者

评估准则委员会对此问题的建议：

  运用折现现金流分析执行市场价值评估业务时，为了避免错误使用和误解，评估师有责任确信主要的参数与市场证据吻合，并能反映市场的态势。市场价值折现现金流分析应当得到由市场获得的数据支持，相关假设既应当反映市场状况，也应当反映资产标的的特定状况。如果评估业务要求评估师采用并非基于市场数据的假设，或使用客户提供的假设，则该业务反映的是投资价值而不是市场价值。

  市场价值折现现金流分析与能够获得的实际数据两者结合起来，应当能够反映市场参与者的期望和预测。对折现现金流分析合理与否的评价，应当根据做出预测时的支持证据进行判断，而不是根据被预测特定事项是否在未来实现进行判断。包含折现现金流分析结果的评估报告应当清晰地说明作为分析基础的假设，并应当提供分析中所使用的有关数据。

  准则条文 1-1 规定评估师不得出现影响评估业务的实质性疏忽或错误。准则条文 1-1 规定评估师执行评估业务时不得疏忽大意，例如在评估中犯一系列错误，虽然其中每一个错误并不会单独对评估结论产生重要影响，但汇总在一起将会影响评估结论的可信性。由于输入参数的错误、不符合实际的假设和程序性错误等可能会带来综合负面影响，因此这些准则条文对折现现金流分析具有十分重要的意义。

  记录折现现金流分析结果的计算机打印材料可以由商业性软件、评估师自己开发的软件或特殊的折现现金流分析软件输出。无论采用哪种方法，评估师对全部分析过程负有责任，包括参数输入、计算和结果输出。评估师如果使用商业性软件，应标明所使用软件的名称和版本，并简要说明软件使用的特殊方法和假设条件（如有）。准则条文 1-4 要求确信未来租金、收益能力和费用的预测建立在合理清晰并具有恰当证据的基础上。该准则条文注释中专门提到现金流预测，这正是折现现金流分析的主要内容。

  折现现金流分析需要说明和反映影响资产收入、费用和最终收益能力的事项和因素，也需要能够体现对特定市场中应当考虑事件的预测。例如，在评估多租客房地产时，应对租赁合同进行逐个分析，关注合同租金和市场租金、租金上调、营运费用、转换抵押条款①、市场引发的衰退或特定的衰退、资本性支出和任何其他可计量的条款。收益增长率与下降率的假设应当建立在对评估标的所在市场区域内供求因素、其他经济条件和趋势进行分析的基础之上。营运费用变化率应既反映总费用的趋势，又反映某些重要费用项目的具体趋势。

  现金流量分析的折现率应当根据不动产市场和资本市场中获得的数据、信息确定。在折现率选择过程中，对投资者意见和收益指数的调查也是有用的，但仅在被评估不动产的类型、市场与被调查投资者所收购的不动产的类型、市场一致时，这些调查结果才有意义。选择折现率应考虑的因素包括风险、通货膨胀和实际报酬率。

  使用还原资本化率时，该指标应当反映投资者的预期，包括对不动产类型、年限和条件、现金流特征和相关因素的考虑。预测期是个变量，应当根据典型市场参与者

---

① 原文为"pass-through provision"，指设立资产支持的固定收益证券池，中介人出面从发行人处每月收取款项，在扣除一定费用后将款项转付给证券持有人。——译者

所考虑的相同因素予以确定。折现现金流分析的结果应进行正误及合理性测试和检查。由于预测收益、费用的复合影响，参数输入方面的细小错误也会影响很大，产生不合理的结果。例如，一种很好的做法是测试现金流量是否以一种合理的比率发生变动，并将还原资本化率与推断的资本化率进行比较，检验两个比率之间的关系是否合理。

准则 2 要求评估师编制反映不动产评估结论的报告时，应当恰当反映每项分析、意见和结论，不得误导。在使用收益还原途径的折现现金流分析方法进行的评估业务中，会包括关于未来现金流各项目的计算机化预测，并由详细的打印材料支持，这些材料是很容易引起误导的。计算机预测的精确性会使人们认为这些预测是确定化的，实际上这些预测会在很大范围内发生变动。在折现现金流分析中，所有的假设（增长率、下降率、租金率、折现率、融资条件、费用趋势、资本化率等）都会直接影响结论，应当在评估报告中予以清晰、准确的披露。

总结：

- 应用折现现金流分析需要特别的知识和经验，应用时需要保持高度谨慎。
- 折现现金流分析是评估师可以利用的一种工具，经常与其他一种或多种方法结合起来进行价值评估。评估师负有责任确信主要的参数与市场证据吻合并能反映市场的态势。评估师也应当对最终输出结果负责。
- 市场价值折现现金流分析应当由市场获得的数据予以支持，相关假设既应当反映市场状况，又应当反映资产标的的特定状况。
- 如果评估业务要求评估师采用并非基于市场数据的假设，或使用客户提供的假设，则该业务反映的是投资价值而不是市场价值。
- 评估师如果使用商业性软件，应标明所使用软件的名称和版本，并简要说明软件使用的特殊方法和假设条件（如有）。
- 折现现金流分析需要说明和反映影响资产收入、费用和最终收益能力的事项和因素，也需要能够体现对特定市场中应当考虑事件的预测。
- 折现现金流分析的结果应进行正误及合理性测试和检查。

咨询意见 34[①]　追溯性和未来价值意见

咨询意见由评估准则委员会发布，并不构成新的准则或对现行准则的解释。咨询意见阐释评估准则在特定情况下的应用，并从评估准则委员会的角度提供相关评估事项和问题的解决建议。

主题：追溯性和未来价值意见

适用范围：不动产；动产

问题：

两个日期对评估报告十分重要。准则条文 2-2（a）（6）和（b）（6）、6-2（d）、8-2（a）（6）和（b）（6）要求评估报告应当说明评估基准日和报告日。报告日表明了评估师检视市场的角度；评估基准日则确定了价值意见的基础。根据评估业务的预期用途，可以采用三种类型的评估基准日，即过去、现在或未来[②]。

当采用过去的或未来的评估基准日时，评估师如何进行评估并进行披露而不会引起误导？

背景：

当评估基准日与报告日相同时，为现行价值评估。由于多数评估业务要求评估师提供现行价值意见，明确评估基准日和报告日的重要性有时会被忽略。

在涉及财产税、遗产或继承税、财产征用、损害赔偿诉讼及类似情形时，需要进行追溯性评估（评估基准日早于报告日）。

对计划进行开发项目的资产权益进行评估、确定现金流预测期期末的价值基础时以及出于其他原因时，需要进行未来价值评估（评估基准日晚于报告日）。

评估准则委员会对此问题的建议：

<u>USPAP 和相关咨询意见参照</u>

准则条文 2-1，6-1 和 8-1 要求每一份书面或口头评估报告必须："清晰、准确地以不会引起误导的方式说明评估……"为做到这一点，评估师在涉及追溯性或未

[①] 本咨询意见由 USPAP 以前版本中的评估准则说明 3（追溯性价值意见）和评估准则说明 4（未来价值意见）合并、修改而成。——译者

[②] 原文为 "retrospective, current or prospective"。USPAP 提出在不动产和动产评估中，存在三种基准日，即过去基准日（追溯性评估）、现在基准日（当前评估）和未来基准日（未来评估），但在企业价值和无形资产评估领域则未涉及。企业价值和无形资产评估是存在过去基准日的追溯性评估，但企业价值和无形资产的未来价值评估则在 USPAP 中未予认可。USPAP 关于基准日与报告日的三种关系对中国评估界影响较大，《资产评估执业准则——资产评估报告》第十九条规定："资产评估报告载明的评估基准日应当与资产评估委托合同约定的评估基准日保持一致，可以是过去、现在或者未来的时点。"因此中国的评估准则接受了三种基准日的观点，但未来价值评估也扩大到企业价值评估的做法是值得商榷的。——译者

来价值意见的业务中分析适当市场数据进行评估时需要保持谨慎。

追溯性评估

在评估报告中使用清晰准确的语言和恰当的术语有助于避免引起误导。为避免混淆，评估师应当清晰地确定评估意见所适用的日期。在追溯性价值意见中，使用经过修正的"市场价值"概念和采用动词过去式能够增加其清晰程度。如果一份编制于2017年的报告中表述："在2009年8月19日价值是（was）X美元"，其上下文明显表示出追溯的角度。也可以表述为"2009年8月19日的追溯性价值是（is）X美元"，因为在2009年8月19日该价值意见不可能是追溯性的。该意见因为是现在形成的且是向回看的，所以是追溯性的。使用恰当的时态对于清晰理解是很有必要的。

追溯性价值评估的复杂性在于评估师已经知晓评估基准日后市场发生的情况。评估追溯性价值意见时，评估师可以考虑评估基准日之后的数据，以对买方、卖方在评估基准日能够合理考虑的趋势进行验证。由于在评估基准日之后的某些时点上，评估基准日之后的数据已经不能反映相关的市场状况，评估师应当决定一个符合逻辑的截止日期。这是一个很困难的决定。研究评估基准日的市场条件有助于评估师做出将截止日期确定在何时的决定。如果评估基准日之后数据的市场证据与评估基准日的市场预期一致，应当使用该（之后的）数据。如果没有这些证据，评估师应当将评估基准日作为截止日期。

直接引用在过去评估基准日编制的（当时）现行评估报告中的相关内容，有助于评估师和评估报告阅读者理解过去评估基准日的市场条件。

未来性评估

在评估报告中使用清晰准确的语言和恰当的术语有助于避免引起误导。为避免混淆，评估师应当清晰地确定评估意见所适用的日期。在未来价值意见中，使用"市场价值"概念而不增加"预测的""未来的"等修饰词以及不采用动词未来式是不妥当的（如用"……未来市场价值预计是（is expected to be）……"的表达方式来代替"……市场价值是（is）……"）。

未来价值意见加上可获得的实际数据被用来反映市场参与者现在的预测和认识。未来价值意见的合理性应当根据做出预测时的现有市场支持证据予以评价，不应当根据预测中的特定事项在以后是否实现进行评价。

在对计划进行改良的不动产项目进行未来价值评估时，需要遵守准则条文 1-2（e）注释中关于明确计划改良项目的程度和特征的规定，以及准则条文 1-4（c）（4）关于预测未来租金和费用基础的规定。能够证明计划改良项目在评估基准日可以完成的证据是非常重要的。评估师在评估中应当进行足够的市场调研并考虑现行和未来竞争因素，为计划改良项目完成时以及在租出或售出期间的收益和费用预测提供支持。评估师需要研究可比项目，获取关于建筑期限、开发成本、收益和费用水平以及市场容纳能力的证据；研究诸如租金折让、佣金、租户到期折扣、附加因素和交换抵押费用等项目，以进行符合实际的收益预测。

在对计划进行开发的不动产进行评估时，可能会要求评估两种未来价值意见：开发项目完成时的未来价值意见和开发项目达到稳定使用率时的价值意见。这些未来价值意见构成投资决策和提供贷款的基础。

在未来价值评估中，评估师需要分析市场趋势，为评估基准日的预测收入和费用、销售状况意见、市场消化时间、资本化率和折现率提供支持；需要分析经济趋势，诸如人口增长、就业状况和未来竞争状况等。评估师在评估过程中也应当考虑、权衡总体经济气候和商业周期的变化。所有的评估结论都应当标明进行相关分析的时间阶段，以清楚地说明评估师评估未来价值时的市场条件和参照时点。在评估报告中描述作为未来价值意见形成基础的市场条件时，清晰而准确地披露任何恰当的假设、特别假设以及限定条件是十分重要的。

咨询意见 35 不动产和动产价值意见中的合理展示期[①]

咨询意见由评估准则委员会发布，并不构成新的准则或对现行准则的解释。咨询意见阐释评估准则在特定情况下的应用，并从评估准则委员会的角度提供相关评估事项和问题的解决建议。

主题：不动产和动产价值意见中的合理展示期

适用范围：不动产；动产

问题：

展示期是评估程序中的一个重要概念。如果合理展示期是价值定义的组成部分，评估师应当形成与价值意见相关的合理展示期的意见。

背景：

合理展示期是多数市场价值定义中所涉及的条件之一。展示期总是被推定为发生在评估基准日之前。

USPAP 在其定义部分对展示期的定义如下：

展示期（exposure time）：在按照评估基准日市场价值实现交易的假设情况下，某项被评估的资产权益在交易前应当在市场上进行展示的时间。

注 展示期是假设在具有竞争性和公开性的市场上，基于对过去交易行为的分析所形成的追溯性意见。

准则条文 1-2（c）和 7-2（c）中的注释部分如下：

如果展示期是所需要评估价值意见的定义组成部分，评估师也应当形成与该价值结论相关的有关合理展示期的意见。

准则条文 2-2（a）（5）和 2-2（b）（5）中的注释部分如下：

如果根据准则条文 1-2（c）形成了关于合理展示期的意见，报告中应当说明该意见。

准则条文 8-2（a）（5）和 8-2（b）（5）中的注释部分也有类似的内容。

合理展示期意见是如何形成的？展示期是假定在评估基准日之前还是从评估基准日开始计起？

评估准则委员会对此问题的建议：

展示期因资产类型和市场条件的不同而不同。需要注意的是，合理展示期的总体

[①] 在以前年度的 USPAP 中，关于合理展示期的规范以评估准则说明 6 的方式出现，见 1996 年版及 2008 年版 USPAP 中文版。目前评估准则委员会取消了所有的评估准则说明，关于合理展示期的规范要求则以咨询意见的方式出现，内容有所增加。与展示期相对应的、常引起误解的另一个概念是营销时间。由于中美评估行业的不同，这两个概念较为令人费解。建议将关于合理展示期的咨询意见 35 与关于营销时间的咨询意见 7 结合阅读。——译者

概念不仅包括充分、足够与合理的时间，而且包括充分、足够与合理的努力。

展示期总是被推定发生在评估基准日之前是可以通过评估程序中的相关因素支持的：评估基准日的供求条件、采用现行成本信息、对历史交易信息的分析（在买卖双方进行展示并完成谈判之后成交）、评估基准日对未来收益能力的预测分析。

展示期的重要性

对于"合理展示期是多少"的回答总是需要结合"什么类型资产在什么价值区间"问题的答案，不仅仅是孤立的时间区间的表示。

以某座位于山边的精致第二住宅评估[①]为例。在该度假区域周边这些住宅的报价上限可达到 100 万美元，销售时间通常需要 120～180 天。研究显示这一社区总体上的展示期为 60～90 天，住宅的价格通常低于 30 万美元。评估师必须确信所进行的研究是基于与评估对象相似的区域、价格区间及总体状况。如果评估师未达到此要求，则其形成可信结论的能力将受到影响。

对展示期的分析也会影响对可比参照物的选择。如果某特定物业出售的时间比预料的快，评估师应当调查该物业是否报价过低，或买方、卖方具有特殊的动机。如果该物业出售的时间比市场证据所显示的出售时间要长，评估师也应当调查是否存在与上述可能原因相反的因素。像这样明显的不一致之处也会为分析市场、周边社区变化、市场对评估对象的总体认知等提供一个视角。

这些交易可能并不满足市场价值定义所要求的条件。如果评估师未能对此进行调整，则其形成可信结论的能力将受到影响。在进行适当的调整修正之后，这些交易资料仍可能会被使用。当然，如果没有进行市场研究，这样的决定是无法做出的。

形成合理展示期意见的原理和方法

关于合理展示期的意见并不是为了预测交易日期，而是作为执行评估业务过程的一个组成部分。营销时间分析是评估业务中进行分析的一部分内容，可以建立在以下一个或多个因素基础之上：

- 对市场上有关日期的统计信息；
- 通过交易资料验证而获得的信息；
- 对市场参与者的调查；
- 通过数据采集服务而获得的信息。

通过这些程序收集的信息包括相应资产的典型买方和卖方、典型的权益投资水平和/或融资条件。

合理展示期意见可以表示为一个区间（如评估师认为该评估标的的合理展示期为 90～120 天）或一个确定的数值（如评估师认为该评估标的的合理展示期为 6 个月）。

合理展示期与价格、时间、用途相关，不仅仅是一种孤立的时间估计。例如，某写字楼、某重要的艺术品、某精品宝石、某生产设施或某飞行器曾经以 200 万美元的价格在市场上挂牌达 2 年之久，这表明市场参与者的不认可。业主将价格下调到 160 万美元并开始接受要约，6 个月后最终以 140 万美元成交。虽然实际的展示期是 2.5

[①] 指用于休闲、度假等目的的非日常居住物业。——译者

年，但对于 140 万～160 万美元价值区间的合理展示期为 6 个月。对于"合理展示期是多少"的回答总是需要结合"什么类型资产在什么价值区间"问题的答案，不仅仅是孤立的时间区间的表示。

评估中客户条件的应用

潜在买方与卖方达成交易协议后申请抵押贷款时委托评估，评估的预期用途与评估程序中关于展示期发生在评估基准日之前的假定不存在冲突。

评估师需要知晓客户及其他预期使用者经常将展示期与营销时间予以混淆。重要的区别在于展示期是假定发生在基准日之前，营销时间则是发生在基准日之后。这种错误概念是很容易理解的，因为多数市场信息渠道将市场中关于日期的历史资料均标为"营销时间"。①

如果价值意见不需要建立在合理展示期的基础之上，则无须提供评估师关于合理展示期的意见。例如，许多由于雇员调整计划、资产估值、丧失赎回权或资产管理等目的而委托的评估业务中，需要价值意见以客户限定的营销时间为基础。在此种情形下，所得出的价值意见通常不是市场价值。客户在做出经营决策或计量资产时如果未能理解合理展示期与营销时间的区别，就可能会产生一系列问题（见"咨询意见 7——营销时间意见"）。

多数民用不动产评估报告的表格中有一部分需要评估师填入关于相邻区域营销时间的意见，但是多数民用不动产评估报告的表格中并没有要求评估师披露合理展示期意见的部分。在这种情况下，评估师应当补充（展示期）意见的部分以遵守 USPAP。

总结：

- 与市场价值概念相关的合理展示期总是推定发生在评估基准日之前。
- 展示期因资产类型的不同和市场条件的不同而不同。
- 展示期可以是一个时点数值，也可以是一个区间。
- 展示期取决于标的资产的特征及基准日的市场条件。
- 客户提出明确的时间期限要求且评估师以此为基础形成价值意见，如果该时间期限不同于评估师关于合理展示期的意见判断，则最终的价值意见结论可能并不是通常所定义的市场价值。

---

① 见"咨询意见 7——营销时间意见"。

咨询意见 36　明确并披露客户、预期用途和预期使用者

咨询意见由评估准则委员会发布，并不构成新的准则或对现行准则的解释。咨询意见阐释评估准则在特定情况下的应用，并从评估准则委员会的角度提供相关评估事项和问题的解决建议。

主题： 明确并披露客户、预期用途和预期使用者

适用范围： 不动产；动产；无形资产

问题：

评估师应当明确并考虑评估意见和结论的客户、预期用途和预期使用者，以明确在评估或评估复核业务中需要解决的问题和相关操作、披露责任。评估师应当在评估报告中说明评估意见和结论的预期用途和预期使用者。

评估师在承接和执行业务的过程中应当明确及考虑哪些有关预期用途和预期使用者的信息？评估师应当在报告中披露该信息的哪些内容？

评估准则委员会对此问题的建议：

USPAP 和咨询意见相关参照

USPAP 定义部分中对"客户"定义如下：

在某项特定业务中通过雇用或合同聘请评估师的一方或多方当事人。

注 客户可以是个人、团体或实体，可以直接或通过代理人聘请评估师并与评估师沟通。

"预期用途"定义如下：

评估师所提交的评估、评估复核业务结论的用途，由评估师在承接业务时与客户进行沟通确定。

"预期使用者"定义如下：

评估师承接业务时在与客户进行沟通基础上所确定的评估报告、评估复核报告的使用者，预期使用者可以以名称或类型的方式予以明确。

涉及的特别事项

评估师为恰当明确评估问题并了解其在业务中的责任，应当明确客户和其他预期使用者。此项工作在业务承接时通过与客户的沟通完成。

评估师明确客户时应当谨慎，避免违反职业道德规则中的保密要求。在客户要求不公开身份的情况下，评估师仍需要在工作底稿中记录客户的身份，但可以在评估或评估复核报告中隐去客户的身份。客户可以界定为个人或实体，或者是预期使用者的代理人。如果在报告中隐去客户的身份，报告中应当说明应客户的要求在报告中隐去

其身份。

评估师并没有义务通过名称明确预期使用者。如果通过名称明确客户的做法不适用或不现实，评估师可以按照类型明确预期使用者。

评估师对客户承担的责任是在考虑和承接业务的过程中明确的。如果评估师在执行业务的过程中知晓报告的预期用途发生变化，评估师应当考虑先前确定的操作程序和报告内容是否合适。如果不再合适，评估师应当做出相应的改变。

评估师对其他预期使用者的责任会增加有关操作和披露的额外要求。由于评估师对其他预期使用者的责任会增加业务中操作和披露的额外要求，因此就所有预期使用者的需求达成清晰共识是十分重要的。

从客户处获得报告的当事人并不当然成为评估师-客户关系的主体。根据客户的披露义务而获得评估报告、评估复核报告的当事人并不能成为预期使用者，除非评估师在承接业务时将其明确为预期使用者。

在评估或评估复核报告中披露客户和其他预期使用者

除非在评估师与客户的协议中有相反的约定，评估师应当在评估或评估复核报告中披露客户的身份。其他预期使用者（如有）可以以姓名或类型的方式予以明确。这一披露要求的目的在于：（1）确信客户和任何其他预期使用者能够认识到他们与业务和报告的关系；（2）确信预期使用者以外的当事方不会错误地假定自己是客户或预期使用者。例如，与下列内容类似的说明是恰当的：

> 本报告仅供（客户）和（以名称或类型方式标明的其他预期使用者）使用。其他人对本报告的使用超出评估师的预期。

如果报告中隐去客户的身份，评估师应当：（1）在工作底稿中对客户进行明确；（2）在报告中表明已根据客户的要求将客户身份隐去，本报告仅供客户和其他预期使用者使用。

在评估或评估复核业务中明确预期用途

明确预期用途是恰当明确评估或评估复核问题所必需的业务要素之一。明确预期用途有助于评估师和客户做出两个与业务相关的重要决定：

- 执行评估或评估复核业务的恰当工作范围；
- 评估或评估复核报告所需要的详细程度。

在评估或评估复核报告中披露预期用途

评估师在报告中清晰地明确预期用途并注明不得用于其他用途，可以避免引起持有评估、评估复核报告的当事方的误解。例如，与下列内容相似的说明是恰当的：

> 本报告仅用于（说明用途）。本报告不得用于其他任何用途。

在说明中对预期用途的描述应当与业务相关。以下演示的各业务包括相关的评估对象和相同的价值类型、定义，但预期用途和预期使用者不同。

范例

1. 某住宅业主打电话给评估师，要求对其住宅进行评估。业主想确定其住宅物业权益的价值是多少，希望了解其住宅的市场价值区间。该业主不想支付书面报告或资产勘查的费用。业主并不打算将评估结论提交给贷款方，因为他知道贷款方在其贷款申请提交后会另行委托评估。

2. 第二周贷款方打电话给评估师，要求为住宅贷款目的对相同的住宅进行一次"简单外部评估"（开车路过式评估）①。贷款方对业主的信用评级较为满意，有意实施此项贷款。贷款方认为此项交易风险较低，故仅要求评估师在外部检查的基础上提供该住宅市场价值意见。

3. 几个月后，业主妻子的律师打电话给评估师，因业主离婚事项需要对同一住宅进行评估。律师要求评估师对住宅进行全面勘查，对市场上的可比住宅交易进行深度分析，并确信对购买方、不动产代理人和县档案办公室的交易信息进行了验证。律师希望评估师的报告中包括对评估对象、可比交易和与评估师意见相关的分析工作进行全面、完整的描述。

在这三项业务中不同的预期使用者对工作范围有什么样的影响？

在第1项业务中，客户是仅有的预期使用者。在第2项业务中，聘请评估师的贷款机构可能并不是唯一的预期使用者。第3项业务中，律师是预期使用者。在第3个业务中，其预期用途意味着报告将会受到法庭和/或对方律师的严格检查。当额外的预期使用者被明确时，工作范围则会增加。这是因为随着预期使用者数量的增加，业务结论通常需要满足更多的目标。

在这三项业务中不同的预期用途对工作范围有什么样的影响？

第1个业务中评估目的是确定一个价值区间，以使业主能够解决关于其权益的问题。业主仅对评估师的意见感兴趣，无意对支持评估师意见的证据或分析过程进行复核。在这种情况下，评估师可以在不对评估对象进行个人勘查的情况下完成此项评估业务，可以依赖对业主的访谈、估税记录或其他数据等对资产的相关特征予以明确。当然，在评估师未进行个人勘查的情况下，这些信息被假定为正确的。由于这些假设对业务结论具有重要影响，该业务中将会使用特别假设并进行恰当披露。

在第2个业务中，预期用途虽然允许采用对评估对象内部状况的假设，但仍要求评估师对资产进行勘查以收集某些关键信息。该业务中的操作过程也是贷款方评估指南要求的延伸。

在第3个业务中，预期用途要求对评估对象进行更高级别的勘查，并对可比交易进行深入的验证和分析。这些调查过程中获取的信息可能会影响分析工作，进而可能会将评估程序延伸，超过前两个业务中的要求。

动产和无形资产

将上述三个范例中的评估对象由不动产更换为一件动产或动产组合（艺术品、设备、珠宝等）或企业权益，不会改变业务的结果。例如，不同的预期用途和预期使用者对工作范围构成的影响是相同的，只是需要使用不同的专业领域术语。因此，范例

---

① 原文为"drive-by appraisal"，直译为开车路过式评估，也称为简单评估（summary appraisal），通常是指评估师在进行外部观察的基础上对物业进行的评估。抵押贷款业务中的贷款方通常会要求对民用不动产进行此类评估，以收集可比挂牌信息或可比交易。此类业务提供对价值的估计，主要用于信息采集而不是确定具体的评估值。——译者

1涉及的是资产所有者想获得价值区间以供其了解之目的。范例2涉及与资产相关的某些贷款，希望贷款额不超过价值的某个比例。范例3涉及诉讼，其中资产的价值或企业所有者权益的价值是关注点。

范例结论

可以得出以下两点重要结论：第一，客户及其他预期使用者的需求确定了在评估操作和披露过程中所需要的信息和所进行的分析工作。第二，预期用途确定了评估操作程序中所进行分析工作的深度以及报告披露的详细程度。

总结：

- 评估师应当通过与客户的沟通，明确客户和其他预期使用者，将此作为明确评估报告或评估复核报告预期用途过程中的一部分内容。
- 明确预期用途和预期使用者是确定恰当工作范围的必要步骤。
- 业务结论是否可信需要根据意见和结论的预期用途予以评价。
- 评估师明确客户时应当谨慎，避免违反职业道德规则中的保密要求。
- 评估师对客户承担的责任是在考虑和承接业务的过程中明确的。
- 评估师对客户之外其他预期使用者的责任仅限于评估师在承接此项业务时明确的相关要求。
- 评估师在报告中清晰地明确预期用途和预期使用者，并注明不得用于其他用途或由其他人员使用，可以避免引起持有评估报告或评估复核报告的当事方的误解。
- 除非在评估师与客户的协议中有相反的约定，评估师应当在报告中披露客户和任何其他预期使用者的身份。
- 如果报告中隐去客户的身份，评估师应当：（1）在工作底稿中对客户身份进行明确；（2）在评估报告中表明已根据客户的要求将客户身份隐去，本报告仅供客户和其他预期使用者使用。
- 报告中应当说明评估或评估复核业务的预期用途，并以名称或类别的方式说明预期使用者的身份。

第 3 部分

《USPAP 常见问题（汇编）》（2018—2019 年版）*

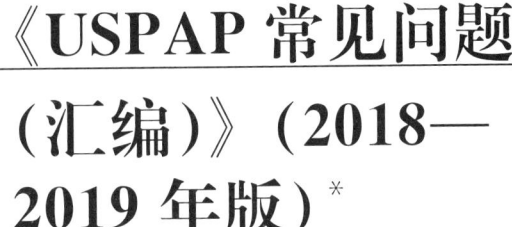

---

* 2018—2019年版《USPAP常见问题（汇编）》共收录了332个问题，涉及USPAP的构成、结构和遵守，职业道德——行为，职业道德——管理，职业道德——保密，资料保管规则，专业胜任能力规则，管辖除外规则，评估执业——客户事项，评估执业——评估日期，评估执业——工作范围规则，评估执业——特别假设和非真实性条件，评估执业——评估对象交易历史，评估报告——声明和签署，评估报告——使用与格式事项，评估复核，其他服务等十六大类问题。本书中摘选了部分有代表性及对中国评估师有参考意义的问题。——译者

前　言

评估促进会（Appraisal Foundation）下属的评估准则委员会（Appraisal Standards Board，ASB）为维护评估师和评估服务使用者利益，制定、出版、解释并修订 USPAP（*Uniform Standards of Professional Appraisal Practice*）。2018—2019 年版 USPAP 有效期为 2018 年 1 月 1 日至 2019 年 12 月 31 日。理解并跟踪 USPAP 每个版本的变化是十分重要的。各州及联邦政府有关监管部门执行现行或适用的 USPAP 版本。

《USPAP 常见问题（汇编）》是评估准则委员会发布的一种指南，它通过回答评估师、监管部门官员、评估服务使用者和社会公众提出的问题，演示 USPAP 在特定情况下的应用，并从评估准则委员会的角度提供相关评估事项和问题的解决方案。这些指南并不是相关问题的唯一解决方案，且未必对相似的情况都能适用。《USPAP 常见问题（汇编）》并没有设立新的准则，也不是现行准则的解释。《USPAP 常见问题（汇编）》不是 USPAP 的组成部分，评估准则委员会发布 USPAP 常见问题无须履行公开征求意见程序。

评估准则委员会定期在评估促进会网站上发布 USPAP 常见问题，网址为：www.appraisalfoundation.org。USPAP 常见问题就评估准则委员会收到的问题进行回答，并告知评估师、监管部门官员、评估服务使用者和社会公众。

评估准则委员会将 USPAP 常见问题汇编、编辑后形成《USPAP 常见问题（汇编）》，附在每版 USPAP 中。本 2018—2019 年版《USPAP 常见问题（汇编）》收录了截止到 2017 年 1 月所发布的常见问题。《USPAP 常见问题（汇编）》不仅收录了评估准则委员会最新的问题回答，而且通过复核和更新工作，确保其反映了评估准则委员会的最新指导意见。

与评估准则委员会联系

评估准则委员会欢迎所有感兴趣者，包括评估师、各州监管部门、评估服务使用者和社会公众，提出有关 USPAP 的问题、意见以及修改建议。

如果您有任何有关 USPAP 的意见、问题或建议，请与评估准则委员会联系。

联系方式如下：

Appraisal Standards Board
The Appraisal Foundation
1155 15th Street，NW，Suite 1111
Washington，DC 20005
Phone：202-347-7722
E-Mail：info@appraisalfoundation.org
www.appraisalfoundation.org

1. USPAP 的适用版本

问：新版 USPAP 于 2018 年 1 月 1 日生效。我所评估的项目基准日为 2017 年 12 月某日，但报告日为 2018 年 1 月某日。我应当遵守哪版 USPAP？2016—2017 年版还是 2018—2019 年版？

答：评估师应当遵守评估报告日有效的 USPAP。由于此报告的报告日为 2018 年 1 月某日，因此应当遵守 2018—2019 年版 USPAP。评估基准日对 USPAP 的适用性没有影响。

28. 价值意见与合同价格相同

问：我知道有的评估师对任何资产进行评估时，总是能得出与评估对象合同交易价格相同的市场价值意见。他们的做法为交易以及交易的融资提供了方便，也会使他们的客户满意。这是不是对 USPAP 的违背？

答：合同交易价格可能是资产市场价值的很好揭示，评估师认为两者相同也可能是合理的、符合逻辑的，但并不总是这样。在某些情况下，合同价格会超出市场上的典型价格。在其他情况下，合同价格可能会低于市场上的典型价格。合同交易价格是市场数据的重要组成部分，但不应当成为评估业务的目标。评估师所形成的市场价值结论应当建立在对相关、可信市场数据的有效分析基础之上。

如果某评估师总是得出与合同交易价格相同的市场价值意见，特别是在对可信市场数据进行有效分析后发现并非如此的情况下，很显然该评估师失去了公正性、客观性和独立性。职业道德规则明确禁止这种做法。职业道德规则的行为部分指出：

评估师执行业务应当公正、客观、独立，不得掺杂私利。

评估师应当：

- 执业时不带有倾向性；
- 不得以支持任何一方当事人或事项的利益、动机为出发点；
- 不得接受需要报告预先确定的意见和结论的业务；
- 不得在已知情况下使用或提供误导性或欺诈性的报告；
- 不得在知晓的情况下允许雇员或其他人员提供误导性或欺诈性报告。

职业道德规则的管理部分指出：

评估师不得基于以下事项承接某项业务或确定某项业务的报酬安排：

（1）**报告事先确定的结果（如价值意见）**；
（2）**有利于客户的业务结论倾向**；
（3）价值意见的数额；
（4）达到约定的结果（如贷款放款额或减税额）；
（5）在评估服务提供以后发生的与评估师意见和业务目的直接相关的事项。

评估师应当公正、客观地形成市场价值意见。评估师如果选择有利于合同交易价格的数据，或以有意支持合同价格的方式分析数据，则违反了职业道德规则。

30. 不可接受的业务条件——隐瞒事实

问：我有一单业务涉及有两栋构筑物的土地，但是客户要求我只评估土地和其中的一栋构筑物，不提及另外一栋构筑物。如果我不披露第二栋构筑物的存在，是否违背 USPAP？

答：是违背了 USPAP。职业道德规则的行为部分指出：

评估师不得在已知情况下使用或提供误导性或欺诈性的报告。

评估师不得在知晓的情况下允许雇员或其他人员提供误导性或欺诈性报告。

根据本案例所描述的情况，执行评估业务但在报告中不披露两栋构筑物的存在将会引起误导。

36. 交易失败后减少评估费

问：评估师向客户提供评估服务，提出如果客户的贷款申请未获批准，可以降低评估费。这种做法是否违背职业道德？

在相反的情况下（交易成功），如果客户同意支付额外的费用，是否违背职业道德？

答：这两种行为都是违背职业道德的。如果客户的贷款申请未获批准，评估师提出降低收费，这种做法违背了职业道德规则。职业道德规则的管理部分指出：

评估师不得基于以下事项承接某项业务或确定某项业务的报酬安排：

(1) 报告事先确定的结果（如价值意见）；

(2) 有利于客户的业务结论倾向；

(3) 价值意见的数额；

(4) 达到约定的结果（如贷款放款额或减税额）；

(5) 在评估服务提供以后发生的与评估师意见和业务目的直接相关的事项。

准则条文 2-3、4-3、6-3、8-3、10-3 均要求评估师声明：完成业务所获得的报酬与以后的事项无关。在相反情况下，接受额外的报酬也是违背职业道德的。

37. 与价值结论成比例关系的评估费[①]

问：评估费按照价值结论的百分比计收是否允许？

---

① 此问答体现了美国评估行业对自身的看法，USPAP 职业道德中强调评估师不得为客户的利益最大化"辩护"，这与律师有着本质的区别。因此，收取成功费或根据评估目的所对应的结果减少或增加评估收费都是违反职业道德的。——译者

答：不允许，职业道德规则的管理部分指出：

评估师不得基于以下事项承接某项业务或确定某项业务的报酬安排：

(1) 报告事先确定的结果（如价值意见）；

(2) 有利于客户的业务结论倾向；

(3) **价值意见的数额**；

(4) 达到约定的结果（如贷款放款额或减税额）；

(5) 在评估服务提供以后发生的与评估师意见和业务目的直接相关的事项。

声明要求对此也进行了强调（准则条文 2-3、4-3、6-3、8-3、10-3），所有评估、评估复核报告均需包括这些声明。

38. 评估费以评估价值为基础[①]

问：某潜在客户要求我提供一份表格，说明不同业务的评估费标准。该表格要求我根据评估结论标明收费额，如标明评估价值在 10 万～29.9 万美元之间、30 万～49.9 万美元之间收费多少。这种做法是否违背 USPAP？

答：是的，这种做法违背了 USPAP。制作并向潜在客户提供这样一份表格，意味着确定了根据评估结论确定的收费安排。这是职业道德规则的管理部分所禁止的：

评估师不得基于以下事项承接某项业务或确定某项业务的报酬安排：

(1) 报告事先确定的结果（如价值意见）；

(2) 有利于客户的业务结论倾向；

(3) **价值意见的数额**；

(4) 达到约定的结果（如贷款放款额或减税额）；

(5) 在评估服务提供以后发生的与评估师意见和业务目的直接相关的事项。

49. 贷款业务交割时支付评估费

问：我有一个潜在的贷款方客户，希望在每一单贷款业务交割时再支付评估费。USPAP 是否允许这样的收费安排？

答：USPAP 并未涉及费用支付的时间安排。在您描述的情况下，应当有清晰的安排表明评估费不能取决于贷款业务的交割与否。接受在贷款业务交割的前提下才支付评估费的业务，违反了职业道德规则中的管理部分：

评估师不得基于以下事项承接某项业务或确定某项业务的报酬安排：

(1) 报告事先确定的结果（如价值意见）；

[①] 此问答体现了中美评估行业的不同。中国评估行业普遍甚至是以法规、文件的形式确定了基于价值数额的收费标准，这种做法在美国评估行业恰恰被认为是违反职业道德的。——译者

(2) 有利于客户的业务结论倾向；
(3) 价值意见的数额；
(4) 达到约定的结果（如贷款放款额或减税额）；
(5) 在评估服务提供以后发生的与评估师意见和业务目的直接相关的事项。

避免这种模糊事项的一个好办法是与客户签署书面协议，约定在业务未能交割的情况下如何支付评估费用。

55．披露以前的业务

问：作为一项业务条件，某金融机构要求我披露我就同一评估对象所完成的所有评估业务。如果我进行披露，是否违背 USPAP？

答：正如以下段落所阐述的，USPAP 允许且要求评估师披露以前对某资产进行过评估的事实，除非评估师承诺将以前做过的业务作为保密信息。

职业道德规则的行为部分要求：

如果在接受业务之前或执行业务的过程中得知以下事项，评估师必须向客户披露，并在之后签发的每一份报告中声明：
- 所具有的与评估对象或当事方相关的当前或未来利益；
- 评估师在接受本次评估业务之前的三年中为评估对象所提供的任何服务，无论是以评估师的名义还是其他名义。

在某些情况下，客户会要求评估师不得对外披露为某评估对象进行评估的事实。在这种情况下，评估师以前对该资产进行过评估的事实是一项保密信息。

如果以前的评估事项被列为保密信息，披露以前的评估业务又是新业务的一项条件，评估师由于不能做出此项披露，因此应当拒绝该项新业务。

56．评估报告范本与职业道德规则

问：作为收费评估师，我正在争取被某潜在客户列入许可名单。为获得批准，该放款人要求评估师提供在过去年度承做的评估报告范本。我如何才能满足此要求而不违反 USPAP？

答：为提供这些信息，评估师应当满足职业道德规则中保密部分的要求。该部分指出：

评估师应当维护评估师-客户关系的保密性。

评估师在使用保密信息和提供业务结论时，应当以最大诚意维护客户的合法利益。

评估师应当熟悉并遵守业务中涉及的所有与业务相关的保密、隐私法律和规定。

评估师不得将（1）保密信息、（2）业务结论向以下当事方以外的人士披露：
- 客户；

- 客户特别授权的当事方;
- 州评估师监管部门;
- 通过法律正当程序允许的第三方;
- 经恰当授权的同业复核委员会,对该委员会的披露违反相关法律或规定的除外。

注释部分进一步解释:如果保密信息中的所有保密内容通过修订或汇总程序被删除,对修改后的剩余信息进行披露无须获得客户同意。

在此种情形下,评估师可以有三种选择:

(1) 拒绝提供此类信息;
(2) 获得每一个评估报告范本的客户的授权;
(3) 提供评估报告范本,但删除所有不得提供给客户之外的任何人的信息,例如保密信息或业务结论。

79. 工作底稿的内容

问:评估师的工作底稿中应当包括什么信息?

答:评估师应当为每个评估或评估复核业务编制工作底稿。资料保管规则指出:

工作底稿应当包括:

- 客户的名称,任何其他预期使用者的身份(名称或类别);
- 任何书面报告的原件,以其他介质保存的文件(原件是指提供给客户的报告的复制件,提供给客户的全部报告的复印件或电子版本亦符合原件的要求);
- 口头报告或庭证的总结,或证词记录,包括评估师签署并注明日期的声明;
- 足以支持评估师意见和结论并表明遵守 USPAP 的所有其他数据、资料和文件,或标明这些其他数据、资料和文件的存放场所。

支持限制评估报告(Restricted Appraisal Report)的工作底稿应当足以支持评估师形成一份评估报告(Appraisal Report)。支持口头评估复核报告的工作底稿应当足以支持评估师形成一份评估复核报告。

评估师的业务底稿(档案)服务于几个目的。正如其他专业领域一样,公共部门和同行复核执行检查以及个人自我检查或追求完善,可用工作底稿检查业务操作是否符合专业准则的要求。除有利于执行检查的目的之外,工作底稿在帮助评估师处理客户及预期使用者在报告日后提出的问题方面亦有帮助。

评估师的工作底稿保存了评估师遵守 USPAP 的证据,也保存了用于支持评估师意见和结论的其他信息。

122. 事后使用者要求"许可使用信"

问:我向客户提交了评估报告。一周后,预期使用者以外的一方当事人与我接触，要求提供一份"许可使用信"，允许他们将该评估报告用于其投资目的。我的客户表示不反对这么做。即使并没有在业务初期将其明确为预期使用者，我能够这样做吗？

答：不能。无论你怎么称呼这种行为，这实际上是增加新的预期使用者，你不能在业务完成后再增加新的预期使用者。

USPAP 中对预期使用者定义如下：

> 评估师承接业务时在与客户进行沟通基础上所确定的评估报告、评估复核报告的使用者，预期使用者可以以名称或类型的方式予以明确。

正确的做法是启动一项新的业务，以该当事人为客户并向其提供评估报告，但评估师需要根据其预期用途谨慎确定恰当的工作范围。

该项新业务可以以几乎完全相同的数据和分析为基础，价值结论也可能相同，但在新业务中，评估师需要根据该客户和业务适用的工作范围考虑业务条件。这些业务条件可能与前一个客户业务中的业务条件不同。

125. 明确预期使用者

问：我知道在执业时我有责任明确预期使用者。USPAP 将预期使用者定义为：

> 评估师承接业务时在与客户进行沟通基础上所确定的评估报告、评估复核报告的使用者，预期使用者可以以名称或类型的方式予以明确。

在下列情况中，我希望能够明确相关当事方是否自动成为预期使用者：

（1）如果我为遗产税目的进行评估，客户将把我的报告提交给国内税务署（IRS）进行申报，在此业务中需要把国内税务署明确为预期使用者吗？

（2）我被某律师聘请对婚姻财产进行评估并出庭作证，该律师在一起离婚诉讼中代表丈夫一方。我知道我的报告会提交给法庭，也会提交给诉讼对方当事人。法庭和对方当事人需要被明确为预期使用者吗？

（3）我经常提供购买价格分配评估业务（purchase price allocation，PPA）。我的客户（某公司）将我的价值意见用于财务报告目的。我的报告会提交给公司的审计师，审计师在履行审核程序时会对我的报告进行审核。在此类业务中，我需要将审计师明确为预期使用者吗？

（4）我在为某一受监管的放款人评估资产。我知道我的报告将会被银行的外部审计师及货币监理署检查人员查看。审计师和货币监理署人员应当被明确为预期使用者吗？

答：不用。是不是预期使用者取决于评估师与客户的沟通，与谁获得或使用该报告没有关系。

预期使用者的概念在 USPAP 中具有特定的意义。根据 USPAP 中关于预期使用者的定义，尽管在上述案例中，国内税务署、法庭、独立审计师或货币监理署审核人员会将你的报告用于审核、审计或其他目的，但这并不能使他们自动成为预期使用者。

理解这一概念的方法是考虑各方当事人的预期用途。评估师应当同时明确预期使用者和预期用途，因为这两者影响许多评估业务要素，诸如恰当的工作范围和恰当的报告类型。

在每个案例中，上述各方当事人对报告的使用不同于评估师所明确的预期用途，预期用途应当与客户的用途相关。这些当事人可能为了对评估师的客户所做出的决定进行评价，需要获得评估报告、评估结论以及评估师可能并不知晓的其他事项。例如，申报遗产税的客户将评估用于在纳税表上填写价值数额。国内税务署使用评估报告是为了确定纳税表上的申报价值是否有足够依据，他们是否同意该价值，如果不同意该价值，他们是否需要对纳税人提出异议。

参见"咨询意见 36——明确并披露客户、预期用途和预期使用者"。

129. 以类型的方式明确预期使用者

问：我最近在洽谈一项评估业务。潜在的客户告诉我还有其他预期使用者，但不能确切地明确预期使用者。是否可以以类型的方式明确预期使用者？

答：可以。相应的报告准则（准则条文 2-2（a）(1)、2-2（b）(1)、8-2（a）(1)、8-2（b）(1)、10-2（a）(1)等）允许以名称或类型的方式明确预期使用者。

此外，"咨询意见 36——明确并披露客户、预期用途和预期使用者"指出：

> 除非在评估师与客户的协议中有相反的约定，评估师应当在评估或评估复核报告中披露客户的身份。其他预期使用者（如有）可以以姓名或类型的方式予以明确。这一披露要求的目的在于：(1) 确信客户和任何其他预期使用者能够认识到他们与业务和报告的关系；(2) 确信预期使用者以外的当事方不会错误地假定自己是客户或预期使用者。例如，与下列内容类似的说明是恰当的：
>
> 本报告仅供客户和以名称或类型方式标明的其他预期使用者使用。其他人对本报告的使用超出评估师的预期。

因此，在此情况下，评估师可以明确预期使用者的类型（如二手抵押市场参与者）。

133. 评估或评估报告的有效期限[①]

问：我收到一些客户的问询，问我的评估报告在多长时间内有效。此事项是否在 USPAP 中涉及？

答：USPAP 并未规定评估或评估报告的有效期限。评估服务的各类使用者会确定关于评估或评估报告有效期限的要求或指引。

值得注意的是，USPAP 将评估与评估报告予以区分。评估是指价值的意见，评

---

① 此为新增加的常见问题。评估报告或结论的有效期在中国评估行业一直有明确的要求，也存在较大的争议。可结合此常见问题的回答，了解美国评估行业对此的看法：评估或评估报告是否有效（可用），取决于各类不同的使用者的判断，即不同的使用者根据自身的合理需要，在考虑评估基准日和报告日等因素的情况下合理确定评估或评估报告的有效性（可用期限）。——译者

估报告是在业务完成之后提供给客户的关于评估的任何形式的沟通，包括书面或口头报告。

评估报告中有两个日期十分重要：评估的基准日和报告日。评估基准日确定价值意见的基础，评估报告日则表明评估师对评估基准日市场和资产状况的评价是不是未来的、现行的或追溯的角度。

因此，在确定是否需要一项新的评估或一份新的报告时，评估的基准日和报告日或者两者是十分重要的考虑因素。

135. 评估基准日

问：准则条文要求所有的评估报告都需要披露评估基准日。评估基准日必须以年、月、日的方式予以具体明确吗？如果只说明年份和月份，是否也可以？

答：评估基准日由预期用途和预期使用者决定。在多数情况下，预期用途或预期使用者会要求评估基准日具体到年、月、日。当然，在某些情况下不具体到年、月、日也是可以接受的（如在未来价值评估业务中，在完成业务时无法确定精确的日期）。

136. 评估日

问：关于评估日（appraisal date），我听过好几个概念。除了评估基准日和报告日外，我还听说过"评估日"（date of appraisal）和"签发日"（signature date）等提法。这些术语有不同的含义吗？

答：评估日（date of appraisal）是个不清晰的概念。恰当的用语应当是评估基准日，指业务结论成立的日期。签发日有时用于指报告提供给客户时的签发日期，但恰当的术语应当是报告日（date of the report，report date）。

142. 计划进行的改良——现行和未来价值意见

问：我所评估的不动产涉及计划进行的改良。客户需要了解当前时点和未来时点在假设该计划改良已经完成的情况下资产的市场价值意见。我有两个问题。

（1）评估基准日是当前时点时，我的价值意见是以非真实性条件为基础还是以特别假设为基础？

答：评估基准日是当前时点时，是在假设该计划进行的改良在当前时点已经完成的情况下对资产进行的评估，该价值意见应当建立在非真实性条件的基础之上。

这是因为评估师知道实际上计划进行的改良在当前的评估基准日并未完成。评估师知道与现行真实状况相反，但为了进行合理分析假设某状况已经存在，在这种条件下完成相关分析，表明使用了非真实性条件（见准则条文 1-2（g））。

（2）评估基准日是未来时点时（计划进行的改良到那时将完成），我的价值意见是以非真实性条件为基础还是以特别假设为基础？

答：评估基准日是未来时点时，是在预计计划进行的改良将于未来某日期或之前已经完成的条件下对资产进行的评估，该价值意见应当建立在特别假设基础之上。

这是因为评估师假定计划进行的改良在未来评估基准日已经实际存在。评估师相信这种情况将在未来日期存在，在此条件下完成相关分析，表明使用了特别假设（见准则条文 1-2（f））。

146. 追溯性评估中使用评估基准日后的信息

问：我在评估某不动产。由于三年前当地的主要雇主关闭工厂，该不动产所在市场受到很大影响。客户需要的价值意见基准日在知晓该工厂将要关闭之前。在我的追溯性报告中，如果考虑该工厂关闭的因素，是否合适？

答：回答这一问题需要仔细阅读"咨询意见 34——追溯性和未来价值意见"。

追溯性价值评估的复杂性在于评估师已经知晓评估基准日后市场发生的情况。评估追溯性价值意见时，评估师可以考虑评估基准日之后的数据，以对买方、卖方在评估基准日能够合理考虑的趋势进行验证。由于在评估基准日之后的某些时点上，评估基准日之后的数据已经不能反映相关的市场状况，评估师应当决定一个符合逻辑的截止日期。这是一个很困难的决定。研究评估基准日的市场条件有助于评估师做出将截止日期确定在何时的决定。如果评估基准日之后数据的市场证据与评估基准日的市场预期一致，应当使用该（之后的）数据。如果没有这些证据，评估师应当将评估基准日作为截止日期。

在追溯性评估中，评估师不能在分析中考虑评估基准日后发生的事件，因为这些事件改变了评估基准日的市场条件。使用这些信息是与评估的预期用途不相符的，因为买方和卖方在评估基准日都无法知晓或预知之后发生的事件。

但是，评估师可以在评估报告中披露基准日后发生的事件。特别是在评估师有理由相信该报告的预期使用者在使用评估结论时，由于不知晓这些事件发生的事实可能会被误导的情况下，这种披露就显得尤为重要。

147. 当前和未来基准日的评估

问：我的客户是一位受联邦监管的放款人，要求我为某商业性物业开发项目的融资提供市场价值评估服务。该客户的贷款条件包括要求在开发初期就将此物业租赁出去。客户需要：（1）该物业在当前时点实际状况下的市场价值意见，即宗地及相关权利的价值，基于当前时点实际规划用途；（2）假设该物业在未来时点已经完成并根据预租协议的期限和条件已经租赁出去的情况下，该物业在未来时点的价值意见（未来价值意见）。我可以同时形成两个价值意见吗？如果可以，为什么？

答：可以。客户需要两个价值意见以帮助其分析该项目开发贷款风险，并遵守监管要求和指南。

客户是否做出项目开发贷款的决定，很显然会在一定程度上依赖于你对最佳用途的分析（见准则条文1-3（b））以及该开发项目的可行性（见准则条文1-2（e）(1)～(5)的注释）。

根据相关的权利，当前时点实际规划用途的宗地价值（未采用非真实性条件）是你进行分析的重要内容，将会为客户提供必要的信息，帮助其了解开发风险并确定恰当的贷款期限和条件。在不考虑其他因素的情况下，该价值意见可以在不使用特别假设或非真实性条件的基础上形成。该项评估业务中的对象是此物业，具体地说就是在当前时点存在的宗地基于当前时点的实际规划用途（包括相关权利）。

在假设该物业在未来时点已经实际完成并根据预租协议租出的条件下，该物业在未来时点的价值是客户做出项目开发贷款决策时具有重要意义的信息。形成这样的价值意见就需要采用特别假设，因为该评估中的对象是预期在未来时点存在的物业，假定开发已经完成且已经根据租约条款租出。

148. 追溯性评估中遵守 USPAP

问：执行追溯性评估业务时，需要遵守评估基准日时有效的 USPAP 还是遵守报告日时有效的 USPAP？

答：评估师应当遵守报告日时实际有效的准则。执行追溯性评估业务，只是在追溯的基础上考虑当时的数据及对数据进行分析而不是执行当时有效的准则。

149. 追溯性评估业务

问：客户最近要求我做一项追溯性市场价值意见评估业务，评估基准日比报告日早2年。在调研过程中，我发现有几个可比参照物在基准日前进行了挂牌或处于签合同谈判中，并于基准日后很好地实现了交易。在市场比较法中我仅用这些交易资料进行评估是否合适？

答：不合适。在追溯性评估中，相关分析应当反映评估基准日的市场条件。使用在评估基准日市场所在地不能获得的或不存在的可比交易信息，将会引起误导，因为这样做将不能反映市场所在地在评估基准日能够获得的信息。

"咨询意见34——追溯性和未来价值意见"中对追溯性评估及使用基准日后的数据做出了规定，其部分内容如下：

> 追溯性价值评估的复杂性在于评估师已经知晓评估基准日后市场发生的情况。评估追溯性价值意见时，评估师可以考虑评估基准日之后的数据，以对买方、卖方在评估基准日能够合理考虑的趋势进行验证。由于在评估基准日之后的某些时点上，评估基准日之后的数据已经不能反映相关的市场状况，评估师应当决定一个符合逻辑的截止日期。这是一个很困难的决定。研究评估基准日的市场条件有助于评估师做出将截止日期确定在何时的决定。

如果评估基准日之后数据的市场证据与评估基准日的市场预期一致，应当使用该（之后的）数据。如果没有这些证据，评估师应当将评估基准日作为截止日期。

基准日并不是市场数据的绝对截止日期，评估师在进行这些业务时应保持特别的谨慎。

其他信息可参考咨询意见34。

153. 谁对工作范围的决定负责

问：谁来确定工作范围？
答：确定并执行恰当的工作范围是评估师的责任。

154. 客户对工作范围提出要求

问：客户提出的工作范围是否可以接受？
答：客户提出的工作范围如果能够支持评估师形成可信的业务结论，是可以接受的。如果客户提出的工作范围无法支持评估师形成可信的业务结论，评估师需要与客户进行讨论以改变工作范围或者退出此项业务。

158. 如何评价结论的可信性

问：理解可信性需要重点把握什么？
答：业务结论是否可信总是需要结合业务的预期用途进行判断。这意味着可信性总是相对的，不是绝对的。相对于某预期用途是可信的业务结论，在其他预期用途下则可能是不可信的。

159. 误差错误与疏忽错误

问：某复核人员最近告诉我，我的评估报告不符合USPAP，因为出现了误差错误与疏忽错误并引用了准则条文1-1（b）。这两种错误有什么区别？

答：误差错误（error of commission）是指不正确地做了某事。例如，不正确地明确评估标的的相关特征就是误差错误。在民用不动产评估业务中，这可以指对不动产的错误测量。

疏忽错误（error of omission）是指忽略而未做某事（应当做的）。例如，未明确评估标的的相关特征就是疏忽错误。在民用不动产评估中，这可以指由于忽略而未测量两层建筑中的二楼面积。

164. 价值类型和定义及其出处①

问：USPAP 要求在评估报告中明确价值类型和定义，并标明定义的出处。什么是价值类型？为符合标明价值定义出处的要求，什么样的出处可以被引用？

答：准则 2、6、8、10 均要求在评估报告中说明价值类型和定义，并标明该定义的出处。准则 10 对此的措辞略有不同。

价值类型指价值的类别或种类，如市场价值、公允价值。

价值定义具体描述了价值类型的特征和条件，例如表格式报告、《金融机构改革、复兴和实施法案》、美国会计规则和税务规则以及各种法庭裁决中都有相关的价值定义。

USPAP 中并未提供任何特定的价值定义，也未认可任何价值定义的来源渠道，只是定义了构成市场价值的基本要素。价值定义的出处可以包括监管部门、司法管辖主体、业务约定书或教材。

166. 使用客户提供的价值定义

问：客户要求我使用在业务约定书中提出的价值定义。这样做可否？

答：可以。作为明确所需要解决问题过程的一部分，评估师应当明确价值类型和定义，但 USPAP 并未要求使用某种特定的价值类型或定义。例如，在不动产评估业务中，准则条文 1-2（c）要求评估师：

> 明确价值的类型和定义……

此外，准则条文 2-2（a）（5）和 2-2（b）（5）要求评估报告中：

> 说明价值类型和定义，并说明价值定义的出处。

注 对价值定义进行的说明还应当包括提供给预期使用者的注解或意见，以清晰地引导预期使用者理解如何使用该价值定义。

价值定义的出处可以简单描述为"根据业务约定书"。

动产评估、企业价值评估和无形资产评估业务中也有相似的明确和披露价值定义的要求。

---

① 本常见问题阐明了 USPAP 对价值类型或定义的基本观点，即 USPAP 作为准则并未定义任何价值类型（由准则定义价值类型并不合适），只是简单定义了市场价值的基本要素，价值类型的定义应当由监管部门、使用者或学术研究者去确定。此种观点表明了 USPAP 灵活、务实的态度，极大地提高了准则的实用性，避免出现由准则统一定义但与实务存在冲突或不适用的可能，后者是《国际评估准则》所采取的方式。

本常见问题在以前版本中还阐述了价值类型与评估目的之间的关系。摘录如下："在 USPAP 以前的版本中，'目的'这一术语是用来表示几个不同的概念，包括价值类型和定义。在 2005 年 USPAP 版本中，为避免误解，不再使用'目的'这一术语表达价值类型和定义及其他特殊含义。在 USPAP 目前的版本中，'目的'仅仅具有标准字典中的含义。"这一解释不仅对于理解 USPAP 早期版本中价值类型与评估目的的关系（实质是一回事但易让人误解、混淆）十分有帮助，而且对于理解中国评估行业在早期引进评估理论时只强调"评估目的"（实际上是指预期用途，仅从国外准则和教材进行字面理解）而忽略价值类型和定义（因等同于"appraisal purpose"而直接译为"评估目的"）的做法具有重要意义。参见定义部分中关于预期用途的脚注。——译者

175. 一个以上的预期用途

问：一个评估或评估复核业务是否可以有一个以上的预期用途？

答：可以。USPAP 要求评估师明确评估师意见和结论的预期用途，并没有对多个预期用途的禁止性规定。但是，如果评估师执行的评估或评估复核业务涉及多个预期用途，评估师应当以十分谨慎的方式在报告中清晰地说明各预期用途，以避免误解。

此外，评估师应当满足适用于各预期用途的所有业务条件。评估师也应当意识到工作范围有可能需要扩大，以形成所有预期用途下的可信结论。

178. 评估对象勘查

问：如果我未勘查评估对象的内部情况，是否违背了 USPAP？

答：USPAP 并没有勘查评估对象内部情况的要求。准则条文 1-1（b）要求评估师不得出现严重影响评估的重大疏忽错误或误差错误。该准则条文的注释部分指出：

> 评估师在确认和分析对业务结论可信性具有重要影响的因素、条件、数据和其他信息时，应当保持勤勉。

准则条文 1-2（e）（1）要求评估师明确评估对象实体特征以及法律和经济特征，但同时指出对这些特征的明确需要与价值类型和定义以及评估的预期用途相关。如果对内部情况进行勘查并不是相关的，就不需要进行。内部勘查相关与否是决定工作范围的决策内容之一，工作范围规则指出：

> 如果业务条件对工作范围所构成的限制使得评估师无法形成与预期用途相关的可信业务结论，评估师不得接受这种业务条件。

"咨询意见 2——评估对象的勘查"指出，如果评估师无法通过个人勘查或从评估师认为可靠的其他渠道获得评估对象的相关特征，例如只能通过内部勘查获得而不能从外部勘查或其他评估师认为可信的渠道获得信息，评估师应当退出此项业务，除非评估师能够：

- 改变业务条件，扩大工作范围以收集相关信息；
- 做出关于这些信息的特别假设，如果在此基础上仍能形成可信业务结论。

关于资产勘查的指南可参见"咨询意见 23——在不动产评估业务中明确评估对象的相关特征""咨询意见 28——工作范围的决定、执行和披露"。

187. 自动评估模型（AVM）是不是评估？

问：请问自动评估模型提供的结果是否属于评估？

答：不是。"咨询意见 18——使用自动评估模型"指出：

自动评估模型运算的结果本身并不是评估。

自动评估模型是一种进行估算或计算的工具，评估师可借此通过自己的判断和经验形成价值意见。评估被定义为一种价值意见，与价值的估算或计算有明显的区别。自动评估模型采用自动程序，不能形成价值意见，因为只有人才能进行判断并形成意见。自动评估模型仅是评估师用于形成价值意见的工具之一。

评估师需要谨慎注意本问题的回答是基于 USPAP 关于评估的定义。在使用不同评估定义的管辖区域内，有可能会得出不同的答案。

190. 评估大批量的相似资产[①]

问：当评估师被要求评估大批量的相似资产时，USPAP 是否要求评估师遵守准则 5 关于批量评估的要求？

答：USPAP 并不要求在此种情形下需要遵守准则 5 的规定。准则 5 所涉及的批量评估是一种评估方法。USPAP 从未要求在特定业务中或在特定情形下需要使用任何特定的方法和技术。虽然在评估大批量相似资产时批量评估方法可能会有帮助，但某种方法在特定业务中是否适用取决于业务条件、评估结论的预期用途、时间要求、与客户的协议等相关事项。

193. 采用资产基础（成本）途径的企业价值评估

问：我采用资产基础途径评估某企业的控股权益，该企业拥有不动产。我是否必须对不动产进行评估，或者我是否可以采用其他能够代表不动产价值的指标？

答：并不总是需要对不动产进行评估。是否需要进行评估应当看如果不进行（不动产评估），能否形成该企业权益价值的可信结论。业务结论是否可信需要根据这些业务结论的预期用途进行判断。该决定是企业价值评估师应当做出的工作范围决策中的一部分。

对某些预期用途而言，评估师可能需要决定对不动产进行评估（由具有专业能力且遵守 USPAP 的评估师进行）。对其他预期用途而言，企业价值评估师可能会判断从不动产评估以外的渠道获得的不动产价值指标就已经足够了。这些指标可以是管理层的估计、不动产的最近交易情况或财产税评估价值。

215. 特别假设与非真实性条件的对比

问：特别假设与非真实性条件有什么区别？请举例说明不动产评估中可能使用的特别假设。

答：特别假设定义如下：

[①] 本问答充分体现了 USPAP 制定者的思路：USPAP 不去规定评估方法在评估项目中的具体运用，这些决定应当由评估师根据业务的具体情况确定。——译者

直接与某项特定业务相关的、关于分析中所使用的基准日不确定信息的假设，如果该假设不成立，评估师意见或结论将会改变。

注 不确定信息包括评估对象的物理、法律、经济特征；资产的外部条件，如市场条件或趋势；分析中所使用数据的完整性；等等。

非真实性条件定义如下：

直接与某项特定业务相关，评估师已知在业务结论的基准日并不存在，但为进行分析仍被假定（存在）的条件。

注 非真实性条件所假定的评估对象的物理、法律或经济特征，市场条件或趋势等资产外部条件，以及分析中所使用数据的完整性等，与已知的实际情况相反。

评估师在执行业务时可能会使用特别假设或非真实性条件。在业务中使用特别假设或非真实性条件后，它们就变成业务中给定的条件，对评估师的意见和结论会产生重要影响。

某项条件是特别假设还是非真实性条件，取决于评估师对这个条件的了解程度。

如果评估师不能验证某项对评估十分重要的条件，但有足够的理由将其接受为真实的（条件），则该条件为特别假设。评估师在根据该条件操作和披露时需要遵守相应准则的要求。

与此相反，如果评估师出于分析的需要使用一个他本人知道并不真实的条件，则该条件是非真实性条件。评估师应当在不真实条件与其他相信或被当作真实的假设或条件之间做出明确划分。为区别这两种条件，不真实条件被称为非真实性条件。区分两者的最好办法是是否知道这个条件是不真实的。如果在评估基准日该条件已知是不真实的，则该条件是非真实性条件。如果在评估基准日不知道该条件的状况而且可以合理相信该条件是真实的，则该条件是特别假设。

如果使用下列假设会对评估师的意见和结论产生重大影响，这些假设就是特别假设：

（1）以计划完成日为基准日对计划进行的改良（诸如新建或增加改良物）进行评估（在未来评估基准日）。

（2）在未受环境污染的假设前提下评估某资产而并不知道是否存在污染。

（3）在排水设施齐全的假设前提下评估某土地而并不知道是否存在排水设施，也没有证据表明没有排水设施。

（4）按照某种假定的规划用途评估某土地，评估时并不清楚规划状况，也没有证据表明所假定的规划用途是不可能的。

（5）在水源充足、足以灌溉所种植农作物的假设前提下评估某有灌溉设施的农场土地，没有证据表明水源供应是不充足的。

216. 非真实性条件

问：什么是非真实性条件？请举例说明不动产评估中可能使用的非真实性条件。

答：非真实性条件定义如下：

直接与某项特定业务相关，评估师已知在业务结论的基准日并不存在，但为进行分析仍被假定（存在）的条件。

注 非真实性条件所假定的评估对象的物理、法律或经济特征，市场条件或趋势等资产外部条件，以及分析中所使用数据的完整性等，与已知的实际情况相反。

不动产评估中可能使用的非真实性条件的例子包括：

（1）以当前时点为基准日对计划进行的改良（诸如新建或增加改良物）进行评估，假设该改良物在基准日已经完成而实际并没有完成。

（2）在未受环境污染的假设前提下评估某资产而已经知道存在污染。

（3）在排水设施齐全的假设前提下评估某土地而已经知道不存在排水设施。

（4）在规划用途已经改变的假设前提下评估某土地而规划用途并未改变。

（5）在水源充足、足以灌溉所种植农作物的假设前提下评估某有灌溉设施的农场土地，已经知道水源供应是不充足的。

222. 不按照现行条件评估不动产

问：我们当地社区的公共工程部门宣布某块土地是过剩的，要求我对该不动产进行市场价值评估，评估基准日设在其进行出售的广告宣传之前。但是，公共工程部门的主管说在该块土地出售之前将会有一份契约，将该土地的用途限定为公共区域或娱乐用地。我的评估需要反映这一所有权限制条件。目前该土地由公共工程部门使用，不存在这一限制条件。

由于我知道该不动产所有权的现行状况不同于主管所描述的，我能否在假设该契约存在的前提下进行评估？

如果可以，该契约在评估中是特别假设还是非真实性条件？

答：（a）根据价值类型和定义（在主管所描述所有权条件下的市场价值）和业务结论的预期用途（提供给客户用于报价决策的参考），该评估业务应当在存在该契约的前提下进行分析。

（b）在假设该土地已经存在契约的前提下进行评估，需要使用非真实性条件，因为在评估时该不动产并不存在契约限制（该契约的存在与已知的实际情况相反，但为了进行分析而做出假设）。

如果你并不知道该契约存在与否，但在假设该契约存在的基础上进行评估，则该项评估建立在特别假设基础之上。这是因为你对不知晓的所有权条件做出了假定，如果该假定不成立，则会影响你的意见或结论。

如果公共工程部门主管并没有说以后会有这么一份契约，而是提供一份所有权文件表明该契约已经存在，则该项评估在土地用途方面不会使用特别假设和非真实性条件。这是因为在评估中所采用的所有权条件是评估时真实存在的条件。

223. 评估完全所有权时分析租约

问：我在评估某单户家庭住宅，该住宅用于租赁。我所评估的价值类型是完全所有权的市场价值。目前该住宅的租金水平明显低于市场租金水平,将在评估基准日后 24 个月到期,而且该租约将不因所有权转移而改变。

USPAP 要求我在评估中分析并反映当前租约的情况吗?

答:不,因为在此项业务中,评估对象是完全所有权权益,不是租出资产的权益。评估报告中应当进行足够的披露,告诉任何评估服务使用者存在这样一个租约,并指出本次评估中并未反映该物业的租出资产权益价值。

224. 特别假设定义

问:我最近承接了一项评估业务,被评估的不动产设有一项永久的地面使用权限制(地役权)。客户就是该不动产的业主。他没有该地役权的副本,并告诉我该项权利从来没有登记过。根据 USPAP 我在操作和披露过程中有什么样的义务?

答:首先你应当尽你所能开展调查工作,以判断该地役权是否登记,并披露你所发现的事实。如果你不能证实这一事实,你需要在分析中使用特别假设,并清晰、恰当地披露所使用的特别假设。

特别假设定义如下:

直接与某项特定业务相关的、关于分析中所使用的基准日不确定信息的假设,如果该假设不成立,评估师意见或结论将会改变。

注 不确定信息包括评估对象的物理、法律、经济特征;资产的外部条件,如市场条件或趋势;分析中所使用数据的完整性;等等。

准则条文 2-1 (c) 指出:

每份书面或口头不动产评估报告应当:

(c) 清晰、明确地披露评估业务中使用的所有假设、特别假设、非真实性条件和限制条件。

242. 签署声明的原因

问:为什么 USPAP 要求评估师在书面评估报告中签署声明以及在口头报告的工作底稿中签署声明?

答:通过签署声明,评估师表明其承诺遵守相关的职业道德义务。除各专业类别在提供专业帮助的措辞上存在不同,以及准则 10 不要求声明是否进行个人勘查以外,各准则条文所要求的书面报告中的声明内容是相同的。

声明中有关评估操作的内容列示如下(以准则条文 2-3 为例):

——本报告中陈述的事实是真实和正确的。

——报告中的分析、意见和结论是本人的公正、无偏见的专业分析、意见和结论,仅受报告中披露的假设和限制性条件的限制。

——本人与本报告中的评估对象不存在(或存在特定说明的)现时和未来利益关系,与相关当事方不存在(或存在特定说明的)个人利益关系。

——本人在承接本次业务之前的三年之内，未以评估师或其他身份为本报告中的标的资产提供过服务（或提供过特定说明的服务）。

——本人对本报告中的标的资产或与本业务的相关当事方不存在偏见。

——本人承接本次业务与形成或报告预先确定的结论无关。

——本人完成本次业务所获取的报酬与下列事项无关：形成或报告预先确定的价值，形成对客户有利的价值，评估意见的结论数额，达到约定的结论，或实现与本次评估业务预期用途直接相关的期后事项。

声明中有关操作和披露的内容，如下：

——本人的分析、意见和结论以及评估报告的编制符合USPAP的规定。

声明中最后两项是有关勘查和重要帮助的内容，如下：

——本人已经（或没有）对评估报告中的标的资产进行个人勘查。（如果有多名评估师签署声明，应当在声明中明确说明哪些评估师对评估对象进行了勘查，哪些评估师未对评估对象进行勘查。）

——没有人对本声明签署人提供过重要的不动产评估专业帮助。（如果有，应当列出每一位提供重要不动产评估专业帮助的人士姓名。）

261. 依赖其他人士的报告

问：我是一名企业价值评估师，不从事不动产评估业务。有时我在确定企业权益价值时需要依赖不动产评估结论。虽然我会在我的报告中引用不动产价值结论（美元数额），但不动产价值评估报告并不包括在我的报告中。例如，某不动产置业公司的评估中，其企业权益价值在很大程度上会受到所拥有不动产价值的影响。在我的企业价值评估报告中，如何处理这些对其他人士工作成果的依赖？

答：准则条文10-3的注释指出：

如果签署声明的评估师依赖未签署声明的评估师和其他人士的工作，签字评估师对其做出的依赖其他人工作的决定承担责任。签字评估师应当有合理依据相信这些人士工作的专业性。签字评估师应当确信这些人士工作的可信性。

职业道德规则的行为部分指出：

评估师不得在已知情况下使用或提供误导性或欺诈性的报告……

企业价值报告中应当指出不动产价值的来源，可以特别假设的方式将其价值结论予以汇总。可以按下列方式披露该特别假设：

"XYZ公司的公允市场价值与提供给我们的该公司所拥有不动产的市场价值密切相关。我们未对该价值的有效性进行验证，假设其是有效的。使用这一假设可能会影响我们的业务结论。"

企业价值评估报告中应当包括一份企业价值评估师的声明。与不动产评估相关的声明应当包括在不动产评估师提供的报告中（如果是口头报告则包括在工作底稿中）。

企业价值评估师应当依赖不动产评估师的工作，因为企业价值评估师在此种情形下并不具有进行不动产评估或对不动产评估进行复核的专业能力。

在判断不动产评估师的工作是否符合专业能力要求时，企业价值评估师应当关注其他评估师的下列事项：
- 在签署的声明中是否声明其根据 USPAP 进行分析、形成意见和结论并编制报告；
- 相关经验、教育背景或专业推荐；
- 专业地位的证明，如证书、专业称号或其他公认的专业及学术成就。

确定其他评估师的专业能力不能仅依赖于某个单项因素，应当综合考虑各个因素，这一点是十分重要的。最终是由企业价值评估师做出不动产评估师是否具有专业能力的决定，该决定应当建立在合理的基础之上。极其重要的一点是，企业价值评估师没有理由质疑不动产评估师工作的可信性。

269．评估报告的所有权

问：某不动产业主要求我提供一份我为放款人编制的评估报告。谁对评估报告、相关研究工作成果和支持性文件拥有所有权？

答：USPAP 并没有明确回答谁拥有评估报告、相关研究工作成果以及支持报告的文件。

根据定义，所有评估报告是……提供给客户……准则条文 2-2、8-2、10-2 及"咨询意见 12——采用准则条文 2-2、8-2、10-2 中的报告类型"中规定，确定采用哪种报告类型的决定是由评估师和客户共同做出的。一旦这个决定做出，USPAP 就没有在客户使用报告的责任方面做出任何规定。

评估师在处理任何当事方提出的获得评估报告副本的要求时，应当遵守职业道德规则中的保密规定：

评估师应当维护评估师-客户关系的保密性。

评估师在使用保密资料和提供业务结论时，应当以最大诚意维护客户的合法利益。

职业道德规则中的保密部分进一步要求：

评估师不得将（1）保密信息、（2）业务结论向以下当事方以外的人士披露：
- 客户；
- 客户特别授权的当事方；
- 州评估师监管部门；
- 通过法律正当程序允许的第三方；
- 经恰当授权的同业复核委员会，对该委员会的披露违反相关法律或规定的除外。

282．为什么需要披露工作范围

问：为什么要求评估师在评估、评估复核报告中披露工作范围？

答：说明工作范围将使得预期使用者能够更加清晰地理解所进行研究和分析的程度。详细说明业务中所做的工作和没有做的工作，也将对客户和评估师提供更好的保护。

工作范围规则注释部分指出：

> 由于客户和其他预期使用者依赖业务结论，因此评估师需要进行恰当披露。足够的信息包括对评估师进行的研究和分析工作进行披露，也可能需要包括对未进行的研究和分析工作进行披露。

（请注意，在工程师等专业领域中，确定并披露业务中的工作范围已经成为一种传统。）

288. 在报告中披露预期使用者

问：USPAP 要求每份评估或评估复核报告说明业务结论的预期使用者。如何判断报告中关于预期使用者的表述是充分的？

答：USPAP 出于以下目的要求披露预期使用者[①]：

（1）客户及其他任何预期使用者能够确认其与业务和报告的关系；

（2）预期使用者以外的任何当事人通过被告知其既非客户也非预期使用者达到避免误导的作用。

因此，关于预期使用者的表述应当足够充分以实现上述目的。评估师并未被要求以姓名（名称）的方式明确预期使用者。如果通过姓名（名称）明确预期使用者的做法并不适用或不可行，评估师可以通过类型的方式明确预期使用者。

"咨询意见 36——明确并披露客户、预期用途和预期使用者"中提供了在报告中进行恰当表述的例子：

> 本报告仅供（客户）和（以名称或类型方式标明的其他预期使用者）使用。其他人对本报告的使用超出评估师的预期。

295. 评估报告格式与遵守 USPAP

问：房利美、房地美及其他政府和私营主体发布了评估报告格式要求。这些格式符合 USPAP 吗？

答：评估准则委员会认为评估师应当遵守 USPAP 而不是格式要求。每项业务都是不同的，没有什么格式能够涵盖所有业务中应当遵守的所有 USPAP 要求。评估报告格式仅仅是一种工具，用于帮助对评估报告的披露进行组织。

评估师的责任是恰当进行评估操作并恰当披露业务结论。某个报告模板或格式可能能够充分披露业务结论，也可能不能充分披露业务结论。评估师可能需要在表格之后附加一些内容，以遵守 USPAP。

---

① 本问题解答中关于披露预期使用者的两个目的是对 USPAP 建立明确、披露预期使用者制度原因的最直接阐述。——译者

302. 采用"不必要的"评估途径

问：我的一个客户要求在所有评估业务中都使用成本途径，包括那些我认为成本途径不能形成有意义评估结论的业务。如果我按照客户的要求去做，我担心可能会引起误导。我如何既能满足客户要求又遵守 USPAP？

答：如果评估师在报告中恰当说明评估途径的适用性，即使运用了并不能形成有意义结论的成本途径，也不会引起误导。许多评估师在报告的综合分析部分加上以下文字说明："成本途径的使用仅是根据客户的要求。在形成最终评估结论时我们未考虑成本途径……"

参见"咨询意见 28——工作范围的决定、执行和披露"。

314. 为州评估师委员会（State Appraiser Board）进行的评估复核

问：我是一个州注册评估师（state-certified appraiser），为所在州的评估许可和注册委员会（State's Appraisal Licensure and Certification Board）下属的评估复核工作组服务。州管理部门要求我对某评估报告进行复核。编制该评估报告的评估师是最近被投诉的人。本次复核的目的是基于 USPAP、州法律和规定中相应的要求，形成并说明我对该评估工作的意见。我所在的州并未豁免作为州许可评估师或注册评估师的复核人员在执行此类复核业务时遵守 USPAP 的义务。我在此业务中需要遵守准则 3 和准则 4 吗？

答：是的。根据你描述的情形，你需要遵守准则 3 和准则 4 的相关要求。在此种特殊情形下，预期使用者和预期用途与监管部门相关，并不意味着该复核业务应当被区别对待。

但是，有些州的法律或规定要求这类评估复核工作不遵守 USPAP 的规定。执行此类业务的评估师需要与客户就业务进行讨论，仔细阅读相关的州法律、规定，以确信在评估师是否需要遵守或部分遵守 USPAP 方面产生误解，或者是否需要对 US-PAP 进行部分豁免（如准则 3、4）。

第 4 部分

USPAP 与美国评估业概览

USPAP 与美国金融评估管理体制

USPAP 是美国评估界重要的评估准则，所涉及的评估领域包括不动产、动产和企业价值等，未针对任何特定目的的评估业务，因此很多人会认为 USPAP 是一部普通的综合性评估准则，但如果了解了 USPAP 产生的历史背景，并仔细阅读 USPAP 中大量针对金融目的评估业务的准则说明和咨询意见，方能真正理解 USPAP 与金融行业监管有着密切联系——其初始目的就是规范以抵押为目的的不动产金融评估业务，而且 USPAP 的制定和执行本身就是美国金融评估管理体制的重要组成部分。USPAP 作为一部综合性的评估准则，与美国金融评估管理体制有着千丝万缕的联系。想全面了解 USPAP 和美国评估业，就必须对美国金融评估管理体制进行深入的理解。为帮助广大读者更好地学习 USPAP，本部分将重点介绍美国金融评估管理体制及 USPAP 在其中扮演的角色。

美国金融评估管理体制建立的背景

美国评估业长期实行自律管理

长期以来，美国评估业与律师业、会计师业等被视为自由职业，评估师属于传统意义上的专业人士和自由职业者，政府对包括金融评估在内的评估业几乎不进行任何干预，主要是通过评估协会等非政府性质的评估行业专业组织进行自律性管理。在评估业长期的发展过程中，根据不同目的和不同领域的要求，美国评估界自发形成了为数不少的评估专业协会，有综合性较强的协会，其涵盖的专业范围跨越多个评估领域，也有侧重于某一特定资产领域或某一特定评估目的的单一协会，其中影响较大的有美国评估师协会（American Society of Appraisal）、评估学会（Appraisal Institution）、国际估税官协会（International Association of Assessing Officers）、美国农场管理人和农业评估师协会（American Society of Farm Managers & Rural Appraisers）、独立收费评估师联合会（National Association of Independent Fee Appraisers）等。这些专业评估协会在各自发展过程中，根据所侧重的领域分别制定了职业道德守则和评估执业准则，对所属会员具有约束力，并制定了各自的专业人员资格标准，规定具备什么样的专业知识和从业经验才能获得专业称号。评估人员在执业中往往通过展示其在所属协会中获得的专业称号来表示专业能力，取得客户信任。在这种纯行业自律管理体制下，美国评估业长期以来并没有统一的评估执业准则，也没有统一的评估师资格标准。这一状况反映了美国评估行业自发、自律发展的状况，应当说在相当长的时间内，这样的以行业自律为主的管理结构对评估行业的发展有很大的贡献。然而，由于评估领域和评估目的的多样性，特别是当评估专业服务涉及公共利益时，完全的行业自律管理体制显示出明显的弊端和不适应性。美国 20 世纪 80 年代中后期出现的较为严重的"储蓄和贷款危机"（Saving and Loan Crisis）中，此种弊端充分显现，美国政府不得不出面实施被动性管理，建立起一整套金融评估管理体系。美国金融评估管理体制建立之后，美国评估行业完全自律管理的方式在很大程度上改变了。

金融评估的特殊性

评估是一种由评估委托方与评估服务提供方之间约定提供的专业服务，为实现委托方的某种目的（如资产的交易、抵押、纳税、争议解决等）提供参考意见。就一般意义而言，评估业务是委托人与评估师之间的民事行为，由评估合同或评估业务约定书对双方的权利和义务进行约定。一旦对评估产生争议或评估服务给委托人带来损失，受损害的一方（合同当事人、委托人等）可以通过合同法和民事诉讼解决争端。如果合同当事人能够证明评估师有过错，评估师需要承担赔偿损失等责任。在这种情况下，可以通过对利益受损方的补偿、赔偿以及对评估师的处罚（主要是经济处罚）解决争端，实现评估服务的可持续发展。通常情况下，评估服务对委托人以外的第三人或社会利益不会造成危害（评估合同和评估报告中会严格限定评估报告使用范围），因此，对评估行业没有必要实行严厉的特别管控措施（如行业准入、标准统一等），或者说，对评估行业实施特别的管控是不经济的，这构成了美国和多数国家长期对评估行业实行自律管理、政府不干预的理论基础。

然而，20世纪80年代美国的"储蓄和贷款危机"彻底改变了人们对评估行业特别是金融评估的看法。评估与金融业有着不可分割的密切联系，以抵押保证为目的的评估业务是各国传统的评估业务之一。抵押资产评估与一般的评估行为在影响力、后果等方面有本质的不同。"评估在贷款审查程序中的主要作用是，证明资产的抵押价值足以避免借入者无法偿还贷款时的贷款损失。"① 抵押资产评估在维护金融资产安全、防范金融风险方面具有双刃剑的作用：客观操作且合理披露的不动产抵押评估业务有助于金融机构识别潜在风险、充分保障金融机构的利益；不当操作且不合理披露的抵押评估则会在很大程度上放大风险，给金融机构带来重大损失。如果评估不当，一旦出现还款违约行为，银行等金融机构作为放款人就可能无法从抵押品的变卖中得到足够的风险保证。从表面上看，这与一般评估业务并无区别：不当评估损害的是评估业务一方当事人（金融机构）的利益，似乎也可以通过一般的民事诉讼予以解决，但是由于银行等金融机构的特殊性，一旦经营失败或遭遇重大风险，对金融秩序以及公共利益和社会可能造成的危害性要大得多。特别是美国实行储蓄存款保险制度，相关储蓄机构按照法律规定向联邦储蓄保险公司（FDIC）交纳保费，一旦储蓄机构经营失败，出现无力偿付存款的情形，就由联邦储蓄保险公司依照相关规则进行赔付。如果无力偿付的储蓄机构较多，联邦储蓄保险公司也无力赔付，则要动用联邦储备基金依法补偿。动用联邦储备基金就意味着用纳税人的钱来为金融机构的经营失败"埋单"，这从本质上与一般民事行为仅涉及合同双方权利、义务的状况有重大区别。正是由于金融评估可能会涉及公共利益，甚至可能会导致用全体纳税人的钱来对相关损失进行补偿（实践中已经出现），金融领域的评估引起了美国国会的高度关注，并由

---

① 中国资产评估协会. 监管计划——加强不动产评估业监管的机会. 北京：经济科学出版社，2004：12.

此开始了美国政府介入金融评估管理体制的实践。从这个意义上不难看出，金融评估与一般的评估服务有本质区别：金融评估中的不当行为危害的不仅是一方当事人，可能对整个金融秩序、社会秩序和全体纳税人的利益带来危害，因此对金融评估应当予以特别管控。

由于人们对金融评估特殊性的认识长期混杂在对一般评估的认识之中，在金融秩序良好的时期很难认清金融评估的特殊性。直到美国20世纪80年代出现了"储蓄和贷款危机"，在金融行业和评估行业都出现了严重问题之后，有关各方才痛定思痛，对此次金融危机中的评估作用进行全面评价，加强了以金融为目的的评估监管，构建了独具特色的美国金融评估管理体制，USPAP就是在这个大背景下产生的。

"储蓄和贷款危机"的冲击

20世纪80年代初，里根政府执政后奉行自由经济政策，积极推进后来被称为"去监管化"的改革措施。在金融领域，美国政府放松了对金融机构的监管，许多过去不允许从事抵押贷款业务的储蓄机构也开始从事抵押贷款业务。大量金融机构在没有建立必要审核监督机制的情况下，盲目开展抵押贷款业务。由于当时评估业缺乏统一的评估准则和评估师资质标准，评估行业在职业道德、人员素质、执业水平等方面出现了一些问题，相当多的评估师对作为抵押物的不动产进行了不恰当的评估（往往是乐观性的高估），导致金融机构过高估计抵押不动产的价值及其对金融机构贷款的保障，在出现无法还款而处置抵押不动产的情况时，抵押物价值远远达不到评估值，造成银行等金融机构呆账、坏账大幅增加，导致一大批金融机构倒闭，从80年代中期开始爆发由房地产泡沫诱发的金融危机。由于美国实行储蓄存款保险制度，相关储蓄机构在无力偿付存款后由联邦储蓄保险公司赔付，联邦储蓄保险公司无力赔付后须动用联邦储备基金依法补偿。这场被称为"储蓄和贷款危机"的金融危机导致400余家储蓄金融机构破产，给联邦储备基金最终造成1 000多亿美元的损失。

用联邦储备基金赔付相当于让纳税人为金融危机承担责任，有关这场金融危机的争论演化为一场政治博弈，美国国会专门就这场金融危机的原因、各方所起的作用进行调查。众议院政府工作委员会（House Committee on Government Operations）于1986年9月形成了题为《评估问题对不动产抵押贷款、抵押保险和二级市场投资的影响》的调查报告。[1] 该报告分析了金融监管部门和金融机构存在的问题，对评估行业存在的问题予以严厉抨击，特别指出评估行业缺乏统一的执业人员资格标准、缺乏统一的评估标准，认为不当评估和欺诈评估是促成金融危机并导致联邦政府遭受损失的主要诱因之一。[2] 这场金融危机不仅对金融领域和经济领域带来了强大冲击，而且给美国评估行业以沉重打击，因此提高和维护社会公众对评估行业的信心，制定统一评估准则和评估师资质标准，就成为当时美国评估业改革的主要方向。

---

[1] 参见 H. Rep. 99～891 at 4～6（1986年9月25日），HCGO，第99届国会第二次会议。
[2] 中国资产评估协会. 监管计划——加强不动产评估业监管的机会. 北京：经济科学出版社，2004：12.

FIRREA 的制定和金融评估体系的建立

在综合分析金融业存在问题的基础上,美国国会于 1989 年制定了《金融机构改革、复兴和实施法案》(FIRREA),对金融行业进行全面整顿。鉴于金融评估领域存在的问题,该法案第 11 章对美国金融评估管理体制进行了重大改革,引进了联邦政府监督、州政府注册管理、评估行业协会制定准则、金融监管部门建立相应评估规则等内容,从而建立了独具特色的美国金融评估管理体制,也在很大程度上改变了美国评估行业自律管理的局面。

美国金融评估体制

概述

根据 FIRREA 第 11 章,美国金融评估管理体制由民间、州和地方政府、联邦政府等构成,这三个层级分别从民间行业自律管理、联邦和各州监管以及联邦金融机构监管部门的角度对评估业进行职能管理,形成一个有机的不动产[①]评估和评估师管理体制。

- 民间组织评估促进会设评估准则委员会和评估师资格委员会,为不动产评估的实施和报告制定最低标准,为注册评估师设立最低资格要求;
- 各州负责对评估师进行注册和许可,包括制定教育和经验要求(这些要求至少应当符合评估师资格委员会对注册评估师的资格要求),监督评估师遵守评估准则;
- 联邦储备系统、联邦储蓄保险公司、货币监理署、储蓄管理局和全国信用协会管理局(以下统称为"联邦金融机构监管部门")为所辖金融机构制定评估要求,并监督金融机构遵守这些评估要求;
- 评估分会主要负责监督和审查各民间、州和联邦组织与第 11 章有关的工作,监督和协调参与管理评估和评估师的有关各方的职能。

美国金融评估管理体制中各相关主体结构图如下[②]:

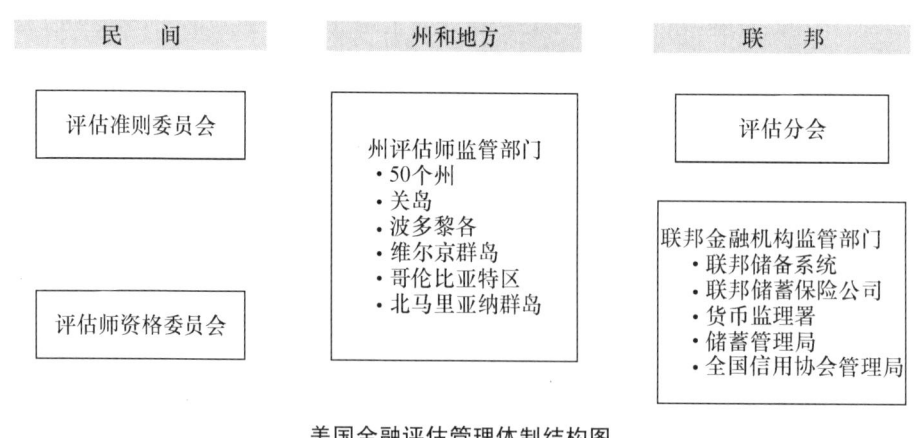

美国金融评估管理体制结构图

[①] 本文中所说的不动产评估,都是指与金融目的有关的不动产评估业务,不包括一般以交易、纳税等为目的的不动产评估业务。

[②] 中国资产评估协会. 监管计划——加强不动产评估业监管的机会. 北京:经济科学出版社,2004:4.

美国金融评估管理体制中各方主体及其职责

1. 评估分会

为适应金融评估管理需要，根据 FIRREA 第 11 章，1989 年 8 月 19 日联邦金融机构检查委员会（Federal Financial Institutions Examination Council）设立评估分会（Appraisal Subcommittee），作为主要的联邦部门，对金融评估领域进行监督，其宗旨是："在涉及不动产的交易（real estate related transaction）中维护联邦金融和公共政策的利益，要求与联邦交易有关的不动产评估必须提供书面形式报告，遵守统一准则，由具有相应能力并始终处于有效监管的专业人士完成。"[①]

根据 2010 年美国制定的《多德-弗兰克华尔街改革和消费者保护法案》（Dodd-Frank Wall Street Reform and Consumer Protection Act of 2010），评估分会的职责又获得进一步扩充，对各州制定的关于评估管理公司（appraisal management companies，AMCs）登记和运营监管要求进行指导。

评估分会有 7 位理事会成员，分别由七个相关部门任命，包括联邦储备委员会（Federal Reserve）、消费者金融保护局（Bureau of Consumer Financial Protection）、联邦储蓄保险公司（FDIC）、全国信用协会管理局（NCUA）、货币监理署（OCC）、联邦住房金融局（FHFA）和美国住房与城市发展部（HUD）。

（1）评估分会主要职责包括[②]：

● 监督各州制定的相关规定：

为涉及联邦权益的交易提供服务的注册评估师和许可评估师资格的条件，包括有关专业责任规范；

评估管理公司（AMCs）的登记要求及其运营的监督要求。

● 监督联邦金融监管部门在各自管辖范围内制定的涉及联邦交易的评估准则，以及必须由注册评估师和许可评估师从事的涉及联邦交易评估业务的范围要求。

● 为获得各州注册或许可、有资格在涉及联邦的交易中提供评估服务的评估师建立全国性注册名单（Appraiser Registry）。

● 为在州评估师注册和许可部门登记并接受监督的评估管理公司或作为受联邦监管的金融机构下属经营分支的评估管理公司建立全国性注册名单（AMC Registry）。

● 每年不迟于 6 月 15 日向国会递交年度报告，汇报上一年度评估分会各项职能的执行情况。

● 设立并运营评估投诉全国热线电话，包括免费电话和电子邮箱，用于接受有关

---

① "provide that Federal financial and public policy interests in real estate transactions will be protected by requiring that real estate appraisals utilized in connection with federally related transactions are performed in writing, in accordance with uniform standards, by individuals whose competency has been demonstrated and whose professional conduct will be subject to effective supervision." 见 FIRREA，1101 款。

② 相对于 1989 年的 FIRREA，评估分会（ASC）的职责近年来有了较大的扩充，本文中有关 ASC 的职责系根据 ASC 官方网站于 2018 年 8 月的最新表述。相对于 2008 版 USPAP 中文版中关于 ASC 职责的规定，ASC 比较显著的职责变化包括扩大到对评估管理公司（AMCs）这一评估行业新生事物的管理和登记、建立并运营全国性的评估投诉热线，这反映了美国金融评估领域的最新变化。另一个显著的变化是美国国会对评估促进会每年的拨款职责在最新的 ASC 职责表述中予以了删除。

违反评估独立性准则和违反 USPAP 的投诉。

● 监督并审查评估促进会的业务、程序、活动和组织结构。

(2) 评估分会的工作方式。为开展正常业务，评估分会在认为适当的情况下，可设立顾问委员会，举行调查会、听证会，收集证据，提供信息，进行调查研究等。为保证评估分会有必要的经费履行其管理职能，美国政府规定在 FIRREA 颁布之日，由财政部对评估分会一次性拨款 500 万美元作为启动资金。以后评估分会开展工作所需资金可通过向注册评估师和许可评估师收取的注册费来解决，或根据有关规定使用联邦金融机构监管部门所能获得的基金支持。

评估分会对评估促进会进行监督的方式包括参加与第 11 章有关的所有重要会议和活动，检查拟订中的对评估师资格要求和 USPAP 的修改和增补。

评估分会对联邦金融机构监管部门的监督主要通过非正式渠道进行。评估分会的理事会成员都参与了各自部门中的评估相关工作，非正式地向自己的部门提供来自评估分会的信息。评估分会也向拟订中的涉及评估问题的规定提供技术支持，如全国信用协会管理局为了与其他监管部门一致而将需要评估的交易最低限由 10 万美元提高到 25 万美元。

评估分会对各州评估师监管部门的监督主要是对这些部门的程序实施实地检查，并与评估师、州和联邦部门以及评估服务使用者保持密切联系。评估分会对各州的检查有两个主要检查周期，3 年和 18 个月。大多数州都安排的是 3 年，但如果需要进行较为经常的实地检查（通常是因为在以前的实地检查中发现了疑点），则这些州的检查周期会改为 18 个月。评估分会实地检查的安排旨在保证在各州之间进行统一的检查，运用统一的政策。检查工作涉及公开的和秘密的投诉；已批准和未批准的培训机构和培训课程；该州与评估师注册和许可相关的法律和规定；理事会会议纪要；评估师的注册簿和注册费；临时执业和互惠安排；热点问题，如恶性贷款、欺诈、非法不动产炒作[①]等。实地检查意见书须在评估分会的网站上公布。

(3) 全国评估师注册数据名单。根据第 11 章的要求，评估分会须保存各州从事涉及联邦交易评估业务的许可评估师和注册评估师注册登记簿，并对其进行维护。[②] 该注册数据名单于 1992 年建立，并于 1997 年进行了修改和升级。该数据名单可以提供各州评估师的姓名和具备的资格，并可以对不再执业和正在执业的评估师资格情况和种类以及惩罚记录进行统计。这个注册数据名单包括公开的和非公开的信息，例如针对评估师的受惩罚的记录，只允许经授权的州评估师监管部门的代表查阅。用户可以通过互联网登录此数据库，并免费下载全部的公开数据。

通过全国评估师注册数据名单，用户可以了解该评估师是否有资格从事涉及联邦交易的评估业务，评估师是否受过纪律处分，其评估资格证书是否已经被暂停、撤销（revoked）或被放弃（surrendered）。各州还可以通过该数据名单了解到评估师的评估资格状况，并且帮助州管理部门管理评估师队伍，从而为各州之间的临时互惠提供

---

① 非法不动产炒作是指不动产投机者在经济欠发达的相邻地段购买房屋，然后进行夸大评估或其他欺诈评估，向贷出者骗取超出公允市场价值的贷款，再将房屋以夸大的价格卖给二手购买者。销售者在夸大的资产价值中获得大额利润。如果二手购买者无法偿还贷款，抵押贷款的贷出者就会无法弥补贷款金额，因此遭受损失。

② 12U. S. C. §3332 (a) (3).

帮助。除此之外，各金融机构还可以通过互联网从该数据库获得有关评估资格撤销、暂停、放弃或者作废的相关情况。

数据库的信息由各州提供。各州定期（绝大多数以一个月为限）将相关的文件提交给评估分会，评估分会将数据录入数据库。数据库对四类评估师进行统计，即许可评估师、注册综合评估师、注册住宅评估师和过渡性许可评估师。

根据 2008 年 10 月 31 日的统计，评估分会全国评估师注册数据名单中有许可评估师 21 003 名，注册综合评估师 32 684 名，注册民用评估师 34 885 名，总计 88 608 名[①]；从各州分布情况来看，最少的北马里亚纳群岛有 10 名，最多的加利福尼亚州拥有近 9 500 名；从纪律处分情况来看，受到警告处分的有 395 人次，再教育处分的 462 人次，罚款处分的 788 人次，禁入处分的 263 人次，降级处分的 33 人次，暂停处分的 398 人次，撤销处分的 644 人次，自愿放弃的 212 人次，官方谴责的 77 人次，其他处分的 1 088 人次，总计 4 360 人次。[②]

根据 2018 年 8 月 25 日的统计，评估分会全国评估师注册数据名单中有许可评估师 7 545 人，注册综合评估师 39 204 人，注册民用评估师 48 166 人，总计 94 915 人。[③] 从各州分布情况来看，最少的北马里亚纳群岛有 3 名，最多的加利福尼亚州拥有 9 866 名（见下表）。

2018 年 8 月评估分会全国评估师注册数据名单统计表

州或地区	注册综合评估师	注册民用评估师	许可评估师	合计
亚拉巴马州	627	628	67	1 322
阿拉斯加州	99	125	0	224
亚利桑那州	785	1 122	150	2 057
阿肯色州	416	360	47	823
加利福尼亚州	3 085	5 562	1 219	9 866
科罗拉多州	1 022	1 276	259	2 557
康涅狄格州	508	708	0	1 216
特拉华州	257	250	21	528
哥伦比亚特区	308	326	84	718
佛罗里达州	2 338	4 061	12	6 411
佐治亚州	1 599	1 392	329	3 320
关岛	11	5	4	20
夏威夷州	207	249	15	471
爱达荷州	327	326	61	714
伊利诺伊州	1 495	2 129	0	3 624

---

① 有的评估师同时具备一种以上的执业资格，或新获得一类资格而放弃以前的资格，但仍在各相应资格类别中显示，因此统计数据中有人员重复现象。
② 中国资产评估协会. 监管计划——加强不动产评估业监管的机会. 北京：经济科学出版社，2004：85.
③ 数据来源于 ASC 网站。

续前表

州或地区	注册综合评估师	注册民用评估师	许可评估师	合计
印第安纳州	874	979	187	2 040
艾奥瓦州	612	456	0	1 068
堪萨斯州	482	418	98	998
肯塔基州	632	713	12	1 357
路易斯安那州	584	713	0	1 297
缅因州	229	174	154	557
北马里亚纳群岛	3	0	0	3
马里兰州	843	1 110	262	2 215
马萨诸塞州	648	1 093	200	1 941
密歇根州	1 099	1 072	553	2 724
明尼苏达州	850	956	142	1 948
密西西比州	515	411	80	1 006
密苏里州	745	1 028	64	1 837
蒙大拿州	206	167	39	412
内布拉斯加州	385	220	61	666
内华达州	419	466	85	970
新罕布什尔州	308	341	71	720
新泽西州	1 108	1 135	352	2 595
新墨西哥州	288	273	23	584
纽约州	1 691	1 916	181	3 788
北卡罗来纳州	1 172	1 708	62	2 942
北达科他州	183	83	32	298
俄亥俄州	1 041	1 344	513	2 898
俄克拉何马州	492	431	83	1 006
俄勒冈州	613	706	163	1 482
宾夕法尼亚州	1 414	1 792	0	3 206
波多黎各自治邦	213	141	3	357
罗得岛州	173	222	44	439
南卡罗来纳州	896	930	125	1 951
南达科他州	234	103	40	377
田纳西州	862	952	102	1 916
得克萨斯州	2 390	2 409	439	5 238
犹他州	421	648	134	1 203
佛蒙特州	139	109	16	264

续前表

州或地区	注册综合评估师	注册民用评估师	许可评估师	合计
维尔京群岛	14	12	0	26
弗吉尼亚州	1 185	1 685	463	3 333
华盛顿特区	1 003	1 483	131	2 617
西弗吉尼亚州	268	230	122	620
威斯康星州	707	888	241	1 836
怀俄明州	179	130	0	309
总计	39 204	48 166	7 545	94 915

对比 2008 年与 2018 年的统计数据可以看出，美国从事金融评估的注册评估师和许可评估师数量在过去的十年中相对稳定，总数增加了 6 307 人，十年增长率为 7%。在总量变化不大的情况下，许可评估师的数量有相当大的变化，表明有相当部分的许可评估师（级别较低）通过考试晋升为注册评估师。由于美国评估行业缺乏行业方面的统计数据，评估分会全国评估师注册数据名单显得尤为珍贵。过去的十年中相关评估从业人员数量略有增长，也从一个侧面表明美国评估行业总体上处于较为稳定的阶段。

2. 联邦金融机构监管部门

联邦金融机构监管部门负责保证在联邦机构投保的储蓄机构遵守第 11 章的要求，保证涉及联邦交易中的不动产评估符合评估准则委员会制定的 USPAP 的要求。[①] 其主要工作如下：

● 联邦金融机构监管部门要求涉及联邦交易中的所有评估业务都必须至少符合 USPAP 的要求，评估结论以书面形式表示，且应当包含充分的信息和分析过程，以支持金融机构的交易决策。

● 各联邦金融监管部门或执行机构如果为适当履行其法定职责已做出增加额外评估准则的书面决定，可以要求评估师开展业务遵守这些额外评估准则。

● 联邦金融机构监管部门规定必须进行评估的"最低门槛要求"，即规定在什么情况下，受监管的金融机构可以不聘请注册评估师或许可评估师进行评估，改为通过其他人士或手段（如银行内部人员、自动评估模型等）进行估价（evaluation）。

目前 5 个金融机构监管部门都把最低限设在 25 万美元[②]，即对于低于 25 万美元的不动产抵押物，金融机构可以选择进行评估，也可以选择对资产价值进行其他方式的估价，估价工作可以由注册评估师和许可评估师以外的人士进行，且无须遵守 USPAP；高于 25 万美元的不动产抵押物必须由注册评估师或许可评估师进行评估，且评估工作需要遵守 USPAP 的规定。联邦金融机构监管部门也对估价的内容和报告

---

① 12 U.S.C. § 3339 (2000).
② 各监管部门制定的规定中都包含最低限额，用于确定哪些情况下需要州注册评估师或许可评估师的评估。见 12 CFR. § 34.43 (2002) (OCC), 12 CFR. § 225.63 (2002) (FRS), 12 CFR. § 323.3 (2002) (FDIC), 12 CFR. § 564.3 (2002) (OTS), 12 CFR. § 722.3 (2002) (NCUA).

提出了相应要求。

- 颁布规定和政策，对受监管的金融机构应当聘请注册评估师或许可评估师进行评估的交易进行明确，即对涉及联邦的交易进行分类，确定哪些交易应当由州注册评估师进行评估，哪些交易应当由州许可评估师进行评估。根据目前的规定，在涉及联邦的交易中，当商用不动产交易额大于 25 万美元，住宅不动产交易额大于 100 万美元①时，应当聘请州注册评估师。其他涉及联邦的交易，除非第 11 章中有特别规定，可以聘请州许可评估师。②
- 要求在涉及联邦利益的评估中，评估师必须由金融机构（放款人）聘用而不得由贷款申请人聘用。
- 制定检查程序，以保证受监管的金融机构遵守第 11 章的要求。在检查经营风险管理政策和实务、进行专项检查（如不动产交易和实务）以及检查贷款业务时，监管部门通常会检查金融机构对评估规定的遵守情况。当管理部门发现违反规定的情况或缺陷时，如果它们认为这些情况或缺陷会影响金融机构的安全和有效运营，它们会采取处罚措施或通过与金融机构的管理当局进行讨论，促使其采取正确措施。监管部门可以采取正式或非正式的惩戒措施包括：谅解备忘录、限制执业、禁止执业、暂停和终止资格，以及对违反评估规定的金融机构进行民事处罚等。这些措施可以适用于外聘（付费）评估师，也可适用于金融机构的评估师雇员和金融机构的合作方。此外，根据 1991 年的《联邦储蓄保险公司改善法》，联邦金融机构监管部门可以对金融机构的合作方，如评估师，采取惩戒措施。③
- 委派代表参加评估分会。

3. 州和地方政府

为管理各州评估师注册和许可事宜以及监督注册评估师和许可评估师执业，各州和地区都建立了相应制度对评估行业进行管理和监督，并建立了州评估师注册和许可管理部门。州评估师注册和许可管理部门负责本州管辖范围内的评估行业管理工作，主要职能有：

- 制定本州注册评估师和许可评估师资格要求和有关考试工作，相关评估师资格标准须符合评估促进会下属的评估师资格委员会（Appraiser Qualifications Board，AQB）的标准。
- 对注册评估师和许可评估师进行登记并收取注册登记费，对违规评估师进行必要的处罚。
- 监督评估师对 USPAP 的遵守情况。

州评估师注册和许可管理部门在开展工作中接受评估分会的监督，每年须向评估分会上报州注册登记表，列明获得注册评估师和许可评估师资格的人员。

---

① 100 万美元的最低限不适用于单元房和独立住宅的评估，除非交易规模和复杂性要求州注册评估师进行评估，而且根据第 11 章，联邦金融机构监管部门负责确定哪些类型的交易需要由注册评估师进行评估。见 12 U.S.C. § 3342 (2000)。

② 虽然各州负责制定和管理许可资格，但第 11 章也授权联邦金融机构监管部门制定附加的资格要求。

③ 12 U.S.C. § 1813 (q) (2000).

各州关于评估师资格的要求见下表①：

各州许可要求	条件描述	州名单
自愿性ᵃ	州法律不要求必须取得许可评估师或注册评估师资格。若从事涉及联邦权益交易的评估业务，则可以选择取得许可评估师或注册评估师资格ᵇ	阿拉斯加州、印第安纳州、路易斯安那州、艾奥瓦州、马萨诸塞州、北达科他州、俄亥俄州、俄克拉何马州、怀俄明州
涉及联邦交易时具有强制性	州法律要求所有从事涉及联邦交易评估业务的评估师必须具有许可评估师资格或注册评估师资格。若不从事涉及联邦交易的评估业务，此要求并非强制	阿肯色州、加利福尼亚州、科罗拉多州、佛罗里达州、佐治亚州、夏威夷州、伊利诺伊州、堪萨斯州、马里兰州、新罕布什尔州、纽约州、佛蒙特州、威斯康星州、关岛
强制性	州法律要求从事各种不动产交易的任何评估业务的评估师都必须具备许可评估师资格或注册评估师资格	亚拉巴马州、亚利桑那州、康涅狄格州、特拉华州、哥伦比亚特区、爱达荷州、密歇根州、明尼苏达州、密西西比州、密苏里州、内布拉斯加州、内华达州、新泽西州、新墨西哥州、北卡罗来纳州、俄勒冈州、宾夕法尼亚州、罗得岛州、南卡罗来纳州、南达科他州、田纳西州、得克萨斯州、犹他州、弗吉尼亚州、华盛顿特区、西弗吉尼亚州、北马里亚纳群岛、波多黎各自治邦、维尔京群岛

a. 在这些州中，没有获得许可评估师资格和注册评估师资格的评估师，可以从事涉及联邦的评估业务，并且是合法的。但接受联邦监管的金融机构在聘请评估师时应遵守联邦监管有关规定。

b. 州法律规定涉及联邦的交易包括涉及联邦房屋管理局和另外两家由联邦政府发起的企业，即房利美、房地美的交易。

资料来源：评估分会。

4. 评估促进会

评估促进会是美国8个最具影响力的评估职业组织为促进评估职业化于1987年组建的非营利教育组织，为评估准则委员会和评估师资格委员会履行其与第11章相关的义务提供了组织保障。评估促进会下设评估准则委员会和评估师资格委员会，分别制定不动产评估实施和报告方面的统一准则和注册不动产评估师的最低资格标准。

负责制定评估准则的评估准则委员会由评估促进会管理委员会指定的6位任期均为3年的评估师组成。评估准则委员会的最低准则包含在USPAP中。根据第11章，这些最低准则适用于所有涉及联邦的交易。这些准则涵盖了评估实施过程中评估师应当执行的步骤和评估报告中应当包含的信息。评估促进会销售USPAP一书，但向各州的管理部门免费赠送该书的最新版本。

评估师资格委员会由评估促进会管理委员会指定的5位任期均为3年的评估师组成，负责为在各州注册的不动产评估师设定最低的教育、经验和考试要求。此外，评估师资格委员会还承担了不动产评估师和动产评估师资格方面的其他职责。评估资

---

① 中国资产评估协会. 监管计划——加强不动产评估业监管的机会. 北京：经济科学出版社，2004：32.

格委员会的标准中包括四类评估师（注册综合评估师、注册住宅评估师、许可评估师和见习评估师），每一类都有特定的教育、经验、考试和继续教育要求。第 11 章并不要求各州对许可评估师和见习评估师采用评估师资格委员会的标准。

评估准则委员会和评估师资格委员会都定期对 USPAP 和评估师资格标准进行评价，以确定是否需要修订。两个委员会都会在做出修订前征求评估师、评估服务使用者和公众的意见。

评估促进会与联邦、州政府及金融机构监管部门在评估准则、评估师标准制定、执行、监督方面的权限划分见下表①：

		民间组织		州政府	联邦政府	
		评估准则委员会	评估师资格委员会	评估师管理部门	联邦金融机构监管部门	评估分会
评估准则	准则制定	为实施不动产评估制定准则			发布评估规定，为在联邦部门投保的储蓄机构制定评估准则，这些准则与评估准则委员会的准则一致，或比评估准则委员会的准则严格	
评估准则	实施监督			促使评估师遵守评估准则和相关要求	监督并促使在联邦部门投保的储蓄机构遵守评估规定	监督和审查评估促进会的业务、程序、活动和组织结构 监督各州的政策、业务和程序，判断是否符合第 11 章的要求 监督联邦金融机构监管部门制定的评估要求 向评估促进会提供资助，用于支付评估准则委员会从事的与第 11 章相关的工作费用
评估师资格	标准制定		为注册不动产评估师制定最低资格要求	制定注册时的资格要求（这些要求应当符合评估师资格委员会的要求，或比评估师资格委员会的要求严格），对评估师进行许可	制定履行其法定义务所必需的适当的附加资格要求	

---

① 中国资产评估协会. 监管计划——加强不动产评估业监管的机会. 北京：经济科学出版社，2004：14.

续前表

		民间组织		州政府	联邦政府	
		评估准则委员会	评估师资格委员会	评估师管理部门	联邦金融机构监管部门	评估分会
评估师资格	实施监督			向评估分会提供已许可或已注册的评估师的备案表 代收评估师年度注册费25美元，并转交给评估分会 促使评估师遵守第11章规定的准则、要求和程序	对涉及联邦的交易进行分类，确定哪些交易应当由州注册评估师进行评估，哪些交易既可由州注册评估师进行评估，也可由州许可评估师进行评估 监督并促使在联邦部门投保的储蓄机构遵守评估规定	监督各州为有资格在涉及联邦的交易中提供评估服务的个人进行注册和许可时设定的资格要求 为经各州注册或许可的，有资格在涉及联邦的交易中提供评估服务的评估师建立全国性注册库 监督和审查评估促进会的业务、程序、活动和组织结构 向评估促进会提供资助，用于支付评估准则委员会从事的与第11章相关的工作费用

5. 其他部门

除第11章提到的组织外，还有其他一些联邦组织和政府发起的组织承担着监管不动产评估行业的责任。这些组织中，在评估监管方面最重要的是住房和城市发展部的联邦住房管理局（Federal Housing Administration）和在二级市场上购买住宅贷款的两大政府发起企业房利美、房地美（联邦国民按揭协会和联邦住房贷款按揭公司）。

联邦住房管理局根据评估结论确定一项资产是否适合抵押保险，并估计抵押保险目的下的资产价值。为联邦住房管理局的贷款提供评估服务的注册评估师和许可评估师首先应当入选联邦住房管理局的评估师备案表，入选该备案表需要评估师通过联邦住房管理局的评估方法考试并满足其他资格要求。

房地美、房利美都把资产价值的评估或估价作为对所购贷款进行风险分析的重要环节。对于房地美、房利美要求进行评估的贷款，放款人应当根据第11章的要求聘请在某一州注册或许可的评估师。① 房地美、房利美很大程度上承担了贷出者在选择评估师和对评估师进行质量控制方面的责任。因此，虽然FIRREA并未将房地美、房利美列为金融评估管理体制中的主体，实质上是将其视为监管评估行业的半官方机构。但房地美、房利美对此一直持不同观点，认为其只是抵押贷款的投资者而不是半官方机构。由于两家公司在美国抵押和金融体系中占有特殊的重要地位，两家公司从各金融机构手中购买的住房抵押份额占美国全部抵押市场的60%，实质上是美国评估行业最大的客户，又具有政府支持的背景，因此房地美、房利美不是评估行业半官方监管机构的观点得不到支持。2008年3月，美国纽约州总检察长安德鲁·库莫与"两房"就抵押评估达成的和解协议中，"两房"被迫承诺设立2 400万美元的基金，

---

① 房地美和房利美根据自己的自动贷款审查系统确认为低风险的贷款，都允许贷出者以调查和评价取代传统评估。就房地美而言，某些低风险贷款可以不经评估或调查而直接转入。

以维护抵押评估中评估师的独立性，并仅从遵守评估规定的银行手中购买抵押产品。这也再次证明，房利美、房地美在评估行业中负有不可推卸的责任。

注册评估师和许可评估师制度

注册评估师和许可评估师制度是在对涉及联邦交易的评估业务进行特殊管理后建立的管理制度，是美国金融评估管理体制的重要内容。该制度以国会立法为依据，不再认可各大评估专业协会的会员资格，转而要求从事涉及联邦交易评估业务的评估师必须在各州进行注册登记，这表明在金融评估领域建立了评估师强制注册制度，从而打破了美国评估行业完全实行自律管理的局面。

为保证涉及联邦交易评估业务的质量和客观公正，根据业务重要性的不同以及评估师专业能力的不同，该制度将评估师分为注册评估师和许可评估师两大类，对注册评估师的资格要求要高于许可评估师，对两类评估师提出不同的专业能力和资格要求，并明确规定不同等级评估师可以从事的评估业务的范围。

注册评估师和许可评估师的资格标准由各州评估师注册和许可管理部门制定，各州之间可能存在一定的差异，但各州或地区注册评估师的资格标准必须符合评估师资格委员会颁布的现行有效最低注册标准。注册评估师必须符合其所在州或地区的注册评估师的注册标准，任何人未通过其所在州或地区组织的相应考试不得成为注册评估师，各州的考试难易程度可能有一定差异，但必须相当于由评估促进会下属评估师资格委员会颁布的州注册评估师统一考试的水平。许可评估师则须符合所在州或地区有关许可评估师方面的要求：比如加利福尼亚州关于注册评估师和许可评估师从业经验和培训时间的要求为：注册评估师的从业经验不得低于 2 000 小时，培训时间不得低于 165 小时，许可评估师的从业经验不得低于 2 000 小时，培训时间不得低于 120 小时。

对应两类评估师资格要求条件的不同，注册评估师的执业范围大于许可评估师的执业范围，但在两类资格评估师的执业范围规定方面，没有一刀切，而是将确定权交给各联邦金融机构监管部门，由联邦金融机构监管部门根据有关评估业务在本系统内的相对重要性确定评估师的各自执业范围，采取了总体原则划分、明确特定范围的方法，即在总的方面，各联邦金融机构可根据涉及联邦交易对美国金融或公共政策的重要性，确定哪些评估业务必须由注册评估师或许可评估师进行，但还有两项明确性规定：（1）所有超过 100 万美元的涉及联邦交易须由州注册评估师进行评估；（2）1~4 个单元的单户家庭住宅评估可由州许可评估师进行，除非其规模和复杂性要求必须由注册评估师进行评估。所有没有明确规定必须由州注册评估师进行评估的涉及联邦交易业务既可以由州许可评估师进行评估，也可由注册评估师进行评估。

评估分会对州评估师注册和许可管理部门加以监督，以确定州管理部门的政策、行为及程序是否符合相关法令。如果某州或地区评估政策、行为程序等不符合规定，在该州或地区获得资格的注册评估师和许可评估师将不会被相关管理部门、执行机构承认。但评估分会的权力仅限于监督，不得代各州评估师注册和许可管理部门制定评估师资格的能力或经验要求，包括最低标准，评估分会在这方面的建议对各州也是无效的。

联邦金融机构、管理部门、房地美、房利美承认由州评估师注册和许可管理部门颁发的注册评估师和许可评估师资格。

为避免各州对其他州颁发的评估师资格互不认可以及根据评估师的专业协会背景对评估师有歧视，美国在建立注册评估师和许可评估师制度初期就专门制定了有关这方面的规定。由于各州评估师监管部门对注册评估师和许可评估师的资格条件和考试要求有所不同，就出现了注册评估师和许可评估师的资格在其他州得不到认可的可能，评估师资格能否在其他州得到认可是 FIRREA 能否顺利执行的关键。为防止各州互不认可其他州颁发的评估师资格，美国规定如果被评估的资产是涉及联邦交易业务的一部分，评估师业务的性质是临时性的，并且评估师向其临时执业的州的评估师注册和许可管理部门进行登记，则各州评估师监管部门应在临时的基础上承认由其他州颁发的注册评估师或许可评估师的资格，不得歧视和限制。美国有众多的评估协会等评估专业组织，为做到对各协会会员在评估师管理和从业方面一视同仁，避免根据评估师的会员性质进行歧视，美国专门规定除了州评估师监管部门明文规定的条件、标准以外，联邦金融机构监管部门、房地美、房利美等在聘请评估师和评估机构时，不能仅仅因为注册评估师或许可评估师的专业会员性质而予以歧视，或因为评估师缺乏某一评估组织的会员资格而取消该评估师从事某项业务的资格。

USPAP 的制定和执行

美国金融评估管理体制在明确各方主体职责、建立评估师注册和许可制度之外，另一项重要措施就是认可评估促进会制定的 USPAP 为最低评估准则，并要求所有涉及联邦交易的评估业务须遵守 USPAP 的相关规定。USPAP 是本书的主要内容，在此介绍从略。

美国金融评估管理体制的作用及其评价

FIRREA 所创建的金融评估管理体制从金融机构监管和评估行业监管等角度进行了综合性改革，收到了良好的效果，极大地稳定了美国金融市场，遏制了金融评估领域的不规范做法，在很大程度上恢复了评估行业的声誉。

2003 年 5 月，应美国参议院萨班斯议员的要求，美国审计总署（GAO）提交了一份题为《监管计划——加强不动产评估业监管的机会》[1] 的报告，对 FIRREA 所建立的金融评估管理体制进行全面评价。该报告在结论部分指出："第 11 章带来了不动产评估行业的重大变化。联邦金融机构监管部门有关人员称，自第 11 章颁布实施以来，不动产评估业就再也没有成为在联邦机构投保的金融机构经营失败的主要因素。"[2] 由此可见，美国政府对 FIRREA 所建立的金融评估管理体制予以了高度评价，同时也指出："现行管理制度的有效性仍存在改进的空间，以更好地确保涉及联邦的交易能够建立在对贷款抵押物价值的准确评估基础之上。"

---

[1] Report to Congressional Requesters: Regulatory program—Opportunities to Enhance Oversight of the Real Estate Appraisal Industry. 该报告已全文译成中文，由经济科学出版社 2004 年出版。

[2] 中国资产评估协会. 监管计划——加强不动产评估业监管的机会. 北京：经济科学出版社，2004：45.

美国金融评估管理体制经验对我国的启发

他山之石，可以攻玉。美国金融评估管理体制对我国金融评估管理以及评估行业管理有着重要的启发。

全面认识金融评估的特殊性，提高对加强我国金融评估监管工作重要性和迫切性的认识

评估行业在我国发展已经有 20 多年的历史，对抵押物进行评估也已成为一种惯例，然而各级政府、金融机构以及评估行业管理部门对金融评估特殊性的认识仍有待提高。人们对于评估的认识，大都还局限于对国有资产评估和以交易为目的的评估领域，对评估在金融领域的特殊作用还认识不清，特别是对抵押评估既可能是防范金融风险的利器也可能是放大金融风险的工具的双刃剑作用缺乏足够的警惕。政府监管部门对抵押评估的监管薄弱，金融机构对如何审核、使用评估报告缺乏必要的规范，评估监管部门和评估师在抵押评估技术方面和准则规定方面也缺少足够的投入。十多年来我国房地产市场的持续发展，特别是房地产价格的持续上涨，掩盖了抵押贷款领域的许多问题，其中就包括抵押评估存在的问题。一旦房地产价格出现拐点，势必会给金融机构带来较大冲击，影响金融秩序和金融安全，到那时评估行业也会难逃其责，并将面临社会各界的质疑和抨击。另外，金融风险在很大程度上会转化为财政风险。因此我们应当充分吸取美国抵押评估领域的教训和经验，及时建立我国金融评估管理体制。

建立我国金融评估管理体制是一项系统工程

在认识到金融评估管理的重要性之后，我们还应当认识到金融评估管理是一项系统工程，需要政府监管部门、金融机构、评估行业监管部门和评估机构以及评估师共同参与。目前已经出现的一些抵押评估问题显示出金融机构审核人员、评估机构、贷款申请人等都会对抵押评估行为带来不良影响。因此我们需要借鉴美国有益做法，将金融评估行为的各方主体均纳入管理范围，各司其职，共同保证金融评估的顺利进行。相关内容应当包括：

- 政府监管部门制定法律法规，要求金融机构建立、完善抵押评估内部管理制度，配备具有相应专业资质和经验的人员（内部评估师），对可以从事抵押评估的专业人员资质、评估标准制定统一标准，加强抵押评估委托、审核、使用环节的独立性和技术性要求。
- 金融机构需要在全辖内建立统一的抵押评估管理制度，加强内部评估师培训和配备工作并保证其独立性，加强对外聘评估师资质、独立性、专业能力的考核标准，完善内部复核制度，合理使用评估报告。
- 评估行业监管部门需要规范评估行业管理，制定适用于金融评估的专业准则和规则，打击、惩处违反职业道德和专业标准的行为。
- 评估机构以及评估师应保持独立性，遵守职业道德，按照专业标准执业。

重点加强评估准则建设

美国评估业在"储蓄和贷款危机"中的教训就是,从事抵押评估的人员并没有一个统一的评估技术标准,因此推出了 USPAP,在很大程度上改变了抵押评估中存在的问题。我国评估行业管理部门众多,各自的准则、规范既有重复,也有冲突,适用的范围也各有不同,不利于指导金融评估业务。因此在完善金融评估管理体制的同时,需要重点加强适用于抵押评估业务的准则规范,为金融评估的健康发展提供保障。

《金融机构改革、复兴和实施法案》

第 11 章①

1101 款　目的

本章是为了在涉及不动产的交易（real estate related transaction）中维护联邦金融和公共政策的利益，要求与联邦交易有关的不动产评估必须提供书面形式报告，遵守统一准则，由具有相应能力并始终处于有效监管的专业人士完成。

1102 款　设立联邦金融机构监察委员会评估分会

1978 年《联邦金融机构监察委员会法案》（The Federal Financial Institutes Examination Council Act, 12 U.S.C. 3301 et seq.）已修订，在其结尾部分新增以下条款：

1011 款　设立评估分会②

在联邦金融机构监察委员会（Federal Financial Institutes Examination Council）中设立评估分会（Appraisal Subcommittee），其人选由联邦金融机构监管部门的负责人任命。所任命人员必须具备应有的评估专业知识和能力。

1103 款　评估分会的职责

（A）一般职责

评估分会应该：

（1）监督各州制定的关于从事涉及联邦交易（federally related transactions）评估业务的专业人士的注册（certification）和许可（licensing）条件，包括专业责任规范；

（2）监督由联邦金融机构监管部门（Federal Financial Institutes Regulatory Agencies）与债务重整信托公司（Resolution Trust Corporation）制定的关于下列方面的条件要求：

（a）在其各自管辖范围内涉及联邦交易的评估准则；

（b）确定在其各自管辖范围内，须由州注册评估师（State Certified Appraiser）

---

① 20 世纪 80 年代美国发生由房地产泡沫引发的储蓄和贷款危机后，在总结经验和教训的基础上，为保护金融和公共利益，美国国会颁布了本法，其中第 11 章规范了与抵押贷款业务有关的评估行为，以避免不合理的评估对经济特别是对金融机构造成的冲击。此法是美国关于评估业的重要法律，确立了 USPAP 在评估业中的地位，并建立了注册评估师和许可评估师制度，体现了美国政府对评估这一传统自由职业领域的管理和干预。USPAP 中多次涉及此法，为使读者进一步了解美国评估业的管理现状，译者将该法纳入本书。该法原文取自评估准则委员会为 USPAP 编写的教学辅导材料《专业评估执业统一准则教学课程或研讨班讲授指南》，并已根据该法修订案进行了修订。译者在翻译 USPAP 1996 年版时，将此法首次译为中文，当时此法称为《金融机构改革、复原和强制执行法》，我国金融界曾将此法译为《金融机构改革、复兴和强化法》或《金融机构改革、复兴和实施法》，经综合分析将其译为《金融机构改革、复兴和实施法案》。本书出版前对该法再次校译。——译者

② 评估分会网站：http://www.asc.gov/。——译者

从事的涉及联邦交易业务范围和须由州许可评估师（State Licensed Appraiser）从事的涉及联邦交易业务范围；

（3）保存载有可以从事涉及联邦交易评估业务的注册评估师和许可评估师的全国注册登记簿；

（4）每年不迟于1月31日向国会递交年度报告，汇报上一年度评估分会各项职能的执行情况。

（B）监督及考察评估促进会

评估分会应该监督及考察评估促进会（Appraisal Foundation）的行为、程序、活动及组织结构。

1104款　评估分会主席、主席任期与会议

（A）主席

联邦金融机构监察委员会选派评估分会主席。主席任期为两年。

（B）会议召集、法定人数及议案表决

就有关事项须进行决策时，评估分会会议由主席召集或在多数委员的共同要求下召开。多数委员到会即为合法会议，两个或两个以上的委员可以召开听证会。评估分会的决策经多数委员投票通过后方能生效。

1105款　管理人员和工作人员

为执行本章规定的职能，根据需要，评估分会的主席可以按照联邦金融机构监察委员会聘任及报酬的惯例聘任管理人员及工作人员。

1106款　评估分会的权力

为了执行本法令，评估分会在认为适当的情况下，可以设立咨询委员会，举行调查会、听证会，收集证据，提供信息，进行调查研究等。

1107款　评估准则及要求由注册评估师和许可评估师进行评估的规定文件的制定程序

为执行本法令，制定评估准则及要求聘用注册评估师和许可评估师的有关规定，须根据《美国法典》第5章第553节中规定的程序来进行，包括公开通知和接受书面意见，或举行关于准备制定的准则或条件要求的听证会。

1108款　启动资金

（A）常规资金

为执行本法令，财政部长于本法令颁布之日对评估分会一次性拨款500万美元。评估分会开展工作所需资金可通过依据本法令1109款对注册评估师和许可评估师收取的注册费来解决，或根据需要依照本法令的1122款第（B）项解决。

（B）其他资金

除可依据本章1122款第（B）项解决追加款项外，仅在法律允许且适当的情况

下,评估分会才能获得本章 1122 款第(A)项规定资金以外的资金。

1109 款　州注册评估师和许可评估师的注册登记簿;收缴和上交注册费的权力

(A)一般要求

具有评估师注册和许可管理部门(Appraiser Certifying and Licensing Agency)且有关注册和许可的规定符合本章要求的各州,应该:

(1)至少每年一次向评估分会上报州注册登记表,该注册登记表应列明根据本章规定获得注册评估师和许可评估师资格的人员。

(2)向这些从事或争取从事涉及联邦交易评估业务的人员收取年度注册费,年注册费不得高于 25 美元,这些费用每年由州管理部门上交金融机构监察委员会。经金融机构监察委员会同意,为行使本章规定的职能,评估分会可根据需要适当提高注册费用,但注册费最高每年不得超过 50 美元。

(B)划拨款项或收取费用的使用

依照本章规定评估分会收取的费用或所获拨款将用于:

(1)保存载有能够从事涉及联邦交易评估业务的专业人士的注册登记簿;

(2)维持本章规定的评估分会活动;

(3)偿还自本法令发布之日起 24 个月内开办期间内财政部拨付给评估分会的款项;

(4)拨付评估分会认为适当的款项资助评估促进会,为评估促进会下设的评估准则委员会(Appraisal Standards Board)和评估师资格委员会(Appraiser Qualification Board)的相关活动提供工作经费。

1110 款　联邦金融机构监管部门在评估准则方面的职能

每个联邦金融机构监管部门及债务重整信托公司在其各自部门的管辖范围内,为涉及联邦交易的评估业务制定准则,这些准则至少应当要求:

(1)不动产评估必须遵守以评估促进会下属评估准则委员会制定的评估准则为代表的公认评估准则;

(2)评估必须有书面的评估报告。

每个管理部门或执行机构可以要求评估行为遵守其他附加准则(additional standards),如果该部门为适当履行其法定职责已做出增加附加准则的书面决定。

1111 款　准则提出及采纳时间

本法令所要求的评估准则须在不迟于本法令颁布之后 6 个月的时间内提出草案,并须在本法令颁布之后不迟于 12 个月的时间内生效。

1112 款　联邦金融机构监管部门在评估师资格方面的职能[①]

(A)总述

每个联邦金融机构监管部门及债务重整信托公司应依据本章第 1113 款及第 1114

[①] 本款已被修订,译文系根据最新修订稿翻译。修订前本款仅有现在译文中的(A)项。——译者

款，规定需要由州注册评估师进行评估的涉及联邦交易评估业务范围和需要由州许可评估师进行评估的涉及联邦交易评估业务的范围。

(B) 下限要求

每个联邦金融机构监管部门及债务重整信托公司可以确定一个最低下限要求，在此下限或低于此下限的涉及联邦交易业务可以不要求由注册评估师或许可评估师进行评估。该监管部门应当以书面形式决定这种下限要求，并确保此下限要求不会对金融机构的安全和正常营运造成威胁。

(C) 审计总署 (GAO) 对低于下限要求、与不动产有关的金融业务中的评估进行研究

(1) 需要进行的研究。

自本法令修订案颁布之日起 18 个月后和 36 个月后，美国总审计长（Comptroller General）对低于根据本款 (B) 项所确定下限要求的涉及不动产金融业务中所进行的评估或估价的充分性和质量进行研究，考虑：

(a) 与这种业务有关的任何金融机构的成本；

(b) 对银行保险基金（Bank Insurance Fund）、储蓄联盟保险基金（Saving Association Insurance Fund）或国民信贷联合股份保险基金（National Credit Union Share Insurance Fund）等可能造成的损失；

(c) 与这种业务有关的任何顾客的成本；

(d) 对低收入群体住房的影响。

(2) 向国会和有关联邦金融机构监管部门报告。

完成 (1) 项要求的研究工作后，总审计长须就其研究中的有关发现和结论向联邦金融机构监管部门、众议院银行、金融和城市事务委员会（Committee on Banking, Finance and Urban Affairs of the House of Representatives）以及参议院银行、住房和城市事务委员会（Committee on Bank, Housing and Urban Affairs of the Senate）提交报告，并提供总审计长认为合适的立法或行政管理方面的建议。

1113 款　要求由州注册评估师进行评估的业务

本法令所约束的管理部门或执行机构在确定一项涉及联邦交易的评估业务是否应由州注册评估师进行评估时，应当考虑无论从单独或综合角度，该交易对美国金融或公共政策方面的重要性是否要求该交易须由州注册评估师进行评估，以下要求除外：

(A) 所有 100 万美元或超过 100 万美元的涉及联邦交易评估业务须由州注册评估师进行评估；

(B) 1～4 单元简单家庭住宅不动产评估业务可由州许可评估师进行，但被评估资产的规模和复杂程度要求由注册评估师进行评估的除外。

1114 款　要求由州许可评估师进行评估的业务

所有没有明确规定为必须由州注册评估师进行评估的涉及联邦交易业务，既可由州许可评估师进行评估，也可由注册评估师进行评估。

1115 款　业务范围规定的提出和生效时间

第 1113 款及第 1114 款所要求制定的业务范围规定应在本法令颁布之日起不迟于 6 个月的时间内提出，并在不迟于 12 个月的时间内正式生效。

1116 款　注册和许可要求①

（A）一般要求

本法令中所引用术语"州不动产注册评估师"是指符合所在州或地区注册要求的任何专业人士，其所在州或地区注册评估师的注册要求必须符合由评估促进会下属的评估师资格委员会颁布的最低注册要求标准。

（B）限制

任何未通过其所在州或地区组织的相应考试的人员不得成为本法令规定的州不动产注册评估师，这种考试的水平应相当于由评估促进会下属评估师资格委员会颁布的州注册统一考试（Uniform State Certification Examination）的水平。

（C）定义

本条中所指的"州许可评估师"是指符合所在州或地区许可要求的专业人士。

（D）附加的资格标准

本章并不限制任何受本法令约束的有关联邦管理部门或执行机构制定其他附加资格标准，如果这种附加标准对履行该部门或执行机构的法律责任是必需的，或有利于履行其法律责任。

（E）评估分会的权力

评估分会不得为各州制定不动产许可评估师的资格或经验要求规定，包括最低标准。评估分会的建议对各州无效。

1117 款　设立州评估师注册和许可管理部门

为保证在进行涉及联邦交易的评估业务时能聘请到州注册评估师和许可评估师，以及为有效监督注册评估师和许可评估师的执业，各州可以建立州评估师注册和许可管理部门。

1118 款　对州评估师注册和许可管理部门的监督

（A）一般要求

评估分会应对州评估师注册和许可管理部门加以监督，以确定州管理部门的政策、行为及程序是否符合本法令。评估分会及所有相关管理部门、执行机构不承认任何在评估政策、行为程序不符合本法令的州获得的注册和许可资格。

（B）评估分会的否决权

联邦金融机构监管部门、联邦国民按揭协会（Federal National Mortgage Association）、联邦住房贷款按揭公司（Federal Home Loan Mortgage Corporation）

---

① 本款已被修订，译文系根据最新修订稿翻译。本款中（E）项为修订后新加内容。——译者

以及债务重整信托公司应承认由州评估师注册和许可管理部门颁发的注册和许可资格，除非评估分会签发包括以下内容的文件：

(1) 该州管理部门未能遵守和执行本法令所规定的标准、要求或程序；

(2) 该州管理部门没有从该州得到允许其履行本法令规定职能的授权；

(3) 关于评估准则、评估师资格及评估执业监督等事项的决定不符合本法令的目的。

(C) 州注册和许可的否决

(1) 听证机会和更正条件。

在拒绝承认某州评估师注册和许可资格之前，评估分会须向该州注册和许可管理部门提交一份书面通知，说明其准备拒绝承认该州注册评估师或许可评估师资格的意图，同时须给予该州充分的机会提供反驳意见，或更正导致被拒绝承认的有关条件。

(2) 程序采纳。

评估分会须制定采取本款规定行为的书面程序。

(3) 司法复查。

本款中评估分会所做出的决定受司法复查约束。

1119款　根据本法令目的承认州注册评估师和许可评估师

(A) 使用注册评估师和许可评估师的最后期限

(1) 一般要求。①

不得晚于1992年12月31日，所有涉及联邦交易的评估业务必须由符合本法令要求的注册评估师或许可评估师来进行。

(2) 最后期限的推迟。

征得联邦金融机构监察委员会的同意后，评估分会可将某州使用注册评估师和许可评估师的最后期限延长至1991年12月31日，如果评估分会以书面形式汇报说明该州遵照本法令设立评估师注册和许可管理体系的工作已取得了实质性的进展。

(B) 由于某州缺少具有资格的评估师而暂时取消该州评估和许可资格要求②

经联邦金融机构监察委员会同意，如果评估分会或符合本法令注册和许可规定的州注册和许可管理部门做出书面决定，认为由于在该州或该州某一地理区域缺少具有资格的评估师从事涉及联邦交易评估业务，导致这类评估业务的重大延误，评估分会可暂时取消该州执行本法令对评估人员的注册和许可资格要求。评估分会做出结束这种重大延误状况的决定后，该种取消状态即终止。

在本法令颁布之后6个月内，管理与预算办公室（Office of Management and Budget）主任应当研究是否需要制定商业性不动产的最低标准。

(C) 向州注册和许可管理部门提交报告

评估分会、任何其他联邦管理部门和执行机构或任何联邦认可的部门（federally

---

① 本条规定最后期限已被修订，原法规定的最后期限为1991年7月1日。——译者

② 本条已作修订。"该州某一地理区域"为修订后增加内容，原法中"非正常延误"修订为"重大延误"；"在本法令颁布之后6个月内，管理与预算办公室主任应当研究是否需要制定商业性不动产的最低标准"为修订后增加内容。——译者

recognized entity）可向相应的州注册和许可管理部门通报任一注册评估师和许可评估师违反本法令的行为，并要求做出相应的处理。州管理部门应向评估分会或其他联邦管理部门和执行机构提交关于通报事项的处理报告。做出处理后，评估分会或有关管理部门和执行机构可以根据书面程序，采取进一步的措施以执行本法令。

1120 款　涉及联邦交易评估业务中聘请评估师及进行评估的违规行为

（A）违规行为

除非评估分会根据 1119 款（B）项行使暂时取消权时，以下行为属于违规：

（1）在涉及联邦交易的评估业务中，金融机构寻找、聘请，或以付款及给付其他有价物的方式，要求由金融机构知晓并非注册评估师或许可评估师的人士进行评估；

（2）联邦国民按揭协会、联邦住房贷款按揭公司或债务重整信托公司作为一方当事人进行 1121 款（D）项所定义的涉及不动产的金融交易业务时，在明知某人不是注册评估师或许可评估师的情况下仍聘请其进行该项评估业务。

（B）处罚

金融机构违反本款（A）(1) 项规定的，根据情节按照《联邦存款保险法》（Federal Deposit Insurance Act）8(i)(2) 款或《联邦信贷联合法》（Federal Credit Union Act）206(k)(2) 的规定进行民事处罚。

（C）程序

违反本款规定的处理程序属于行政程序，由联邦金融机构监管部门根据《美国法典》第 5 章第 5 节第 2 分节中规定的程序进行。

1121 款　定义

本章中相关定义如下：

（A）州评估师注册和许可管理部门

术语"州评估师注册和许可管理部门"指根据本章规定设立的州有关管理部门。

（B）评估分会

术语"评估分会"指联邦金融机构监察委员会下属的评估分会。

（C）委员会

术语"委员会"指联邦金融机构监察委员会。

（D）涉及联邦交易

术语"涉及联邦交易"（federally related transaction）指符合下列条件的涉及不动产的金融业务：

（1）联邦金融机构监管部门或债务重整信托公司参与、签署合同或进行管理；

（2）需要评估师提供评估服务。

（E）涉及不动产的金融业务

术语"涉及不动产的金融业务"指涉及下列情形的金融业务：

（1）不动产或不动产权的销售、租赁、买卖、投资或交换，或者相应的融资业务；

（2）不动产或不动产权的再融资；

（3）为获取贷款或进行投资（包括抵押担保证券）而以不动产或不动产权进行担保。

（F）联邦金融机构监管部门

术语"联邦金融机构监管部门"指联邦储备系统（Federal Reserve System）、联邦储蓄保险公司（Federal Deposit Insurance Corporation）、货币监理署（Office of the Comptroller of the Currency）、储蓄管理局（Office of the Thrift Supervision）、全国信用协会管理局（National Credit Union Administration）等部门的管理委员会。

（G）金融机构

术语"金融机构"指《联邦储蓄保险法》第3节中定义的参加保险的储蓄机构，或《联邦信贷联盟法》第101节定义的参加保险的信贷联盟。

（H）主席

术语"主席"指联邦金融机构监察委员会选定的评估分会的主席。

（I）促进会

术语"促进会"指根据伊利诺伊州法律于1987年11月30日设立的非营利团体——评估促进会。

（J）书面评估

术语"书面评估"指在涉及联邦交易的评估业务中，由注册评估师或许可评估师根据独立和公正原则提供的书面报告，报告中应充分描述特定日期的资产状况，提出关于被定义价值的意见，提供相关市场信息并进行分析以作为对价值意见的支持。

1122款 其他条款

（A）临时执业

在下列情况下，州评估师注册和许可管理部门应在临时性基础上承认由其他州颁发的注册评估师或许可评估师资格：

（1）被评估的资产是涉及联邦交易业务的一部分；

（2）评估师进行的评估业务是临时性的；

（3）评估师向其临时执业地评估师注册和许可管理部门进行登记。

（B）补充基金

联邦金融机构监管部门所能获得的基金可以用于联邦金融机构监察委员会，以支持委员会根据本章规定的职能工作。

（C）禁止歧视

在州评估师注册和许可管理部门制定的条件、标准以外，联邦金融机构监管部门、联邦国民按揭协会、联邦住房贷款按揭公司和债务重整信托公司所制定的有关评估师资格条件、标准不能仅仅因为注册评估师或许可评估师的专业会员性质或缺乏某一特定评估团体的会员资格而取消该评估师从事某项业务的资格。

（D）其他要求

公司、合伙或其他实体均可为涉及联邦交易提供评估服务，只要评估业务是由注册评估师或许可评估师根据本章的规定进行的。在符合下列条件的情况下，不具备注册评估师或许可评估师资格的人士可以在评估过程中提供帮助：

(1) 该助手是在注册评估师或许可评估师的直接指导下工作；

(2) 最终评估文件由注册评估师或许可评估师同意并签名。

(E) 调查研究

(1) 调查研究。

评估分会应：

(a) 进行调查研究，确定各州不动产评估师所能获得的关于不动产交易和融资的信息是否足够充分，能否使评估师在涉及联邦交易的评估业务中正确评估资产价值；

(b) 研究将本章的有关规定扩展到涉及联邦金融和公共政策利益的动产评估和动产评估师的可行性、必要性。

(2) 报告。

评估分会应：

(a) 在本法令颁布之日起 12 个月内将根据（1）(a) 规定进行的研究结果上报国会；

(b) 在本法令颁布之日起 18 个月内将根据（1）(b) 规定进行的研究结果上报国会。

监管部门联合评估和估价指南[*]

（2010年12月2日）

1. 目的

本《监管部门联合评估和估价指南》[①] 由货币监理署（Office of the Comptroller of the Currency，OCC）、联邦储备委员会（Board of Governors of the Federal Reserve System，FRB）、联邦储蓄保险公司（the Federal Deposit Insurance Corporation，FDIC）、储蓄管理局（the Office of Thrift Supervision，OTS）、全国信用协会管理局（the National Credit Union Administration，NCUA）等（合称监管部门）联合签署发布，取代1994年颁布的《监管部门联合评估和估价指南》。该指南（包括其附件）涉及对支持不动产金融交易的不动产评估和估价监管事项[②]，进而为受联邦监管的金融机构和检查部门提供指引，以理解监管部门对恰当评估和估价的政策、程序和执业的期望。

2. 背景

1989年通过的《金融机构改革、复兴和实施法案》（FIRREA）[③] 第11章要求各监管部门制定规范"涉及联邦交易"[④] 的不动产评估执行准则。"涉及联邦交易"定

---

[*] Interagency Appraisal and Evaluation Guidelines.

[①] 针对20世纪80年代中期以后金融领域特别是抵押贷款评估领域的乱象，美国几个主要的金融机构监管部门陆续在其管辖范围内制定了与金融相关的不动产评估要求，如联邦储备委员会之《不动产评估程序准则》（1992年9月28日）、货币监理署之《不动产评估准则》（1992年9月28日）、联邦储蓄保险公司之《不动产评估程序准则》（1992年9月30日）、储蓄管理局之第55次公告中《不动产评估准则》（1992年10月13日）。这些金融监管措施在一定程度上起到了规范不动产抵押评估的作用，但由于各自行事，也带来一定的混乱。为此，1994年货币监理署、联邦储蓄保险公司、联邦储备委员会、储蓄管理局四个金融机构监管部门根据1989年《金融机构改革、复兴和实施法案》，联合制定了Interagency Appraisal and Evaluation Guidelines，作为最低评估准则要求，要求其管辖下的金融机构执行。这些指南与USPAP一起构成了对执行金融抵押评估业务的评估师的指导与约束体系，在规范评估行业发展、规范金融评估领域方面发挥了重要作用。2008年下半年，美国各联邦金融监管部门联合对该指南进行修订，制定部门除原先的四个部门，还增加了全国信用协会管理局。修订工作主要是针对抵押评估实践的发展特别是自动评估模型的普遍使用以及USPAP的重大变动，对联邦金融机构监管部门的评估和估价工作进行规范。截至2008年版USPAP中文版翻译时尚未公布修订结果，故在2008年版USPAP中文版中对修订情况予以了说明，仍附译者于1996年翻译、2008年校对的1994年版Interagency Appraisal and Evaluation Guidelines。美联储等五大金融机构监管部门最终于2010年12月2日公布了新版Interagency Appraisal and Evaluation Guidelines，译者根据2010年版指南进行了更新。由于2010年版指南内容多达数十页，本书中仅收录了指南正文的翻译，未译该四个附件。该指南对全面理解USPAP特别是了解美国金融评估管理体制具有十分重要的意义。建议结合"咨询意见13——不动产抵押估价业务中遵守USPAP"一起阅读，并注意理解该咨询意见中"评估"与"估价"两个术语的区别。——译者

[②] 本指南适用于受监管的机构或其运营分支机构发起的或购买的涉及不动产的所有金融交易，包括为其资产组合或出售持有资产（商用和民用不动产抵押）、资本市场集团、资产证券化和销售的交易。

[③] Pub. L. 101-73, Title XI, 103 Stat. 511 (1989); 12 U.S.C. 3331, et seq.

[④] 12 U.S.C. 3339.

义为某监管部门雇用、聘请评估师提供服务或对其进行监管的与不动产相关的金融交易。① 监管部门的评估管理规则必须要求不动产评估至少需要遵守由评估准则委员会制定的评估准则为代表的通用评估准则，且这类不动产评估必须是书面形式。② 如果监管部门决定为恰当执行其法定职责需要制定额外的准则，该监管部门有权要求遵守这些额外的准则。③ 每个监管部门均已制定了额外的评估准则。④

1991年通过的《联邦储蓄保险公司改进法案》（Federal Deposit Insurance Corporation Improvement Act，FDICIA）第304款⑤制定的监管部门借款规则和指南⑥，也要求各金融机构制定并执行书面形式的不动产贷款政策，该政策必须符合安全和恰当原则，并反映规则附件中所要求不动产贷款指南。⑦

不动产贷款指南要求不动产贷款规程须包括恰当的不动产评估和估价程序。

3. 监管政策

金融机构的不动产评估和估价政策及程序，应当作为该金融机构所有涉及不动产业务工作的一部分进行检查。检查人员在评价金融机构不动产评估和估价程序恰当性时，应当结合该机构不动产业务的规模和性质。

虽然借款人根据合理的条款偿付不动产贷款的能力是贷款决策中的重点考虑事项，金融机构也应当根据监管部门的评估规则考虑不动产抵押物的价值。如果金融机构没有遵守监管部门的评估规则或未能根据监管规则执行恰当的评估或估价规程，该行为将在监管函或检查报告上予以指出，并作为不安全、不恰当的银行业务行为而受到批评。这些过错将被要求予以纠正。

在对个别交易进行分析时，检查人员应对评估或估价进行复核，以确定其方法、假设条件及结论是否合理。检查人员也需要确定评估或估价是否符合监管部门的评估规则，是否与监管指南以及金融机构的政策相一致。检查人员还需检查金融机构所采取的有关措施，这些措施应当确保从事评估或估价的人士具有合格资格、具有专业能力，且不存在利益冲突。

4. 评估和估价规程

金融机构的董事会或其指定的委员会负责制定及复核相关的政策和程序，以制定

---

① 12 U.S.C. 3350 (4).
② 12 U.S.C. 3339.
③ Id.
④ OCC：12 CFR part 34, subpart C；FRB：12 CFR part 208, subpart E, and 12 CFR part 225, subpart G；FDIC：12 CFR part 323；OTS：12 CFR part 564；and NCUA：12 CFR part 722.
⑤ Pub. L. 102-242, § 304, 105 Stat. 2354；12 U.S.C. 1828 (o).
⑥ OCC：12 CFR part 34, subpart C；FRB：12 CFR part 208, subpart E；FDIC：12 CFR part 365；and OTS：12 CFR 560.100 and 560.101.
⑦ NCUA's general lending regulation addresses residential real estate lending by federal credit unions, and its member business loan regulation addresses commercial real estate lending. 12 CFR 701.21；12 CFR part 723.

有效的不动产评估和估价规程。该规程应：

- 要求委托、执行以及复核评估或估价业务的人士具有独立性；
- 制定评估师选择的标准，以及评价、监督执行评估业务的评估师和执行估价业务的相关人士的程序；
- 确保评估符合监管部门的评估规则并符合监管规则；
- 确保评估和估价包括足够的信息以支持决策；
- 确保估价的内容标准，恰当使用估价服务以符合安全、恰当的银行行为的要求；
- 要求评估或估价报告能够及时收到并进行复核，以支持做出可信决策；
- 制定标准以评价现有的评估或估价是否可用于支持之后的交易；
- 执行内部程序以促进遵守相关规则标准，包括与监管第三方安排相关的规则；
- 制定监管抵押物价值的标准；
- 为不属于监管部门要求进行评估的交易制定获取评估或估价的标准。

5. 评估和估价规程的独立性

作为针对所有不动产贷款行为所制定的有效抵押物评估规则的一个组成部分，金融机构应当为评估或估价职能制定独立性标准。抵押物评估规则是信贷决策过程的一个内部组成部分，应当避免受到该金融机构负责贷款决策的人士的影响。金融机构应当为执行不动产评估职能的职员，包括委托、复核与接受评估和估价服务的人士，建立独立于贷款决策职能的工作汇报程序。评估师应该独立于金融机构的贷款与收款职能，并且与被评估的资产或交易不存在直接、间接或潜在的财务或其他利益关系。[①] 这些独立性标准也适用于进行估价工作的专业人士。

对于小型的或乡村金融机构、分支机构，将贷款决策程序与抵押物评估程序分开并不总是可能和可行的。如果达不到绝对的独立标准，金融机构必须能够证明其有周密的安全保障措施以确保抵押评估程序不受贷款决策程序的影响或干预。有的情况下，唯一有资格进行抵押不动产分析的人员往往也是一名负责贷款业务的职员、其他职员或金融机构的董事。为了确保独立性，这些贷款职员、其他职员或董事应该回避与他们所委托、执行及复核的评估或估价相关的贷款项目表决。[②]

金融机构负责抵押评估的职员与评估师或提供估价服务的专业人士进行交流是十分重要的，有利于交换关于评估业务的恰当信息。金融机构的政策和程序应当特别规定交流的方法，以确保抵押评估职能的独立性。这些政策和程序应当有利于促使业务交流能够及时、恰当地进行，并制定相应的程序以确保对评估师或提供估值的专业人士所提出的问题予以回复。

[①] 监管部门所制定的评估师独立性要求比 USPAP 中的独立性要求更为严格。金融机构也需要知晓 Regulation Z (Truth in Lending)，12 CFR 226. 42 (d) 中关于利益冲突的要求。

[②] 单一职员不应当对其参与委托或复核的评估或估价的信贷项目拥有完全的决定权，这是一种恰当的执业惯例。尽管如此，NCUA 认为信贷机构的贷款职员或其他职员有可能需要参与评估或估价职能。55 FR 5614，5618 (February 16, 1990)，55 FR 30193, 30206 (1990 年 7 月 25 日)。

金融机构可以与评估师或提供估价服务的专业人士交换信息，包括提供某项交易的购买合同文本。但金融机构不得直接或间接地要挟、影响或鼓励评估师或提供估价服务的专业人士去错误地表述或披露资产的价值。① 金融机构向评估师或提供估价服务的其他人士提出以下要求是符合政策和程序的：

- 考虑有关评估对象或可比参照物的额外信息；
- 提供额外的支持性信息，以作为评估的基础；
- 更正评估中的事实错误。

金融机构的政策与程序应当确保禁止会影响抵押评估独立性的不正当行为②，包括：

- 与评估师或提供估价服务的其他人士交流事先确定的、期望的或满足要求的价值额或贷款额、预计的贷款价值比等；
- 明确通过贷款审批程序所需要的资产最低价值额，或将此作为委托评估的前提条件；
- 将专业人士的报酬与贷款通过与否挂钩；
- 因资产价值未达到一定的数额而不支付专业人士的报酬③；
- 暗示会根据评估师或提供估价服务的专业人士所评估价值数额决定现在或未来是否会聘用其提供服务；
- 因所提供评估对象的市场价值未达到最低标准而将某人士排除在未来聘用范围之外。

在获得评估或估价报告之后，或者基于业务惯例，金融机构可能会对同一标的资产另行委托评估或估价。金融机构应当遵守政策选择最可信的评估或估价结论而不是反映最高价值量的评估或估价结论。（参见本指南的"对评估和估价进行复核"部分中关于确定评估或估价可信度的额外信息。）此外，金融机构可以将某人士不符合USPAP、相关联邦或州法律或规定的行为或者其从事违反职业道德或不符合专业标准的行为向相关管理当局报告，监管部门认为这种报告不属于要挟或不正当干预。但是，金融机构不得以威胁对过错进行举报的方式去影响或要挟评估师或提供估价服务的专业人士。

6. 选择评估师或进行估价工作的专业人士

金融机构的规程应该制定选择、评价及监督评估师及进行估价工作的专业人员标准。该标准应确保：

- 选择的专业人士应该具备完成相关业务所需要的教育背景、专业知识和能力。
- 由评估师和进行估价的专业人士所提供的服务工作应当定期接受金融机构的

---

① 对以消费者主要住宅为抵押物的贷款交易，参照 2011 年 3 月 31 日 Regulation Z (Truth in Lending) 之 12 CFR 226.36 (b)。也参照自 2011 年 4 月 1 日生效的 12 CFR 226.43。Regulation Z 还禁止贷款方在明知评估师独立性标准已被违反的情况下放贷，除非贷款方能够确定资产的价值没有受到实质性影响。

② 见 12 CFR 226.42 (c)。

③ 本条不适用于金融机构根据合同条款因评估师或提供估价服务的专业人士违约或低于服务标准而拒绝支付报酬。

复核。

- 选择的专业人士能够提供公正的意见。
- 选择的人士应当具有独立性，并且与所评估资产或交易业务没有直接、间接或潜在的财务或其他利益。
- 所选择的执行评估业务的评估师应当在执行业务时具有相应的州注册或许可资格。进行估价服务的专业人士应当具有与被评估资产类别匹配的适当评估或抵押估值教育背景、专业能力和经验。这些专业人士包括评估师、不动产贷款专业人士、农业推广代理人或护林员。①

评估师必须由金融机构或其代理人直接选择和聘用。② 本条要求仅有的例外是金融机构的评估师管理规则允许在满足某些特定条件的情况下，该金融机构可以聘用为另一家金融机构提供服务的评估师。如果由借款人推荐评估师或进行估价的专业人士，独立性将受到损害。如果负责贷款批准职能的雇员选择某人为某特定交易进行评估或估价，独立性也将受到损害。对于某些特定的业务，金融机构也需要遵守 Z 规则（借款真实性）③ 中关于评估独立性的要求④。

金融机构的选择程序应当确保能够选择具有专业资格、专业能力和独立性的人士提供评估服务。金融机构应当保存相关档案资料，以证明评估师或进行估价的专业人士具有专业能力和独立性，并具有市场、区域方面及与被评估不动产类型相关的经验和专业知识。进而，负责选聘或负责监督选聘评估师或进行估价服务的人员应当独立于贷款决策部门。金融机构使用借款人委托或借款人提供的评估报告属于违反监管部门评估规则的行为。但是，借款人可以告知金融机构已存在一份现时的评估报告，金融机构可以要求直接从其他金融机构获得该报告。

A. 核准的评估师名单

如果金融机构建立了核准的评估师名单用于选择特定业务的评估师，金融机构需要有恰当的程序以形成、管理该名单。这些程序应当包括确认评估师是否符合专业要求及初次列入名单的程序，也包括定期对评估师的执业行为和经历进行监管以评价是否将其继续保留在名单上的程序。进而，应当定期对核准评估师名单的使用进行内部复核，以确认现有的程序和控制措施能够保证该名单形成、管理和保持等环节的独立性。对于民用不动产交易，贷款决策部门的职员可以使用重复性的、预先核准的评估师名单，如果该名单的形成和管理不处于其控制之下。

---

① 虽然没有要求，金融机构也可以聘用州注册评估师或许可评估师进行估价。金融机构应当参照 USPAP 第 13 号咨询意见关于评估师提供不动产抵押估价服务的指南。

② 要求评估师必须由金融机构直接聘请是吸取 20 世纪 80 年代中期美国储蓄与贷款危机教训的重要举措。当时出现了许多评估师不是由金融机构委托而是由金融机构的代理机构（如贷款经纪人）进行委托。为扩大业务量、争取自身利益最大化，这些代理机构普遍存在干预评估师、鼓励高估的倾向，甚至将一些不能满足其估值要求的评估师排斥在委托范围之外。美国国会事后在对此次金融危机的分析中，将评估师由金融机构以外的主体进行委托聘请列为诱发金融危机的重要原因之一。因此 FIRREA 之后，各金融监管部门明确规定评估师只能由金融机构直接选聘。——译者

③ Regulation Z（Truth in Lending）。——译者

④ 参见 12 CFR 226.42。

B. 业务约定书

金融机构在委托评估时应当使用书面业务约定书,特别是针对大型的、复杂的及本地区以外的商业不动产。业务约定书明确了与评估师的沟通,记录每方当事人对评估业务的期望。除其他信息外,业务约定书中应当依据 USPAP 的规定,明确预期用途和预期使用者。业务约定书中也应当明确是否有任何法律或合同限制条件禁止将评估报告分享给其他当事方。金融机构需要将业务约定书归入信贷档案。为避免存在利益冲突,在金融机构选择并聘用某人提供服务之前,评估或估价工作不得开始。

7. 需要评估的交易业务

尽管监管部门的评估规则免除了某些涉及不动产融资业务的评估要求,但大多数超过评估最低门槛要求的不动产业务被视为"涉及联邦交易",因此需要进行评估。[①] 监管部门也保留权利基于交易行为安全性和恰当性的考虑要求根据评估规则进行评估。[②]

8. 最低评估标准

监管部门的评估规则包括进行评估的最低标准。评估必须:

- 遵照以评估促进会下属评估准则委员会制定的 USPAP 为代表的公认评估准则,除非银行业务的安全性和恰当性原则要求执行更为严格的准则。监管部门的评估规则不允许评估师对与其有直接或间接的财务或其他利益的资产或交易进行评估,虽然 USPAP 允许这样做。进而,评估中应当提供根据监管部门评估规则所定义的市场价值意见(见以下关于市场价值的讨论)。根据 USPAP,评估报告中需要包括一个声明部分,以表明遵守了 USPAP 的规定。金融机构在评价评估师关于交易和资产独立性时,可以阅读评估师关于遵守 USPAP 的声明。根据监管部门的评估规则,自动评估模型(AVM)或经评估师签署的自动评估模型并不构成一项评估,因为州注册评估师或许可评估师需要根据 USPAP 和监管部门最低评估准则的规定执行评估业务。2010 年《多德-弗兰克华尔街改革和消费者保护法案》[③] 进一步要求,"涉及消费者主要住宅的购买时,以该住宅为保证申请民用抵押贷款时,经纪人的价格意见不得作为确定该物业价值的主要基础"[④]。
- 评估报告为书面形式,并包含充分、足够的信息及分析,能够支持金融机构做

[①] 为了加快主要灾区的重建工作,根据安全性和正确性的考虑,1992 年颁布的《储蓄机构灾情复原法案》第二部分授权监管部门可以在自总统宣布该地区为自然灾害区后最多三年的时间内豁免其一定的评估要求。

[②] 作为一项政策,OTS 依据其管理权限规定有问题的机构或陷入困境的机构需要对所有超过 10 万美元的涉及不动产的交易进行评估(除非该交易获得其他豁免)。NCUA 要求下列任何情况下都需要有书面的市场价值估计:接近或低于评估门槛要求的不动产相关交易,或对于现有的信贷安排进行延伸而涉及新的资金或资产条件发生实质性变化。见 12 CFR 722.3 (d)。

[③] Pub. L 111-203,124 Stat. 1376 (2010)。

[④] Dodd-Frank Act. Section 1473 (r)。

出是否开展该业务的决定。金融机构应当获得与某特定涉及联邦交易及其风险、复杂程度相匹配的评估报告，其详细程度应当足以支持金融机构理解评估师的分析和关于资产市场价值的意见。根据 USPAP 中工作范围规则的要求，评估师有责任确定所需要执行的工作范围以形成关于资产的市场价值意见。金融机构应当确信工作范围与该业务相匹配。评估师的工作范围应当与为相似资产类型、市场条件和交易所进行的研究和分析的深度相一致。因此，金融机构在限制评估师在勘查、研究及其他用于确定资产条件和相关市场因素的信息的范围时应保持谨慎，这种限制可能会影响评估的可信性。

根据 USPAP，评估报告中应当包括足够的信息以使评估使用者能够恰当理解该报告。金融机构应当结合交易的风险和复杂程度，确定所采用的报告类型。评估报告应当披露为验证资产条件、支持评估师市场价值意见而进行的勘查和研究工作性质和程度的足够信息（见附件 D——术语表中关于评估报告类型的定义）。

金融机构应当知晓《多德-弗兰克华尔街改革和消费者保护法案》规定了对高风险抵押的评估要求。[①] 为执行该条款，监管部门认为未来的规则将会要求评估师应当对抵押资产进行实际调查。

- 分析并披露因下列因素导致的价值减扣或折价：计划进行的建设或改造、部分出租的物业、非市场性融资条款和与未出售资产相关的成片开发等。评估师基于未来的不动产需求而估算市场价值时，应当分析、应用并披露恰当的价值减扣或折价。本要求的目的是防止在采用非真实性假设和不恰当方法的基础上进行评估并得出资产的市场价值。

- 根据评估规则认可的市场价值定义进行评估。根据监管部门的规则，每项报告都需要估算市场价值。市场价值的定义假定价格不受由于有利融资条款或卖方折让等可能会导致不动产价值上升的非正常动机影响。在涉及联邦的交易中，持续经营价值、在用价值或针对某资产使用者的特殊价值等不能作为市场价值使用。评估报告中可以包括这些单独的价值意见，如果这些价值意见予以明确和披露。

评估市场价值时，必须考虑不动产在评估基准日的实际物理状况、用途和区域规划。在涉及为建筑进行建设或改造进行融资的交易中，金融机构通常会要求评估师提供资产在现状条件下的市场价值，以及在适用的情况下，会要求提供其在建设或改造完成后的未来市场价值或在稳定状态后的市场价值[②]。未来市场价值意见应当基于目前及合理预期的市场条件。评估中涉及未来价值意见时，报告中应当指出评估师进行分析的市场条件及时间框架。[③] 金融机构应当理解不动产在现状条件下的市场价值，并在适当的情况下，考虑与信贷决策相关的未来市场价值、贷款项目的阶段等。

- 由注册评估师或许可评估师根据评估规则中的要求进行评估。在确定某项评估业务中的专业能力时，金融机构应当考虑评估师的教育和经验背景。金融机构应当确认评估师持有由相应的州评估师监管部门颁发的有效资质，州注册或州许可评估师是最低的要求。评估师被选聘执行某项业务是基于其进行评估的专业能力，包括其关于

---

① 根据该法案，该条款在法案通过 12 个月后生效。见 Dodd-Frank, Section 1400（c）（1）。
② 根据 NCUA 规则，建筑或开发项目的市场价值是在商业不动产贷款提供时的价值，包括"借款人所拥有的并用于项目开发的土地的评估价值，减去留置权，加上项目建设的成本"。见 68 FR 56537, 56540（2013 年 10 月 1 日）。
③ 见 USPAP，准则说明 4——未来价值意见中的进一步解释（该准则说明已被 USPAP 废止）。——译者

资产类型和特定资产市场的知识。

监管部门评估规则指出，某位州注册评估师或许可评估师并不因为其已注册或许可就会被认为具有专业能力。在就评估业务进行沟通时，金融机构应当向评估师告知必须遵守监管部门的最低评估标准。

9. 评估操作

监管部门评估规则要求涉及联邦交易的评估必须符合 USPAP 的要求，其中的部分要求见下文。为符合 USPAP 中的工作范围规则要求，评估须反映能够形成可信业务结论的工作范围。评估师的工作范围应当体现在对资产进行明确和勘查的程度、所研究数据的类型和深度以及为得出意见或结论而进行的分析工作。USPAP 进而要求评估师披露其是否对评估对象进行过评估。

评估师需要遵守 USPAP 并确定评估业务中的工作范围，金融机构则负有责任获得一份包含足够信息和分析以支持其决定是否进行某项交易的评估报告。为确保评估与预期用途相符合，金融机构应当与评估师讨论其对评估的需要和期望。这种讨论有利于帮助评估师确定工作范围，并在一定程度上成为金融机构评估业务约定书的基础。这种沟通应当遵守金融机构关于评估师独立性的政策和程序，不得对评估师带来不正常的影响。金融机构不得以低成本或提交报告的时间因素等影响评估委聘过程或评估师对工作范围的判断。

USPAP 要求评估中应当采用任何适用于该评估业务的评估方法（如成本法、收益和市场比较法），评估师进而需要对未采用某种评估方法进行分析。评估也应当对市场条件进行讨论，包括关于资产、价值趋势、供求关系和展示期等的相关信息。交易、融资折让、挂牌价与交易价比率以及融资的可能性等的相关性和影响分析也应当包括在评估中。此外，评估中也应当包括对评估对象交易历史、最佳用途的分析。USPAP 要求评估师披露其是否对评估对象进行过勘查，以及是否有其他人士对评估报告的签署者提供过重要帮助。

10. 评估报告

金融机构负有责任明确所需要的评估报告类型以支持其信贷决策。金融机构在向评估师发出评估委托要求时，应当根据交易的风险、规模、复杂性和不动产抵押物的情况确定评估报告类型。

USPAP 为评估师提供了多种评估报告类型以披露评估业务的结论。这些报告类型的主要区别在于报告的详细程度。某种评估报告类型如果仅仅简单说明而不是概要说明或描述①报告中所需要的内容和信息，则可能会缺少能够解释评估师意见和结论

---

① 注意此处使用了 state，summarize 和 describe 三个动词。这表明该监管部门评估规则颁布时所对应的 USPAP 版本仍存在完整评估报告、简明评估报告和限制用途评估报告三类报告类型，故此处的措辞均是针对三种报告类型。目前，USPAP 中已规定只有两种报告类型，即评估报告和限制评估报告。——译者

的足够支持性信息和分析。

通常情况下,限定仅供某单一客户和预期使用者使用的报告类型并不适用于支持多数涉及联邦的交易。这些报告缺乏信贷审核所需要的足够信息和分析。这些信息量较低的报告可能会适用于不动产资产组合监管目的(见附件D——术语表中关于评估报告类型的内容)。

无论采用何种报告类型,评估报告应当包含足够的信息以保证金融机构能够理解所执行的工作范围。足够的信息包括披露所进行的研究和分析,也包括对该类评估业务通常应当进行而未进行的研究和分析以及未进行这些研究和分析的原因进行披露。

11. 需要进行估价的交易业务

监管部门评估规则允许金融机构在符合某些豁免要求的交易中进行估价而不用进行评估。这些豁免情形包括以下交易:
- 交易的价值等于或低于25万美元的评估门槛。
- 商业贷款额等于或低于100万美元,并且不以不动产的出售或由该不动产产生的租金收入为偿还贷款的主要来源。①
- 涉及贷款金融机构现有贷款项目延期的项目,如果:

(1) 在该交易发生后,市场条件或该资产的实体状况没有发生可能威胁金融机构不动产抵押物保障的明显和实质性变化,即使增加了新的资金;

(2) 除了投入合理的结束清算费用外,不再增加新的资金投入。②

关于市场条件的讨论,参见本指南中的"评估和估价的有效性"部分。

尽管监管部门评估规则允许金融机构对某些交易进行估价,金融机构仍应当制定相应的政策和程序以确定什么时候需要对这些交易进行评估。例如,金融机构应当对下列资产组合风险上升或高风险不动产金融交易进行评估:
- 综合贷款对价值比率超出贷款对价值比率监管限制标准的;
- 非正常的不动产;
- 金融机构传统贷款市场以外的不动产;
- 对金融机构具有重大风险的现行贷款延展项目;
- 借款人具有高风险特征。

12. 估价操作

估价必须符合安全与恰当的银行行为要求,必须能够支持金融机构做出是否进行某项交易的决定。金融机构应当证明在做出是否进行某项交易的决定前,所进行的估价能够提供关于抵押物基准日市场价值的恰当估计,无论该估价是由个人提供还是由分析性方法或技术工具提供。

---

① NCUA规则对会员商业贷款没有豁免评估要求的规定。
② NCUA的规则要求必须同时满足这两个条件才能豁免评估要求,见12CFR.722.3(D)。

如果某种评估方法不能提供不动产的市场价值或不能提供足够的信息、分析以支持评估结论，则在估价中不能接受该方法。例如，某评估方法提供了交易或挂牌价格，如经纪人价格意见，由于该方法未能提供不动产的市场价值，因而不能在估价中被采用。《多德-弗兰克华尔街改革和消费者保护法案》进一步要求，"涉及消费者主要住宅的购买时，以该住宅为保证申请民用抵押贷款时，经纪人的价格意见不得作为确定该物业价值的主要基础"①。与此相类似，关于当地住房条件和趋势的信息，例如市场竞争性分析，不能被视为提供了关于某项不动产所需要的足够信息，不得在估价中应用。从这些渠道获得的信息虽然不足以构成一项估价服务，但对于进行估价或评估仍是有用的。

金融机构应当制定政策和程序，指导在考虑相应风险的情况下为某项交易确定恰当的抵押评估办法。这些政策和程序应当规定为某项交易选择恰当评估方法的过程，而不是鼓励采用价值结论最高、成本最低或提交时间最快的方法。

评估方法应当涉及评估对象的真实物理状况和特征以及影响抵押物市场价值的经济、市场条件。金融机构不得接受以无合理支持的假设为基础的评估，例如评估对象处于一般状况、规划将发生变化或评估对象未受不利市场条件影响等。因此，金融机构应当制定标准，以确定明确评估对象真实物理状况、明确在估价中应当考虑的经济和市场因素等所需要进行研究或勘查的水平和程度。金融机构应当考虑进行现场勘查，以明确评估对象的真实物理状况和影响市场价值的市场因素。如果未进行现场勘查，金融机构应当能够表明评估对象和市场因素是如何确定的。

13. 估价内容

估价报告应当包含关于分析、假设和结论的足够信息以支持信贷决定。估价报告的内容应当归入信用档案。估价报告至少应该符合以下要求：
- 明确标的资产的位置。
- 提供关于标的资产及其现行和未来用途的描述。
- 提供标的资产在估价基准日（分析完成的日期）真实物理条件、用途和规划下的市场价值以及相应的限制条件。
- 描述确认标的资产真实物理状况的方法以及对其进行勘查的程度。
- 描述所进行的分析以及对标的资产进行估价时所使用的支持性信息。
- 采用分析方法或技术工具时，描述所考虑的补充信息。
- 在适用的情况下，说明分析中所使用的各种信息渠道，包括：
  ○ 外部数据渠道（例如市场交易数据库和公共税收及土地文件）；
  ○ 标的资产的特定信息（例如标的资产以前的交易、估税数据和可比交易信息）；
  ○ 标的资产勘查的证据；
  ○ 标的资产的照片；
  ○ 对相邻区域的描述；

---

① Dodd-Frank Act. Section 1473（r）.

○ 当地市场条件。
● 如果估价是由专业人士进行，应包括估价人员的信息，例如姓名、联系方式和签名（电子签名或其他法律许可的签名）。

14. 评估和估价的有效性

监管部门允许金融机构在某些情况下可以用已有的评估或估价支持之后的交易信息。因此，金融机构应当制定标准以判断已有的评估或估价是否继续反映标的资产的市场价值（即仍然有效）。这些标准根据标的资产和市场的条件以及交易的性质而不同。信贷档案中的文件应当能够提供相关事实和分析，以支持金融机构得出的已有评估或估价可以用于之后交易的结论。如果之前披露的市场价值受到下列因素的影响而发生变化，则需要进行新的评估或估价：

● 时间的变化；
● 当地市场的波动；
● 融资条件和可能性的变化；
● 自然灾害；
● 竞争性资产的限制或过度供给；
● 对标的资产或竞争性资产的改良；
● 标的资产和竞争性资产缺乏良好管理；
● 主要经济和市场假设的变化，例如资本化率和租赁条件；
● 规划、建筑材料或技术方法的变化；
● 环境污染。

15. 对评估和估价进行复核

监管部门的评估规则要求为涉及联邦的交易所进行的评估必须包括足够的信息和分析，以支持金融机构做出是否进行某项信贷交易的决定。对于某些不需要进行评估的交易，监管部门的规则也要求金融机构所获得的不动产抵押物估价服务符合安全和恰当的银行行为规则。

作为信贷审批程序的一个组成部分和最终信贷决策的前置程序，金融机构应当对评估和估价进行复核，以确信其符合监管部门评估规则，并与监管指南、金融机构内部政策相一致。复核工作也应当确保评估或估价报告包括足够的信息和分析，以支持做出是否进行交易的决定。

通过复核程序，金融机构应当能够评价评估或估价的合理性，包括评估方法、假设、数据来源渠道是否恰当及得到充分支持。金融机构也可以将复核结果用于监督和评价评估师及提供估价服务的专业人士的专业能力和执业情况（参见"选择评估师或进行估价工作的专业人士"部分的讨论）。

如果金融机构确认某项评估或估价服务不符合监管部门评估规则，且评估师或提供估价服务的专业人士无法改变其瑕疵事项，金融机构在做出信贷决定之前应当获得一份符合监管要求的评估或估价报告。虽然复核人员不能变更原先评估报告中的价值结论，但由合格且具有专业能力的州注册评估师或许可评估师根据 USPAP 进行的评估复核业务可以形成关于市场价值的第二份意见。金融机构可以使用其获得的符合 USPAP 要求的评估复核业务中所形成的市场价值第二份意见进行决策，以支持其信贷决定。

金融机构关于评估和估价复核的政策或要求至少应当包括：

- 规定复核人员的独立性、教育和培训资格；
- 按风险引导的方法决定复核的深度；
- 确定解决评估或估价中瑕疵问题的程序；
- 制定复核及瑕疵问题解决的文档编制标准。

A. 复核人员资格

金融机构应当制定可以复核评估或估价服务的人员资格标准。复核评估或估价服务的人员必须独立于该项交易，与标的资产或交易不存在直接或间接利益、财务或其他关系，必须独立于负责信贷决定职能的职员且不受其影响。复核人员应当具有与被复核交易的复杂程度、不动产类型和市场相匹配的教育背景、专业知识和能力。复核人员还应当有能力评价评估或估价服务是否包含了足够支持决定进行交易的信息和分析。

小型或乡村的金融机构或分支机构雇员数量有限，如果无法实现完全独立的决策线，应当保证评估和估价复核的恰当性。在此种情况下，复核工作可以是发起贷款审核程序的职员的信贷分析工作的一部分，只要该发起贷款审核程序的职员回避直接或间接批准该贷款或不参加批准表决。

金融机构应当针对复杂项目、高风险交易和区域外资产判断进行评估复核所需要的内部专业能力。金融机构应当规定可以聘请其他人士或第三方进行复核。使用第三方时，金融机构仍然对评估复核程序的质量、充分性负有责任，包括复核人员的资格标准（参见"第三方安排"部分的讨论）。

B. 复核的深度

金融机构应当采用风险引导的方法确定复核的深度，以确保评估和估价报告包含支持是否进行交易决定的足够信息和分析。该程序应当根据交易的风险水平高低而不同，因此复核应当与风险相关。复核的深度应当保证方法、假设、数据来源和结论相对于某项交易、标的资产和市场是合理的、得到充分支持的及恰当的。复核也应当需要考虑评估或估价服务的委托程序：是金融机构直接聘请的还是从其他金融机构处获得的。复核程序应当与交易的类型相匹配，相关讨论如下：

- 商业不动产。金融机构应当确保对商业不动产进行的评估或估价服务能够得到恰当程度的复核。对于涉及复杂物业或高风险商业贷款的交易应当进行更为详尽的复核，以判断评估师分析工作的技术质量。例如，对于大额信贷、由复杂物业或特殊物业提供担保的贷款以及位于金融机构传统贷款区域以外地区的物业，金融机构应当进行更为详尽的复核。进行这些复核工作的人士应当具有与该资产类型、市场相匹配的专业能力和知识。

针对较低风险的商业不动产交易的复核在技术层面上可能会降低要求，但仍需要结合该信贷交易主要资产的规模、类型和复杂程度形成有意义的结论意见。此外，金融机构应制定标准，明确何时需要拓展复核的深度。

- 住宅不动产。对住宅不动产进行的复核应当采用与信贷交易主要资产的规模、类型和复杂程度以及贷款资产组合风险特征相匹配的风险引导型的方法。这些风险因素包括债务与收益比率、贷款对价值比率、文献资料的详细程度、交易涉及的金额或其他相关因素。在征得主要联邦监管部门同意之后，金融机构针对风险较小的住宅抵押业务，可以采用诸如自动模型或采样方法等各种技术手段进行贷前的评估或估价复核。采用这些技术手段时，金融机构应当获得足够的数据并恰当进行数据筛选，以确保质量的可信性，确保评估师及提供估价服务的专业人士的工作定期接受复核。此外，金融机构应制定标准，明确何时需要拓展复核的深度。

金融机构可以在符合监管部门评估规则、监管指南及金融机构内部政策的住宅贷款数据库中，采用抽样和审核的程序对卖方提供的表述和条款进行验证。金融机构如果无法确认评估符合监管部门评估要求，则需要在进行交易前获得（另一份）评估报告。

- 从其他金融机构处获得的评估。监管部门评估规则规定金融机构可以使用由其他金融机构直接聘用的评估师出具的评估报告，如果其确认该评估符合监管部门评估规则且是可以接受的。金融机构应当在做出信贷决定之前判断是否使用该项评估。金融机构对该评估的复核不应当低于其直接委托的相似资产的评估复核水平，并将复核工作记入信贷档案。除了其他需要考虑的事项之外，金融机构应当确认：

（1）该评估师是由其他金融机构直接聘用的；

（2）该评估师与标的资产或交易不存在直接或间接的利益、财务或其他关系；

（3）是金融机构（而非借款人）委托了该项评估。例如，业务约定书中应当表明是金融机构而不是借款人聘用了评估师。

如果评估师隐瞒原先的客户而变更评估报告的接受方，金融机构不得接受这样的评估报告。隐瞒原先的客户或预期使用者而变更评估报告会引起误导，不符合 USPAP 的要求，违反了监管部门的评估规则。

C. 瑕疵事项的更正

金融机构应当制定政策和程序，对在复核过程中发现的错误或不足予以纠正，包括以下程序：

- 与评估师或提供估价服务的专业人士就所发现的瑕疵事项进行沟通，并要求进行更正。金融机构应当执行必要的内部控制程序，以避免此类沟通变成对评估师或提供估价服务的专业人士的胁迫或不正当影响。
- 规定对于评估中原评估师无法更正的重大错误，在做出最终信贷决定之前，应当委托具有资格和专业能力的州注册评估师或许可评估师提供第二份评估报告或进行符合 USPAP 准则 3 规定的评估复核。
- 在做出信贷决定之前，替换不能提供可信结论或足够信息的估价报告。

D. 复核事项归档

金融机构应当制定政策，要求将对评估和估价进行的复核工作归入信贷档案。这些政策应当结合交易的类型、风险和复杂程序，明确需要归档的文件详细程度。这些档案应当记录对评估或估价瑕疵事项的更正，包括对委托和依赖第二次评估或估价的合理性分析。这些文件应当保有对已知瑕疵事项进行更正的审查痕迹或详细解释使用第二份市场价值意见报告的原因。

16. 第三方安排

聘用第三方为其执行某些抵押物评估职能的金融机构有责任理解和管理与该项安排相关的风险。金融机构聘用第三方管理其评估或估价职能中的任何部分时都应当保持谨慎，包括委托或复核评估和估价、选择评估师或提供估价服务的人士、提供分析性方法或技术工具的渠道等。

金融机构有责任确信第三方提供的任何服务符合相关法律、规定并与监管指南相一致，无论该第三方是否与其有关联。[①] 因此，金融机构应当具有对第三方安排进行继续监督的资源和能力。

金融机构应当建立内控机制，以明确、监督和管理与使用第三方安排进行评估的相关风险，包括合规、法律、信誉和经营风险。虽然这种安排使得金融机构能够实现一定的业务目标，例如获得内部不具备的专业能力，但因外包事项而减少的经营控制会带来额外的风险。为符合安全和恰当性的行为原则，金融机构应当签署书面协议，清晰地说明对金融机构和第三方的期望、责任，包括第三方在提供服务时应当遵守监管部门评估规则，并与监管指南保持一致。

在与第三方就评估服务签署协议之前，金融机构应当将该安排与使用其他服务商或由内部提供服务的风险、成本和收益进行比较。做出将不动产抵押评估中任何部分外包的决定不应当受到短期节约成本的不当影响。金融机构应当考虑做出这种安排的所有长期影响，包括为有效、持续监督这种安排所需要的管理能力及相应的成本。

如果金融机构将不动产抵押职能中的任何部分外包，应当在选择第三方时进行恰当的尽职调查。该过程中应当包括由金融机构对第三方能否按照金融机构行为准则和监管要求提供服务进行充分的分析。金融机构应当能够证明其政策和程序在对第三方提供的抵押评估职能服务进行监督和定期检查方面可以建立有效的内控。

金融机构也有责任确信第三方选择的评估师或提供估价服务的人士具有专业能

[①] 例如，参见 FFIEC Statement on Risk Management of Outsourced Technology Service（2000年11月28日）中关于对为金融机构提供服务的第三方进行评价、选择、合同复核和监管的指南。参见金融机构主要监管部门关于第三方安排的额外指南：OCC Bulletin 2001-47, Thirty-Party Relationship（2001年11月1日）；OTS Thrift Bulletin 82a, Third Party Service Arrangements（2001年11月）；07-CU-13, Supervisory Letter-Evaluation Third Party Relationship（2007年12月）；08-CU-09, Evaluation Third Party Relationship Questionnaire（2008年4月）；FDIC Financial Institution Letter 44-2008, Guidance for Managing Third-Party Risk（2008年6月）。

力、独立性，具有与业务相关的教育和培训经历，具有与标的资产市场相关的知识。评估师应当是进行过注册或许可的，虽然这一要求是必要的，但在确定评估师是否具有专业能力为某特定资产或区域市场提供服务时，仅仅符合注册或许可要求是远远不够的。

金融机构应当确信第三方在聘用评估师或提供估价服务的人士时，向该人士说明了评估或估价的预期用途，并告知金融机构是其客户。例如，一份业务约定书能够实现这方面的沟通。

金融机构的风险管理系统应当与外包事项及其风险的复杂程度相匹配。金融机构应将为遵守相关规定、监督指南及行为准则而对第三方安排进行监督和定期评价的情况归入工作档案。如果发现瑕疵事项，金融机构应当及时采取补救行动。

17. 合规

金融机构因在评估或估价规程方面的瑕疵导致违反监管部门评估规则或违反监管部门监管指南的，反映了管理上的负面情况。金融机构评估和估价政策应当建立内控机构以提高评估和估价规则的有效性。合规性要求包括：

● 维持充分的控制、验证和测试体系，以确信评估和估价服务提供可信市场价值意见；
● 确保负责金融机构评估和估价职能合规的人员不受负责贷款决定职能的职员影响；
● 确保金融机构能够选择具有与业务相匹配的专业资格和能力的评估师和提供估价服务的人士；
● 制定测试评估和估价复核工作质量的程序；
● 在适当的情况下，以金融机构复核程序的结果和其他相关信息为基础，考虑在未来评估或估价业务中是否聘用某人；
● 向适当的内部控制部门汇报评估和估价中的瑕疵事项，并在适当的情况下，及时向外部管理部门汇报。

A. 监督抵押价值

根据监管部门不动产贷款规则和指南①，金融机构应当以资产组合和个别贷款为基础对抵押风险进行监督。

金融机构应当制定政策和程序，规定为了解抵押物价值在整个信贷周期中的位置并有效管理不动产信贷组合的风险，需要获得当前抵押物评估信息。这些政策和程序还应当要求为可能需要进行修订或拟进行贷款重整②的现有贷款获得当前抵押物评估

---

① OCC: 12 CFR part 34, subpart D; FRB: 12 CFR part 209, subpart E; FDIC: 12 CFR part 365; OTS: 12 CDR 560. 100 and NCUA: 12 CFR 701. 21.

② "loan workout"，指贷款人与放款人对于技术上已经违约的贷款，通过再次谈判并根据再次谈判的条件签署协议，避免清算或丧失赎回权的发生。再次谈判形成的条款通常会向借款人提供减少债务负担的救助安排，如延长贷款期限、调整还款安排等。——译者

信息。

根据评估规则，在现有不动产保证贷款出现安全性或恰当性问题时，监管部门保留要求金融机构进行评估或估价的权利。因此，金融机构应当能够证明有足够的信息支持抵押物当前市场价值及对出现问题的不动产贷款的分类。如果这些信息无法获得，检查人员可以要求金融机构进行新的评估或估价，以获取了解抵押物当前市场价值的足够信息。检查人员应当给金融机构合理的期限进行新的评估或估价。

B. 抵押资产组合风险

谨慎的资产组合监管应当包括确定什么时候需要进行新的评估或估价的标准。除其他考虑因素之外，该标准应当涉及贷款发放后信用的恶化或市场条件的变化。市场条件的变化包括当前和未来空置率、吸收率[1]、租期、租金率和交易价格（包括折让、建筑成本的超控和延迟）的重大变化。折现率或资本化率的变动也是市场条件发生变化的指标之一。

在评价市场条件的变化是否重大时，金融机构应当考虑其对抵押物保证和不动产贷款整体风险或信贷资产组合的单独及总体影响。由于金融机构对抵押物的依赖更为重要，其政策和程序还应当：

- 确保管理层能够获得及时信息以评价抵押物及其风险；
- 为了解交易中抵押物的风险，明确何时是对抵押物进行新的或更新评估[2]的恰当或适当时机；
- 在考虑资产类型、当前市场条件、资产现行用途以及信贷档案中最近评估或估价的相关性之后，对需要采用的评估方法进行规定。

为符合恰当的抵押评估监管准则，金融机构可以采用多种技术手段监督抵押物价值趋势对资产组合风险的影响。相关信息的来源包括外部市场数据、内部数据或对近期获得的评估和估价报告的复核。金融机构应当能够证明其有足够的、可靠的和及时的市场趋势信息以了解其放款业务的风险。

C. 现有贷款的修订和重整

金融机构可能会认为对贷款进行修订或与现有借款人达成重整协议是恰当的。监管部门希望金融机构考虑当前的抵押物评估信息以判断其抵押风险，这样做会有利于做出适当的决定，即是否对贷款进行修订或对现有不动产贷款进行重整（见以上"抵押资产组合风险"部分的讨论）。

- 贷款修订。对现有贷款进行的修订如果涉及贷款条款的有限变化[3]且未对金融

---

[1] "absorption rate"，指可供出售的住宅在一定期限内在不动产市场上的交易比率，即每月市场平均销售数量除以可供交易的总数量。——译者

[2] "appraisal updating"，是指金融机构根据需要要求评估师对同一抵押物在更新的评估基准日进行评估。USPAP在早期的版本中对更新评估有专门的指导意见，但在目前的版本中已无此提法，但金融机构监管部门的规则中仍保持这一术语。——译者

[3] 对贷款进行修订，降低利率或者对贷款期限进行短期性质的或有限的延展，不会被认为是之后进行的（新）交易。例如，有存档文件证明借款人的还款即将支付时对贷款全部还款期限的短期延迟，或有证据表明交割将在近期完成时对预计资产交易交割日的短期延迟。

机构不动产抵押保护构成负面影响，则不构成监管部门评估规则中所规定的一项新的不动产相关的金融业务。因此，并不要求金融机构根据监管部门评估规则进行新的评估或估价，但金融机构需要了解其抵押风险。例如，金融机构在考虑对民用住宅抵押贷款进行修订时，可以采用自动评估模型或其他评估技术。金融机构应当确信替代性的抵押评估方法能够提供可信的信息。此外，金融机构应当能够证明某项贷款修订体现了谨慎的审查标准，符合安全和恰当的贷款行为准则。检查人员应当评价金融机构进行贷款修订时所使用的评估信息的充分性。

- 贷款重整。正如"监督抵押价值"部分所讨论的，在决定进行贷款重整时，金融机构的政策和程序应当规定获得不动产抵押物的现行价值信息。贷款重整包括多种形式，例如在修订后对金融机构不动产抵押保护带来负面影响的贷款修订、贷款期限的更新或延展、新资金的增加或进行有折让或无折让的重组。这些贷款重整构成新的不动产相关的金融交易。

如果贷款重整不涉及除合理交割成本之外的新资金增加，金融机构可以进行估价而不进行评估。涉及新资金增加的贷款重整，如果不存在威胁重整后金融机构不动产抵押保护充分性的市场条件的明显、重大变化以及标的资产的物理特征变化，则金融机构可以进行估价而不进行评估。①

在这些情形下，金融机构应当有能够支持采用此种豁免的分析并将其归入档案。如果贷款重整涉及新资金的增加，且存在威胁重整后金融机构不动产抵押保护充分性的市场条件或标的资产物理特征的明显、重大变化，金融机构应当进行评估（除非适用其他豁免条件②）。

- 贷款修订和重整的抵押评估政策。金融机构的政策应当规定为贷款修订或重整需要获得当前抵押物评估信息。这些政策应当说明需要采用的评估方法，并规定需要充分考虑市场条件和借款人还款表现对抵押风险进行持续监督。金融机构应当能够证明所使用的抵押评估方法对特定的贷款类型是可信的。

针对贷款重整，金融机构的政策应当进一步明确需要进行评估或估价的条件。由于贷款的还款更多依赖于抵押物的出售，即使监管部门评估规则并未做出要求，金融机构的政策应当规定需要根据安全性和恰当性进行评估或估价。

18. 举报

当州注册评估师或许可评估师违反 USPAP、相关州法律，或发生其他违反职业道德或专业要求的行为时，金融机构应当向州评估师管理监管官员进行举报。此外，自 2011 年 4 月 1 日起，在某些情况下，金融机构应当向州评估师注册和许可部门进行举报。③

---

① 根据 NCUA 评估规定，信用联合社在同时满足这两个条件时才能避免进行评估。如果某项业务不涉及新资金增加，且没有市场或资产条件的明显、重大变化，信用联合社应当获得符合指南中估价标准的市场价值书面估算意见。见 12 CFR 722.3 (d)。

② 例如，当交易涉及的价值低于 25 万美元评估门槛时。

③ 见 12 CFR 226.42 (g)。

金融机构怀疑有欺诈行为或其他符合可疑行为报告（SAR）举报标准的交易时，也应当向财政部下属的金融犯罪执行网络（FinCEN）提交可疑行为报告（SAR）。检查人员如发现有证据表明评估师违反职业道德或专业要求，应当要求金融机构向州评估师监管官员举报，或在需要时，向金融犯罪执行网络（FinCEN）提交可疑行为报告（SAR）。如果担心金融机构进行举报或投诉的能力和意愿，检查人员应将发现结果及有关建议提交给监督部门予以适当处理，并根据需要，向州评估师监管官员金融犯罪执行网络（FinCEN）进行举报。

AVM 简介

自动评估模型（automated valuation model，AVM）是一个很广义的术语，指用于评估住宅类不动产价值的一系列计算机化计量经济模型。自动评估模型使用回归、适应性预测、神经网络、专家论证和人工智能等方法评估住宅类不动产的市场价值。最早使用计算机辅助财产评估的很显然是政府的估税人员，他们基于征税的目的需要对大批量的财产进行评估。然而由于受缺乏数据库和高昂的计算机费用等因素的影响，早期发展计算机辅助评估模型的努力受到很大制约。

20 世纪 90 年代以来，由于以下几点主要原因，自动评估模型逐步具备了商业可行性。第一，在各市政府和州政府的层次上，已经有计算机化的不动产数据库可以提供资料；第二，计算机的成本大幅下降；第三，二手抵押市场的发展推动了对自动评估模型这一相对于传统评估而言具有快速和经济特点的替代手段的需求。根据标准普尔公司的统计，自动评估模型在 2002 年度住宅类不动产抵押市场新增贷款中 10% 的项目发挥了作用，并将会有更为广泛的用途：从检验传统评估方法的结论到作为确定财产价值的唯一手段。

目前使用的三种自动评估模型

可供使用的自动评估模型有许多种，其中三种自动评估模型使用最为广泛，包括嗜好模型、重复销售模型和混合模型。

嗜好模型（hedonic models）采用销售比较（市场）法，该方法是评估独立家庭住宅时最常使用的一种方法。该模型在一定意义上以当地市场可比住宅的近期销售状况为基础，需要采集有关具体特征的信息以确定价值，包括居住面积和宗地规模、财产的年限和其他物理特征。当地市场上可比住宅的近期销售状况被用于估测评估标的的价格。实际上，嗜好模型采用的是销售比较法（或市场法），这一方法是在以贷款为目的的业务中评估独立家庭住宅的最常用方法。

重复销售模型（repeat sales models）计算并应用特定地区的指数，以对被评估财产的最近一次销售价格进行调整。价格的趋势是采用配对分析手段在邮政区号和市镇层次的基础上建立的，在每一邮政区域通常会建立不同价格水平的指数，并假设评估标的的市场表现基本接近于在该邮政区域和价格水平内的其他财产。与嗜好模型所不同的是，重复销售模型不需要有关财产特征的信息，只需要收集在某一特定区域内财产的交易价格和销售日期。

混合模型（hybrid models）是指嗜好模型和重复销售模型的混合使用，虽然各种混合模型在采用上述两种模型时的权重并不相同。混合模型的另一种方式是将自动评估模型与评估师的参与和介入结合起来，例如评估师可能会以自动评估的结论为手段，进行标准的评估。

☐ 自动评估模型使用的数据来源在完整性和可信性方面存在差别

无论采用何种自动评估模型，主要数据的质量决定了自动评估模型的准确性和有效性。对任何模型都十分重要的数据必须准确、及时和完整。用于自动评估模型的数据来源包括公共记录、多种报价系统和传统的不动产记录资料。公共记录的来源包括市县资料保管当局保存的纳税资料和信息，但这些来源都有局限性。纳税资料往往是数据库的一个组成部分，但自动评估模型并不能仅仅依靠对住宅的纳税估价。例如，联邦住房贷款按揭公司将纳税资料与其他因素一同考虑分析，以根据模型确定财产的价值。联邦住房贷款按揭公司已经发现仅靠纳税资料无法形成正确的评估结论。在市县层次的信息资料中无法获得那些位于"非信息公开州"（nondisclosure states）[①] 的财产相关信息。如果做更深一步分析，会发现各市县采用不同的方式收集资料，因此在某些市县获得的信息资料比在其他地区获得的资料更具完整性和一致性。

有些人士认为多种报价系统是判断特定地理区域市场内发展趋势和整体市场变化情况的来源，但这一信息来源也可能像市县资料一样是不完整和非标准化的。据我们所接触的一位自动评估模型开发商和销售商介绍，因为评估师提供的数据比公开获得的数据更加准确和翔实，他所在的公司已经开始越来越多地依赖评估师提供的数据。此外，他还指出一些自动评估模型的开发商和销售商可能在实践中主要采集它们自己的数据，特别是在公共数据十分稀少的情况下。

由于在获取可靠数据方面存在的问题以及未对被评估资产进行实地勘查等因素的影响，自动评估模型通常被认为不能替代传统的评估。在具有大量近期交易数据且存在同类资产的市场上，自动评估模型能够较好地发挥作用。在农村地区，一方面由于缺乏可比交易，另一方面由于农业财产大多是独特的，因此自动评估模型能够发挥的作用很小。由于未进行实地勘查，自动评估模型也不可能考虑超出一般程度的贬值因素、磨损状况和财产更新等因素，这些因素都是公共记录资料中没有包括的。此外，自动评估模型的销售商无须向公众公开自动评估模型的方法，商业性自动评估模型这种自主开发的性质也使人们产生了一些对模型所采用的"黑箱"（Black Box）技术的担心。因此，一些部门担心自动评估模型可能会无意识地将一些偏见因素带到相关的分析中。

☐ 自动评估模型优缺点并存

与传统的评估相比，自动评估模型具有一系列优点。第一，在评估财产价值时，自动评估模型通常是一种快速和成本低的方法。例如，根据市场条件和能否及时聘请到评估师等因素，对独户家庭住宅的传统评估通常需要花费数百美元，耗时数日甚至数周。然而自动评估模型只需花费不到 100 美元的费用，耗时也仅需几分钟。第二，自动评估模型的支持者指出，自动评估模型相比于人工评估能够提供更具有客观性和

[①] 非信息公开州指那些不要求将不动产交易条件（包括交易价格）公开的州。

一致性的评估价值，这是因为人工评估往往会以不同的方式进行评估，而且评估人员可能会受到贷款人要求将财产价值评估为某一特定数额的压力。第三，自动评估模型可以用于验证传统评估，特别是在高风险的贷款中。

正如我们已经指出的，自动评估模型也有一定的不足之处。由于数据可能无法获得或数据可能是不完整、不可信的，自动评估模型有时无法正常工作。缺乏实地勘查可能会导致一些重要的因素没有纳入考虑的范围。同时，自动评估模型是自主开发的，销售商无须向社会公众披露所使用的方法。除了上述缺点之外，自动评估模型仍是在活跃市场上评估财产的一种快速和成本低廉的手段。

关于使用自动评估模型的指南和规范相对较新

截止到2003年1月，联邦金融机构监管部门尚未制定对参加联邦保险的储蓄机构使用自动评估模型进行规范的专门制度或政策。根据联邦金融机构监管部门代表提供的资料，这些参加联邦保险的储蓄机构在不涉及联邦权益的业务中可以自由使用自动评估模型，如抵押贷款金额低于25万美元这一必须进行评估的下限。联邦金融机构监管部门指出，其下属的检查人员已经在各种培训课程中接触过自动评估模型。

评估准则委员会发布了一项咨询意见，指出完全依靠自动评估模型产生的结果并不构成一项评估。[①] 但是，该咨询意见指出评估师可以将自动评估模型作为一种手段，以进行评估、评估复核和评估咨询业务并形成相应结果。咨询意见列出评估师在决定使用自动评估模型前必须回答的五个重要问题：

- 评估师对自动评估模型的基本运作原理是否了解？
- 评估师能否恰当地应用自动评估模型？
- 自动评估模型及其使用的数据是否符合该业务的预期用途？
- 自动评估模型的结果是否可信？
- 自动评估模型结果的可信性是否足以支持将其应用于该项业务中？

咨询意见也明确规定了评估师应当采取的步骤，以保证自动评估模型形成的结果能够恰当披露，不会引起误导。

两大政府发起企业（GSE）联邦国民按揭协会、联邦住房贷款按揭公司控制了常规性独户家庭住宅抵押贷款二手市场的重要份额，已将自动评估模型纳入其贷款自动发放系统。根据这两大政府发起企业代表的介绍，它们的自动贷款发放系统根据不同的因素，决定需要由评估师去进行评估的项目。在一定条件下，由于自动贷款发放系统拥有足够的信息资料，两大政府发起企业允许贷款人使用自动评估模型而不用进行传统的评估。联邦国民按揭协会、联邦住房贷款按揭公司都表示将自主开发的自动评估模型作为其质量控制体系、风险和资产组合管理的一个组成部分。联邦住房贷款按揭公司还将自己开发的独立自动评估模型提供给其他公共和私营部门。

---

① 咨询意见18——自动评估模型（AVM）的使用（1997年7月9日）。

美国评估相关部门网址

联邦部门

1. 联邦金融机构检查委员会评估分会 Appraisal Subcommittee of the Federal Financial Institutions Examination Council（ASC）
http://www.asc.gov/
2. 美联储理事会 Board of Governors of the Federal Reserve System（FRB）
http://www.federalreserve.gov/
3. 联邦储蓄保险公司 Federal Deposit Insurance Corporation（FDIC）
http://www.fdic.gov/
4. 货币监理署 Office of the Comptroller of the Currency（OCC）
http://www.Occ.treas.Gov/
5. 美国住房与城市发展部 United States Department of Housing and Urban Development（HUD)
http://www.hud.gov/

政府发起企业

1. 联邦国民按揭协会（房利美）Federal National Mortgage Association（Fannie Mae）
http://www.fanniemae.com/
2. 联邦住房贷款按揭公司（房地美）Federal Home Loan Mortgage Corporation（Freddie Mac）
http://www.freddiemac.com/

民间组织

1. 美国评估师协会 American Society of Appraisers（ASA）
http://www.appraisers.org/
2. 评估促进会 Appraisal Foundation（AF）
http://www.Appraisalfoundation.org/
3. 评估学会 Appraisal Institute（AI）
http://www.appraisalinstitute.org/
4. 国际估税官协会 International Association of Assessing Officers（IAAO）
http://www.iaao.org/

5. 美国农场管理人和农业评估师协会 American Society of Farm Managers & Rural Appraisers

http://www.asfmra.org

6. 美国评估师联合会 Appraisers Association of America

http://www.appraisersassoc.org

7. 地役权国际协会 International Right of Way Association

http://www.irwaonline.org

8. 独立收费评估师联合会 National Association of Independent Fee Appraisers

http://www.naifa.com

州评估师监管部门

1. 亚拉巴马州不动产评估师委员会 Alabama Real Estate Appraisers Board

http://reab.state.al.us

2. 阿拉斯加州注册不动产评估师委员会 Alaska Board of Certified Real Estate Appraisers

http://www.dced.state.ak.us/occ/papr.htm

3. 亚利桑那州评估委员会 Arizona Board of Appraisal

http://www.appraisal.state.az.us

4. 阿肯色州评估师许可与认证委员会 Arkansas Appraiser Licensing & Certification Board

http://www.state.ar.us/alcb

5. 加利福尼亚州不动产评估师办公室 California Office of Real Estate Appraisers

http://www.orea.ca.gov

6. 科罗拉多州不动产评估师委员会 Colorado Board of Real Estate Appraisers

http://www.dora.state.co.us/real-estate/appraisr/appraisr.htm

7. 康涅狄格州许可证服务部 Connecticut License Services Division

http://www.dcp.state.ct.us/licensing/realestate.htm

8. 佛罗里达州不动产部 Florida Division of Real Estate

http://www.state.fl.us/dbpr/re/freab_welcome.shtml

9. 佐治亚州不动产评估师委员会 Georgia Real Estate Appraisers Board

http://www2.state.ga.us/grec/greab/greabmain.html

10. 夏威夷州不动产部 Hawaii Real Estate Appraisers Section

http://www.state.hi.us/dcca/pvl/areas_real_estate_appraiser.html

11. 爱达荷州注册不动产评估师委员会 Idaho State Certified Real Estate Appraisers Board

http://www2.state.id.us/ibol/rea.htm

12. 伊利诺伊州银行与不动产办公室，评估部 Illinois Office of Banks and Real Estate, Appraisal Division

http://www.obre.state.il.us/REALEST/APPRAISAL.HTM

13. 印第安纳州不动产评估师许可与认证委员会 Indiana Real Estate Appraiser Licensure & Certification Board

http://www.in.gov/pla/bandc/appraiser/

14. 艾奥瓦州不动产评估师检查委员会 Iowa Real Estate Appraiser Examining Board

http://www.state.ia.us/government/com/prof/realappr.htm

15. 堪萨斯州不动产评估委员会 Kansas Real Estate Appraisal Board

http://www.ink.org/public/kreab/

16. 肯塔基州不动产评估师委员会 Kentucky Real Estate Appraisers Board

http://www.kyappraisersboard.com

17. 路易斯安那州不动产委员会 Louisiana Real Estate Commission

http://www.lreasbc.state.la.us/

18. 缅因州不动产评估师委员会 Maine Board of Real Estate Appraisers

http://www.state.me.us/pfr/olr/categories/cat37.htm

19. 马里兰州不动产评估师与住宅检查员委员会 Maryland Commission of Real Estate Appraisers & Home Inspectors

http://www.dllr.state.md.us/license/occprof/reappr.html

20. 马萨诸塞州不动产经纪人和销售人员注册委员会 Massachusetts Board of Registration of Real Estate Brokers & Salespeople

http://www.state.ma.us/reg/boards/ra/default.htm

21. 密歇根州不动产评估师委员会 Michigan Board of Real Estate Appraisers

http://www.michigan.gov/commerciallicensing

22. 明尼苏达州商业局 Minnesota Department of Commerce

http://www.state.nm.us/cgi-bin/portal/nm/jsp/home.do?agency=Commerce

23. 密西西比州不动产评估师许可与认证委员会 Mississippi Real Estate Appraiser Licensing & Certification Board

http://www.state.nm.us/cgi-bin/portal/nm/jsp/home.do?agency=Commerce

24. 密苏里州不动产评估师委员会 Missouri Real Estate Appraisers Commission

http://www.ded.state.mo.us/regulatorylicensing/professionalregistration/rea

25. 劳工与产业部商业标准分部 Montana Department of Labor & Industry, Business Standards Division

http://discoveringmontana.Com/dli/bsd/license/bsd_boards/rea_board/board_page.htm

26. 内布拉斯加州不动产评估师委员会 Nebraska Real Estate Appraiser Board

http://linuxl.nrc.state.ne.us/appraiser

27. 内华达州不动产部 Nevada Real Estate Division

http://www.red.state.nv.us

28. 新罕布什尔州不动产评估师委员会 New Hampshire Real Estate Appraiser Board

http://www.state.nh.us/nhreab/

29. 新泽西州不动产评估师委员会 New Jersey board of Real Estate Appraisers

http://www.state.nj.us/lps/ca/nonmed#real11

30. 新墨西哥州不动产评估师委员会 New Mexico Real Estate Appraisers Board

http://www.rld.state.nm.us/b&c/real_estate_appraisers-board.htm

31. 纽约州许可证服务部 New York Division of Licensing Services

http://www.dos.state.ny.us/lcns/appraise.html

32. 北卡罗来纳州评估委员会 North Carolina Appraisal Board

http://www.ncappraisalboard.org

33. 北达科他州不动产评估师资格与道德委员会 North Dakota Real Estate Appraiser Qualifications & Ethics Board

http://www.governor.state.nd.us/boards/boards-query.asp?Board_ID=92

34. 俄亥俄州不动产部 Ohio Division of Real Estate

http://www.com.state.oh.us/odoc/real/appmain.htm

35. 俄克拉何马州不动产评估师委员会 Oklahoma Real Estate Appraiser Board

http://www.oid.state.ok.us/agentbrokers/realestate.html

36. 俄勒冈州评估师认证与许可委员会 Oregon Appraiser Certification & Licensure Board

http://www.oregonaclb.org

37. 宾夕法尼亚州注册不动产评估师委员会 Pennsylvania State Board of Certified Real Estate Appraisers

http://www.dos.state.pa.us/bpoa/cwp/view.asp?a=1104&1=432589

38. 罗得岛州商业许可与管理部 Rhode island Division of Commercial Licensing & Regulation

http://www.dbr.state.ri.us/real-estate.html

39. 南卡罗来纳州专业与职业许可不动产评估师委员会 South Carolina Professional & Occupational Licensing Real Estate Appraisers Board

http://www.llr.state.sc.us/POL/RealEstate Appraisers/

40. 南达科他州评估师资格计划 South Dakota Appraiser Certification Program

http://www.llr.state.sc.us/POL/RealEstate Appraisers/

41. 田纳西州不动产评估师委员会 Tennessee Real Estate Appraiser Commission

http://www.state.tn.us/commerce/treac

42. 得克萨斯州评估师许可与认证委员会 Texas Appraiser Licensing & Certification Board

http://www.talcb.state.tx.us/

43. 犹他州不动产部 Utah Division of Real Estate

http://www.commerce.utah.gov/dre

44. 佛蒙特州不动产评估师委员会 Vermont Board of Real Estate Appraisers

http://vtprofessionals.org/opr1/appraisers/

45. 弗吉尼亚州不动产评估师委员会 Virginia Real Estate Appraiser Board

http://www.state.va.us/dpor/apr_main.htm

46. 华盛顿特区许可以及不动产评估师部 Washington Department of Licensing, Real Estate Appraisers

http://www.wa.gov/dol/bpd/appfront.htm

47. 西弗吉尼亚州不动产评估师许可与认证委员会 West Virginia Real Estate Appraiser Licensing and Certification board

http://www.state.wv.us/appraise

48. 威斯康星州管理与许可部 Wisconsin Department of Regulation & Licensing

http://www.drl.state.wi.us

49. 怀俄明州注册不动产评估师委员会 Wyoming Certified Real Estate Appraiser Board

http://realestate.state.wy.us

第 5 部分

以财务报告为目的评估之最佳实务指南

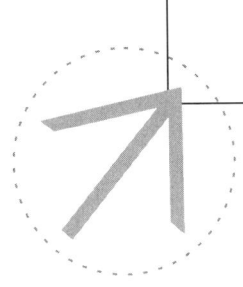

——贡献资产：确定贡献资产并计算经济租金

前 言

本文将介绍关于贡献资产的识别与经济租金的计算（The Identification of Contributory Assets and Calculation of Economic Rents）的最佳实践，由评估促进会（Appraisal Foundation）赞助的工作组完成。

随着财务报告要求的不断变化，估值结论对财务报表的影响变得尤为令人瞩目。鉴于财务报告同时要求可靠性和相关性，估值实践应当能够提供合理的、一致的和可以论证的估值结果。为此，评估界认为对具体估值事项的操作提供指引或最佳实践是有用的，选择的估值事项是在观察中估值操作最多样化的事项。

评估促进会作为独立实体，致力于发展评估职业和增进评估职业在公众视野中的公信力，赞助了本书的完成。评估促进会召集了一系列的工作组，编写能够减少以财务报告为目的的估值中估值操作差异的指引文件。

本文展现了第一个估值事项的最佳实践，贡献资产的识别与经济租金的计算，由第一个工作组完成。本文的讨论版初稿于2008年6月10日出版，第2版于2009年2月25日出版，口头意见的听证会于2009年5月12日进行，所有获得的意见均在终版中得到反映。

本文的附录中有一个完整的案例和实操案例。在编写附录的过程中，第一个工作组也编写了一个工作包文件，是完整案例的详细版。工作包中含有其他的计算表格，详细阐释了贡献资产费用（contributory asset charges）的通常计算过程。该工作包文件将单独出版。

本文的工作组成员均为评估行业从业人员，长期从事以财务报告为目的的估值服务。本文的结论反映了工作组成员认可的最佳实践。本文不是评估或会计上的权威官方文件。

本文于2010年5月22日受评估促进会的管委会批准，予以出版。读者应当注意，管委会就本文中的技术内容选择依赖工作组成员的专业意见。

关于本文的问题可联系：
Paula Douglas Seidel
The Appraisal Foundation
1155 15th Street NW，Suite 1111
Washington，DC 20005
202.624.3048（phone）；202.347.7727（fax）； paula@appraisalfoundation.org（email）

1.0 引言

1.1 本文旨在介绍贡献资产的识别与经济租金的计算的最佳实践,由贡献资产费用工作组完成,获得了众多相关方的支持与贡献。

1.2 贡献资产费用[①](资本费用(capital charge)或经济租金)是采用多期超额收益法(multi-period excess earnings method)[②]评估目标无形资产公允价值的必要考虑之一。

1.3 多期超额收益法是收益法的一种。采用该方法时,首先要考虑的是获得被评估无形资产的企业实体的预期财务信息(prospective financial information),即识别一组特定资产(资产组)的相关收入和费用。该资产组包括被评估无形资产和其他资产,即贡献资产(contributory assets)。贡献资产是和被评估无形资产一起对收益产生贡献的必要资产。通过从总收益中识别并扣除贡献资产所贡献的收益,归属于被评估资产的预期财务信息从资产组的预期财务信息中被分离出来,由此得到了归属于被评估无形资产贡献的剩余收益,即超额收益(excess earnings)。识别归属于贡献资产的收益是通过对贡献资产费用的考虑进行的,具体体现为贡献资产的投资回报(return on)和特定情况下贡献资产的损耗补偿(return of)。贡献资产费用代表使用贡献资产的经济费用。超额收益,即总收益扣减贡献资产费用后的剩余收益,归属于被评估无形资产。将该超额收益根据合理的折现率进行折现,其现值即为被评估无形资产的评估值。由此可见,多期超额收益法是收益法中的一个归因分析模型。

1.4 从另一个角度来看,在采用预期财务信息估算被评估资产的公允价值时,预期财务信息往往包含资产组中不同资产的贡献。为获得归属于被评估无形资产的超额收益,评估专家需要识别出其他对资产组收益做出贡献的资产。如果这些其他资产的特定收入和费用无法从资产组的预期财务信息中分离出来,为确认贡献资产所提供的经济效益,有必要扣减贡献资产费用。如果贡献资产的贡献能够从资产组的预期财务信息中分离出来,则无须扣减贡献资产费用。

1.5 贡献资产费用从理论上可以理解成归属于实体所拥有特定贡献资产的收益,也可理解为使用第三方所有的贡献资产需支付的使用费;基本原则是在资产组的收益中必须向贡献资产分配一定的经济收益,由此计算出归属于被评估无形资产的超额收益。

1.6 多期超额收益法和贡献资产费用计算的基本原理与投资收益率(return on investment)这一基本金融概念息息相关。从贡献资产投资者的角度,贡献资产的拥

---

① contributory assets charges(CACs),指所有者投入生产经营的贡献资产应当获得的回报,或者所有者将贡献资产投入生产经营后应当正常获得的费用补偿,即经济租金。在本文中为避免误导,统一译为"贡献资产费用"。——译者

② 该名词在2001年版美国注册会计师的实践系列书籍 *Assets Acquired in a Business Combination to Be Used in Research and Development Activities: A Focus on Software, Electronic Devices and Pharmaceutical Industries* 中出现。(本文定稿之时该实践系列书籍正在进行更新。)

有者将要求一定的投资收益。该投资收益包括纯粹的投资回报（本文中所说的投资回报，return on）和对初始投资金额的补偿或回收（本文中所说的损耗补偿，return of）。由此可见，贡献资产费用计算的理论基础即为贡献资产应获得合理的投资回报。

1.7 贡献资产的一个显著特征是贡献资产本身并不是被列为评估对象的能够产生收益的资产（income-generating assets），而是支持作为评估对象的能够产生收益的资产的必要资产①。贡献资产费用代表的是投资贡献资产所必需的合理回报和补偿金额，金额将根据市场参与者对该类贡献资产投资所要求的投资回报率进行计算。

1.8 在工作组的讨论和听证会期间，工作组意识到为本书确立明确的范围是必要的。对贡献资产费用的研讨要求参与者对许多会计和评估准则、方法有所了解，对这些的要求已超过本文的内容范围，我们假设读者已对这些知识有一定了解。具体而言，本书假设读者对以下事项有足够的理解：

A. 多期超额收益法中采用的预期财务信息应反映市场参与者的假设。本书既未介绍市场参与者的识别，也未包括预期财务信息为反映市场参与者信息应进行调整的具体讨论。

B. 采用某种估值方法、技术对某项资产进行评估取决于市场参与者角度的具体情况，我们假设读者有做出此等判断的能力。本书未讨论不同的估值方法和估值技术以及选择特定方法、技术所需的判断等。本文中对资产采用的估值方法仅作为演示案例。

C. 本文中的讨论和附录 A、附录 B 中的完整案例和实操案例均采用了能够影响贡献资产估值的一些假设。估值中的假设基于具体情况，我们假设读者有能力做出此等判断。本文文本和案例中的假设仅作为演示案例。本书仅提供了基本原理以协助读者理解对多期超额收益法和贡献资产费用的计算。

D. 案例计算中的模型仅作为演示案例，并不是唯一可接受的计算模型、计算途径或报告。模型的部分细节意在阐述本书的观点，在实际操作中可能不作考虑。

1.9 在本文的编写中，工作组认识到职业判断对评估的有效计划、执行和收尾是至关重要的。职业判断对能力（适当的知识和经验）与道德行为（客观和独立）均有要求。提问和质疑是合理的，是做出判断的本质要求。拥有知识并且合理而客观的人可以根据一定的基本情况做出不同的判断。职业判断的作用在获取事实依据、调研、分析并在结论日根据具体的情况和信息得出合理结论的全过程之中彰显。

1.10 本文中有以下重要澄清事项：

A. 文中的最佳实践参考了美国通用会计准则（US GAAP）截至本文出版日的有效版本。尽管工作组认为本文描述的最佳实践在美国通用会计准则之外可能仍有所应用，评估专家在未深刻理解具体区别的情况下，不应将本文的最佳实践应用于根据其他相关准则或法律要求而准备的估值服务。

B. 工作组在本文中对"现金流""收益""利润"等词的应用采取了与在会计学中的应用不同的释义。本文中采用的"现金流""收益""超额收益"等词，指的均是"经济收益"的概念，即在收入中扣减费用和其他成本项后的净收益。

---

① 即贡献资产本身并不是需要评估的对象，而是支持评估对象（产生收益）的相关资产。——译者

C. 工作组认识到基于某次收购最终确定的总商誉金额和评估专家通常在估值中采用的商誉金额（或超额购买价格）往往是有差异的。例如，差异中的一个典型部分是递延税，递延税项往往是在评估专家的工作完成后确立的。但是，"商誉"这个词在本文中均指购买价格（或是在估值过程中，或是在计量过程中）与各独立确认资产、负债的净值之差。

D. 本文中采用的"价值""估值""评估""公允价值"等词，以及其他指代价值的词语，与财务会计文献、财务会计准则委员会（FASB）的《会计准则汇编第820号文》（曾经的FASB《第157号财务会计准则公告》）中对"公允价值"的定义一致。

E. 本文中评估的标的资产称为"评估的无形资产"，其他对资产组收益有贡献的资产被称为"贡献资产"。

F. 从历史的角度而言，美国国内收入署（U. S. Internal Revenue Service）的税收裁定（Revenue Ruling 68-609，1968-2 C. B. 327）和更早的ARM 34文件中所谓的"公式法"通常被称作超额收益法，和本文的多期超额收益法有所不同，但多期超额收益法的源头就在上述文本中。

G. 需要注意的是，除多期超额收益法外，评估无形资产仍有其他方法，本文无意为特定资产而推荐某种方法。

1.11 本文讨论了贡献资产的定义和识别、贡献资产费用的计算和选择合理投资回报率的考虑，以及在采用多期超额收益法中特定情况下考虑贡献资产的损耗补偿。

2.0 贡献资产的识别

2.1 贡献资产的定义

2.1.1 贡献资产是与被评估无形资产一起使用,以实现被评估无形资产相关的未来收益的资产。对被评估无形资产相关的未来收益无贡献的资产不是贡献资产。例如,一定量的房地产(土地和建筑物)可能对归属于被评估无形资产的收益有支持作用。然而,如果实体持有的投资性土地(非经营性资产)对产生归属于被评估无形资产的未来现金流无实际贡献,或预期无贡献,则不应作为贡献资产。

2.1.2 对于被评估无形资产的评估应体现市场参与者认可为贡献资产的资产,与企业实体是否在交易中获得该资产、是否已经拥有该资产及是否将需要购买该资产无关。

2.2 贡献资产

2.2.1 支持归属于被评估无形资产收益所需要的贡献资产类型取决于企业实体及被评估无形资产的具体情况。表1列举了常见的贡献资产组成。

表1　　　　　　　　　　　　常见的贡献资产组成表

资产类型	组成示例
营运资本*	现金,应收账款,存货,应付账款,应计项目
固定资产(有形资产)	房地产,机器设备,装修设施
无形资产	商标及商号,技术,软件,客户关系,非竞争协议,组合劳动力**

* 本文中提及的营运资本特指不包括超正常运营水平的盈余资金和所有付息债务,常见名称是"无债务营运资本"或"净营运资本"。

** 该清单并未穷尽。根据FASB《会计准则汇编第805号文》中的章节20-55-2至章节805-20-55-45(曾经的FASB《第141号财务会计准则公告——企业合并》(2007年修订版)段落A29至段落A56)提供了更详细的无形资产清单。行业特殊的无形资产也可能在特定情况下存在。

2.2.2 得到被评估无形资产所需采用的假设应当为市场参与者在对被评估无形资产或是包括被评估无形资产在内的资产组的定价中采用。因此,预测财务信息应当考虑市场参与者对必需贡献资产水平的假设,或是基于单个资产口径,或是基于资产组口径,视具体情况而定。

2.2.3 预期财务信息应包括正常化水平①的必要贡献资产,充分反映市场参与

---

① "正常化"在本文中指的是站在市场参与者角度,与企业实体或被评估无形资产口径一致的假设。例如,据观察可知预期财务信息包含盈余水平(或短缺水平)的某资产。一个正常化水平的资产应当将资产水平调整至运营必需的水平,且因站在市场参与者角度不包括该资产的盈余水平(或短缺水平)。"正常化"一词在本文中的用法与在公司价值评估中采用的正常化调整不同,后者指调整财务数据,排除一次性项目或非正常项目的影响。

者对实体在生命周期中的阶段的考虑。例如，对于发展期的企业，正常化水平的固定资产可能和成熟期所要求的固定资产水平不同。因此，预期财务信息中贡献资产的盈余或缺乏状况，应被调整至正常化水平。

2.2.4 营运资本

2.2.5 营运资本是企业运营必需的组成部分。营运资本通常包括营运现金、应收账款、存货、应付账款、应计项目和其他流动性资产及负债。企业实体的运营需要不间断地营运资本供应，且营运资本在不断地周转，基本不受经济性贬值的影响。因此，营运资本通常被假设为不会贬值的资产。

2.2.6 在贡献资产中采用的是正常化水平的营运资本。正常化水平的营运资本仅包含必要且足够使市场参与者维持企业实体运营的营运资本组成项和金额。站在评估目标无形资产的角度，正常化水平的营运资本即为对归属于被评估无形资产的收益做出贡献的营运资本。

2.2.7 如果企业实体有递延收入，该负债可以作为营运资本中的一项参与资产贡献率的计算，也可以不纳入营运资本。是否包含该递延收入取决于预期财务信息的预测口径。如果预期财务信息的收入是依据权责发生制预测的，则包括递延收入较为合理。工作组认为如递延收入是该企业实体持续经营中的一部分，则应当以正常化水平①计入营运资本。在此情况下，工作组认为，计入净营运资本中的递延收入水平既应当反映企业实体的持续经营，也应当和预测财务信息保持一致口径，而不是反映企业在合并后的会计处理中针对任何法律义务进行"一次性"调整后的水平。

2.2.8 固定资产

2.2.9 固定资产的存在服务于企业实体的生产功能。固定资产可能包括土地、土地改良、建筑物、机器设备、家具、租入固定资产改良和自然资源等。固定资产通常是会贬值的资产，需要不断更新或重置以维持企业的生产功能。

2.2.10 企业实体在生命周期中的阶段对运营必要的固定资产水平有一定影响。例如，早期发展阶段的企业所要求的固定资产水平和产品商业化量产阶段的固定资产水平不尽相同。计算贡献资产费用时必须采用的是市场参与者预测所需的正常化水平。该正常化水平应为市场参与者认为能够合理支持被评估无形资产的固定资产水平。

2.2.11 如果某被收购企业实体（或其他标的实体）的固定资产在估值基准日的水平无法满足产生未来收益的需要，应当采用市场参与者考虑的、能够满足现金收益需要的固定资产预测水平。该正常化水平的固定资产应以公允价值计量，并在预期财务信息中有所体现。

2.2.12 无形资产

2.2.13 满足FASB《会计准则汇编第805号文》（曾经的FASB《第141号财务会计准则公告——企业合并》（2007年修订版））中确认条件的无形资产，如果或是法律权利或是合同性权利，或是具有可分离性，将被单独确认为除商誉以外的无形资产。如其使用对归属于被评估无形资产的未来收益有所贡献，则是贡献资产。FASB

---

① 例如，见3.2.3节中关于一次性调整的讨论。

《会计准则汇编第 805 号文》中的章节 20-55-2 至章节 805-20-55-45（曾经的 FASB《第 141 号财务会计准则公告——企业合并》（2007 年修订版）段落 A29 至段落 A56）提供了能够作为除商誉以外的无形资产进行单独确认的指引和例子。FASB《会计准则汇编第 805 号文》中识别的无形资产包括营销相关无形资产、客户相关无形资产、艺术类无形资产、合同相关无形资产和技术相关无形资产。评估专家应首先考虑收入或利润能否被分割并在各无形资产间分摊。在本文中，许可费节省法被认为是利润分割中的一种形式。如无法做出上述分割，采用贡献资产费用能更好地补偿贡献资产对归属于被评估无形资产的收益的贡献。

2.2.14　除此之外，其他能够准确计量但无法满足 FASB《会计准则汇编第 805 号文》中除商誉外单独确认要求的无形资产（或企业实体的组成部分），如组合劳动力，可在其对被评估无形资产的相关收益的产生有贡献作用的前提下，作为贡献资产予以考虑。组合劳动力是商誉的组成部分之一，尽管根据 FASB《会计准则汇编第 805 号文》，组合劳动力无法在资产负债表上独立确认，但通常被认为是贡献资产。

2.2.15　对商誉组成部分采用贡献资产费用是否合理应当基于具体情况，评估专家应当注意，如具体情况不要求贡献资产费用，则不可机械地对商誉的组成部分采用贡献资产费用或其他调整。工作组认为在通常情况下组合劳动力是唯一的能够应用贡献资产费用的商誉组成部分。相应的，如对除组合劳动力以外的其他商誉组成部分采用贡献资产费用或其他调整需要更多的支持依据。

2.2.16　如果商誉的其他组成部分对被评估无形资产的收益有显著贡献，工作组认为评估专家应当：a) 尝试识别并预测这些组成部分的公允价值以作为贡献资产费用的计算基础（如果能够可靠计量）；b) 对收益现金流进行其他调整，以补偿商誉其他组成部分的贡献；c) 考虑其他能够更准确地分割出归属于被评估无形资产的收益现金流的方法（例如，绿地法（greenfield method））。

3.0 估值方法及贡献资产费用的应用

3.1 简介及概念

3.1.1 总的来说，任何一种资产的评估方法不外乎成本法、市场法或收益法。在估值操作中，三种方法均应被考虑，最适合的方法将被采用，以对特定资产进行估值。当被评估无形资产有可辨识未来收益时，该无形资产的评估通常采用收益法进行。无形资产评估中收益法的常见方法包括许可费节省法、多期超额收益法和一些其他方法。多期超额收益法常用于某些技术（现有技术或开发中技术）、客户关系和许多其他无形资产的评估。

3.1.2 在采用多期超额收益法进行估值之前，评估专家应确保财务预测信息反映了市场参与者的假设和预期。财务预测信息中不应包括针对特定投资者（实体）的协同效应的考虑，应考虑市场参与者能够实现的协同效应。

3.1.3 多期超额收益法要求预期财务信息中预测与被评估无形资产的未来收益具有贡献作用的所有有形及无形资产（包括商誉的组成部分，如组合劳动力）的现金流入和流出，以及投资回报的支出和损耗补偿支出。

3.1.4 现金流入主要为收入。需要注意的是，采用收益法对被评估无形资产进行估值时，评估专家应适当并正确地识别被评估无形资产相关的收入。对于有些无形资产，该收入可能和企业整体的收入预测一致；对于有些无形资产，评估专家可能在企业整体收入的基础上以一定比例确认被评估无形资产的收入。

3.1.5 被评估无形资产相关的现金流出主要包括完工尚需发生的直接和间接成本（如正在进行的研究与开发（IPR&D））、制造成本、销售和营销成本、例行技术维修成本、一般行政成本和税金等。

3.1.6 多期超额收益法中的贡献资产应为市场参与者所需的、所有能够实现被评估无形资产未来收益的资产。对于产生未来收益不可或缺的资产，被收购或收购企业可能已经拥有部分资产，或者收购企业可能需要以其他方式获得该类资产。贡献资产费用应当基于市场参与者预期需要的贡献资产的公允价值进行计算。这些支出通常代表基于贡献资产公允价值的投资回报和损耗补偿。

3.1.7 在实践中，特定类别的资产（如营运资本和固定资产）的账面价值通常作为公允价值的近似进行贡献资产费用的计算。工作组认为在考虑具体情况后采用账面价值作为公允价值计量的实操是可行的，只要账面价值与被评估无形资产使用的公允价值目标一致。另外，从市场参与者角度考虑标的企业的贡献资产在实践中往往参考行业可比数据进行预测，该可比数据往往为账面价值。工作组认为评估专家应谨慎判断，原因在于就理论而言，仅在确认账面价值和公允价值无显著差异后才能采用贡献资产的账面价值。

3.1.8 工作组认为资产的公允价值不应当基于特定交易的税务架构而有所不同。[①] 固定资产的市场价格反映了折旧的税务收益。同理,如果一个无形资产将被出售(或作为单独资产出售,或作为资产组出售,取决于资产的最佳用途(highest and best use)),购买价格应当合理反映资产摊销的税务摊销收益(tax amortization benefit)。因此,无形资产的公允价值在采用收益法进行评估时应考虑税务摊销收益。同样,贡献资产的贡献资产费用应当基于这些资产的公允价值和其税务折旧收益或税务摊销收益。(本文内容有限,无意探讨采用成本法评估无形资产时应为税前口径还是税后口径。在本文中,工作组考虑到税前成本是目前的常见做法,在计算中采用了税前成本。在采用税前成本的前提下,通常无须额外考虑税务摊销收益,然而对于采用税后成本的计算,应当额外考虑税务摊销收益。[②] 如果在分析中采用税后口径并考虑税务摊销收益,在其他假设中须保持一致。)

3.1.9 在决定哪些资产或企业实体的组成部分对被评估无形资产有贡献时需要细致分析。有些情况下,可以通过排除被评估无形资产不需要的资产做出决定。很多资产对所有被评估无形资产均有贡献作用。在此情况下,每个贡献资产的贡献资产费用应当合理分配至每个被评估无形资产,充分反映该贡献资产的实际使用程度。例如,某被评估无形资产与另一被评估无形资产相比,使用了两倍的贡献资产,因此,该被评估无形资产应当付出两倍的贡献资产费用。当客观信息可以获取时,贡献资产费用的分配便有了基础。如没有可靠数据,则应采用合理假设。最常见的贡献资产费用分配方法是基于各个被评估无形资产产生年收入的相对比例进行分配。其他方法,如参考相对盈利金额、相对产量、相对占用面积、相对人工用量或相关成本耗费比例等,均可作为合理的分配方法。如某贡献资产预计不会对某被评估无形资产做出贡献,则该贡献资产的投资回报不应当在该被评估无形资产的财务预测信息中被扣减(但是,该投资回报将在其有贡献作用的现有或未来拥有的无形资产的财务预测信息中被扣减)。

在识别出被评估无形资产的相关现金流入和现金流出以及考虑了贡献资产费用后,剩余的净现金流(或多期超额收益)将归属于被评估无形资产,再将其折现,便得出了对被评估无形资产公允价值的预测值(在考虑税务摊销收益前)。(可参考FASB《会计准则汇编第 820 号文》中段落 10-35-32 和段落 10-35-33(曾经的FASB《第 157 号财务会计准则公告》的段落 18b),以及 2001 年版美国注册会计师协会的实践系列书籍(*Assets Acquired in a Business Combination to Be Used in Research and Development Activities: A Focus on Software, Electronic Devices and Pharmaceutical Industries*)中的 2.1.10。)

3.1.10 在多期超额收益法估值计算中,如出现某年由于采用了贡献资产费用计算而导致某年的超额收益为负或整体超额收益为负,则评估专家应格外谨慎。评估专家应进行计算复核,确保参数及分析结构的正确与完整。在某些情况中,整体剩余收益为负可能意味着确认该无形资产可能没有经济依据(例如,负价值的客户关系)。

[①] 此处及全文其他处讨论的假设是市场参与者能够获取的税务折旧收益和无形资产的税务摊销收益。
[②] 本括号中强调的是成本法而不是收益法中的成本节约法。

也可能是，资产组合中某负值资产可能需要和剩余正值资产在组合中进行抵冲，确认为独立的负债（例如，在会计角度合理的情况下，一组合同中的一个合同），并且预测期某年的负值超额收益不应在该资产的公允价值计算中被忽视。

3.1.11 工作组认为 3.1.1 至 3.1.11 中讨论的各点展示了采用多期超额收益法的复杂性和评估专家采用该方法进行公允价值预测时的具体考虑。该方法的重要成果之一就是提供了综合分析企业价值的方法，展现出贡献资产费用的计算并不会创造或缩减资产价值。贡献资产费用应用的实质是将收益归属于各贡献资产。

3.2 营运资本

3.2.1 为营运资本考虑合理的贡献资产费用时，首先应当注意的是必需营运资本的增加或减少不应对现金流产生影响，原因在于成长性投资（或投资缩减）已在贡献资产费用的变动中予以考虑。同样需要注意的是，营运资本的组成（例如，应收账款和存货）可能偶尔会受到减值的影响。该减值已经通过利润表反映，经常性费用的假设已经包含了对减值的未来预期。因此，仅在每期必需水平的营运资本的基础上计算合理投资回报是合理的。换言之，营运资本的投资回报代表被评估无形资产因使用营运资本而需支付的费用。如营运资本已经不被该被评估无形资产需要（例如，被评估无形资产已到了使用寿命的末期），营运资本仍可被其他资产使用。常见的计算具体期间营运资本贡献资产费用的方法之一是计算总营运资本的必要投资回报占总销售收入之比，再乘以被评估无形资产自身的销售收入。具体可见附录 A 的完整案例，介绍了如何计算营运资本的年度贡献资产费用。也可参见附录 B 的实操案例，介绍了计算贡献资产费用的实操捷径。

3.2.2 某些行业会出现负值营运资本的问题。此处的负值营运资本并非在交易中收购而得，而是在某些行业中，负值的营运资本为行业惯例。工作组认为在个别行业的正常商业运营中产生的负值营运资本增加了整体企业价值，且应当在确定营运资本的合理水平，作为贡献资产费用计算基础的过程中予以考虑。这将在实际上产生负的营运资本贡献资产费用，增加被评估无形资产的价值。这样的处理是合理的，原因在于其反映了这些行业中的实际经济状况，且与预测财务信息反映的现金流入收益一致。

3.2.3 另一个事项是企业合并带来的一次性会计调整的影响，例如存货的评估增值对营运资本的影响。工作组认为该一次性调整应当从贡献资产费用计算采用的原始的、持续经营水平的营运资本中剔除（根据市场参与者假设）。该观点的依据在于无论被评估无形资产是进行以企业合并为目的的评估还是其他目的的评估，其公允价值应当一致。未剔除企业合并的一次性调整可能导致被评估无形资产在不同目的的评估中获得不同的估值，并且一次性调整后的营运资本无法代表营运资本的长期需求。工作组认为评估专家不仅应当对以剔除一次性调整后的市场参与者角度的营运资本进行贡献资产费用计算，并且应当确保估值中采用的预期财务信息已剔除任何一次性调整的影响，以避免利润或成本的重复计算。具体而言，存货评估增值中包含的利润（如适用）应当从被评估无形资产的预期财务信息中剔除，以保证该利润没有重复计算。

3.3 土地

3.3.1 土地的贡献资产费用计算和其他固定资产的贡献资产费用计算有所不同，其他固定资产随时间而贬值，土地的贡献资产费用计算更接近营运资本的贡献资产费用计算。土地假设不随时间而贬值。评估专家应当格外关注市场参与者角度的土地水平及其公允价值，作为计算贡献资产费用的基础，原因在于土地价值随着时间变化，可能独立于被评估无形资产的价值或企业整体价值发生不同方向的变化。贡献资产费用应当基于能够支持被评估无形资产在各预测期间的相关收益水平的土地及公允价值进行计算。

3.4 固定资产（不包括土地）

3.4.1 工作组了解到计算仍在使用的固定资产的贡献资产费用的方法有许多种。本节和附录 A 的完整案例中介绍了两种行业中最为常见的方法。工作组认为在实际操作中某些详细的计算可能是不必要的，采用简化计算往往更加合理（请参见附录 B：实操案例）。两种方法均假设除土地以外的固定资产会贬值。因此，除土地以外的固定资产的相关贡献资产费用需要考虑投资回报和损耗补偿。工作组也认为在正常使用两种方法时应当计算出近似一致的总贡献资产费用。最后，工作组在计算中假设贡献资产费用按税后口径计算。在进行了税前口径的相关调整后，在两种方法中采用税前口径计算应当也是合理的。

3.4.2 采用贡献资产费用的目的是在被评估无形资产的每一个预测期间，为支持被评估无形资产的相关收益而被使用的固定资产合理水平计算而得的现金费用。购买的（或初始/现存）固定资产和未来资本性支出代表的是在特定时间点的投资和现金费用。这些对固定资产的投资在现金费用期间之外仍有效用，具体体现在这些投资的资本化与折旧过程之中。贡献资产费用通过将这些现金费用替换成在固定资产使用寿命中的一系列费用，即在必需水平固定资产公允价值基础上的必要投资回报和必要损耗补偿，捕捉了固定资产投资的未来效用。这一系列现金费用之和的现值应当与投资额相等，由此体现出整体企业价值在此过程中没有增加或者减少。

3.4.3 这些方法中可以采用税务或会计折旧。本文及完整案例中采用了税务折旧，在实操案例中展示了会计折旧的方案。无论采用哪种折旧方式，都需仔细确认所有假设的一致性。税务折旧是减少可纳税利润的非现金费用。为获得自由现金流，税后利润应加回税务折旧，其净效果反映了固定资产中的税务折旧收益。受税务假设影响的息税折旧及摊销前利润（EBITDA）能够增加税金并去除固定资产的税务折旧收益，受税务假设影响的息税前利润（EBIT）和加回的税务折旧保留了预测中的税务折旧收益。尽管工作组见过采用 EBITDA 的方法，在附录 A 中仍采用 EBIT。该做法的效果是确保已在固定资产公允价值中包含的税务折旧收益不会被重复计算。

3.4.4 值得注意的是，下文展现的方法 A 和方法 B 均依赖于对未来的固定资产公允价值的预测。评估专家应当注意考虑为实现对被评估无形资产和企业实体的未来收益的预测，固定资产是否需要增长，以及该增长是否与收入增长率一致这两个问题。考虑到企业层面固定资产周转率的变化和被评估无形资产的个体层面对固定资产要求的减少，此等考虑显得更为重要。

3.4.5 下文简单介绍了两种实践中的常用方法。在本文中，"经济折旧"（economic depreciation）一词指的是资产总体价值随着资产的使用寿命而减少，使用该词是为了与税务折旧和会计折旧两个概念区分开①。

3.4.6 方法 A：年度平均余额法（average annual balance）

3.4.7 固定资产的贡献资产费用是基于两个费用计算而得，即在各预测期间的固定资产公允价值的基础上得出的投资回报和损耗补偿。每年的损耗补偿等于以下二者之和：a) 购买或现有固定资产的公允价值的年度经济折旧（须调整至市场参与者水平）；b) 足以在资产剩余使用年限中支持企业运营和被评估无形资产、站在市场参与者角度预测的资本性支出水平的年度经济折旧。投资回报通过应用一个合理的税后投资回报率计算而得，该税后投资回报率应当与投资该固定资产的风险保持一致。预测期各年度的投资回报基于以市场参与者角度预测的必要水平的未来固定资产的年度平均余额计算而得。通常而言，损耗补偿和投资回报应首先计算企业层面的总值，再向各贡献资产分配（基于上文描述的，例如按照相对年收入比例的方法进行分配）。贡献资产费用为不包括资本性支出的扣减费用项（因为资本性支出已被固定资产的贡献资产费用替代，且包含在固定资产的贡献资产费用之中了）。贡献资产费用以下述方式嵌入多期超额收益法的各年计算之中：

EBITDA

Less：Tax depreciation（税务折旧）

EBIT (amortization assumed to be zero)（摊销假设为零）

Less：Taxes（税金）

Debt free net income（无债净利润）

Add：Tax depreciation（税务折旧）

Less：Return of the fixed assets (economic depreciation of fair value)（固定资产损耗补偿（公允价值的经济贬值））

Less：Return on the average balance of the fixed assets (at fair value)（固定资产（公允价值）的年度平均余额的投资回报）

Less：Other CACs (as necessary)（其他贡献资产费用（如有需要））

Equals：Excess earnings or cash flow（超额收益或现金流）

3.4.8 附录 A 中的表 A-5 详细展示了如何采用年度平均余额法计算固定资产的贡献资产费用。

3.4.9 计算 EBIT 时扣除的税务折旧费用未必一定代表固定资产的投资回报，原因在于税务折旧和各年的经济折旧未必相等。工作组认为假设固定资产的计税基础等于估值基准日的固定资产公允价值，则固定资产经济寿命中的税务折旧之和应当与

---

① 工作组注意到本文对该词的定义有悖通常的有形资产折旧因素，即物理损耗、功能性贬值和经济性贬值（economic obsolescence）。

经济折旧之和相等。唯一不同的是时间进度。在实际操作中，固定资产的损耗补偿通常假设和年度税务折旧或者年度会计折旧相等，因此和加回的折旧项抵消了，导致此处实际参与计算的贡献资产费用仅为固定资产的投资回报。工作组认为该简化操作对被评估无形资产公允价值的计算影响往往不显著，尤其是在固定资产在企业的经济资产负债表中占比较小时。

3.4.10 方法 B：租金支付法（level payment）

3.4.11 在该方法中，贡献资产费用合并成一项费用，整体考虑了固定资产公允价值的损耗补偿和投资回报。该方法背后的原理是在采用多期超额收益法时，被评估无形资产相关的现金流应当被拆分成一系列的固定资产使用产生的年度租金付款，以作为固定资产对被评估无形资产现金流产生贡献作用的必要补偿。年度租金的贡献资产费用计算应用于收购和现有固定资产的公允价值以及预测的资本性支出（应调整至市场参与者水平）。与方法 A 一致，核心概念是市场参与者要求的固定资产当前公允价值与未来的公允价值应作为年度贡献资产费用的计算基础。与方法 A 较为类似的是，贡献资产费用代表的投资回报和损耗补偿应先计算总值，再向被评估无形资产按比例（例如基于占收入的百分比）分配被评估无形资产的收入。在方法 B 中，贡献资产费用通常基于一个税后回报率计算而得的一系列年度租金付款，该税后回报率应当与投资该固定资产的风险一致。收购或现有固定资产、各预测期间的资本性支出（在此被称为"分级付款"（waterfall payment））与考虑了固定资产年度初始余额和对应余额的加权平均剩余使用年限的一种变形，均可离散计算年度租金付款。确定贡献资产费用最精确的方法是对收购或现有固定资产和资本性支出计算各资产类型在各剩余使用年限（remaining useful life，RUL）的贡献资产费用。在此层面的计算过程和结果与方法 A 基本一致，具体过程如下所示：

EBITDA
Less：Tax depreciation（税务折旧）
EBIT (amortization assumed to be zero)（摊销假设为零）
Less：Taxes（税金）
Debt free net income（无债净利润）
Add：Tax depreciation（税务折旧）
Less：Level Payment CACs (return of and on the fixed assets, at fair value)
贡献资产费用的年度租金付款（固定资产公允价值的损耗补偿和投资回报）
Less：Other CACs (as necessary)（其他贡献资产费用（如有需要））
Equals：Excess earnings or cash flow（超额收益或现金流）

3.4.12 附录 A 中的表 A-6 详细展示了如何采用租金支付法计算固定资产的贡献资产费用。

3.4.13 两种方法均将对企业价值的分析和对资产公允价值的分析联系起来，并展现出贡献资产费用的计算不会增加或减少总体资产价值。采用贡献资产费用实际上是将收益分配至贡献资产，因此应当得出近似的总收益和资产价值。

3.4.14 工作组认识到在实践中往往采用的是方法 A 和 B 的简化方案。例如，工作组见到过将固定资产的各年贡献资产费用（也常用于其他资产类型）平滑

（smoothing）成一个固定的占销售收入的比例，并以此将贡献资产费用的计算和向被评估无形资产的分配（基于相对收入比例）合二为一。另一种稍作变形的方法是将固定资产整体看作一个资产池进行贡献资产费用的计算，而不是像方法 A 和方法 B 那样将资产按照收购年份进行分组，并分组计算贡献资产费用。工作组认为采用这样的技巧对被评估无形资产的公允价值的计算影响不显著，尤其是在固定资产在企业的经济资产负债表上所占比重较小时。关于采用平滑方法计算固定资产贡献资产费用的演示案例参见附录 B 的实操案例。

3.4.15 工作组认为当固定资产在企业的经济资产负债表上占比很高时，评估专家应当谨慎决定是否采用上述方法。同时，在将固定资产整体看作资产池时（而不是按照收购年份进行分类考虑），计算将对剩余使用年限的假设更为敏感。从理论上讲，预测期各年中固定资产组的剩余使用年限应根据各组资产（按收购年份分组）与其剩余使用年限的加权平均数确定。该假设很有可能在每年发生变化，原因在于现存固定资产逐年老化而企业又购置了新的固定资产。能够最精确预测总体剩余使用年限的方法仍然是使用方法 A 或方法 B，但是采用简化方案也有节省时间的优势，二者的优势基本可以相互抵消。不过，在固定资产占企业经济资产负债表比重较低时，预测资产组的综合年剩余使用寿命可能就足够了。

3.4.16 尽管工作组在上述方法的案例计算中采用了税后口径，部分成员认为税前口径的计算与资产租赁或租借的实际情况可能更为契合，原因在于租金或租赁费用可在税前基础上抵扣。工作组认为只要做出相应的调整，确保获得的价值预测一致，并且资产价值并未在方法的选择中增加或减少，按照税前口径或税后口径计算并无实质影响（因为二者实际上是同样方法的不同变形）。"毛租金"或"毛租赁"等词语在税前计算中被使用。与本文配套的工作包文件中含有"毛租赁"的计算演示案例（可参见前言中对工作包文件的描述）。根据工作组的观察，贡献资产费用的计算通常在实践中采用税后口径，因此本文中采用了税后口径的陈述。

3.5 识别无形资产和商誉中的贡献组成部分（包括组合劳动力）

3.5.1 计算贡献无形资产的贡献资产费用时，通常假设维持某贡献无形资产的价值而产生的费用是期间费用（例如，为替代离职员工、维持劳动力价值而产生的招聘及培训费用或采用其他方法（非多期超额收益法）评估客户关系时，为维护客户关系价值而产生的销售和广告费用），因此这些费用可以作为投资现有或未来资产的损耗补偿的近似值。尽管在税前现金流中加回维护贡献无形资产产生的所有相关费用，再为该贡献无形资产实际计算一个真实的损耗补偿从理论上来说是正确的，但预测所有加回的相关费用可能比较困难。仅属于可识别成长性投资的相关费用可能是个例外。金额显著的成长性投资和营运资本增加以及超出折旧的资本性支出较为类似，不应被扣减（关于组合劳动力的介绍可参见 3.7 节）。

3.5.2 工作组认为，通常假设维护和提升无形资产的相关费用是企业经营的费用结构中的必要组成是一个合理的简化假设（取决于上节讨论的潜在例外）。尝试分离出维护和提升无形资产的费用，再计算具体贡献无形资产的合理损耗补偿可能在实践中较为困难，具体的困难在于费用的分离难以对应合理的损耗补偿。然而，这样的常见做法应当结合市场参与者对企业整体以及被评估无形资产本身的合理费用水平的研究，以支持将企业或资产的费用结构作为计算损耗补偿的依据。同时，对于通过收购壮大的企业，评估专家应注意剔除贡献无形资产相关的、可能导致损耗补偿被重复计算的任何摊销费用。评估专家应当注意当贡献无形资产的公允价值和上述费用有较大差异时，采用企业的费用结构可能与贡献无形资产公允价值的损耗补偿不匹配。工作组认为，在此情况下加回费用再根据公允价值实际计算补偿损失，才能更准确地反映贡献无形资产相关的贡献资产费用。

3.5.3 工作组认为当贡献资产已经采用许可费节省法进行估值时，贡献无形资产的贡献资产费用应以其他方法计算。许可费节省法假设企业对其实际拥有的无形资产，因无须从外部拥有者购买该无形资产的许可使用权而节省了许可费金额。该许可费应当作为税前费用参与被评估无形资产的收益计算，原因在于工作组认为采用许可费节省法是利润分割的一种形式。（或者，许可费也可被调整成税后费率，在被评估无形资产现金流的计算中作为税后费用，从数学角度而言其实二者是相同的处理。）应当对许可费率进行分析，以判断其是否补偿了许可人基于资产的所有功能（所有权和责任）。这种分析应当考虑被许可人所认可的费用以及许可人所承担的其他费用。"毛"许可费率表明与被许可资产相关的所有职能都由许可人承担，"净"许可费率则表明与被许可资产相关的某些或全部功能由被许可人承担。

3.5.4 工作组观察到，对于多个被评估无形资产（多个资产分享同一收入/现金流）是否均可采用多期超额收益法进行评估，以及若均采用多期超额收益法，此类分析中是否应当反映被评估无形资产对彼此之间的相互费用，在实践中有较大争议。例如，客户类无形资产和技术类无形资产在实践中常常采用多期超额收益法，并且在各自计算中体现二者的相互费用，作为对二者共享收入/现金流的调整。

3.5.5 工作组坚信对多个贡献收入/现金流的被评估无形资产同时采用多期超额收益法进行评估，并体现单个或多个相互费用，不是最佳实践，不应在实操中采用。

3.5.6 可行且有依据的方法之一是进行收入/现金流的分割以避免重合的收入/现金流，将预测财务信息分割至各被评估无形资产，使对各资产的分析变成互不相干（独立的）的分析。在此情况下，因为收入/现金流已经被分割，被评估无形资产之间不应互相计费。然而，评估专家应当注意避免任意、主观分割收入/现金流的做法。在进行收入/现金流分割时，评估专家应重点考虑如下事项，作为分割的依据（以下清单并未穷尽所有事项）：

- 在各资产间对收入做出清晰的分割；
- 针对广告费用和开发研究费用的回报率分析；
- 对各代产品预测收入的模式（pattern）分析；
- 各资产间相对产品贡献的转移；
- 核心/辅助科技的相对贡献与评估科技的贡献对比。

3.5.7 另一方案是仅对一个被评估无形资产采用多期超额收益法，对其他被评估无形资产采用其他方法进行评估。其他方法包括许可费节省法、成本法、存在与否法（with and without）和预测一个"虚拟的"或"假设的"许可费（该方法中不采用许可费的市场数据，通过识别部分收益作为实质上的许可费）的方法①等。在此情况下，采用多期超额收益法的被评估资产在估算时需要将上述讨论的许可费费用扣除，这种扣除须结合其他资产对汇总收入/现金流的贡献或从汇总收入/现金流中扣除后得出的其他资产的价值。

3.6 未来期间（或随时间变化）的贡献资产费用

3.6.1 多期超额收益法作为收益法的一种，依赖于被评估无形资产的预测财务信息。评估专家应当理解产生预测财务信息现金流的资产组成将随时间的变化而变化。例如，在评估基准日存在的固定资产、技术和客户关系对预测财务信息的贡献将随时间的推移逐渐减少，原因在于这些资产随着时间在经济上老化并逐渐被未来资产替代。因此，替代率是评估专家应当考虑的关键假设。另外，各资产类型的相对重要性（例如，广告类无形资产 vs. 技术类无形资产）可能随时间的推移而变化，并影响它们对资产组未来期间财务预测信息的相对收益贡献。评估专家应当考虑各贡献资产对收益的贡献（基于市场参与者角度），并考虑这些资产在预测期间各年的费用，而不是简单地应用该贡献或费用在评估基准日的水平。工作组注意到预测合适的市场参与者角度的贡献资产水平取决于具体情况。

3.6.2 在计算贡献资产费用时，评估专家应考虑是否每个在上一期间存在的贡献资产在下一时点仍然相关。关于究竟考虑当下的无形资产投资水平还是未来无形资产投资水平以计算贡献资产费用，在实践中存在较大争议。工作组认为，贡献无形资产的贡献资产费用应在被评估无形资产的使用寿命中被考虑。该观点的基础是尽管估值基准日当日存在的具体贡献无形资产可能随时间推移而贬值甚至失效，但该贡献无形资产将被支持、维护、提升并且/或者替换，因此未来无形资产的投资水平将对收益的产生有所贡献。如果某个贡献无形资产不会被维护或者在失效时被替换，例如由某交易产生的买卖双方之间的非竞争协议，则贡献资产费用将仅在该贡献资产的使用寿命中适用。决定是否考虑某资产或资产组成的贡献资产费用的关键在于该资产或资产组成是否一直都是被评估无形资产相关收益的必要支持条件。

3.6.3 贡献资产使用效用的转移不应与评估基准日当日存在的贡献资产的价值经济流失混为一谈。可以假设通过投资创造出新一代的贡献资产，使得特定贡献资产的经济支持作用在被评估无形资产的使用寿命期间维持下来。例如，采用多期超额收益法评估客户关系时未在超出现有科技使用寿命的时间段考虑某科技（假设采用成本法评估）的贡献资产费用，这便是忽视了新科技的开发对现有客户关系的维持是可能且必要的。在某些情况下，须注意对投资新科技的总投资扣减替换旧科技所需的投资后的剩余投资金额（即成长性投资）的调整，应注意避免重复计算（可参见 3.7 节对于税前成长性投资的描述）。

---

① 该类方法可能包括所谓的"四分法"或"分离法"，具体可见 James L. 和 David W. Chodikoff 2008 年的 "Taxation and Valuation of Technology：Theory，Practice，and the Law" 一文，以及 Squires，Renton C 于 2009 年 10 月 20 日在波士顿玫瑰评估师协会的高级商业评估峰会上发表的演讲文 "Dual Primary Asset Valuation"。

3.6.4 工作组注意到很多贡献资产采用收益法中的许可费节省法进行评估。如采用该方法对贡献资产进行评估，工作组认为的正确方法应为进行利润分割，即从被评估无形资产的收益中扣减一定的许可费，该许可费金额应当与该贡献资产评估中采用的许可费金额相等。评估专家应当考虑许可费是否随时间推移而变化，并且评估专家应当考虑该许可费是否包括资产相关的所有收益和费用（可参见3.5.3节），如不包括，评估专家需要进行进一步的分析和调整以体现合适的许可费水平及费用结构。

3.6.5 企业合并时，被收购目标企业的部分资产可能会被收购企业抛弃（反映市场参与者角度），然而该类资产的贡献资产费用仍是必要的。例如，收购企业可能考虑弃用被收购企业的商标，但是收购企业的商标将作为替代。当被抛弃资产被其他资产（如收购企业的商标）替代，却对资产组的预测财务信息仍然必要时，仍应考虑该贡献资产的贡献资产费用。

3.6.6 对于上述情形，评估专家应当考虑该在未来仍然使用或是将被替代的贡献资产的经济回报是否随着时间的变化而增加。被收购企业的商标被一个更好的商标（反映市场参与者角度）替代就是一个例子。在此情况下，财务预测信息应当反映采用更好的商标带来的潜在的更高收益。另一个例子是对于早期技术而言，技术类资产对收益的贡献在初期可能较高，但随着时间的推移客户关系逐渐成长，相对于客户关系的贡献，技术类资产对预期财务信息的贡献可能会下降。这些变化应当在许可费随时间变化的变化中被反映（基于市场参与者的数据）。

3.6.7 在某些情况下，贡献资产的必需水平为销售收入的一定比例。常见的例子是营运资本、组合劳动力和固定资产。在此情况下，评估专家应当理解该贡献资产的增长率是否会和销售收入增长率一致。参考市场参与者的参数，例如资产周转率（对于营运资本和固定资产而言）可能对评估专家的判断有所帮助。具体案例可参见附录B的实操案例。

3.6.8 企业实体所在的生命周期阶段（市场参与者的判断）对于评估专家考虑未来贡献资产的必要水平至关重要。在很多情况下，早期企业可能飞速增长，使其能够在一定时间内很有效率地利用现有资产，因此该贡献资产水平可能会以收入的一定比例下降（在某些情况下，该下降率可能会因总贡献资产费用向现有和未来资产的分配而抵消，因此在实质上随着时间的推移平滑了向被评估无形资产分配的贡献资产费用）。另外，在成熟企业中往往能够见到相对稳定的资产水平而非收入水平。最后，衰退期的企业可能拥有部分无法对被评估无形资产的相关收益产生贡献作用的资产。

3.7 采用成本法评估贡献无形资产中对成长性投资的特殊调整[①]

3.7.1 在企业的预测财务信息中，营运资本和固定资产的成长性投资是在"线下"列示的，即为税后支出。采用多期超额收益法时，该类支出被基于每年财务预测信息中的净营运资本的"成长"价值或固定资产价值计算而得的贡献资产费用取代。

---

① 本节也适用于采用其他方法评估贡献资产且成长性支出被视为期间费用的情况。

在概念上，与成长性投资相关的贡献资产费用的增量的现值应当和成长性投资的金额相等。

3.7.2 相反的是，组合劳动力的成长性投资（以及某些情况下其他资产的成长性投资）都是税前支出。假设组合劳动力基于税前成本被评估，这些成长性投资的贡献资产费用是在假设组合劳动力的价值如税前支出一样增加了相同金额计算而得的。如果组合劳动力的成长性投资对估值分析有显著影响，则应与组合劳动力的维护费用区别开来，原因在于维护费用仅代表贡献资产的损耗补偿。关于组合劳动力的贡献资产费用的计算可参见附录 A 中的表 A-7 演示案例。

3.7.3 采用多期超额收益法不应该增加或减少企业价值。为了 a) 采用正确的做法，b) 与对净营运资本及固定资产的处理保持一致，c) 不在被评估无形资产（例如，客户关系）的估值中重复计算贡献资产的"成本"，应在采用多期超额收益法时去除（加回）组合劳动力的成长性投资（如影响显著），原因在于该成长性投资已经被贡献资产费用替代了。加回的金额应当是公允价值增加的金额。假设收购或现存的组合劳动力基于税前成本评估，那么为成长性投资而加回的金额也应该是税前金额。

3.7.4 尽管在当前的实践中，组合劳动力的成长性投资的加回并不常见，为求准确的结果，该调整是使总资产的公允价值（扣减非付息负债）与企业价值的公允价值平衡的必要调整。工作组认为该调整通常不显著，因此不算是必要的调整项，然而评估专家应留意该调整可能产生显著影响。

3.7.5 关于该加回应基于税前口径的详细讨论可参见附录 C。

4.0 投资回报率按资产或资产类别的分层

4.1 概览

4.1.1 采用多期超额收益法的根本问题之一便是包括贡献资产在内的各资产类别应获得怎样的回报率。基本原则是必要回报率应当与对各类资产投资的相对风险相当。然而,各资产类别回报的权威数据较为稀缺。因此,评估专家必须依靠现有的市场信息、职业判断以及基于特殊考虑(如潜在可行的融资方案)进行的合理性测试进行综合判断。本节将呈现工作组认为的最佳实践。

4.1.2 尽管没有确切的实证研究和各资产类别的回报数据,部分文献涉及对各资产回报的讨论。最早且最经常被引用的资源之一便是美国国内收入署的税收裁定68-609号文。在该裁定中,美国国内收入署提出了各资产类型回报,即从固定资产到无形资产的回报层级。根据同样的历史架构,美国注册会计师协会的实践系列书籍[①]也注意到最高风险的无形资产,例如正在进行的研究与开发,其回报接近风险资本投资者对初创企业进行投资的要求回报,且其回报随着研究与开发的完成进度而下降(假设采用折现率调整的方法,可参见 4.2.8 节)。关于这个话题,也有其他的参考文献。[②]

4.1.3 企业内具体资产的风险(和相关回报)水平的一个合理参考值是该资产可获得的债务融资水平。各资产类型的借债能力受当前经济形势及信贷市场资本存量的影响,可能随时间的推移变化较大。评估专家应寻找评估基准日的借债能力相关信息。Plewa 于 1985 年的文章提供了针对贷款与价值比例(loan to value ratio)的指引。[③]

4.1.4 采用相关市场数据,评估专家可以预测市场参与者要求的、为某类资产融资所需的权益成本和债务成本。据此,评估专家可采用基于市场数据计算的借债能力比例来计算特定资产类别的必要回报。

---

① 以下文献可供参考:美国注册会计师协会的实践系列书籍,*Assets Acquired in a Business Combination to Be Used in Research and Development Activities: A Focus on Software, Electronic Devices and Pharmaceutical Industries*, 2001 年版,段落 5.3.87 至 5.3.90。

② (1) Gooch, Lawrence B., ASA. "Capital Charges and the Valuation of Intangibles". Business Valuation Review, March 1992: 5−21.
(2) Asbra, Marc, CFA. "Contributory Asset Charges in the Excess Earnings Method". Valuation Strategies March/April, 2007: 4−17.
(3) Stegink, Rudolf, Marc Schauten, and Gijs de Graaff. "The Discount Rate for Discounted Cash Flow Valuations of Intangible Assets", March 2007.
(4) Grabowski, Roger, ASA and Lawrence B. Gooch, ASA. "Advanced Valuation Methods in Mergers & Acquisitions" Mergers & Acquisitions, Summer, 1976: 15−29.
(5) Vulpiani, Marco. "Cost of Capital Estimation for Intangibles Valuation in Purchase Price Allocation". Business Valuation Review, Volume 27, Number 1, Spring, 2008.

③ Plewa, Franklin, George Friedlob. "Understanding Cash Flow", 1985.

4.2 投资回报率的选择

4.2.1 投资回报率分层的底层概念是贡献资产的必要投资回报应当基于能够反映该资产相对风险的市场数据预测而得。从直觉上讲，这个概念指的是资产的相对风险程度反映了该资产的流动性/转让的容易程度、通过债务或者股权融资的能力以及利用该资产实现未来现金流的可靠程度。对于某些资产类型，如营运资本和固定（有形）资产，市场上存在可参考的合理投资回报率数据（可参见下文中关于该资产类型的部分）。

4.2.2 在预测合理的投资回报率时应当考虑各资产类型的风险情况。尽管也有例外，工作组认为企业资产的风险通常根据其在资产负债表上的位置自上而下逐渐增加；同时，随着风险的增加，资产的可融资方式也从债务融资转向股权融资。例如，低风险资产，如营运资本，通常可债务融资。因此，一个短期借款利率，如银行优惠利率（prime rate），是常见的预测营运资本回报需求中债务成本的参考数据。另外，无形资产的风险通常会高很多，也因此大多依靠股权融资。

4.2.3 企业整体的投资回报率（加权平均资本成本，WACC）的计算是考虑投资回报率分层的必要起点。尽管企业的无形资产的相关风险和回报往往反映了企业整体的风险和回报水平，评估专家应当注意一般的贡献资产可能呈现出资产特定的、与企业整体不同的债务成本和权益成本。例如，高科技企业拥有的贡献房地产可能不会反映高科技行业的风险特征，而是体现房地产投资要求的债权和股权回报。相反的是，如果被评估营运资本或固定资产的风险很高，或者对特定企业十分敏感（由于缺少二级市场可能导致资产的流动性有限），这些资产的必要投资回报可能会比其他情况下的水平要高，并且应基于该类资产在行业中的普遍必要回报率进行考虑。

4.2.4 在决定了资产或资产类型的投资回报率后，它们在多期超额收益法的计算中有三个用途：a) 计算贡献资产费用；b) 作为资产类型的回报计算加权平均资产回报率（weighted average rate of return on assets，WARA）（参见 4.3.7 节）；c) 作为折现率对归属于被评估无形资产的现金流进行折现。另外，如果采用折现率对无形资产进行评估，工作组认为在对该资产贡献资产费用的计算（投资回报的计算）和 WARA 的计算中均应采用该折现率。评估专家应在计算税后贡献资产费用时注意确保税前回报率已被适当调整成税后回报率。关于 WACC 和 WARA 的讨论可参见 4.3 节。

4.2.5 营运资本的必要回报率水平通常被认为处在大多数资产类型的回报中的低端，并且假设等于债务融资所需的税后利率。一个常见的方法是在银行优惠借款利率的基础上按需进行风险调整。另一个方法是采用商业票据的相关利率，原因在于企业通常采用商业票据进行对应收账款或存货的融资。也可考虑采用 30 天至 90 天的美国国库券利率，再根据额外的风险因素略微调高回报率。如上文所述，工作组认为这些方法可能低估了营运资本的必要回报率，原因在于几乎没有公司能够为营运资本资产的 100% 价值进行债务融资。工作组认为的最佳实践是在有显著差异时，评估专家应考虑对营运资本采用债务和股权融资的要求回报。当存货仅针对有限的特定市场或者应收账款为高违约行业的应收账款时，则应当对本段中提到的各种参考利率进行调整，以体现额外的风险水平。

4.2.6 固定（有形）资产的必要回报率可以通过市场参与者在为类似资产融资时采用的回报率进行预测。该回报率应反映该特定资产的相对风险水平。固定资产的回报率一般为以下两种税后利率：a) 卖方信贷/融资采用的利率的观察值；b) 为特定固定资产融资而借贷的银行贷款利率。如果该资产的融资无法全部由债务融资解决（通常如此），则工作组认为最佳实践是考虑采用债务成本和股权成本的综合值作为回报率。对于更有风险的固定资产（例如特殊目的资产），对市场中的各种债务利率进行调整可能更为合理。

4.2.7 可辨认无形资产的必要回报率可将无形资产的相对风险程度与企业整体的 WACC 相比预测得出。通常无形资产要求比 WACC 更高的回报率，原因在于无形资产从本质上比营运资本和固定资产风险更高、流动性更差。总体而言，可辨认无形资产和商誉的总体回报率往往是企业各资产类型中最高的。资产的具体情况可能导致具体无形资产的必要回报与总资产的必要回报有所不同。可能出现某无形资产的必要回报等于或低于 WACC 的情形，这取决于企业内部的相对资产组成和该无形资产的实质。未完结订单（backlog）和短期无形资产（如即将被取代的现有科技）是体现较低的回报率的比较合理的例子。由于无形资产通常通过股权而不是债务融资，无形资产的回报率通常和股权的回报率有较强的关联。

4.2.8 对于正在进行的研究与开发资产有单独的估值指引。根据美国注册会计师协会的实践系列书籍，正在进行的研究与开发资产的资产回报应当根据完成阶段而定，并且在某些行业中，该回报接近风险资本投资者对初创企业投资所要求的回报率（采用折现率调整法）。评估专家应当考虑具体项目的风险程度和行业中的普遍回报，原因在于不是所有的开发项目均能获得风险资本投资的高回报。美国注册会计师协会的实践系列书籍也讨论了 FASB《美国财务会计概念框架——NO.7，在会计计量中采用现金流信息和现值》（Using Cash Flow Information and Present Value in Accounting Measurements）（以下简称 "CON 7"）中提供的在财务会计中应用现值方法的指引。CON 7 介绍了采用现值预测公允价值的两种理论方法。以下为两种方法的简介（在 FASB《会计准则汇编第 820 号文》中也有详述）。

（1）折现率调整法。该方法是一组现金流基于一个能够反映该现金流最终实现风险的折现率进行折现。在该方法中，风险已在折现率的选取中被考虑。

（2）预期现值方法。该方法采用一组代表离散情景的概率加权平均和捕捉潜在现金流的概率。实现现金流的风险反映在对概率因素的选择之中，并且采用的折现率应当反映概率加权现金流的预期回报率（可能包括 "现金风险溢价"（cash risk premium））。①

工作组注意到两种方法在理论上均可在多期超额收益法中的现金流折现（discounted cash flow）计算中使用。然而，当某具体方法中采用的折现率的计算方法和其他资产或者企业整体的计算不同之时，WACC 和 WARA 的比较检验可能较难应用

---

① FASB《会计准则汇编第 820 号文》段落 10-55-4 至 10-55-20。

和解读（关于该检验的讨论可参见 4.3 节）。

4.2.9　商誉（超额购买价格）[①] 和未被单独确认的其他企业组成部分，这些资产或企业组成部分通常预计能够产生与其他可单独确认资产无关的未来收益。这种未来现金流的不确定性导致其通常被认为比其他可独立识别的资产有更多风险。因此，该类资产的合理回报率往往被认为高于可独立识别的无形资产（第二高的回报）。应采用 WARA 测试作为检验，使 WARA 等于计算出的 WACC，并计算出隐含的商誉投资回报率，而不是采用计算 WACC 和计算 WARA 进行比较作为检验。据此，评估专家能够通过比较其他资产回报率与隐含的商誉投资回报率的差距来判断合理性。

4.2.10　尽管通常情况下商誉是预期中会获得最高回报的部分，工作组认为在某些情况下商誉组成部分的回报也可能接近计算的 WACC。例如，组合劳动力，作为商誉的组成部分之一，通常被假设可获得与计算 WACC 相当的回报率。工作组认为包括剩余商誉在内的商誉组成部分的回报率区间通常在所有资产的最高回报和接近计算的 WACC 的数值之间。工作组认为商誉的回报率也取决于其他（可辨认）资产的相对价值，及它们的相对回报率和商誉自身承担的风险实质。

4.3　关于 WACC、回报率和 WARA 的事项

4.3.1　WACC 是市场参与者投资被评估企业整体所要求的投资回报，包括债务投资和股权投资。基于市场参与者的角度（基于对可比公司的考察），WACC 包含权益成本和税后债务成本，并根据市场参与者从长期角度对被评估企业资本结构的假设（债务/权益比例）予以加权平均计算。WACC 的初始计算参考若干可比公司，并根据被评估资产所在企业的具体情况进行调整，但是这些具体情况和调整必须和市场参与者的长期预测保持一致。例如，在通过一组可比公司的市场数据计算 WACC 时，被评估企业与可比公司相比可能规模更小或业务更为单一、现金流增速更高。假设市场参与者在他们的风险判断中考虑了这些风险特征，WACC 应当相应调整。在调整权益回报时，这些风险溢价通常叫作非系统性调整。但是，工作组认为该风险溢价总体上代表的是对系统风险的调整（由于缺乏可比性）。无论站在哪个角度，在对 WACC 进行类似调整时必须依赖职业判断。工作组建议读者就关于计算合理的债务及权益回报率的问题参考现有的财务及评估文献。

4.3.2　识别市场参与者的具体讨论在本文中未作涉及，可参考 FASB《会计准则汇编第 820 号文》的文本。应当注意的是，市场参与者和可比公司并不总是一致的。工作组提醒评估专家在采用多期超额收益法时必须注意，不要将市场参与者对被评估企业的风险判断和市场参与者自身的总体风险混为一谈。在决定可比公司从市场参与者的角度能够作为合理近似（可比）前，评估专家也不应假设市场参与者对被评估企业的风险判断和对可比公司进行投资的风险完全匹配。

4.3.3　有些情况下，交易中实际支付的价格可能和被收购企业的公允价值有所

[①] 工作组认识到收购导致的总商誉金额和评估专家在评估中考虑的商誉金额（或"盈余收购价格"）可能有所不同。关于这个问题可参见 1.10 节的 C 点。

不同。尽管购买价格通常是公允价值的最佳指示，评估专家仍要警惕在某些情况下购买价格①和公允价值有所偏离，在实际案例中会出现溢价支付（如可识别并可量化）和折价支付（廉价收购（bargain purchase））的情况。以下段落具体阐述了这个问题。必要时实际支付价款被称为购买价格，以便和收购企业的公允价值加以区分。

4.3.4 隐含内部收益率（implied internal rate of return，IRR），简而言之，即为某项投资预计将获得的复核回报率。这是使投资金额或投资价值与该投资产生的未来现金流的现值相等的折现率。在本文之中，交易中的 IRR 指的是使被收购企业预期财务信息（根据市场参与者假设做必要调整）的现值等于收购价格（根据 4.3.3 节按需做必要调整）的折现率。正因为可能需要对收购价格和预测财务信息做出调整，评估专家的 IRR 可能和管理层的内部假设不一致。

4.3.5 收购的 IRR（基于调整后预期财务信息和/或调整后购买价格，视具体情况而定）应与 WACC 比较以保证一致性，WACC 应当是从市场参与者角度计算而得的。WACC 和 IRR 均应合理反映实现预期财务信息（根据市场参与者假设做必要调整）的假设风险。与 WACC 有显著差异的 IRR 可能需要重新检验购买价格（实际的或调整后的）、预测财务信息和 WACC（具体讨论可参见 4.3.11 节）。

4.3.6 在并购情境中 IRR 的计算相对直接。在其他类型的评估中，由于没有购买价格作为起点，如果企业的公允价值是通过多种评估方法计算而得的，IRR 可能要根据预测财务信息和综合考虑各评估方法后的企业价值的结论进行计算。

4.3.7 在完成 WACC 和 IRR 的平衡并进行资产的回报率分层后，工作组认为最佳实践是进行 WARA 测试。从本质上说，WACC 和 WARA 的比较是协助评估专家平衡资本提供者要求回报率（WACC）和各资产类型要求回报率（WARA）的检验测试。因此，WARA 计算协助判断可识别无形资产的资产特定回报率与商誉的隐含（或计算）回报率的合理性。② WARA 是通过对正常化水平的营运资本、固定资产和无形资产的必要回报率之和，以各资产占企业总价值（企业总价值指的是被评估企业中债务投资与股权投资的总价值，该总价值应当被调整以反映含税的交易架构——参见 4.3.8 节）的比重进行加权平均计算得出的。与 WACC 存在显著不同的 WARA 需要重新检查资产价值（或资产水平）以及这些资产的假设回报率，以确定二者均已反映市场参与者假设。

4.3.8 工作组也注意到许多交易是"无税的"（non-taxable），因此管理层的预测财务信息可能无法反映底层资产公允价值中内含的税务收益（折旧或摊销的收益）。在以纳税架构考虑的企业并购中，财务预测信息和购买价格很可能反映了税务收益。但是，对于以无税架构考虑的并购交易，工作组建议调整在 WARA 测试中采用的购买价格。正因为个体资产价值已包括摊销和增加的折旧的税务收益，出于比较目的，企业价值也必须增加。工作组认为最直接的调整方法就是计算额外的税务收益，具体通过假设交易将会纳税，并在购买价格上加上税金（可参见附录 A 中表 A-10）。为

---

① 应注意 FASB《第 141 号财务会计准则公告——企业合并》2007 年修订版原文中的段落 B382 指出，由于在收购日识别且确切计量溢价支付有困难，溢价支付最好通过后续减值测试进行处理。

② 其他平衡计算可参见工作包文件。

保证 WARA 测试的一致性，该调整是必要的，原因在于可折旧/摊销的资产的公允价值已包括按比例的一部分税务收益，无论交易架构本身是否含税（可参见 3.1.8 节）。

4.3.9 在进行 WARA 计算时，应牢记计算 WARA 的资产价值应代表维持企业价值的必要的、正常的运营水平。换句话说，所有的非经营性资产和负债应从 WARA 计算中剔除（从计算中的个体资产和购买价格中均要剔除）。例如，作为非经营性资产的盈余现金应当被剔除，并且 WARA 计算应仅考虑企业需要的正常水平的营运资本（基于市场参与者角度）。

4.3.10 如上文所述，采用多期超额收益法时 WACC、WARA 和 IRR（完全调整后）应当在计算完成后相互对比。工作组认为分析的起点是为被收购（或目标）企业计算基于市场信息的 WACC。如上所述，该 WACC 应当反映市场参与者对该企业收益的假设。检验之一就是比较 WACC 和 IRR 之间的差异。另一个检验是比较 WACC/IRR 和 WARA 的差异以分析回报率分层的合理性（如 4.2 节所述）。

4.3.11 当 WACC、WARA 和 IRR 不平衡时，评估专家应复核预测财务信息中使用的假设，以判断其是否反映了市场参与者的假设或者其是否包含了针对具体投资者的协同效应和其他假设。如果预测财务信息已反映市场参与者假设，且未包括针对具体投资者的协同效应，而 WACC、WARA 和 IRR 仍然不平衡，工作组建议评估专家采取其他程序。其他程序包括但不限于敏感性分析、对预测财务信息参数的检查和对 WACC 计算的检查，以及研究能够支持出现溢价支付或者廉价支付情形的定性因素及理论依据。

5.0 总结

5.1 无形资产通常采用收益法评估。在收益法中，多期超额收益法逐渐成为评估无形资产的常用方法。

5.2 多期超额收益法是一个归因模型，具体资产组的相关收入和费用（支持被评估无形资产相关收益的必要收入和费用）将被分配。资产组中除被评估无形资产外的其他资产被认为是贡献资产。通过采用多期超额收益法，归属于贡献资产的收益（以投资回报及特定情况下损耗补偿的形式）从收入中扣除，以获得归属于被评估无形资产的剩余收益。该剩余收益再进行折现，得到被评估无形资产的现值。多期超额收益法中采用的所有假设均应反映市场参与者的假设。

5.3 贡献资产的定义是与被评估无形资产一起对被评估无形资产相关未来现金流的实现有贡献作用的资产。对被评估无形资产相关现金流的实现没有贡献作用的资产不是贡献资产。

5.4 对被评估无形资产现金流起必要的支持作用的资产类型应基于企业和被评估无形资产的具体情况（应站在市场参与者角度）而定，可能包括营运资本、固定（有形）资产和/或无形资产。在决定哪种资产是贡献资产时，应当注意站在市场参与者角度的、支持被评估无形资产相关收益所要求的贡献资产必要水平，以及该水平是否可能随着时间的推移而变化。

5.5 在决定贡献资产水平后，被评估无形资产使用这些资产的费用，或贡献资产费用需要进行计算。各贡献资产的回报率（和贡献资产费用）一般反映这些资产的相对风险程度。最后，WACC、IRR 和 WARA 应当平衡。

5.6 贡献资产费用的应用实际上是将收益分配至贡献资产的过程。据此，各应用的方法应当得出一致的总收益和资产价值。采用贡献资产费用，或分配收入，或作为经济费用，不应该增加或减少价值。

5.7 在识别贡献资产、计算贡献资产费用和特定资产的相关回报率时出现很多执行上的问题。本文希望强调这些问题并呈现工作组认为的最佳实践。工作组注意到在任何资产的评估中职业判断至关重要，本文的目的是协助降低本文中涉及问题在实操中做法的多样性。工作组的目标是使本文中列出的指引和职业判断一起，能够使公允价值的计量代表专业业务的最高水平，并使公允价值的计量与在财务报告中以公允价值计量的目标保持一致。

6.0 缩略词清单

CAC	Contributory Asset Charge
EBIT	Earnings Before Interest & Taxes
EBITDA	Earnings Before Interest, Taxes, Depreciation & Amortization
IPR&D	In-Process Research & Development
IRR	Implied Internal Rate of Return
IRS	Internal Revenue Service
MPEEM	Multi-Period Excess Earnings Method
PFI	Prospective Financial Information
ROI	Return on Investment
RUL	Remaining Useful Life
WACC	Weighted Average Cost of Capital
WARA	Weighted Average Rate of Return on Assets

7.0 参考文献

AICPA Practice Aid Series. "Assets Acquired in a Business Combination to Be Used in Research and Development Activities: A Focus on Software, Electronic Devices and Pharmaceutical Industries".

AICPA. "Bibliography of Publications and Web Site Sources in Connection with FASB Statements No. 141 and No. 142".
Appeals and Review Memorandum Number 34 (ARM 34).
Asbra, Marc, CFA. "Contributory Asset Charges in the Excess Earnings Method". Valuation Strategies, March/April 2007: 4-17.

Financial Accounting Standards Board. Accounting Standards Codification Topic 805, Business Combinations (Previously Financial Accounting Standards Board, Financial Accounting Series, "Statement of Financial Accounting Standards No. 141 (Revised 2007)-Business Combinations").

Financial Accounting Standards Board. Accounting Standards Codification Topic 820, Fair Value Measurements (Previously Financial Accounting Standards Board, Financial Accounting Series, "Statement of Financial Accounting Standards No. 157-Fair Value Measurements").

Gooch, Lawrence B., ASA. "Capital Charges and the Valuation of Intangibles". Business Valuation Review, March 1992: 5-21.

Grabowski, Roger, ASA and Lawrence B. Gooch, ASA. "Advanced Valuation Methods in Mergers & Acquisitions". Mergers & Acquisitions, Summer 1976: 15-29.

Hitchner, J. R. "Financial Valuation". 2nd ed. New Jersey: Wiley, 2006.

Horvath, James L. and David W. Chodikoff. "Taxation and Valuation of Technology: Theory, Practice, and the Law". Irwin Law (Canada), 2008.

Internal Revenue Service Revenue Ruling 68-609, 1968-2 C. B. 327.

International Glossary of Business Valuation Terms as adopted by the following

professional societies and organizations:
American Institute of Certified Public Accountants
American Society of Appraisers
National Association of Certified Valuation Analysts
The Canadian Institute of Chartered Business Valuators
The Institute of Business Appraisers

King, A. M. "Fair Value for Financial Reporting". New Jersey: Wiley, 2006: 115.

Mard, M. J., J. R. Hitchner, and S. D. Hyden. "Valuation for Financial Reporting". 2nd ed. New Jersey: Wiley, 2007.

Plewa, Franklin, Professor of Accounting at Idaho State and George Friedlob, Professor Clemson University. Understanding Cash Flow. 1985.

Pratt, Shannon P., and Roger J. Grabowski. Cost of Capital. 3rd ed. New Jersey: Wiley, 2008.

Reilly, R. F., and R. P. Schweihs. "Valuing Intangible Assets". USA: McGraw-Hill, 1998.

Smith, R. H., and R. L. Parr. "Intellectual Property: Valuation, Exploitation and Infringement Damages". New Jersey: Wiley, 2005.

Squires, Renton C.. "Dual Primary Asset Valuation". Presentation at the American Society of Appraisers' Advanced Business Valuation Conference, Boston, October 20, 2009.

Stegink, Rudolf, Marc Schauten, and Gijs de Graaff. "The Discount Rate for Discounted Cash Flow Valuations of Intangible Assets". March 2007.

Vulpiani, Marco. "Cost of Capital Estimation for Intangibles Valuation in Purchase Price Allocation". Business Valuation Review, Volume 27, Number 1, Spring, 2008.

8.0 术语表

8.1 名词术语表

Business Enterprise
A commercial, industrial, service, or investment entity (or combination thereof) pursuing an economic activity.
(Source: International Glossary of Business Valuation Terms)

Capital Charge
A fair return on an entity's *contributory assets*, which are tangible and intangible assets used in the production of income or cash flow associated with an intangible asset being valued. In this context, *income or cash flow* refers to an applicable measure of income or cash flow, such as net income, or operating cash flow before taxes and capital expenditures. A capital charge may be expressed as a percentage return on (sic)① an economic rent associated with, or a profit split related to, the contributory assets.
(Source: AICPA Statement on Standards for Valuation Services, Appendix C, Glossary of Additional Terms)

Contributory Asset Charge (CAC)
See Capital Charge.

Cost Approach
A general way of determining a value indication of an individual asset by quantifying the amount of money required to replace the future service capability of that asset.
(Source: International Glossary of Business Valuation Terms)

Discount Rate Adjustment Technique
The discount rate adjustment technique uses a single set of cash flows from the range of possible estimated amounts, whether contractual or promised (as is the case for a bond) or most likely cash flows. In all cases, those cash flows are conditional upon the occurrence of specified events (for example, contractual or promised cash flows for a bond are conditional on the event of no default by the debtor). The discount rate used in the discount rate adjustment technique is derived from observed

---
① 采用"或"这个词可能更合适。

rates of return for comparable assets or liabilities that are traded in the market. Accordingly, the contractual, promised, ore most likely cash flows are discounted at a rate that corresponds to an observed market rate associated with such conditional cash flows (market rate of return).

(Source: FASB ASC paragraphs 820-10-55-4 through 820-10-55-20 (Formerly Statement of Financial Accounting Standards No. 157, Appendix B))

Economic Life

The period of time over which property may generate economic benefits.

(Source: International Glossary of Business Valuation Terms)

Fair Value (FV)

Fair value is the price that would be received to sell an asset or paid to transfer a liability in an orderly transaction between market participants at the measurement date.

(Source: Financial Accounting Standards Board *Accounting Standards Codification Topic 820*, *Fair Value Measurements* (formerly Statement of Financial Accounting Standards No. 157))

Fixed Asset

Assets with a physical manifestation. Examples include land and buildings, plant and machinery, fixtures and fittings, tools and equipment, and assets in the course of construction and development.

(Source: International Valuation Standards, 7th Ed)

Goodwill

An asset representing the future economic benefits arising from other assets acquired in a business combination that are not individually identified and separately recognized.

(Source: Financial Accounting Standards Board *Accounting Standards Codification Topic 805*, *Business Combinations* (formerly Statement of Financial Accounting Standards No. 141 (Revised 2007)))

Going Concern

An ongoing operating business enterprise.

(Source: International Glossary of Business Valuation Terms)

In-Process Research and Development (IPR&D)

Research and development project that has not yet been completed. Acquired

IPR&D is a subset of an intangible asset to be used in R&D activities.

(Source: AICPA Practice Aid-*Assets Acquired in a Business Combination to Be Used in Research and Development Activities: A Focus on Software, Electronic Devices, and Pharmaceutical Industries*, 2001, Appendix A, Glossary of Terms)

Income (Income-Based) Approach

A general way of determining a value indication of a business, business ownership interest, security, or intangible asset using one or more methods that convert anticipated economic benefits into a present single amount.

(Source: International Glossary of Business Valuation Terms)

Intangible Assets

Nonphysical assets such as franchises, trademarks, patents, copyrights, goodwill, equities, mineral rights, securities and contracts (as distinguished from physical assets), that grant rights and privileges, and have value for the owner.

(Source: International Glossary of Business Valuation Terms)

Internal Rate of Return (IRR)

A discount rate at which the present value of the future cash flows of the investment equals the cost of the investment.

(Source: International Glossary of Business Valuation Terms)

Invested Capital

The sum of equity and debt in a Business Enterprise. Debt is typically a) all interest bearing debt or b) long-term interest-bearing debt. When the term is used, it should be supplemented by a specific definition in the given valuation context.

(Source: International Glossary of Business Valuation Terms)

Market Participant

Market participants are buyers and sellers in the principal (or most advantageous) market for the asset or liability that are:

  a. Independent of the reporting entity; that is, they are not related parties
  b. Knowledgeable, having a reasonable understanding about the asset or liability and the transaction based on all available information, including information that might be obtained through due diligence efforts that are usual and customary
  c. Able to transact for the asset or liability
  d. Willing to transact for the asset or liability; that is, they are motivated but not forced or otherwise compelled to do so.

(Source: Financial Accounting Standards Board *Accounting Standards Codification Topic 820*, *Fair Value Measurements* (formerly Statement of Financial Accounting Standards No. 157))

Market (Market-Based) Approach

A general way of determining a value indication of a business, business ownership interest, security, or intangible asset by using one or more methods that compare the subject to similar businesses, business ownership interests, securities, or intangible assets that have been sold.

(Source: International Glossary of Business Valuation Terms)

Multi-Period Excess Earnings Method (MPEEM)

A specific application of the discounted cash flow method, which is more broadly a form of the income approach. The most common method used to estimate the fair value of an intangible asset.

(Source: AICPA Practice Aid—*Assets Acquired in a Business Combination to Be Used in Research and Development Activities: A Focus on Software, Electronic Devices, and Pharmaceutical Industries*, 2001, Appendix A, Glossary of Terms)

Prospective Financial Information (PFI)

A forecast of expected future cash flows.

(Source: AICPA Practice Aid-*Assets Acquired in a Business Combination to Be Used in Research and Development Activities: A Focus on Software, Electronic Devices, and Pharmaceutical Industries*, 2001, paragraph 5.2.07)

Rate of Return

An amount of income (loss) and/or change in value realized or anticipated on an investment, expressed as a percentage of that investment.

(Source: International Glossary of Business Valuation Terms)

Relief From Royalty Method

A valuation method used to value certain intangible assets (for example, trademarks and trade names) based on the premise that the only value that a purchaser of the assets receives is the exemption from paying a royalty for its use. Application of this method usually involves estimating the fair market value of an intangible asset by quantifying the present value of the stream of market-derived royalty payments that the owner of the intangible asset is exempted from or "relieved" from paying.

(Source: AICPA Statement on Standards for Valuation Services, Appendix C, Glossary of Additional Terms)

Weighted Average Cost of Capital（WACC）

The cost of capital (discount rate) determined by the weighted average, at market value, of the cost of all financing sources in the business enterprise's capital structure.

（Source：International Glossary of Business Valuation Terms）

8.2 机构名称术语表

American Institute of Certified Public Accountants（AICPA）

The national, professional organization for Certified Public Accountants in the US. Provides members with resources, information, certification, and licensing. Established in 1887.

（Source：Derived from the AICPA's website, www.aicpa.org）

Financial Accounting Standards Board（FASB）

The designated organization in the private sector for establishing standards of financial accounting and reporting. Those standards govern the preparation of financial reports and are officially recognized as authoritative by the SEC and AICPA.

（Source：Derived from the FASB's website, www.fasb.org）

Internal Revenue Service（IRS）

A bureau of the Department of the Treasury organized to carry out the responsibilities of the secretary of the Treasury to enforce the internal revenue laws.

（Source：Derived from the IRS's website, www.irs.gov）

9.0 附录 A：完整案例

The Working Group prepared this comprehensive example to further illustrate the concepts and best practices introduced in the discussion document.

Comprehensive Example

IMPORTANT NOTE: These sample calculations are for demonstration purposes only and are not intended as the only form of model or calculation, or final report exhibit, that is acceptable. In some cases, these calculations include details to demonstrate a point made in the Monograph and would not be expected in a typical analysis.

This Comprehensive Example demonstrates the concepts put forth in this document and applies them in a comprehensive manner to derive the fair value of customer relationships (as a sample asset) based on the application of the MPEEM. The contributory assets included in this example are as follows:
- Working Capital
- Fixed Assets (Techniques A&B)
- Assembled Workforce
- Trade Name*
- Intellectual Property*

* These assets contribute to the revenue stream used in valuation of the customer relationships. However, because they are valued by use of the relief from royalty method, this is considered a profit split and contributory asset charges are not applied.

The required rate of return on each asset should be commensurate with the relative risk associated with investment in that particular asset. For additional discussion, refer to Section 4 of the Monograph.

Exhibit A-1: Entity Value

Exhibit A-2: Tax Depreciation: 7-Year MACRS & Fair Value of Fixed Assets

Exhibit A-3: Adjusted PFI and Entity Value

Exhibit A-4: Working Capital: Incremental Needs and Contributory Asset Charge

Exhibit A-5: Fixed Assets: Contributory Asset Charge Based on Technique A-Average Annual Balance

Exhibit A-6: Fixed Assets: Contributory Asset Charge Based on Technique B-Level Payment

Exhibit A-7: Assembled Workforce: Growth Investment and Contributory Asset Charge

Exhibit A-8: Customer Relationships MPEEM: Fixed Asset Contributory Asset Charge Based on Technique A-Average Annual Balance

Exhibit A-9: Customer Relationships MPEEM: Fixed Asset Contributory Asset Charge Based on Technique B-Level Payment

Exhibit A-10: Weighted Average Return on Assets (WARA)

Acronyms

The following acronyms are used in the Appendices:

AWF	Assembled Workforce
DFCF	Debt Free Cash Flow
EBIT	Earnings Before Interest and Taxes
EBITDA	Earnings Before Interest, Taxes, Depreciation, and Amortization
FV	Fair Value
IP	Intellectual Property
IRR	Implied Internal Rate of Return
IRS	Internal Revenue Service
PFI	Prospective Financial Information
PV	Present Value
R&D	Research and Development
TAB	Tax Amortization Benefit
WACC	Weighted Average Cost of Capital

Entity Value (1)　　　　　　　　　　　　　　　　　　　　　　　　　　　　　　　　　　　　　　Exhibit A-1

This example assumes that all potential entity-specific synergies and related value have been extracted from the PFI and the purchase price. Based on the market participant PFI and purchase price of $4 746, the IRR of the transaction is calculated to be 10%. In addition, a market-based WACC of 10% is estimated, which reconciles to the IRR. This example reflects a non-taxable transaction.

		Year 1	Year 2	Year 3	Year 4	Year 5	Year 6	Year 7	Year 8	Year 9	Year 10	Residual
Revenue		$1 000	$1 050	$1 165	$1 306	$1 456	$1 596	$1 718	$1 823	$1 907	$1 976	$2 035
Gross Profit	90%	900	945	1 049	1 175	1 310	1 436	1 546	1 641	1 716	1 778	1 832
Operating Expenses:												
Maintenance R&D (2)	0.5%	5	5	6	7	7	8	9	9	10	10	10
R&D-Future IP (3)	2.5%	25	26	29	33	36	40	43	46	48	49	51
Trade name advertising (4)	0.5%	5	5	6	7	7	8	9	9	10	10	10
Current customer marketing (5)	3%	27	26	23	18	13	8	4	2	1	—	—
Future customer marketing (6)		18	22	29	40	53	64	73	80	84	89	92
Total marketing	5%	50	53	58	65	73	80	86	91	95	99	102
Total G&A	7%	70	74	82	91	102	112	120	128	133	138	142
Total Operating Expenses	15%	150	158	175	196	218	240	258	274	286	296	305
EBITDA		750	787	874	979	1 092	1 196	1 288	1 367	1 430	1 482	1 527
Depreciation (7)		286	302	337	377	412	451	478	513	540	562	581
Amortization (8)		—	—	—	—	—	—	—	—	—	—	—
EBIT		464	485	537	602	680	745	810	854	890	920	946
Taxes	40%	186	194	215	241	272	298	324	342	356	368	378
Debt Free Net Income		278	291	322	361	408	447	486	512	534	552	568
less: Incremental Working Capital (9)	30%	15	15	35	42	45	42	37	32	25	21	18
add: Depreciation (10)		286	302	337	377	412	451	478	513	540	562	581
less: Capital Expenditures		286	400	450	500	525	541	557	574	591	609	627

	Year 1	Year 2	Year 3	Year 4	Year 5	Year 6	Year 7	Year 8	Year 9	Year 10	Residual
Debt Free Cash Flow	263	178	174	196	250	315	370	419	458	484	504
Residual Value (11)											7 200
PV Factor (12)	10%	0.953 5	0.866 8	0.788 0	0.716 4	0.651 2	0.592 0	0.538 2	0.489 3	0.444 8	0.404 4	0.404 4
PV DFCF		251	154	137	140	163	186	199	205	204	196	2 911
Entity Value	4 746										

(1) Entity Value projections based on market participant assumptions. Excludes entity-specific synergies.
(2) Maintenance R&D applicable to both current and future IP.
(3) R&D expense for the development of future IP.
(4) Advertising expense related to the trade name.
(5) Maintenance marketing expenses specific to current recognizable customer relationships with following revenue (Exhibit A-8 footnote 1):

Customer relationship revenue	Year 1	Year 2	Year 3	Year 4	Year 5	Year 6	Year 7	Year 8	Year 9	Yesr 10
	900	855	770	616	431	259	130	65	33	—

(6) Marketing expenses related to creating and maintaining unrecognized and future customer relationships.
(7) 7-MACRS tax depreciation based on carry-over tax basis of $745 and projected capital expenditures. For a detailed calculation see Exhibit A-2 of the Toolkit.
(8) Tax basis of intangible assets is zero.
(9) Represents 30% of incremental revenue. A beginning working capital balance of $285 is based on Year 0 revenue of $950.
(10) The residual year difference in depreciation and capital expenditures recognizes the long term growth in the business and the depreciation lag relative to capital expenditures.
(11) Based on constant growth model assuming a 3% long-term growth rate.
(12) The market participant based IRR is equivalent to the WACC of 10%. The mid-period convention is applied.

Tax Depreciation: 7-Year MACRS & Fair Value of Fixed Assets (1)

Exhibit A – 2

This exhibit summarizes the tax depreciation calculations based on the $1,000 fair value of the fixed assets and 7-year MACRS depreciation. Because CACs related to fixed assets are based on their fair value (which includes the tax benefit of depreciation), the depreciation reflected in the PFI is restated to reflect the fair value of the fixed assets. These projected depreciation amounts are reflected in Exhibit A – 3.

Depreciation Of:	Year 1	Year 2	Year 3	Year 4	Year 5	Year 6	Year 7	Year 8	Year 9	Year 10	Residual
FV of Acquired or Current Fixed Assets	$143	$245	$175	$125	$89	$89	$89	$45			
Capital Expenditures	41	127	212	287	352	411	468	513	540	562	581
Total Tax Depreciation	184	372	387	412	441	500	557	558	540	562	581

(1) 7-Year MACRS applied to the fair value of the fixed assets and projected capital expenditures.

MACRS Percentages	Year 1	Year 2	Year 3	Year 4	Year 5	Year 6	Year 7	Year 8
	14.29%	24.49%	17.49%	12.49%	8.93%	8.92%	8.93%	4.46%

Adjusted PFI and Entity Value

Exhibit A-3

The PFI in this Exhibit is adjusted to reflect the tax benefits that would result from a restatement of the tax basis of certain of the assets to fair value. The tax benefit inherent in the fair value of an asset is not reflected in the PFI of a non-taxable transaction. For example, the step-up in fixed assets or the fair value of an assembled workforce are not reflected in the entity's tax basis and the PFI for the transaction excludes this benefit. In order to maintain consistency between the PFI to be used in valuing the customer relationships and the fair value of the assets to which a CAC will be applied, the PFI should be adjusted to include the cash flow benefits of the increase in the tax basis of the contributory assets. The Working Group believes that the fair value of an intangible asset should not differ depending on the tax structure of a particular transaction. For additional discussion on the applicability of TABs see paragraphs 3.1.08 and 4.3.08 in this Monograph and paragraphs 5.3.9-5.3.108 in the 2001 AICPA IPR&D Practice Aid.

When the PFI is adjusted to include the additional cash flow benefit embedded in the fair value of the contributory assets, this results in an Adjusted Entity Value that is greater than the Entity Value by an amount equal to the present value of the tax benefits related to the increase in tax basis. The Entity Value is recalculated at the WACC/IRR of 10% to arrive at the Adjusted Entity Value of $4,855. This increase of $109 is equivalent to the present value of the incremental tax benefit related to the step-up in the fixed assets and the assembled workforce. This Adjusted Entity Value is used only for reconciliation at this phase of the analysis.

The Working Group recognizes that these adjustments might not be significant to the analysis and may be excluded based on the judgment of the valuation specialist.

		Year 1	Year 2	Year 3	Year 4	Year 5	Year 6	Year 7	Year 8	Year 9	Year 10	Residual
Revenue		$1 000	$1 050	$1 165	$1 306	$1 456	$1 596	$1 718	$1 823	$1 907	$1 976	$2 035
Gross Profit	90%	900	945	1 049	1 175	1 310	1 436	1 546	1 641	1 716	1 778	1 832
Operating Expenses:												
Maintenance R&D	0.5%	5	5	6	7	7	8	9	9	10	10	10
R&D-Future IP	2.5%	25	26	29	33	36	40	43	46	48	49	51
Trade name advertising	0.5%	5	5	6	7	7	8	9	9	10	10	10
Current customer marketing	3%	27	26	23	18	13	8	4	2	1	—	
Future customer marketing		18	22	29	40	53	64	73	80	84	89	92
Total marketing	5%	50	53	58	65	73	80	86	91	95	99	102
Total G&A	7%	70	74	82	91	102	112	120	128	133	138	142
Total Operating Expenses	15%	150	158	175	196	218	240	258	274	286	296	305
EBITDA		750	787	874	979	1 092	1 196	1 288	1 367	1 430	1 482	1 527

续前表

		Year 1	Year 2	Year 3	Year 4	Year 5	Year 6	Year 7	Year 8	Year 9	Year 10	Residual
Depreciation (1)		184	372	387	412	441	500	557	558	540	562	581
Amortization-AWF (2)		20	20	20	20	20	20	20	20	20	20	—
EBIT		546	395	467	547	631	676	711	789	870	900	946
Taxes	40%	218	158	187	219	252	270	284	316	348	360	378
Debt Free Net Income		328	237	280	328	379	406	427	473	522	540	568
less: Incremental Capital	30%	15	15	35	42	45	42	37	32	25	21	18
add: Depreciation (1)		184	372	387	412	441	500	557	558	540	562	581
Amortization-AWF (2)		20	20	20	20	20	20	20	20	20	20	
less: Capital Expenditures		286	400	450	500	525	541	557	574	591	609	627
Debt Free Cash Flow		231	214	202	218	270	343	410	445	466	492	504
Residual Value												7 200
PV Factor (3)	10%	0.953 5	0.866 8	0.788 0	0.716 4	0.651 2	0.592 0	0.538 2	0.489 3	0.444 8	0.404 4	0.404 4
PV DFCF		220	185	159	156	176	203	221	218	207	199	2 911
Adjusted Entity Value (4)		4 855										

(1) Tax depreciation pursuant to Exhibit A-2 to reflect the fair value of the fixed assets.
(2) Reflects the amortization of the AWF. For purposes of this example the amortization period for the AWF is assumed to be 10 years rather than 15 years as is required in the U.S. under IRS Code Section 197. 10 years is applied for demonstration purposes as the projections presented are 10 years in length. Tax benefits related to the future replacement of, or increase in, the AWF are reflected in the operating expenses and no adjustment is required other than for the initial fair value.
(3) The WACC remains at 10%.
(4) The Adjusted Entity Value increase over the Entity Value is due solely to the incremental tax benefits. This Adjusted Entity Value is used only for reconciliation purposes.

Working Capital: Incremental Needs and Contributory Asset Charge

The annual average balance of working capital, consistent with assumptions reflected in Exhibits A-1 and A-3, is calculated and an assumed 3% rate of return on working capital is applied to arrive at the annual CAC (see Section 3 in the Monograph). Working capital used in this analysis excludes non-operating cash and all interest-bearing debt.

The Working Group recognizes that under circumstances where working capital correlates directly with revenue (as is the case below), discrete annual calculations may not be required (see the Practical Expedient). However, in those circumstances where the relationship between working capital and revenue is projected to change significantly (e.g., reduced days receivable), the discrete annual analysis would be considered a best practice. The need to calculate discrete annual working capital CAC assumptions would be based on the judgment of the valuation specialist.

		Year 1	Year 2	Year 3	Year 4	Year 5	Year 6	Year 7	Year 8	Year 9	Year 10	Residual
Revenue	$950	$1 000	$1 050	$1 165	$1 306	$1 456	$1 596	$1 718	$1 823	$1 907	$1 976	$2 035
Beginning Balance Working Capital		285	300	315	350	392	437	479	516	548	573	594
add: Incremental Working Capital	30%	15	15	35	42	45	42	37	32	25	21	18
Ending Balance Working Capital		300	315	350	392	437	479	516	548	573	594	612
Average Balance		293	308	333	371	415	458	498	532	561	584	603
Mid-period Adjustment Factor (1)		0.953 5	0.953 5	0.953 5	0.953 5	0.953 5	0.953 5	0.953 5	0.953 5	0.953 5	0.953 5	0.953 5
Return On (2)	3%	8	9	10	11	12	13	14	15	16	17	17
Percent of Revenur		0.84%	0.84%	0.82%	0.81%	0.81%	0.82%	0.83%	0.83%	0.84%	0.84%	0.85%

(1) The Mid-period adjustment is a simplifying adjustment applied to the *return on* to reflect the changing level of the contributory assets over the year A further discussion Working Group recognizes that this adjustment is generally minor and its application is based on the judgment of the valuation specialist.
(2) The 3% after-tax return (CAC) is based on market participant assumptions.

Exhibit A-4

Fixed Assets: Contributory Asset Charge Based on Technique A-Average Annual Balance

Exhibit A-5

The annual average balance of the fixed assets, consistent with the Adjusted Entity Value projections and the fair value of the fixed assets, is calculated and an assumed 5% after-tax rate of return on fixed assets is applied to arrive at the annual CAC (see paragraph 3.4.06, Technique A). The *return of* and *on* the acquired or current and future fixed assets is based on an 8-year straight-line remaining economic useful life in accordance with Technique A "Average Annual Balance."

The Working Group recognizes that under circumstances where the fixed asset CAC as a percent of revenue would remain relatively stable (as is the case below) discrete annual calculations may not be required. However, in those circumstances where the fixed asset CAC as a percent of revenue is projected to change (e.g., increasing asset utilization) then the discrete annual analysis would be considered a best practice. The significance of this assumption would be based on the judgment of the valuation specialist.

Return of:	Year 1	Year 2	Year 3	Year 4	Year 5	Year 6	Year 7	Year 8	Year 9	Year 10	Residual
FV of Acquired or Current Fixed Assets (1)	$250	$214	$179	$143	$107	$71	$36	—	—	—	—
Capital Expenditures (2):											
Year 1	36	36	36	36	36	36	36	36	—	—	—
Year 2		50	50	50	50	50	50	50	50	—	—
Year 3			56	56	56	56	56	56	56	56	—
Year 4				63	63	63	63	63	63	63	63
Year 5					66	66	66	66	66	66	66
Year 6						68	68	68	68	68	68
Year 7							70	70	70	70	70
Year 8								72	72	72	72
Year 9									74	74	74
Year 10										76	76
Residual											78
Total Return Of	286	300	321	348	378	410	445	481	519	545	567
Percent of Revenue	28.6%	28.6%	27.6%	26.6%	26.0%	25.7%	25.9%	26.4%	27.2%	27.6%	27.9%

续前表

Return On:		Year 1	Year 2	Year 3	Year 4	Year 5	Year 6	Year 7	Year 8	Year 9	Year 10	Residual
Beginning Balance		1 000	1 000	1 100	1 229	1 381	1 528	1 659	1,771	1 864	1 936	2 000
add: Capital Expenditures		286	400	450	500	525	541	557	574	591	609	627
less: Return Of		286	300	321	348	378	410	445	481	519	545	567
Ending Balance		1 000	1 100	1 229	1 381	1 528	1 659	1 771	1 864	1 936	2 000	2 060
Average Fixed Assets		1 000	1 050	1 165	1 305	1 455	1 594	1 715	1 818	1 900	1 968	2 030
Mid-period Adjustment Factor		0.953 5	0.953 5	0.953 5	0.953 5	0.953 5	0.953 5	0.953 5	0.953 5	0.953 5	0.953 5	0.953 5
Return·On	5%	48	50	56	62	69	76	82	87	91	94	97
Percent of Revenue		4.8%	4.8%	4.8%	4.7%	4.7%	4.8%	4.8%	4.8%	4.8%	4.8%	4.8%
Total Return Of & On as Percent of Revenue		33%	33%	32%	31%	31%	30%	31%	31%	32%	32%	33%

(1) The economic depreciation (return on) of the acquired or current fixed assets is based on the fair value of the fixed assets of $1 000 as follows:

Remaining Economic Life (Years)	FV	Year 1	Year 2	Year 3	Year 4	Year 5	Year 6	Year 7
1	35.7	35.7						
2	71.4	35.7	35.7					
3	107.1	35.7	35.7	35.7				
4	142.9	35.7	35.7	35.7	35.7			
5	178.6	35.7	35.7	35.7	35.7	35.7		
6	214.3	35.7	35.7	35.7	35.7	35.7	35.7	
7	250.0	35.7	35.7	35.7	35.7	35.7	35.7	35.7
Total (rounded)	1 000	250	214	179	143	107	71	36

(2) Based on an 8-year economic life with the first year's *return on* occurring in the year of purchase.

Fixed Assets: Contributory Asset Charge Based on Technique B-Level Payment

Exhibit A-6

In Technique B, the CAC reflects both the *return of* and *on* and is calculated as a series of level annual payments based on an assumed 5% after-tax rate of return on fixed assets (see paragraph 3.4.10, Technique B). In this exhibit, the CAC is calculated as a "loan payment" at the after-tax rate of return, or interest rate (with the loan payment conceptually including both principle and interest). The calculation incorporates the fair value of the fixed assets and the remaining useful life for each asset group (waterfall payment) and assumes an 8-year remaining useful life for capital expenditures in each year, consistent with the Adjusted Entity Value projections and the fair value of the fixed assets.

The Working Group recognizes that under circumstances where the fixed asset CAC as a percent of revenue would remain relatively stable (as is the case below) discrete annual calculations may not be required. However, in those circumstances where the fixed asset CAC as a percent of revenue is projected to change (e.g., increasing asset utilization) then the discrete annual analysis would be considered a best practice. The significance of this assumption would be based on the judgment of the valuation specialist

Return on and of:	Year 1	Year 2	Year 3	Year 4	Year 5	Year 6	Year 7	Year 8	Year 9	Year 10	Residual
FV of Acquired or Current Fixed Assets (1)											
1-year	37										
2-years	38	38									
3-years	39	39	39								
4-years (2)	40	40	40	40							
5-years	41	41	41	41	41						
6-years	42	42	42	42	42	42					
7-years	43	43	43	43	43	43	43				
8-years	—	—	—	—	—	—	—	—			
Capital Expenditures (3):											
Year 1 (4)	42	42	42	42	42	42	42	42			
Year 2		59	59	59	59	59	59	59	59		
Year 3			66	66	66	66	66	66	66	66	—
Year 4				74	74	74	74	74	74	74	74
Year 5					77	77	77	77	77	77	77
Year 6						80	80	80	80	80	80

续前表

Return on and of:	Year 1	Year 2	Year 3	Year 4	Year 5	Year 6	Year 7	Year 8	Year 9	Year 10	Residual
Year 7							82	82	82	82	82
Year 8								85	85	85	85
Year 9									87	87	87
Year 10										90	90
Residual											92
Total Return On & Of	324	346	373	408	445	483	523	565	610	641	667
% of Revenue	32%	33%	32%	31%	31%	30%	30%	31%	32%	32%	33%

(1) The level payment related to the acquired or current fixed assets is based on the fair value of the fixed assets of $1 000 with an equal distribution of original cost over the prior 8 years, similar to Exhibit A-5. This waterfall calculation reflects individual level payment calculations for each asset life group.

(2) Sample calculation of the level payment for the acquired fixed assets with a remaining useful life of 4 years is as follows:
CAC= −PMT (After-Tax Rate of Return, RUL, Fair Value, Future Value, Type beginning of period) × (1+Discount Rate)^−0.5
= −PMT (5%, 4 143, 0, 1)×(1+10%)^−0.5 =40

(3) Individual level payment calculations for annual capital expenditures.

(4) Sample calculation of the level payment for the $286 of capital expenditures occurring in Year 1 with a remaining useful life of 8 years is as follows:
CAC= −PMT (After-Tax Rate of Return, RUL, Fair Value, Future Value, Type=beginning of period)
= −PMT (5%, 8 286, 0, 1) =42

Assembled Workforce: Growth Investment and Contributory Asset Charge

Exhibit A – 7

This exhibit calculates the growth investment in AWF and the return on the AWF (the CAC). The fair value of the acquired or current AWF of $200 is estimated based on the pre-tax replacement cost.

Future operating expenses include the cost to both grow and maintain the AWF. The initial investment to increase the AWF should be excluded to avoid double counting the initial investment and the future maintenance expenses. In other words, the return on the AWF would increase due to its growth and future operating expenses provide for maintaining the increase in the AWF (see Section 3.7 of the Monograph). The Working Group recognizes that this adjustment is generally minor and may be excluded in practice. However, such an adjustment provides for a complete reconciliation of value in the context of a financial overlay as discussed in the Toolkit.

The Working Group recognizes that under circumstances where the relationship between AWF and revenue (e.g., the revenue per employee) remains relatively stable, discrete annual calculations may not be required (see the Practical Expedient). However, in those circumstances where the relationship is projected to significantly change (e.g., increasing revenue per employee), the discrete annual analysis would be considered a best practice. The need for discrete AWF calculations (and the resulting AWF CAC) would be based on the judgment of the valuation specialist.

		Year 1	Year 2	Year 3	Year 4	Year 5	Year 6	Year 7	Year 8	Year 9	Year 10	Residual
Revenue		$1 000	$1 050	$1 165	$1 306	$1 456	$1 596	$1 718	$1 823	$1 907	$1 976	$2 035
Growth		5%	5%	11%	12%	11%	10%	8%	6%	5%	4%	3%
Beginning Balance		200	211	222	246	276	308	338	364	386	404	419
add: Pre-Tax Investment in AWF Growth (1)		11	11	24	30	32	30	26	22	18	15	13
Ending Balance		211	222	246	276	308	338	364	386	404	419	432
Average Balance		206	217	234	261	292	323	351	375	395	412	426
Mid-period Adjustment Factor		0.953 5	0.953 5	0.953 5	0.953 5	0.953 5	0.953 5	0.953 5	0.953 5	0.953 5	0.953 5	0.953 5
Return On (2)	10%	20	21	22	25	28	31	33	36	38	39	41
Percent of Revenue		2.0%	2.0%	1.9%	1.9%	1.9%	1.9%	1.9%	2.0%	2.0%	2.0%	2.0%

(1) Growth investment correlates to the annual increase in revenue. For example in Year 2 revenue increases by 5% and the AWF grows by $11 (5% × $211).
(2) The required rate of return on identified intangible assets such as the AWF may be estimated through the relative risk of the intangible assets compared to the entity's overall WACC.

Customer Relationships MPEEM: Fixed Asset Contributory Asset Charge Based on Technique A-Average Annual Balance   Exhibit A – 8

This exhibit uses the Average Annual Balance technique (Technique A) for the calculation of fixed asset CACs in the valuation of customer relationships using an MPEEM.

Aggregate CACs were estimated in the prior exhibits. An analysis of the subject intangible asset should be performed to assess the required levels of contributory assets. The aggregate CACs on those assets are then allocated appropriately to the subject intangible asset. For the purposes of this example all contributory assets have been assumed to benefit all customers equally and the CACs are allocated in proportion to revenue. The allocation of CACs is based on facts and circumstances. For example, in other circumstances a disproportionate amount of the fixed assets may be used to manufacture the products sold to the identified customer relationships ($900 in revenue in Year 1) versus the unidentified customers ($100 in Year 1). In a similar manner, the IP may be disproportionately allocable to the identified customer relationships rather than the unidentified customers.

In addition to the CACs related to working capital, fixed assets and AWF, profit splits in the form of royalty rates were also applied for the use of the trade name and IP. This example assumes that certain expense items (e.g., advertising and R&D) are included in the royalty rate and have been eliminated from the excess earnings to avoid double counting the expense.

		Year 1	Year 2	Year 3	Year 4	Year 5	Year 6	Year 7	Year 8	Year 9	Year 10	Residual
Total Revenue		$1 000	$1 050	$1 165	$1 306	$1 456	$1 596	$1 718	$1 823	$1 907	$1 976	$2 035
Customer Relationship Revenue (1)		900	855	770	616	431	259	130	65	33	—	—
Gross Profit	90%	810	770	693	554	388	233	117	59	30	—	—
Operating Expenses:												
Maintenance R&D (2)	0.0%	—	—	—	—	—	—	—	—	—	—	—
R&D-Future IP (2)	0.0%	—	—	—	—	—	—	—	—	—	—	—
Trade name advertising (3)	0.0%	—	—	—	—	—	—	—	—	—	—	—
Current customer marketing (4)	3%	27	26	23	18	13	8	4	2	1	—	—
Future customer marketing (5)		—	—	—	—	—	—	—	—	—	—	—
Total marketing		27	26	23	18	13	8	4	2	1	—	—
Total G&A	7%	63	60	54	43	30	18	9	5	2	—	—
Total Operating Expenses		90	86	77	61	43	26	13	7	3	—	—
EBITDA		720	684	616	493	345	207	104	52	27	—	—
Depreciation (6)		166	303	256	194	131	81	42	20	9	—	—
Amortization-AWF (8)		18	16	13	9	6	3	2	1	—	—	—
EBIT		536	365	347	290	208	123	60	31	18	—	—
less: Trade Name Royalty (7)	5%	45	43	39	31	22	13	7	3	2	—	—
IP Royalty (7)	10%	90	86	77	62	43	26	13	7	3	—	—
Adjusted EBIT		401	236	231	197	143	84	40	21	13	—	—
Taxes	40%	160	94	92	79	57	34	16	8	5	—	—

续前表

	Year 1	Year 2	Year 3	Year 4	Year 5	Year 6	Year 7	Year 8	Year 9	Year 10	Residual
Debt Free Net Income	241	142	139	118	86	50	24	13	8	—	—
add: Depreciation (6)	166	303	256	194	131	81	42	20	9	—	—
Amortization-AWF (8)	18	16	13	9	6	3	2	1	—	—	—
AWF Growth Investment (9)	10	9	16	14	9	5	2	1	—	—	—
less: Return On Working Capital (10)	8	7	6	5	4	2	1	1	—	—	—
Return Of Fixed Assets (11)	257	244	212	164	112	67	34	17	9	—	—
Return On Fixed Assets (11)	43	41	37	29	20	12	6	3	2	—	—
Return On AWF (9)	18	17	15	12	8	5	2	1	1	—	—
Excess Earnings	109	161	154	125	88	53	27	13	5	—	—
PV Factor (12) 10%	0.953 5	0.866 8	0.788 0	0.716 4	0.651 2	0.592 0	0.538 2	0.489 3	0.444 8	0.404 4	0.404 4
PV Excess Earnings	104	140	121	90	57	31	15	6	2	—	—
Total PV Excess Earnings	566										
Tax Amortization Benefit (13)	153										
Fair Value-Customer Relationships	719										

(1) Assumed to decline over a 9 year period. Therefore, calculations only continue for those 9 years.
(2) Maintenance and future R&D is assumed to be included in the 10% IP royalty rate (licensor responsible for all R&D in the future) and is therefore removed in the excess earnings. The R&D expenses would be reflected as a reduction to the royalty in the valuation of the IP. Alternately, it might be determined that the royalty rate is stated net of the R&D expenses in which case the R&D expenses would remain in the excess earnings.
(3) Advertising expenses removed under the same assumptions provided in footnote 2.
(4) Maintenance marketing expenses specific to current recognizable customer relationships.
(5) Marketing expenses related to creating and maintaining unrecognized and future customer relationships are excluded.
(6) Exhibit A-2 amounts allocated in proportion to revenue.
(7) Royalty rates assumed to be gross (e.g., inclusive of advertising and R&D expenses). Note that the royalty charge is applicable to both current and future contributory assets (see paragraphs 3.6.02—3.6.04). The same rates would be incorporated in the valuation of the trade name and IP.
(8) Exhibit A-3 amounts allocated in proportion to revenue.
(9) Exhibit A-7 amounts allocated in proportion to revenue.
(10) Exhibit A-4 amounts allocated in proportion to revenue.
(11) Exhibit A-5 amounts allocated in proportion to revenue.
(12) Discount rate assumed to be equivalent to the IRR/WACC and a mid-period convention.
(13) Based on a 15 year straight-line amortization period, 40% tax rate and a 10% discount rate using a mid-period convention.

Customer Relationships MPEEM: Fixed Asset Contributory Asset Charge Based on Technique B-Level Payment

Exhibit A – 9

Applies the Level Payment methodology for fixed assets to the customer relationships. All other CACs and adjustments discussed in Exhibit A – 8 remain the same.

		Year 1	Year 2	Year 3	Year 4	Year 5	Year 6	Year 7	Year 8	Year 9	Year 10	Residual
Total Revenue		$1 000	$1 050	$1 165	$1 306	$1 456	$1 596	$1 718	$1 823	$1 907	$1 976	$2 035
Customer Relationship Revenue		900	855	770	616	431	259	130	65	33	—	—
Gross Profit	90%	810	770	693	554	388	233	117	59	30	—	—
Operating Expenses:												
Maintenance R&D	0.0%	—	—	—	—	—	—	—	—	—	—	—
R&D-Future IP	0.0%	—	—	—	—	—	—	—	—	—	—	—
Trade name advertising	0.0%	—	—	—	—	—	—	—	—	—	—	—
Current customer marketing	3%	27	26	23	18	13	8	4	2	1	—	—
Future customer marketing		—	—	—	—	—	—	—	—	—	—	—
Total marketing		27	26	23	18	13	8	4	2	1	—	—
Total G&A	7%	63	60	54	43	30	18	9	5	2	—	—
Total Operating Expenses		90	86	77	61	43	26	13	7	3	—	—
EBITDA		720	684	616	493	345	207	104	52	27	—	—
Depreciation		166	303	256	194	131	81	42	20	9	—	—
Amortization-AWF		18	16	13	9	6	3	2	1	—	—	—
EBIT		536	365	347	290	208	123	60	31	18	—	—
less: Trade Name Royalty	5%	45	43	39	31	22	13	7	3	2	—	—
IP Royalty	10%	90	86	77	62	43	26	13	7	3	—	—
Adjusted EBIT		401	236	231	197	143	84	40	21	13	—	—
Taxes	40%	160	94	92	79	57	34	16	8	5	—	—

续前表

	Year 1	Year 2	Year 3	Year 4	Year 5	Year 6	Year 7	Year 8	Year 9	Year 10	Residual
Debt Free Net Income	241	142	139	118	86	50	24	13	8	—	—
add: Depreciation	166	303	256	194	131	81	42	20	9	—	—
Amortization-AWF	18	16	13	9	6	3	2	1	—	—	—
AWF Growth Investment	10	9	16	14	9	5	2	1	—	—	—
less: Return On Working Capital	8	7	6	5	4	2	1	1	—	—	—
Return On & Of Fixed Assets (1)	292	281	247	192	132	78	40	20	11	—	—
Return On AWF	18	17	15	12	8	5	2	1	1	—	—
Excess Earnings	117	165	156	126	88	54	27	13	5	—	—
PV Factor 10%	0.9535	0.8668	0.7880	0.7164	0.6512	0.5920	0.5382	0.4893	0.4448	0.4044	0.4044
PV Excess Earnings	112	143	123	90	57	32	15	6	2	—	—
Total PV Excess Earnings	580										
Tax Amortization Benefit	157										
Fair Value-Customer Relationships	737										

(1) Exhibit A-6 amounts allocated in proportion to revenue.

Weighted Average Return on Assets (WARA)

Exhibit A – 10

	The WARA analysis is applied to the fair value of the assets and the implied rate of return on goodwill (excess purchase price) is calculated. The purpose of the WARA is the assessment of the reasonableness of the asset-specific returns for identified intangibles and the implied (or calculated) return on the goodwill (excess purchase price). The WARA then should be compared to the derived market-based WACC (see paragraph 4.3.07).					
	Average Annual Balance			Level Payment		
	Fair Return	Rate of Value	Weighted Return	Fair Return	Rate of Value	Weighted Return
Working Capital (1)	$285	3%	$8.6	$285	3%	$8.6
Fixed Assets (2)	1 000	5%	50.0	1 000	5%	50.0
Trade Name (3)	80	10%	8.0	80	10%	8.0
IP (3)	196	10%	19.6	196	10%	19.6
Customer Relationships (4)	719	10%	71.9	737	10%	73.7
AWF (5)	200	10%	20.0	200	10%	20.0
Excess Purchase Price (6)	3 145	12.2%	383.7	3 144	12.2%	383.6
Total (7)	5 625	10.0%	561.7	5 642	10.0%	563.4

(1) Exhibit A – 4.
(2) Exhibit A – 5.
(3) See Toolkit for the valuation of these assets.
(4) Exhibits A – 8 and A – 9. The Working Group believes that both of these values are within an acceptable range of results as the difference is the result of timing differences inherent in the CAC calculations.
(5) Exhibit A – 7.
(6) Other than AWF. In a business combination, actual recorded goodwill will differ from this due to other purchase accounting adjustments.
(7) Includes the depreciation tax benefit from the increase in fixed asset value and the TAB on all intangible assets.

10.0 附录 B：实操案例

The Working Group prepared this example of practical expedients to better illustrate simplifying assumptions that are often appropriate.

Practical Expedient Example
IMPORTANT NOTE: These sample calculations are for demonstration purposes only and are not intended as the only form of model or calculation, or final report exhibit, that is acceptable. In some cases, these calculations include details to demonstrate a point made in the Monograph and would not be expected in a typical analysis. In this example, a practical expedient was not used for the AWF calculations related to its amortization and the add-back of growth investments. Because of the fact pattern in this example (AWF fair value is high relative to the fair value of the customer relationships), using a practical expedient for the AWF has a significant affect on the FV of the subject intangible asset.

This example demonstrates concepts put forth in this Monograph. It provides a practical expedient in circumstances when certain assumptions can be made with regard to the application of CACs. Whether or not these practical expedients are appropriate should be evaluated by the valuation specialist and, to the extent that they are applied, the assumptions should be clearly stated in the analysis. The contributory assets included in this example are as follows:
- Working Capital
- Fixed Assets
- Assembled Workforce
- Trade Name*
- Intellectual Property*

*These assets contribute to the revenue stream used in the valuation of the customer relationships. However, because they are valued by use of the relief from royalty method, this is considered a profit split and contributory asset charges are not applied.

The simplifying assumptions include the following:
- The use of accounting depreciation in combination with an appropriate effective tax rate approximates the effect of tax depreciation;

- The projections of fixed asset depreciation reflected in the PFI approximate a detailed waterfall calculation of existing basis in the fixed assets with an adjustment for step up, if any, to the fixed asset fair value;
- Future levels of contributory assets (non-income based: working capital, fixed assets, and AWF) are closely correlated with revenue and can be approximately represented with a "percent of revenue" calculation.

Exhibit B-1: Entity Value

Exhibit B-1a: Depreciation: $745 of Financial Reporting Basis with an 8-Year Straight-Line Depreciation

Exhibit B-2: Adjusted PFI and Entity Value

Exhibit B-2a: Incremental Depreciation due to the $255 Fair Value Step-up with an 8-Year Straight-Line Depreciation

Exhibit B-3: Contributory Asset Charges-Basis for Practical Expedients

Exhibit B-4: Contributory Asset Charges

Exhibit B-5: Customer Relationships MPEEM: Practical Expedients

Entity Value (1)　　Exhibit B – 1

The Entity Value in this Practical Expedient is based on 8-year straight-line depreciation (rather than tax depreciation) and an effective tax rate to equate to the Entity Value in the Comprehensive Example. Based on the market participant PFI and purchase price of $4 746, the IRR of the transaction is calculated to be 10%. In addition a market-based WACC of 10% is estimated, which reconciles to the IRR. This example reflects a non-taxable transaction.

		Year 1	Year 2	Year 3	Year 4	Year 5	Year 6	Year 7	Year 8	Year 9	Year 10	Residual
Revenue		$1 000	$1 050	$1 165	$1 306	$1 456	$1 596	$1 718	$1 823	$1 907	$1 976	$2 035
Gross Profit	90%	900	945	1 049	1 175	1 310	1 436	1 546	1 641	1 716	1 778	1 832
Operating Expenses:												
Maintenance R&D (2)	0.5%	5	5	6	7	7	8	9	9	10	10	10
R&D-Future IP (3)	2.5%	25	26	29	33	36	40	43	46	48	49	51
Trade name advertising (4)	0.5%	5	5	6	7	7	8	9	9	10	10	10
Current customer marketing (5)	3%	27	26	23	18	13	8	4	2	1	—	—
Future customer marketing (6)	5%	18	22	29	40	53	64	73	80	84	89	92
Total marketing		50	53	58	65	73	80	86	91	95	99	102
Total G&A	7%	70	74	82	91	102	112	120	128	133	138	142
Total Operating Expenses	15%	150	158	175	196	218	240	258	274	286	296	305
EBITDA		750	787	874	979	1 092	1 196	1 288	1 367	1 430	1 482	1 527
Depreciation (7)		222	246	275	311	351	392	436	481	519	545	567
Amortization (8)		—	—	—	—	—	—	—	—	—	—	—
EBIT		528	541	599	668	741	804	852	886	911	937	960
Taxes (9)	38.4%	203	208	230	256	284	308	327	340	350	359	368
Debt Free Net Income		325	333	369	412	457	496	525	546	561	578	592
less: Incremental Working Capital (10)	30%	15	15	35	42	45	42	37	32	25	21	18
add: Depreciation (11)		222	246	275	311	351	392	436	481	519	545	567
less: Capital Expenditures		286	400	450	500	525	541	557	574	591	609	627

续前表

	Year 1	Year 2	Year 3	Year 4	Year 5	Year 6	Year 7	Year 8	Year 9	Year 10	Residual
Debt Free Cash Flow	246	164	159	181	238	305	367	421	464	493	514
Residual Value (12)											7 343
PV Factor (13) 10%	0.953 5	0.866 8	0.788 0	0.716 4	0.651 2	0.592 0	0.538 2	0.489 3	0.444 8	0.404 4	0.404 4
PV DFCF	235	142	125	130	155	181	198	206	206	199	2 969
Entity Value	4 746										

(1) Entity Value projections based upon market participant assumptions. Excludes entity—specific synergies.
(2) Maintenance R&D applicable to both current and future IP.
(3) R&D expense for the development of future IP.
(4) Advertising expense related to the trade name.
(5) Maintenance marketing expenses specific to current recognizable custoomer relationships with fllowing revenue (Exhibit B-5 footnote 1);
(6) Marketing expenses related to creating and maintaining unrecognized and future customer relationships.
(7) From Exhibit B-1a.
(8) Tax basis of intangible assets is zero.
(9) The effective tax rate is calculated such that the Entity Value is equivalent to that provided in the Comprehensive Example. Tax rate is not rounded.
(10) Represents 30% of incremental revenue. A beginning working capital balance of $285 is based on Year 0 revenue of $950.
(11) The residual year difference in depreciation and capital expenditures recognizes the long term growth in the business and the depreciation lag relative to capital expenditures.
(12) Based on constant growth model assuming a 3% long-term growth rate.
(13) The market participant based IRR is equivalent to the WACC of 10%. The mid-period convention is applied.

Depreciation: $745 of Financial Reporting Basis with an 8-Year Straight-Line Depreciation (1)

Exhibit B – 1a

This is a reference schedule for the projected depreciation reflected in the Entity Value. The valuation specialist should have an understanding of the assumptions reflected in, and the calculation of, the depreciation provided in the PFI. Such an understanding will allow for an assessment of the reasonableness of the simplifying assumption that the tax depreciation and statutory tax rate are reasonably approximated by accounting depreciation and the effective tax rate.

Straight-Line Depreciation of:	Year 1	Year 2	Year 3	Year 4	Year 5	Year 6	Year 7	Year 8	Year 9	Year 10	Residual
Acquired or Current Fixed Assets (2)	$186	$160	$133	$106	$80	$53	$27	—	—	—	—
Capital Expenditures (3):											
Year 1	36	36	36	36	36	36	36	36	—	—	—
Year 2		50	50	50	50	50	50	50	50	—	—
Year 3			56	56	56	56	56	56	56	56	—
Year 4				63	63	63	63	63	63	63	63
Year 5					66	66	66	66	66	66	66
Year 6						68	68	68	68	68	68
Year 7							70	70	70	70	70
Year 8								72	72	72	72
Year 9									74	74	74
Year 10										76	76
Residual											78
Total Depreciation (4)	222	246	275	311	351	392	436	481	519	545	567
Fixed Asset Turnover:											
Beginning Balance	745	809	963	1 138	1 327	1 501	1 650	1 771	1 864	1 936	2 000
add: Capital Expenditures	286	400	450	500	525	541	557	574	591	609	627
less: Depreciation	222	246	275	311	351	392	436	481	519	545	567
Ending Balance	809	963	1 138	1 327	1 501	1 650	1 771	1 864	1 936	2 000	2 060
Average Fixed Assets	777	886	1 051	1 233	1 414	1 576	1 711	1 818	1 900	1 968	2 030
Fixed Asset Turnover	129%	119%	111%	106%	103%	101%	100%	100%	100%	100%	100%

(1) Assumes accounting depreciation in combination with an effective tax rate is a reasonable proxy for tax depreciation in combination with the statutory tax rate and is included in the PFI.
(2) The carrying value of the fixed assets is $745 and the annual depreciation is assumed.
(3) Straight-line over 8 years with the first year of depreciation recognized in the year of acquisition.
(4) As reflected in the PFI.

Adjusted PFI and Entity Value Exhibit B-2

The PFI in this exhibit is adjusted to reflect the tax benefits that would result from a restatement of the tax basis of certain of the assets to fair value. The tax benefit inherent in the fair value of an asset is not reflected in the PFI of a non-taxable transaction. For example, the step-up in fixed assets or the fair value of an assembled workforce are not reflected in the entity's tax basis and the PFI for the transaction excludes this benefit. In order to maintain consistency between the PFI to be used in valuing the customer relationships and the fair value of the assets to which a CAC will be applied, the PFI should be adjusted to include the cash flow benefits of the increase in the tax basis of the contributory assets. The Working Group believes that the fair value of an intangible asset should not differ depending on the tax structure of a particular transaction. For additional discussion on the applicability of TABs see paragraphs 3.1.08 and 4.3.08 in this Monograph and paragraphs 5.3.9 – 5.3.108 in the 2001 AICPA IPR&D Practice Aid.

When the PFI is adjusted to include the additional cash flow benefit embedded in the fair value of the contributory assets, this results in an Adjusted Entity Value that is greater than the Entity Value by an amount equal to the present value of the tax benefits related to the increase in tax basis. The Entity Value is recalculated at the WACC/IRR of 10% to arrive at the Adjusted Entity Value of $4 872. This increase of $126 is equivalent to the present value of the incremental tax benefit related to the step-up in the fixed assets and the assembled workforce. This Adjusted Entity Value is used only for reconciliation at this phase of the analysis.

The Working Group recognizes that these adjustments might not be significant to the analysis and may be excluded based on the judgment of the valuation specialist.

		Year 1	Year 2	Year 3	Year 4	Year 5	Year 6	Year 7	Year 8	Year 9	Year 10	Residual
Revenue		$1 000	$1 050	$1 165	$1 306	$1 456	$1 596	$1 718	$1 823	$1 907	$1 976	$2 035
Gross Profit	90%	900	945	1 049	1 175	1 310	1 436	1 546	1 641	1 716	1 778	1 832
Operating Expenses:												
Maintenance R&D	0.5%	5	5	6	7	7	8	9	9	10	10	10
R&D-Future IP	2.5%	25	26	29	33	36	40	43	46	48	49	51
Trade name advertising	0.5%	5	5	6	7	7	8	9	9	10	10	10
Current customer marketing	3%	27	26	23	18	13	8	4	2	1	—	—
Future customer marketing		18	22	29	40	53	64	73	80	84	89	92
Total marketing	5%	50	53	58	65	73	80	86	91	95	99	102
Total G&A	7%	70	74	82	91	102	112	120	128	133	138	142
Total Operating Expenses	15%	150	158	175	196	218	240	258	274	286	296	305
EBITDA		750	87	874	979	1 092	1 196	1 288	1 367	1 430	1 482	1 527

续前表

	Year 1	Year 2	Year 3	Year 4	Year 5	Year 6	Year 7	Year 8	Year 9	Year 10	Residual
Depreciation (1)	222	246	275	311	351	392	436	481	519	545	567
Depreciation of fixed asset step-up (2)	63	54	45	36	27	18	9	—	—	—	—
Adjusted Depreciation	285	300	320	347	378	410	445	481	519	545	567
Amortization-AWF (3)	20	20	20	20	20	20	20	20	20	20	—
EBIT	445	467	534	612	694	766	823	866	891	917	960
Taxes 38%	171	179	205	235	266	294	316	332	342	352	368
Debt Free Net Income	274	288	329	377	428	472	507	534	549	565	592
less: Incremental Working Capital 30%	15	15	35	42	45	42	37	32	25	21	18
add: Adjusted Depreciation	285	300	320	347	378	410	445	481	519	545	567
Amortization-AWF (3)	20	20	20	20	20	20	20	20	20	20	—
less: Capital Expenditures	286	400	450	500	525	541	557	574	591	609	627
Debt Free Cash Flow	278	193	184	202	256	319	378	429	472	500	514
Residual Value											7 343
PV Factor (4) 10%	0.953 5	0.866 8	0.788 0	0.716 4	0.651 2	0.592 0	0.538 2	0.489 3	0.444 8	0.404 4	0.404 4
PV DFCF	265	167	145	145	167	189	203	210	210	202	2 969
Adjusted Entity Value (5)	4 872										

(1) From Exhibit B-1.
(2) See sample calculation in Exhibit B-2a.
(3) Reflects the amortization of the AWF. For purposes of this example the amortization period for the AWF is assumed to be 10 years rather than 15 years as is required in the U.S. under IRS Code Section 197. 10 years is applied for demonstration purposes as the projections presented are 10 years in length. Tax benefits related to the future replacement of, or increase in, the AWF are reflected in the operating expenses and no adjustment is required other than for the initial fair value.
(4) The WACC is not adjusted for the inclusion of the incremental tax benefit and remains at 10%.
(5) The Adjusted Entity Value increase over the Entity Value is due solely to the incremental tax benefits. This Adjusted Entity Value is used only for reconciliation purposes.

Incremental Depreciation due to the $255 Fair Value Step-up with an 8-Year Straight-Line Depreciation (1)

Exhibit B-2a

This is a reference schedule for the projected depreciation reflected in the Adjusted Entity Value and also provides the fixed asset turnover based on the fair value of the fixed assets. The valuation specialist should have an understanding of the assumptions reflected in, and the calculation of, the depreciation provided in the PFI. Such an understanding will allow for an assessment of the reasonableness of the simplifying assumption that the tax depreciation and statutory tax rate are reasonably approximated by accounting depreciation and the effective tax rate.

RUL (Years)	Step-up	Year 1	Year 2	Year 3	Year 4	Year 5	Year 6	Year 7	Year 8	Year 9	Year 10	Residual
1	9	9										
2	18	9	9									
3	27	9	9	9								
4	36	9	9	9	9							
5	45	9	9	9	9	9						
6	54	9	9	9	9	9	9					
7	63	9	9	9	9	9	9	9				
Total (rounded) (2)	252	63	54	45	36	27	18	9				
Fixed Asset Turnover (3)												
Beginning Balance		1 000	1 001	1 101	1 231	1 384	1 531	1 662	1 774	1 867	1 939	2 003
add: Capital Expenditures		286	400	450	500	525	541	557	574	591	609	627
less: Depreciation from Exhibit B-1a		222	246	275	311	351	392	436	481	519	545	567
less: Incremental depreciation above		63	54	45	36	27	18	9	—	—	—	—
Ending Balance		1 001	1 101	1 231	1 384	1 531	1 662	1 774	1 867	1 939	2 003	2 063
Average Fixed Assets		1 001	1 051	1 166	1 308	1 458	1 597	1 718	1 821	1 903	1 971	2 033
Fixed Asset Turnover (4)		100%	100%	100%	100%	100%	100%	100%	100%	100%	100%	100%

(1) Calculates the incremental depreciation due to the recognition of the fair value of the fixed assets. This is applied as an incremental amount to the depreciation reflected in Exhibit B-1. This example assumes that 1 year of depreciation was recognized in the year of acquisition, therefore 7 years of depreciation remain for the assets acquired in the prior year. The $3 difference from $255 is due to rounding.
(2) Reflects the incremental depreciation due to the recognition of the fair value of the fixed assets.
(3) The fixed asset turnover is provided to assess the ongoing relationship between the fixed assets and revenue. To the extent that the fixed asset turnover remains relatively constant, the practical expedient assumption may be appropriate. If there is a period during the early years of the projection where the relationship between fixed assets and revenue is migrating towards a long-term normalized amount, then this assumption should be applied on a blended basis or for periods after which a normalized amount is achieved. If, however, the turnover rate continues to vary significantly over the forecast period, the practical expedient assumption might not be appropriate.
(4) Annual revenue / average fixed assets.

Contributory Asset Charges-Basis for Practical Expedients   Exhibit B-3

One of the fundamental premises of a CAC is that investments made at a point in time have economic benefits extending beyond the year the investment was made. A CAC essentially replaces the initial investment with an annual charge over the life of the investment such that the PV of the charge is equivalent to the initial investment. In other words the PV impact to the projections is zero. This applies to the initial fair value of the acquired or current contributory asset as well as future investments that increase the investment in the respective contributory assets.

Working Capital: The initial balance is replaced with a perpetual *return on*. The nature of working capital (see paragraph 3.2.01) removes the need to provide a *return of* the asset over its RUL. Further, each annual investment in incremental working capital is replaced with a perpetual *return on* the incremental investment so that *return on* the working capital during any period reflects an accumulation of the perpetual charge for the initial balance and for any subsequent investments in incremental amounts. There is no maintenance investment reflected in the PFI.

Practical Expedient (Working Capital): To the extent that working capital is assumed to maintain a constant relationship with revenue, the incremental investments in working capital will correlate with revenue growth. As the rate of *return on* each annual investment in working capital remains the same, the accumulation of the return on working capital would also maintain a constant relationship with revenue. Therefore, calculating the initial *return on* the average balance of working capital and applying this CAC as a percent of revenue in the future reasonably approximates the detailed calculation provided in the Comprehensive Example and Toolkit. Note that if there is a period during the early years of the projection where the relationship between working capital and revenue is migrating towards a long-term normalized amount then this assumption should be applied on a blended basis or for periods after which a normalized amount is achieved.

Fixed Assets: The CAC for fixed assets varies from that of working capital in that fixed assets (other than land) are assumed to deteriorate in value and a *return of* in addition to the *return on* should be applied. The same underlying premise does hold; that the present value of the *return on* and *return of* is equal to the initial investment. Therefore, the initial balance as well as future investments are replaced with a present value equivalent *return of* and *return on*. In the Comprehensive Example, the annual fixed asset investments, which include both the replacement of fixed assets as well as incremental investment, are replaced with a *return on* and *return of* for each annual investment. The maintenance investment is reflected in the PFI as a sub-set of the projected capital expenditures.

First Practical Expedient (Fixed Assets): If the simplifying assumptions stated in the introduction, regarding the effective tax rate and detailed waterfall approximation, are appropriate, then a recalculation of the depreciation in the PFI would not be required. In addition, the adjustment to depreciation to arrive at the Adjusted Entity Value resulting from any differences between the carrying value and the fair value of the fixed assets can be calculated directly. This is incorporated into the analysis by calculating the increased (or decreased) depreciation related to the step-up (or step-down) of the fixed assets and reflected as an adjustment to the depreciation in the Entity Value PFI.

Second Practical Expedient (Fixed Assets): As with working capital, if it is reasonable to assume that the future level of fixed assets maintains a constant relationship with revenue (that is, the fixed asset turnover remains relatively constant), then investments in fixed assets will provide for the maintenance of the prior year's balance as well as any growth and the annual amounts will correlate with revenue growth (see Exhibit B-2a). As the rate of *return on* each annual investment in fixed assets remains the same, the return on the average balance of fixed assets would also maintain a constant relationship with revenue. Therefore, calculating the initial return on the average balance of fixed assets and applying this CAC as a percent of revenue in the future reasonably approximates the detailed calculations provided in the Comprehensive Example and Toolkit. Note that if there is a period during the early years of the projection

续前表

where the relationship between fixed assets and revenue is migrating towards a long-term normalized amount then this assumption should be applied on a blended basis or for periods after which a normalized amount is achieved.

Third Practical Expedient (Fixed Assets): If it is assumed that projected depreciation in the PFI reflects the economic use of the fixed assets and the differences between tax depreciation and accounting depreciation are captured in the effective tax rate, then the return of the fixed assets in the Average Annual Balance Technique would be equivalent to accounting depreciation. The annual investment in fixed assets is excluded in excess earnings (the investment has been replaced by the CAC). Since the depreciation cash flow adjustment equates to the *return of* the fixed assets these two adjustments to debt free net income offset each other. Therefore, a reasonable presentation would be to exclude the depreciation cash flow adjustment, capital expenditure investment and the *return of* the fixed assets in the presentation of the excess earnings for the subject intangible asset.

Assembled Workforce (or any intangible asset valued with the cost approach): These contributory assets are similar to fixed assets in that they provide economic benefit beyond the period of the initial investment. However, the means by which the asset is maintained and increased is reflected as an expense rather than cash flow adjustment in the income and cash flow statements. Fixed assets are capitalized and the tax benefit is realized through the deduction of depreciation expense in the future. AWF investments are treated as an immediate expense for financial reporting and tax purposes. To the extent that the fair value of an AWF is based upon the pre-tax cost to create the asset, any investment to increase the AWF would also be measured based on the pre-tax investment rather than an after tax investment. CACs are applied to the annual balance of the fair value of the AWF. Therefore, just as with fixed assets, the investment (in this case, pre-tax expense) should be added back. Unlike fixed assets, the CAC is limited to a *return on* the AWF because the *return of* the AWF is contained in the operating expenses to maintain the fair value.

First Practical Expedient (Assembled Workforce): As discussed in Section 3.7, the initial pre-tax investment to increase the AWF should be added back in the excess income projection to avoid double counting the initial investment and the CAC. This adjustment can be simply calculated by applying the revenue growth rate to the beginning balance of the AWF in any period. This adjustment is also consistent with the approach applied to incremental working capital where the annual investment in increased working capital is removed from the excess earnings projection and is replaced with a return on the average annual balance.

Second Practical Expedient (Assembled Workforce): To the extent that the AWF is assumed to maintain a constant relationship with revenue (e.g. the revenue per employee remains relatively constant) the incremental investments in the AWF will correlate with revenue growth. As the rate of return on each annual investment in the AWF remains the same, the accumulation of the *return on* the AWF would also maintain a constant relationship with revenue. Therefore, calculating the initial *return on* the average balance of the AWF and applying this CAC as a percent of revenue in the future reasonably approximates the detailed calculation provided in the Comprehensive Example and Toolkit.

Note that if there is a period during the early years of the projection where the relationship between the AWF and revenue is migrating towards a long-term normalized amount then this assumption should be applied on a blended basis or for periods after which a normalized amount is achieved.

Contributory Asset Charges   Exhibit B-4

The assumptions underlying the Comprehensive Example are consistent with the practical expedients discussed in Exhibit B-3. Working capital, fixed assets and the AWF maintain a reasonably constant relationship to the revenue. Therefore the *return on* the aggregate of the contributory assets in the initial period can reasonably be carried forward as a percent of revenue to apply the CACs. The following demonstrates one approach to these practical expedients.

Year 1	Working Capital		Fixed Assets		Assembled Workforce	
Revenue	$950	$1 000		$1 000		$1 000
Beginning Balance		285		1 000		200
add: Incremental Investment	30%	15	286 (1)		11 (3)	
less: Return Of (depreciation)		n/a	285 (2)		— (4)	
Ending Balance		300		1 001		211
Average Balance		293		1 001		206
Mid-period Adjustment Factor		0.9535		0.9535		0.9535
Return On (5)	3%	8	5%	48	10%	20
Percent of Revenue		0.84%		4.77%		1.96%

Total Return on applied as a CAC 7.57%

(1) Exhibit B-1.
(2) Exhibit B-2 includes incremental depreciation due to the fixed asset step-up.
(3) The percent increase in revenue ($50/$950 or 5.3%) applied to the initial fair value of $200, rounded.
(4) The *return of* is reflected in operating expenses as discussed in Exhibit B-3.
(5) After tax rates of return.

Customer Relationships MPEEM: Practical Expedients

Applies the practical expedients in the valuation of the customer relationships.

		Year 1	Year 2	Year 3	Year 4	Year 5	Year 6	Year 7	Year 8	Year 9	Year 10	Residual
Total Revenue		$1 000	$1 050	$1 165	$1 306	$1 456	$1 596	$1 718	$1 823	$1 907	$1 976	$2 035
Customer Relationship Revenue (1)		900	855	770	616	431	259	130	65	33	—	—
Gross Profit	90%	810	770	693	554	388	233	117	59	30	—	—
Operating Expenses:												
Maintenance R&D (2)	0.0%	—	—	—	—	—	—	—	—	—	—	—
R&D-Future IP (2)	0.0%	—	—	—	—	—	—	—	—	—	—	—
Trade name advertising (3)	0.0%	—	—	—	—	—	—	—	—	—	—	—
Current customer marketing (4)	3%	27	26	23	18	13	8	4	2	1	—	—
Future customer marketing (5)		—	—	—	—	—	—	—	—	—	—	—
Total marketing		27	26	23	18	13	8	4	2	1	—	—
Total G&A	7%	63	60	54	43	30	18	9	5	2	—	—
Total Operating Expenses		90	86	77	61	43	26	13	7	3	—	—
EBITDA		720	684	616	493	345	207	104	52	27	—	—
Adjusted Depreciation (6)		257	244	212	164	112	67	34	17	9	—	—
Amortization-AWF (7)		18	16	13	9	6	3	2	1	—	—	—
EBIT		445	424	391	320	227	137	68	34	18	—	—
less: Trade Name Royalty (8)	5%	45	43	39	31	22	13	7	3	2	—	—
IP Royalty (8)	10%	90	86	77	62	43	26	13	7	3	—	—
Adjusted EBIT		310	295	275	227	162	98	48	24	13	—	—
Taxes	38%	119	113	106	87	62	38	18	9	5	—	—
Debt Free Net Income		191	182	169	140	100	60	30	15	8	—	—
add: Amortization-AWF (8)		18	16	13	9	6	3	2	1	—	—	—
AWF Growth Investment (9)		10	9	16	14	9	5	2	1	—	—	—

Exhibit B – 5

续前表

	Year 1	Year 2	Year 3	Year 4	Year 5	Year 6	Year 7	Year 8	Year 9	Year 10	Residual
less: Return On Contributory Assets (10)	68	65	58	47	33	20	10	5	2	—	—
Excess Earnings	151	142	140	116	82	48	24	12	6	—	—
PV Factor (11) 10%	0.953 5	0.866 8	0.788 0	0.716 4	0.651 2	0.592 0	0.538 2	0.489 3	0.444 8	0.404 4	0.404 4
PV Excess Earnings	144	123	110	83	53	28	13	6	3	—	—
Total PV Excess Earnings	563										
Tax Amortization Benefit (12)	152										
Fair Value-Customer Relationships	715										
Fair Value-Comprehensive Example (13)	719										

(1) Assumed to decline over a 9 year period. Therefore, calculations only continue for those 9 years.
(2) Maintenance and future R&D is assumed to be included in the 10% IP royalty rate (licensor responsible for all R&D in the future) and is therefore removed in the excess earnings. The R&D expenses would be reflected as a reduction to the royalty in the valuation of the IP. Alternately, it might be determined that the royalty rate is stated net of the R&D expenses in which case the R&D expenses would remain in the excess earnings.
(3) Advertising expenses removed under the same assumptions provided in footnote 2.
(4) Maintenance marketing expenses specific to current recognizable customer relationships.
(5) Marketing expenses related to creating and maintaining unrecognized and future customer relationships.
(6) Exhibit B-2 amounts allocated in proportion to revenue.
(7) Exhibit B-2 amounts allocated in proportion to revenue. The amortization of the initial assembled workforce differs from thereturn of reflected in the operating expenses. This is due to the tax treatment of recapturing the amortizable tax basis that has been expensed historically that would occur in a taxable transaction.
(8) Royalty rates assumed to be gross (e.g., inclusive of advertising and R&D expenses). The same rates would be incorporated in the valuation of the trade name and IP. Note that the royalty charge is applicable to both current and future contributory assets (see paragraphs 3.6.02 – 3.6.04).
(9) Exhibit A-7 annual growth investment amounts allocated in proportion to revenue (from Comprehensive Example).
(10) Exhibit B-4 percentage applied to revenue.
(11) Discount rate assumed to be equivalent to the IRR/WACC and a mid-period convention.
(12) Based on a 15 year straight-line amortization period, 40% tax rate and a 10% discount rate using a mid-period convention.
(13) See Exhibit A-8. Comparison is made to the Average Annual Balance technique.

11.0 附录 C：关于某些无形资产成长性投资的税前与税后调整

This Appendix relates only to the topic discussed in Section 3.7. It is intended to address why the add-back of the growth investment in assembled workforce (or other intangible assets valued using a cost approach or other approach when the expenditure is viewed as a period expense) should be equal to the pre-tax growth investment and not an after-tax amount (assuming the acquired or current assembled workforce was valued using pre-tax cost).

The overall PFI includes future investment to maintain as well as increase the assembled workforce, reflected in the projected cost structure of the business and in the entity value. In the context of an MPEEM used to value a subject intangible asset (such as customer relationships), a CAC or *return on* the assembled workforce will be introduced into the analysis. As indicated elsewhere in this document, investments in assets have utility beyond the period of the cash charge. CACs capture this future utility by replacing the cash charges with a series of charges over the economic life of the asset, as represented by the required *return of* and *return on* the fair value of the necessary level of contributory asset. The following paragraphs address only the *return on* portion of the CAC because the *return of* portion is present in the operating expenses of the entity and is not the subject of this Appendix.

If the acquired or current assembled workforce has a fair value of $100 and the *return on* is 10%, then the annual CAC would be $10. This *return on* carries on into perpetuity (the acquired or current assembled workforce balance is maintained in the expenses). The present value of the *return on* is $100 ($10/10%) so the cash flow available to other intangible assets (including goodwill) is reduced by $10 annually in the form of a CAC, or $100 in present value terms.

Similarly, in the MPEEM used to value a subject intangible asset, CACs related to future assembled workforce investments equate to replacing a growth investment with a perpetual *return on* (the growth investment is replaced with the CAC on that growth). In calculating the CAC, the fair value of the assembled workforce is reflected as having increased by the pre-tax growth investment (see Exhibit A-7 of Appendix A). Therefore, to ensure that the cash flow attributable to the subject intangible asset is not "over-charged" for the contribution of the assembled workforce, the add-back to the analysis has to be on a pre-tax basis.

Following is an example that looks at year one of the cash flows used in an MPEEM to value customer relationships. The example assumes a $20 growth investment in assembled workforce in year one. For purposes of this example, assume there are no other assets. This simple example shows that value is neither created nor destroyed by equating the MPEEM cash flow attributable to customer relationships to the cash flow used in the entity discounted cash flow.

Effect of assembled workforce (AWF) growth investment on the cash flow used in the entity value discounted cash flow:

Year One Pre-tax growth investment in AWF	$ (20)
Tax at 40%	8
After-tax investment*	
*Appears in Entity Value discounted cash flow	(12)

Effect of assembled workforce (AWF) growth investment on the cash flow used in the customer relationship MPEEM:

In MPEEM, the above after-tax investment effect still appears:	
After-tax investment	(12)
And the growth investment is replaced with the CAC:	
CAC on $20 increased "value", at 10% = $2 annually	
Year One PV of perpetual $2 CAC at 10% = $20	(20)
Add back growth investment at $20 pre-tax amount	20
Net reduction in cash flow available for customer relationships	$ (12)

These calculations simply demonstrate that the cash flow effect in the entity value ($12) equals the cash flow effect on customer relationship value in the MPEEM ($12). No value created or destroyed.

Uniform Standards of Professional Appraisal Practice, 2018—2019 Edition

Copyright © 2018 The Appraisal Foundation

All Rights Reserved.

The Appraisal Foundation is the owner and copyright holder of Uniform Standards of Professional Appraisal Practice 2018—2019 Edition ("Work"), and in furtherance of its mission, has given China Renmin University Press Co., Ltd. permission to translate the Work into this title and distribute it solely for educational purposes. The Appraisal Foundation is responsible for the original content of the Work, which is the source document upon which this translation title is based, but disclaims any responsibility or liability whatsoever for the accuracy, completeness, or reliability of the translation thereof. Accordingly, Mr. Chengjun Wang is solely and exclusively responsible for the accuracy of the translation. No part of Uniform Standards of Professional Appraisal Practice 2018—2019 Edition may be reproduced without the prior consent of The Appraisal Foundation, which consent may be withheld at its discretion.

Simplified Chinese translation copyright © 2020 by China Renmin University Press Co., Ltd.

All Rights Reserved.

图书在版编目（CIP）数据

美国资产评估准则/美国评估促进会评估准则委员会著；王诚军，季珉译注．－－北京：中国人民大学出版社，2020.7
（工商管理经典译丛．会计与财务系列）
ISBN 978-7-300-27149-1

Ⅰ．①美⋯ Ⅱ．①美⋯ ②王⋯ ③季⋯ Ⅲ．①资产评估-标准-美国 Ⅳ．①F171.23-65

中国版本图书馆CIP数据核字（2020）第131375号

工商管理经典译丛·会计与财务系列
美国资产评估准则
美国评估促进会评估准则委员会　著
王诚军　季　珉　译注
Meiguo Zichan Pinggu Zhunze

出版发行	中国人民大学出版社		
社　　址	北京中关村大街31号	邮政编码	100080
电　　话	010-62511242（总编室）		010-62511398（质管部）
	010-82501766（邮购部）		010-62514148（门市部）
	010-62515195（发行公司）		010-62515275（盗版举报）
网　　址	http://www.crup.com.cn		
经　　销	新华书店		
印　　刷	北京七色印务有限公司		
规　　格	185 mm×260 mm　16开本	版　　次	2020年7月第1版
印　　张	23.25 插页1	印　　次	2020年7月第1次印刷
字　　数	502 000	定　　价	58.00元

版权所有　　侵权必究　　印装差错　　负责调换

教师教学服务说明

中国人民大学出版社财会出版分社以出版经典、高品质的会计、财务管理、审计等领域各层次教材为宗旨。

为了更好地为一线教师服务，近年来财会出版分社着力建设了一批数字化、立体化的网络教学资源。教师可以通过以下方式获得免费下载教学资源的权限：

在中国人民大学出版社网站 www.crup.com.cn 进行注册，注册后进入"会员中心"，在左侧点击"我的教师认证"，填写相关信息，提交后等待审核。我们将在一个工作日内为您开通相关资源的下载权限。

如您急需教学资源或需要其他帮助，请在工作时间与我们联络：

中国人民大学出版社　财会出版分社

联系电话：010-62515987，62515735

电子邮箱：ckcbfs@crup.com.cn

通讯地址：北京市海淀区中关村大街甲59号文化大厦1501室（100872）